Betriebs-wirtschaftslehre kompakt

Mit Übungsaufgaben

von

Prof. Dr. Thomas R. Hummel

3., vollständig überarbeitete und erweiterte Auflage

Oldenbourg Verlag München Wien

Bibliografische Information der Deutschen Nationalbibliothek

Die Deutsche Nationalbibliothek verzeichnet diese Publikation in der Deutschen Nationalbibliografie; detaillierte bibliografische Daten sind im Internet über <http://dnb.d-nb.de> abrufbar.

© 2007 Oldenbourg Wissenschaftsverlag GmbH
Rosenheimer Straße 145, D-81671 München
Telefon: (089) 4 50 51-0
oldenbourg.de

Lektorat: Wirtschafts- und Sozialwissenschaften, wiso@oldenbourg.de
Herstellung: Anna Grosser
Coverentwurf: Kochan & Partner, München
Cover-Illustration: Hyde & Hyde, München
Gedruckt auf säure- und chlorfreiem Papier
Geamtherstellung: Druckhaus „Thomas Müntzer" GmbH, Bad Langensalza

ISBN 978-3-486-58238-3

Vorwort

Die „Betriebswirtschaftslehre kompakt" bietet in ihrer 3. Auflage dem Einsteiger einen fundierten und praxisbezogenen Einblick in die Betriebswirtschaftslehre. Dabei wird der betriebliche Wertschöpfungsprozess als Führungs- und Leitungsprozess beschrieben.

Konzipiert ist die vollständig überarbeitete Neuauflage für Studierende der Betriebswirtschaftslehre; sie ist darüber hinaus technischen Führungskräften zu empfehlen: zum Nachschlagen und zur Information über den neuesten Stand in Forschung und Lehre.

Die zehn Kapitel zu zentralen betriebswirtschaftlichen Bereichen sind so gestaltet, dass auch ein Nicht-Fachmann einen Einstieg in das jeweilige Fachgebiet erhält. Es werden alle Unternehmensbereiche erfasst und analysiert. Dazu zählen der unternehmerische Zielbildungsprozess, Material und Produktion ebenso wie Personal, Organisation und Management.

Die Kapitel sind übersichtlich gegliedert und eine Vielzahl von Grafiken und Beispielen in den Text eingebaut. Zum Abschluss eines jeden Abschnitts besteht die Möglichkeit, sein Wissen anhand eines Kontrollfragenblocks zu überprüfen. Dadurch ermöglicht das Buch einen schnellen Einstieg und einen guten Einblick in die verschiedenen Themenbereiche, die unabhängig voneinander bearbeitet werden können. Darüber hinaus bieten zahlreiche Fallstudien die Möglichkeiten das erlernte Wissen an konkreten Beispielen umzusetzen. Das Hauptziel ist allerdings, einen Überblick über die Betriebswirtschaftslehre zu vermitteln und wirtschaftliche Sachverhalte und Fragestellungen darzustellen.

Das umfangreiche Register lässt das Buch zudem zu einem Nachschlagewerk und Handbuch für Studium und Praxis werden, mit dem sich auftauchende Fachbegriffe oder Fragestellungen rasch klären lassen.

Wesentliche Teile dieses Buches basiert auf einem Studienskript, das von meinem Kollegen Dr. Hans-Otto Wahl und mir jahrelang am Fachbereich Wirtschaft der Hochschule Fulda eingesetzt wurde. Mein besonderer Dank gilt Kollegen Wahl für die zur Verfügungstellung von Textinhalten, Kontrollfragen und Übungen.

Fulda/Hamburg   August 2007

Inhalt

1   Vorbemerkungen

Die Entwicklung der Lehre von der Betriebswirtschaft

Die Betriebswirtschaftslehre – neben der Volkswirtschaftslehre zu den Wirtschaftswissen-schaften gehörend – ist eine verhältnismäßig junge Wissenschaft. Sie entstand um die Jahr-hundertwende.

Im Zuge der zunehmenden Industrialisierung wurden auch die kaufmännischen Aufgaben und Anforderungen komplizierter. Am Anfang ihrer Entwicklung wird die Betriebswirt-schaftslehre im Allgemeinen noch als Privatwirtschaftslehre bezeichnet, ein Begriff, der zum Ausdruck bringt, um was es der wissenschaftlichen Darstellung der Wirtschaftsabläufe zur damaligen Zeit ging.

Gegenstand der Betrachtung sind nicht die einzelwirtschaftlichen Erscheinungen und Bezie-hungen, sondern das Leben der privaten Unternehmung, oder anders ausgedrückt: Die Ziele und die Handlungsweisen der Unternehmer, die ihr Eigen- bzw. Fremdkapital einsetzen, um Gewinne zu erzielen. Der damaligen allgemeinen Wirtschaftsauffassung entsprechend stan-den im Vordergrund der Betriebswirtschaftslehre Buchhaltung und Bilanz. Die zunehmende Kapitalisierung des Wirtschaftsverkehrs führte zu einem verstärkten und verfeinerten Ausbau der Geldrechnung. Das reine Denken in Nominalwerten beherrschte die wirtschaftlichen Überlegungen und unternehmerischen Entscheidungen.

Bald aber änderte sich der Aufgabenbereich der Betriebswirtschaftslehre, ohne sich aller-dings vom Gebiet des Rechnungswesens abzuwenden. Es zeigte sich jedoch, dass der Be-triebsprozess mit zunehmender Arbeitsteilung und wachsender Betriebsgröße unübersichtli-cher wurde. Das Rechnungswesen als geldwertmäßige Bilanzrechnung reichte nicht mehr aus, um der Unternehmensführung einen umfassenden, ausreichenden und ständigen Über-blick über den betrieblichen Leistungsprozess zu verschaffen.

Nach wie vor wird der Erfolg (Gewinn) als entscheidendes Kriterium für die Exi-stenzfähigkeit der Unternehmung angesehen; man begnügt sich jedoch nicht mehr mit der bilanzmäßigen, finanziellen Betrachtung des Erfolgs, sondern fragt nach der Erfolgsanalyse. Das Rechnungswesen wird demzufolge auf das Prinzip der Wirtschaftlichkeit ausgerichtet mit dem Zweck der genauen Erfassung des Aufwands und seiner Zusammensetzung.

Mit dieser leistungsmäßigen und damit auch unternehmungspolitischen Orientierung beginnt die Entwicklung der Kostenrechnung. In dieser Phase sind erste Ansätze für kostentheoreti-sche Untersuchungen zu finden, die auch in der folgenden Entwicklung der Betriebswirt-schaftslehre von großer Bedeutung waren.

Die Vergangenheit hat gezeigt, dass in unterschiedlichen konjunkturellen Phasen einer Volkswirtschaft einzelne wirtschaftliche Kriterien ein unterschiedliches Gewicht hinsichtlich ihrer Bedeutung für die Ausrichtung und Gestaltung einer Einzelwirtschaft besitzen können. So prägte z.B. das nominale Geldwertdenken sehr stark die wissenschaftliche Betrachtung, bis es später durch das leistungswirtschaftliche Denken ergänzt wurde. Neben dem Denken in rein wertmäßigen Dimensionen traten soziale, soziologische, psychologische und kommunikative Denkebenen (vgl. Abb. 1.1). Daneben sind Statistik, Mathematik und die Rechtswissenschaft weitere wichtige Nachbardisziplinen der Betriebswirtschaftslehre. Diesen Bemühungen lag der Versuch zugrunde, das Erfahrungsobjekt der Betriebswirtschaftslehre - den Betrieb - in seiner realen Vielfalt zu erfassen.

Der Praktiker, der als Unternehmer oder Führungskraft im Wirtschaftsprozess steht, muss seine wirtschaftlichen Entscheidungen auch und häufig überwiegend nach außerwirtschaftlichen Zielsetzungen und Forderungen treffen. Der Begriff der sozialen Marktwirtschaft ist - wenn er richtig verstanden wird - hierfür ein Beispiel. Es gibt somit in einem Betrieb keine rein wirtschaftlichen Entscheidungen, wenngleich sie in vielen Fällen determinierenden Charakter besitzen. Betriebswirtschaftlich relevant ist, dass jede wirtschaftliche Entscheidung organhaft in eine andere eingebettet ist und dass zwischen diesen Entscheidungen Interdependenzen bestehen.

Betriebswissenschaft (Industrial Engineering)	Rechtswissenschaft
untersucht die technischen Bereiche (z. B. Maschinenanordnung, Materialfluß, Qualitätskontrolle, Fragen der Automatisierung)	untersucht u. a. die Einbettung der wirtschaftlichen Entscheidungen in die Rechtsordnung (BGB, HGB, Arbeitsrecht, Wettbewerbsrecht u. a. m.)

Arbeitspsychologie	Betriebswirtschaftslehre fragt, greift zurück auf	Arbeitsmedizin
untersucht die „seelischen" Auswirkungen der Industriearbeit, erarbeitet Anpassungsmaßnahmen und Eignungsprüfungen		beschäftigt sich mit den Berufskrankheiten, der Unfallverhütung und Maßnahmen der Rehabilitation

Betriebspädagogik	Arbeitssoziologie (Betriebssoziologie)	Arbeitsphysiologie
beschäftigt sich mit Fragen der Aus- und Fortbildung sowie Umschulung	untersucht den Betrieb als soziales Gebilde, den einzelnen als Mitglied einer Gruppe, das Betriebsklima u. a.	beschäftigt sich mit den körperlichen Auswirkungen von Tempo, Arbeitsdauer, Pausen, Beleuchtung, Lüftung, farblicher Gestaltung der Räume und versucht, günstige Regelungen vorzuschlagen.

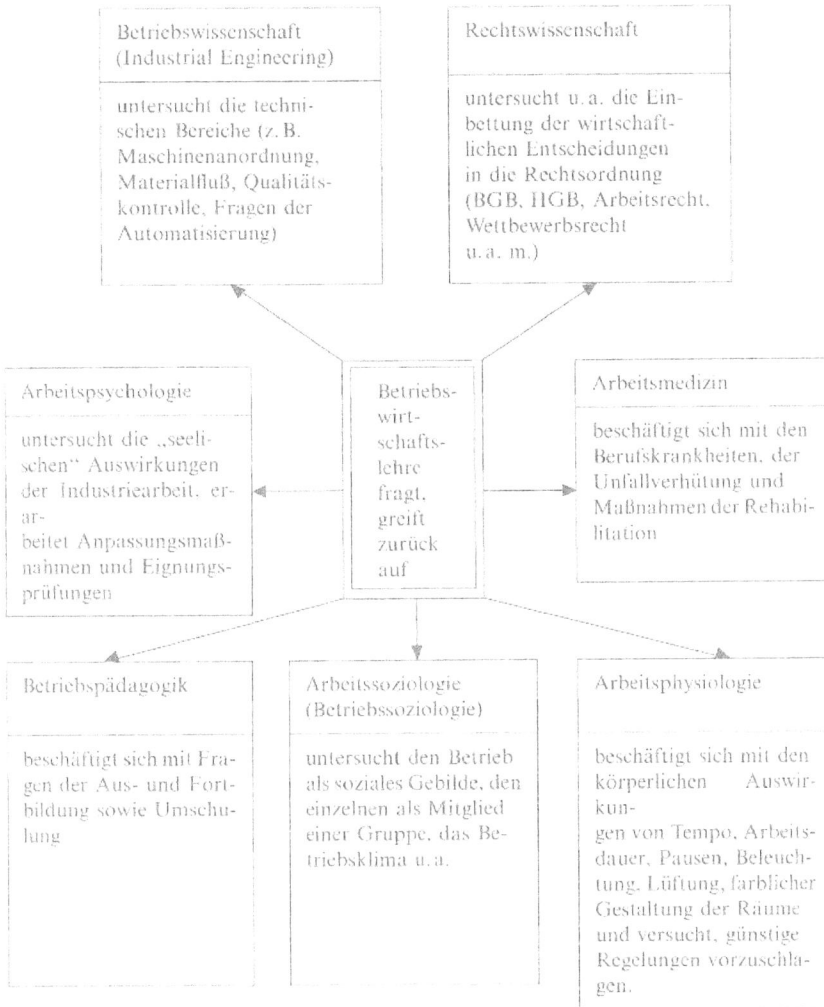

Abb. 1.1   Die Betriebswirtschaft und einige ihrer Hilfswissenschaften

So erhalten z.B. die Kennzahlen Rentabilität bzw. Wirtschaftlichkeit jeweils unterschiedliche Sachinhalte je nachdem, ob sich eine Einzelwirtschaft in einer Planwirtschaft oder in einer freien Marktwirtschaft befindet. Abb. 1.2 zeigt diese Bestimmungsfaktoren in einem systematischen Zusammenhang.

Fassen wir an dieser Stelle kurz zusammen:

vom Wirtschaftssystem unabhängige Faktoren	vom Wirtschaftssystem abhängige Faktoren

Produktions-
faktoren
(Arbeit, Be-
triebsmittel,
Werkstoffe)

Markt-
wirt-
schaft

Einzel-
pläne

Gewinn-
maximie-
rung

Betrieb

Zentraler
Volkswirt-
schafts-
plan

ökonomisches
Prinzip

Plan-
wirt-
schaft

Planer-
füllung

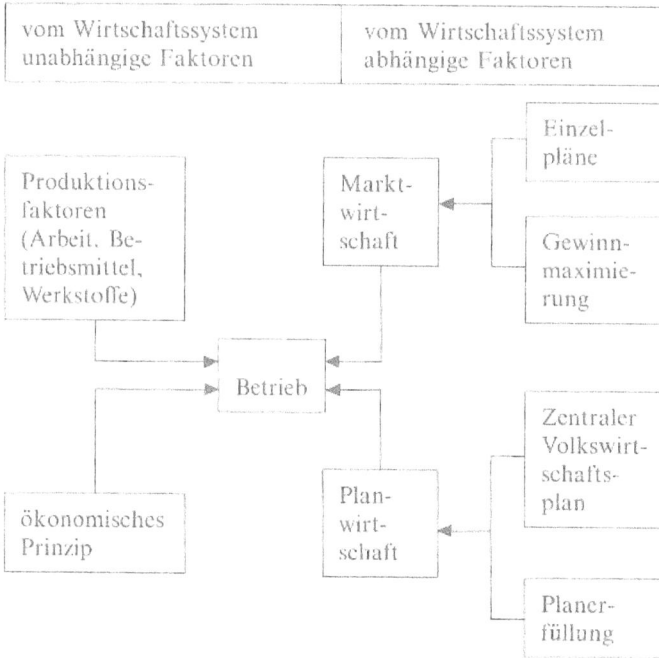

Abb. 1.2   Bestimmungsfaktoren des Betriebes

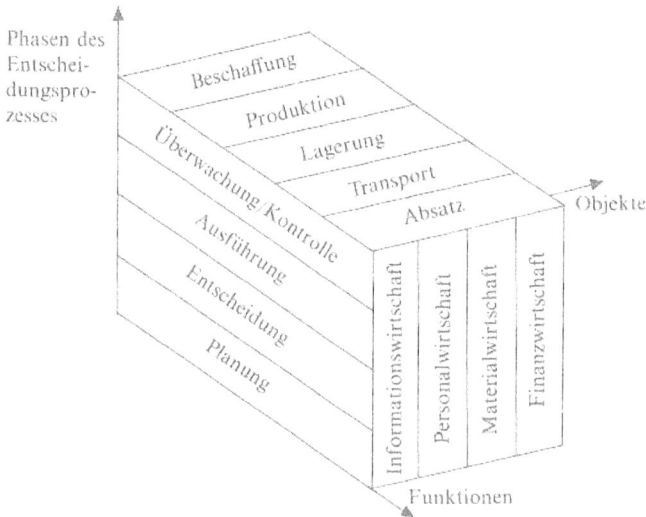

Phasen des
Entschei-
dungspro-
zesses

Beschaffung

Produktion

Lagerung

Transport

Absatz

Überwachung/Kontrolle

Ausführung

Entscheidung

Planung

Informationswirtschaft

Personalwirtschaft

Materialwirtschaft

Finanzwirtschaft

Objekte

Funktionen

Abb. 1.3   Die Betriebsprozesse

Abb. 1.3 zeigt auch hier die einzelnen Beziehungsebenen auf. Die soeben verwandten Begriffe Betrieb und Unternehmung werden häufig synonym gebraucht. Bei einer getrennten Verwendung der Begriffe wird meist der Betrieb als die örtliche, technische und organisatorische Einheit, in der planvoll produktive Faktoren eingesetzt werden, bezeichnet. Im Gegensatz hierzu ist die Unternehmung eine rechtliche und wirtschaftlich-finanzielle Einheit, die in erster Linie die Verbindung des Betriebes zum Markt gewährleistet. Im täglichen Sprachgebrauch finden wir weitere Bezeichnungen für den Betrieb, so z.B.:

Firma: Sie ist in erster Linie ein juristischer Begriff als Ausdruck für den Namen, unter dem ein Kaufmann seinen Betrieb führt;

Fabrik und Werk: Sie stellen die technische Seite der Leistungserstellung eines Betriebes dar;

Geschäft: Es bezeichnet den Handelsbetrieb oder die kaufmännische Abteilung eines Industriebetriebes.

Anhand der betriebswirtschaftlichen Literatur lassen sich nun folgende Entwicklungsstufen der Betriebswirtschaftslehre unterscheiden:

1. Die Frühzeit der Verkehrs- und rechnungstechnischen Anleitungen (bis etwa 1675);
2. Die Zeit der systematischen Handlungswissenschaft (etwa 1675-1804);
3. Die Niedergangszeit der Handelswissenschaften (19. Jahrhundert);
4. Die Aufbauzeit der beschreibenden Handelstechnik (etwa 1898-1910);
5. Die Zeit der Systematisierung und Erweiterung zur Betriebswirtschaftslehre (etwa ab 1910) und
6. Konsolidierung und Vertiefung der Allgemeinen Betriebswirtschaftslehre und zu nehmende Anwendung auf die Betriebswirtschaftspolitik.

Die letzte Entwicklungsstufe führte in ihrer Phase etwa um 1950 zur heutigen Betriebswirtschaftslehre (vgl. Abb. 1.4).

Betriebswirtschaftslehre	
Allgemeine Betriebswirtschaftslehre	Spezielle Betriebswirtschaftslehre
Planung Organisation Finanzierung Beschaffung Produktion Absatz Rechnungswesen Investition Rechtsformen	Industrie Handel Banken Versicherungen Verkehr Handwerk Streitkräfte
	Betriebliche Steuern Prüfungs- und Treuhandwesen

Abb. 1.4   Gliederung der Betriebswirtschaftslehre

2 Gegenstand und Methoden

2.1 Erkenntnisobjekt

2.1.1 Wirtschaft und wirtschaftliches Prinzip

Wirtschaft = wirtschaften.

Definition: Wirtschaft ist die Disposition über knappe Güter, die direkt oder indirekt zur Befriedigung menschlicher Bedürfnisse geeignet sind. Oder die Erstellung von Wirtschaftsgütern zur Bedürfnisbefriedigung.

Wirtschaftliches Prinzip = ökonomisches Prinzip.

Es erscheint bei Güterknappheit nämlich vernünftig (rational), stets so zu handeln, dass:

(a) der nötige Aufwand, um ein bestimmten Ertrag zu erzielen, möglichst gering gehalten wird

> => Minimumprinzip, Wirtschaftlichkeitsprinzip, Kostenprinzip, Sparsamkeitsprinzip) => Aufwands-/ Kostenminimierung;

(b) mit einem gegebenem Aufwand an Wirtschaftsgütern ein möglichst hoher Ertrag (= Nutzen) erzielt wird

> => generelles Extremumprinzip
> => Ertrags-/ Aufwandsoptimierung und Leistungs-/ Kostenoptimierung

Alle drei Formulierungen sind Ausdruck des ökonomischen Prinzips, wobei (c) die allgemeine Version ist und die beiden Spezialfälle (a) und (b) einschließt.

Messbar sind diese Prinzipien z.B. in Kennziffern wie:

$$(a)\ \text{Wirtschaftlichkeit} = \frac{\text{Ertrag}}{\text{Aufwand}}\ \text{oder}\ \frac{\text{Leistungen}}{\text{Kosten}}$$

$$(b)\ \text{Produktivität} = \frac{\text{Output (ME)}}{\text{Input (ME)}}\ \text{oder}\ \frac{\text{Ausbringungsmenge}}{\text{Einsatzmenge Produktionsfaktoren}}$$

$$\frac{\text{Erzeugnisse in Form von Gütern und Diensten}}{\text{Produktionsfaktoren in Form von Werkstoffen usw.}}$$

$$(c)\ \text{Rentabilität} = \frac{\text{Gewinn} * 100}{\text{Kapital}}$$

In dem Quotienten (Ertrag / Aufwand) drückt sich die wertmäßige, in dem Quotienten der Produktivität die mengenmäßige Betrachtung aus. Wir bezeichnen manchmal die Produktivität auch als technische Wirtschaftlichkeit.

Aber merke:

Wir können sowohl Teil- wie Gesamtwirtschaftlichkeiten, doch nur in ganz wenigen Fällen Gesamtproduktivitäten ausdrücken. Wir müssen uns meist mit Teilproduktivitäten begnügen. Erklären Sie warum!

Fragen und Hinweise:

1. Versuchen Sie an dieser Stelle schon einmal, sich Begriffe / Kennziffern wie
zu (a) Ertrag, Aufwand, Leistungen, Kosten, Produktionsfaktoren, Güter und Dienstleistungen u.a.

zu (b) Gewinn, Kapital, Rentabilitäten (z.B. GK-R, EK-R, UR und ggf. FR-R) zu erklären und grob zu unterscheiden.

2. Überlegen Sie sich, für wen und warum diese Messziffern nützlich sein können.

Damit kommen wir nach dem ersten Abschnitt zu folgendem

FAZIT:

- Probleme sind dann immer wirtschaftlicher Art, wenn Bedürfnisbefriedigung und Knappheit eine Rolle spielen;
- Beim Erkennen und Bewältigen dieser Probleme sollten wir uns bemühen, die betriebswirtschaftlichen Grundbegriffe (Vokabeln) korrekt zuzuordnen.
- Deshalb müssen wir uns darauf verständigen, diese (s.o.) zu verstehen und in Analysen möglichst häufig zu trainieren.

2.1.2   Betrieb und Unternehmung

Nach der Erläuterung des Wirtschaftens stellt sich die Frage, wie organisieren sich die Mit-
wirkenden -Wirtschaftssubjekte- an diesem Prozess. Mit den nachfolgenden Ausführungen
soll eine Art Arbeitsteilung, d.h. eine Spezialisierung auf Teilaufgaben innerhalb des ge-
samtwirtschaftlichen Wirtschaftsprozesses, zunächst ganz allgemein dargestellt werden.

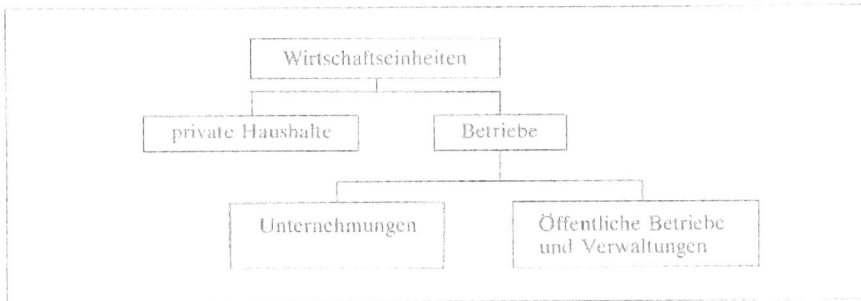

Abb. 2.1   Abgrenzung betriebswirtschaftlich relevanter Wirtschaftseinheiten

Nach Gutenberg gilt:

für Betriebe:

3. Kombination von Betriebsfaktoren
4. Prinzip der Wirtschaftlichkeit
5. Prinzip des finanziellen Gleichgewichts

für Unternehmen:

1. Autonomieprinzip: Unabhängigkeit, Selbstbestimmung
2. Erwerbswirtschaftliches Prinzip
3. Privateigentum

für öffentliche Betriebe:

1. Organprinzip: politisch bestimmter Wirtschaftsplan (Betrieb als Teil eines Ganzen, näm-
    lich des Staates)
2. Prinzip der zentralen Planerfüllung
3. Gemeineigentum

FAZIT:

- Betriebe decken den Bedarf an wirtschaftlichen Leistungen der Gesellschaft, also Leistungsersteller; i.e. planvoll organisierte Wirtschaftseinheiten, in der Sachgüter produziert und Dienstleistungen bereitgestellt werden. Sie sind systemindifferent; d.h. es gibt Betriebe im marktwirtschaftlichen und im sozialistischen System.
- Haushalte sind Leistungsverzehrer; Verbrauch wirtschaftlicher Leistungen steht im Vordergrund.
- Betrieb ist danach der umfassendere Begriff
- Unternehmung ist eine Erscheinungsform der Betriebe (vorwiegend in der kapitalistischen Wirtschaftsform)

Fragen und Hinweise:

1. Versuchen Sie sich klarzumachen, warum es Betriebsrat, Betriebsprüfung (des Finanzamtes) oder Betriebsurlaub, andererseits Unternehmenskultur, Unternehmerverband oder Unternehmerpersönlichkeit heißt!

2. Nennen Sie Beispiele für nach Ihrer Ansicht typische Betriebe (Betriebsstätten) und solche für Unternehmen!

2.1.3   Gliederung der Betriebe

Nach der groben Arbeitsteilung der Wirtschaftseinheiten macht eine differenzierte Gliederung der Betriebe (Betriebstypologie) Sinn. Wir wollen uns nachfolgend auf einige beschränken und dabei ihre praktischen Nutzanwendungen aufzeigen.

Gliederung nach (u.a.)	Art:	Beispiele und Anwendung	
Hauptleistung	Sachleistung	Wirtschaftszweig / Branchen	organisatorische Interessenvertretung
		Industrie	Arbeitgeber:
		- Chemie - Metall - etc	- Unternehmerverbände
	Dienstleistung	- Banken	Arbeitnehmer:
		- Versicherungen - Handel - Transport - etc	- Industriegewerkschaften
Größe - Umsatz - Mitarbeiterzahl - Kapital - Bilanzsumme	Groß- Mittel- und Kleinbetriebe		Publizitätsgesetz Mitbestimmungsgesetz Bilanzrichtliniengesetz
Rechtsform	- öffentliches Recht	- Anstalt - Regiebetrieb u.a.	juristische Personen
	- privates Recht	-Kapital- - Personen- und - gemischte Gesellschaft	eigene Rechtspersönlichkeit natürliche Personen
Zielsetzungen	- Erwerbswirtschaftlichkeit	- Gewinnmaximierung - Einkommensprinzip	- Flick-Konzern - Zeitungskiosk
	- Kostendeckung	- angemessene Verzinsung	- städt. Verkehrsbetriebe
			- städt. Schlachthof
		- reines Kostendeckungsprinzip	- Krankenhaus
	- Zuschuß	- Subventionsprinzip	
		(Deckung des Kollektivbedarfs)	- städt. Kindergarten - Teile der Landwirtschaft

Abb. 2.2   Gliederung der Betriebe

Fragen und Hinweise:

Suchen Sie nach weiteren Unterscheidungsmerkmalen und deren
praktischen Nutzen!
Sie mögen sich an dieser Stelle schon einmal mit dem Gebiet der Rechtsformen **anfreunden.**

In der wirtschaftlichen Umgangssprache werden Wortkombinationen wie Betriebsart und Unternehmensart, Betriebsform und Unternehmensform oft synonym gebraucht. Jemand fragt z.B. nach der Betriebsart und meint die Rechtsform des Unternehmens.

Oder ein anderer spricht von der Unternehmensform und meint die Art der Betriebsleistung.

Versuchen Sie daher, von Anfang an präzise zu formulieren!

Fürs erste schlagen wir vor, sich die Unterscheidung wie folgt einzuprägen:

Art in Anlehnung an die Biologie zu verwenden im Sinne einer Systematik nach grundlegender und längerer Beständigkeit [z.B. Fertigungsbetrieb oder Handelsbetrieb]

Form in Anlehnung an die Kunst [schöpferische Gestaltung] oder an das Recht, wo grundsätzlich Formfreiheit besteht [z.B. Personenunternehmen oder Kapitalunternehmen].

2.1.4   Gliederung der Betriebswirtschaftslehre

Nachdem eine gewisse äußere Ordnung in die Wirtschaftseinheiten gebracht worden ist, bietet es sich an, unsere Disziplin, die ABWL (siehe Vorwort), ein wenig zu unterteilen. Dazu soll die folgende Abb. 2.3 dienen.

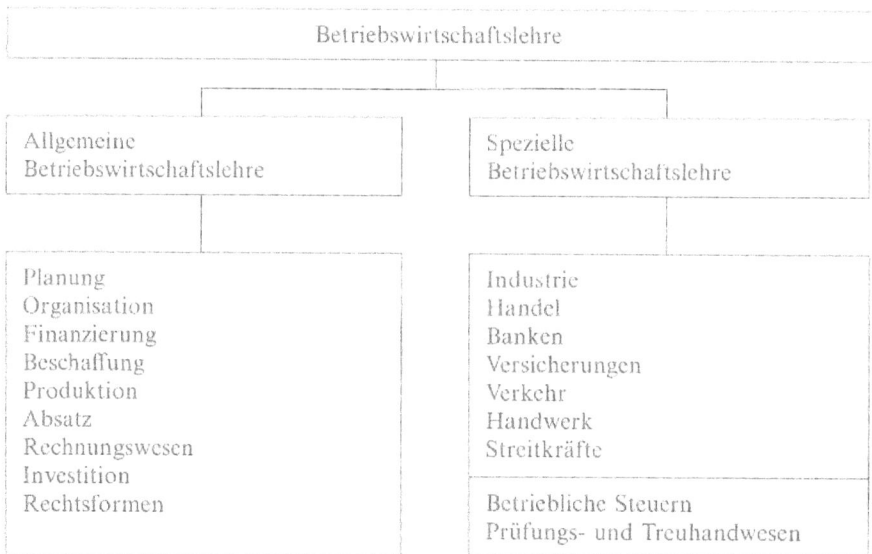

```
                        Betriebswirtschaftslehre

        Allgemeine                          Spezielle
        Betriebswirtschaftslehre            Betriebswirtschaftslehre

        Planung                             Industrie
        Organisation                        Handel
        Finanzierung                        Banken
        Beschaffung                         Versicherungen
        Produktion                          Verkehr
        Absatz                              Handwerk
        Rechnungswesen                      Streitkräfte
        Investition
        Rechtsformen                        Betriebliche Steuern
                                            Prüfungs- und Treuhandwesen
```

Abb. 2.3   Gliederung der Betriebswirtschaftslehre

Fragen und Hinweise:

1. Prüfen Sie bitte, nach welchen Kriterien die wirtschaftswissenschaftliche Fakultät / Fachbereich Ihrer Hochschule gegliedert ist;

2. Zeigen Sie praktische Entwicklungen / Tendenzen auf, die weitere und andere Lehrangebote und damit Einteilungen der BWL erforderlich machen könnten.

2.1.5   Aufgaben der Betriebswirtschaftslehre

Zusammengefasst und allgemein ausgedrückt lassen sich nach den bisherigen Ausführungen die Aufgaben der BWL etwa an den folgenden Schritten festmachen:

Erfassen wirtschaftlicher Ausprägungen

Beschreiben von Veränderungen

Erklären der Zusammenhänge und der Realität

Ableiten von zweckgerechten Lösungen (Gestalten)

Wie wird die BWL diesen Aufgaben gerecht?

Schlicht ausgedrückt, indem sie
- kombinatorisches Vorgehen
- antizipatives, schrittweises Denken
- Herantasten an die beste Lösung

trainiert.

2.1.6   Konstitutive Entscheidungen

Die Wahl des richtigen Standorts einer Unternehmung zählt ebenso wie die Wahl der richtigen Rechtsform zu den Grundsatzentscheidungen einer Unternehmung; beide sind dabei von langfristigem und schwer wandelbarem Charakter.

Ebenso wie bei der Wahl der Rechtsform muss auch hier die Standortentscheidung unter „ökonomischen" Gesichtspunkten, d.h. unter Abwägung aller erfassbaren Kosten und Erträge getroffen werden. Insbesondere gilt dies für größere Unternehmen, deren Standortentscheidungen in den wenigsten Fällen - oder nur unter großem Kostenaufwand - korrigiert werden können.

Eine so verstandene „Kosten-Nutzen-Analyse" ist allerdings mit großer Unsicherheit behaftet; eine Standortentscheidung bezieht zukünftige Überlegungen mit in die Planung ein und steht somit vor dem Problem unvollkommener bzw. unsicherer Informationen. Auch bei der Beschaffung der Informationen gilt es, abzuwägen zwischen dem „Informationswert" und der ihn verursachenden Kosten. Bei den Überlegungen, welcher Standort für eine Unternehmung der optimale ist, gilt es, zwischen verschiedenen sog. Standortfaktoren abzuwägen. Diese Standortfaktoren, welche unter den erwähnten Kosten-Nutzen-Überlegungen ermittelt und gegeneinander abgewogen werden müssen, stehen nun in einem komplementären oder konkurrierenden bzw. substitutiven Verhältnis. Diese Faktoren sind dabei sowohl bei der Gründung einer Unternehmung als auch bei der Verlegung bzw. der Errichtung von Filialen zu berücksichtigen.

Begriffliche Grundlagen

Unter dem Standort einer Unternehmung versteht man im Allgemeinen die räumliche (geographische) Lage der Unternehmung; sie ist somit in der Regel an einen festen Ort gebunden, gegebenenfalls an einen bestimmten Aktionsradius. Zu beachten ist, dass durchaus die „kaufmännische" Seite der Unternehmung getrennt sein kann von der „technischen" Seite, da bestimmte Standortfaktoren eine Trennung für sinnvoll erscheinen lassen.

Der Standort einer Unternehmung stellt für den eigentlichen Produktionsbetrieb aber nur die notwendigen Randbedingungen dar, die dann bei der Gestaltung des innerbetrieblichen Standorts mehr oder weniger festgeschrieben sind.

Unter innerbetrieblichem Standort soll dabei die räumliche Lage bzw. Anordnung von Arbeitsplätzen, maschinellen Aggregaten, Zwischenlager, Puffer u. ä. verstanden werden. Auch bei der innerbetrieblichen Standortwahl ergibt sich ein sog. räumliches Optimierungsproblem. Verschiedene innerbetriebliche Einfluss großen können sich unter Kostengesichtspunkten unterschiedlich - je nach Standort - auf den Leistungsprozeß auswirken; zu nennen sind dabei die Entfernungen zwischen einzelnen Fertigungsstätten, die unter anderem die Transportkosten bzw. die Durchlaufzeiten beeinflussen, Einflüsse auf die unmittelbare Arbeitsplatzsituation der Arbeitnehmer (z. B. Lärm, Beleuchtung).

An dieser Stelle soll daraufhingewiesen werden, dass das Standortproblem nicht nur ein rein betriebswirtschaftliches ist, sondern dass verschiedene Wissenschaften dieses Problem behandeln; insbesondere unter volkswirtschaftlichen, wirtschaftsgeographischen, sozialwissenschaftlichen und organisatorischen Gesichtspunkten.

Das innerbetriebliche Standortproblem wird überwiegend in den speziellen Betriebswirtschaftslehren des Handels und der Industrie untersucht.

In jüngster Zeit setzt sich demgegenüber immer mehr die Meinung durch, innerbetriebliche Standortprobleme im Rahmen der betriebswirtschaftlichen Organisationslehre zu behandeln.

Grundsätzlich sind zwei Fälle der innerbetrieblichen Standortbestimmung zu unterscheiden:

Die Planung der Errichtung einer Unternehmung; in diesem Fall bedarf es also einer

Gesamtstrukturierung der Unternehmung in dem Sinne, dass organisatorische Teileinheiten gebildet werden, die so anzuordnen sind, dass die Kombination der Standortfaktoren bestmöglichst erfolgen kann.

Die Unternehmung besteht bereits und es sollen neue Organisationseinheiten in das Gesamtgefüge der Unternehmung integriert werden. Dies kann zum einen so geschehen, dass die neu einzuführenden Organisationseinheiten so integriert werden, dass es einer Veränderung der Gesamtorganisation nicht bedarf; zum anderen können neu einzuführende Organisationseinheiten die bestehende Struktur so verändern, dass eine neue Gesamtkoordination nötig wird.

Aus diesen Wechselbeziehungen zwischen dem jeweiligen Ort der Organisationseinheit und der Beschaffenheit der Einheit selbst wird deutlich, dass es sich bei innerbetrieblichen Standortproblemen nicht nur um ein Transportproblem handeln kann.

Standortarten

Für die Standortwahl ist die Unterscheidung in freien und gebundenen Standort von Bedeutung.

Von freiem Standort spricht man dann, wenn die Standortwahl nicht zwingend durch wirtschaftliche oder außerwirtschaftliche (z. B. juristische) Gesichtspunkte vorgeschrieben ist.

Von gebundenem Standort spricht man, wenn durch bestimmte Standortfaktoren eine freie Standortwahl nicht möglich ist (z. B. Bodenschätze, Energiequellen, klimatische Verhältnisse).

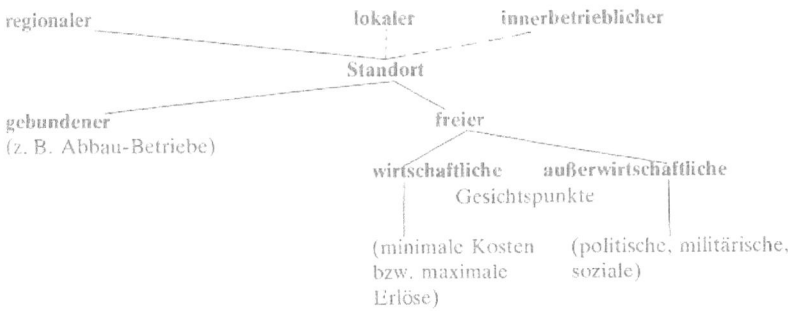

Abb. 2.4   Standortarten

Nachfolgende Standortarten lassen sich unterscheiden:

Internationale Standortwahl (hierbei ist die Frage zu klären, ob die Unternehmung im In- oder Ausland ihren Standort wählen soll; vor allen Dingen bei einer Zweiteilung der kaufmännischen und der technischen Seite der Unternehmung).

Regionale Standortwahl (hierbei geht es um die Frage, innerhalb welcher Region bzw. Stadt der Standort zu wählen ist).

Lokaler Standort (innerhalb dieser Region bzw. Stadt ist nun der optimale Standort zu bestimmen).

Innerbetriebliche Standortwahl

Abb. 2.4 gibt einen Überblick über die Standortarten und verdeutlicht ihre Zusammenhänge.

Standortlehre

Die Standortlehre befasst sich mit der theoretischen Behandlung des Standortes sowie der Auswahl durch den Unternehmer; betrachtet wird dies dabei vorwiegend aus betriebswirtschaftlicher und volkswirtschaftlicher Sicht.

Standortwirkungslehre

Hierbei ist der Standort gegeben und gesucht wird die Zusammensetzung des optimalen Produktionsprogramms. Von den älteren Standortlehren ist die von Thünen zu nennen, der unter Berücksichtigung der Überbrückung von räumlichen Distanzen die Frachtkosten als entscheidendes Kriterium für eine Standortwahl gesehen hat (eindimensional).

Standortbestimmungslehre

Hierbei ist das Produktionsprogramm gegeben und gesucht wird der optimale Standort. Die Standortbestimmungslehre stellt insofern eine Weiterentwicklung der Standortwirkungslehre dar, da hierbei mehrere Einflussfaktoren gemäß ihrer Gewichtung Eingang in die Entscheidungen finden. Insbesondere ist hierzu die Theorie von Weber zu nennen; er unternahm erste Schritte zu einer allgemeinen Standortbestimmungslehre, indem er versucht, einen Transportkostenminimalpunkt zu bestimmen und andere Einflussgrößen zu agglomerieren. Über die Art und Weise des Einflusses anderer Einflussfaktoren konnte er daher nur modellhafte Annahmen treffen, insbesondere wurden von ihm nur die Kostenbestandteile einer Standortentscheidung untersucht. Diese Betrachtungsweise der Kostenbetrachtung ohne gleichzeitige Berücksichtigung der Erlösseite wurde von Behrens aufgegeben und durch eine empirisch-realistische Standortlehre abgelöst.

Der Systematisierungsversuch von Behrens verdeutlicht die Überlegungen, dass bei der Entscheidung für einen optimalen Standort sowohl die Kostenseite als auch die Ausbringungsmenge zu berücksichtigen sind. Die Komplexität der zu berücksichtigenden Faktoren verdeutlicht gleichzeitig die Unzulänglichkeiten bisheriger Standortlehren. Abb. 8 zeigt das Standortfaktorenschema nach Behrens. Gleichzeitig zeigt dieses Schema, dass die simultane Berücksichtigung aller Einflussgrößen bei der Entscheidung für einen Standort häufig ein unlösbares Problem darstellt bzw. die Kosten für die Informationsbeschaffung häufig in keinem Verhältnis zum Ertrag stehen können.

Bestimmungsfaktoren für die Standortwahl

Im Folgenden werden die wichtigsten Entscheidungskriterien für eine Standortwahl dargestellt; von Bedeutung sind diese Faktoren im Besonderen für die regionale, lokale und innerbetriebliche Standortentscheidung.

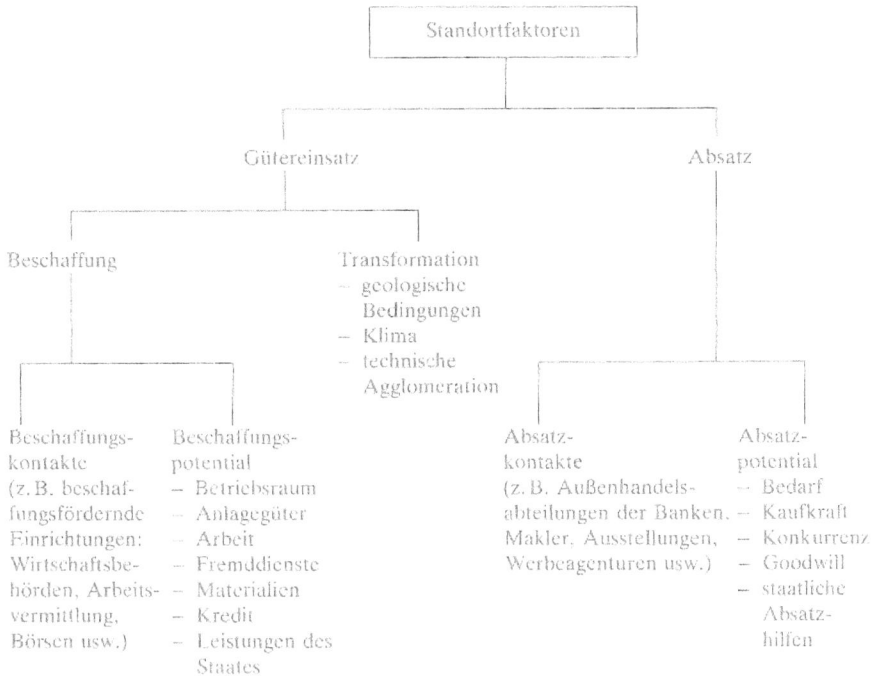

Abb. 2.5   Systematik der Standortfaktoren

Die Material- bzw. Rohstofforientierung

Hierbei findet eine Gewichtung der Entscheidungsfaktoren in der Form statt, dass die Transportkosten zur Beschaffung der in der Produktion benötigten Roh-, Hilfs- und Betriebsstoffe als ausschlaggebendes Kriterium für die Wahl eines Standorts herangezogen werden. Einen rohstofforientierten Standort haben meist Unternehmungen, die in der Produktion einen hohen Verlust an Rohmaterialien aufweisen; je höher nun diese Verlustmenge ist, desto stärker gewinnen Standorte, die in der Nähe der Förderung dieser Rohmaterialien liegen, an Bedeutung.

Die Unterscheidung in Gewichtsverlustmaterialien und in Reinmaterialien ist dabei für die Entscheidungsfindung von Bedeutung. Erstere sind dabei für Unternehmungen von Bedeutung, die mehrere Produkte herstellen; entscheidend für den Standort der Unternehmung ist dann die Rohstoffquelle des Stoffes, der das höchste Gewicht aufweist und gleichzeitig die größte Schwundquote hat. Werden zum Beispiel zur Herstellung eines Endproduktes Erze verwendet, wird die Wahl für den Standort maßgeblich durch den Eisengehalt im Erz bestimmt. Die Orientierung der Standorte nach Rohstoffen hat zur Bildung von Ballungszentren geführt, wie dem Ruhrgebiet; nach der Errichtung von Stahlindustrien (Fundstellen der Kohle) folgten Hüttenwerke, Walzwerke etc.

Die so entstehenden Ballungszentren führen dazu, dass andere Unternehmungen, die nicht rohstofforientiert sind, sich ebenfalls in diesen Gebieten niederlassen, um z.B. Zulieferer oder Abnehmer zu sein.

Als quantitative Größe für die Bedeutung eines rohstofforientierten Unternehmens ist die Größe Materialindex anzusehen; sie stellt eine Verhältniszahl dar, in welcher das Gewicht des Eingangsmaterials ins Verhältnis zum Gewicht des Endprodukts gesetzt wird.

Je größer nun dieser Materialindex ausfällt, desto höher sind die Kosten der Rohstofftransporte und desto stärker ist die Rohstofforientierung als Entscheidungskriterium bei der Wahl eines Standortes heranzuziehen.

Arbeitsorientierte Standorte

Die Arbeitsorientierung einer Unternehmung bezüglich des optimalen Standorts kann sich zum einen nach dem Arbeitskräftepotential eines nationalen bzw. lokalen Standorts richten, zum anderen nach den Lohnkosten. Letztere lassen auch internationale Standortüberlegungen aufkommen, insbesondere in Ländern der Dritten Welt, zu denen im Vergleich zu hochindustrialisierten Ländern ein großes Lohnkostengefälle besteht. Auch für rohstofforientierte Unternehmungen bieten u. U. Standorte in außereuropäischen Ländern günstige Produktionsmöglichkeiten.

Standortüberlegungen, welche die Orientierung nach den vorhandenen Arbeitskräften ausrichten, haben folgendes zu bedenken: In bestimmten Industriezentren ist die Konzentration an Unternehmungen so hoch, dass häufig nur noch die Möglichkeit bleibt, den Standort in weniger dicht besiedelten Gebieten zu suchen; diese Verlagerungen - zum Beispiel von Lagerstätten - bringen nun Probleme mit sich, die in der Infrastruktur des jeweiligen Gebietes liegen (Schulen, Verkehrsanbindungen). Spezialisierte Unternehmen haben darüber hinaus das Problem, dass Fachkräfte nur in bestimmten Regionen eines nationalen Standorts zu finden sind (z.B. feinmechanische und optische Industrien); diese Orientierung am vorhandenen Arbeitskräftepotential erfordert dann u.U. höhere Kosten bei der Lösung des Transportproblems. Das Land Berlin ist ein Beispiel dafür, dass starke monetäre Anreize geboten werden, um die notwendigen Fachkräfte für einen Arbeitsplatz in Berlin zu gewinnen; diese Leistungen sind zwar nicht von den einzelnen Unternehmungen zu tragen, bedingen sich jedoch gegenseitig bei der Entscheidung für einen Standort in Berlin (auf steuerliche Vorteile wird an späterer Stelle eingegangen).

Auch hier wird deutlich, dass diese Vorteile eventuell durch höhere Transportkosten kompensiert werden können und dass eine sorgfältige Abwägung aller Einflussfaktoren nötig ist.

Energieorientierte Standorte

Eine Orientierung nach vorhandenen und auszunutzenden Energiequellen spielt heute bei Standortentscheidungen keine allzu große Rolle mehr; lediglich Flüsse und Seen bieten sich an für den Betrieb von Kraftwerken. Zumeist sind jedoch diese Standorte aus Gründen der mangelnden Verkehrsdichte und Erschließung nicht als günstig zu bezeichnen.

Abgabenorientierte Standorte

Hierbei handelt es sich in erster Linie um steuerliche Einflussgrößen, die auf die Wahl eines lokalen Standorts einen Einfluss haben.

Man könnte vermuten, dass sich bei nationalen Standortentscheidungen diese Einflussgröße neutralisiert, da einheitliche Steuergesetze dazu führen müssten, dass lokale Standortentscheidungen unter diesem Gesichtspunkt als gleichrangig zu werten sind.

Nun hat aber die Besteuerung einer Unternehmung durchaus nicht diesen einheitlichen Charakter; dies liegt zum einen daran, dass der Staat mit Hilfe der Steuergesetze und seiner Steuerpolitik eine bestimmte Standortpolitik betreibt, gerade in den Regionen, in denen zwar genügend Arbeitskräftepotential besteht, in denen aber zum Beispiel die Industrialisierung noch kaum oder wenig vorangeschritten ist. In diesem Fall kann durchaus die steuerliche Vergünstigung für eine Unternehmung die höheren Transportkosten überkompensieren.

Zum anderen ist ein steuerliches Gefalle im Bereich der Bundesrepublik Deutschland aufgrund unseres föderalistischen Systems nicht zu vermeiden und das Prinzip der Gleichmäßigkeit der Besteuerung nicht einzuhalten. Eine Aufteilung der Finanzhoheit und der Verteilung der Steuerabgaben auf Bund, Länder und Gemeinden lassen unterschiedliche Steuerbelastungen für die Unternehmung deutlicher werden. Die Ermessensspielräume der Länder bei der Erhebung und Festlegung von Steuerbelastungen -und im engeren Sinne auch der Gemeinden - lassen durchaus eine konkurrierende Situation auftreten; erinnert sei nur an die unterschiedliche Höhe der Hebesätze zur Ermittlung der zu zahlenden Gewerbesteuer, die von den einzelnen Gemeinden selbsttätig festgelegt werden können.

Neben diesen steuerlichen Anreizen werden den Unternehmungen vereinzelt Grundstücke zu sehr günstigen Konditionen, in Extremfällen sogar kostenlos zur Verfügung gestellt, da Teile des zu zahlenden Steueraufkommens unmittelbar den Gemeinden zufließen (z. B. die Gewerbesteuer).

Zusammenfassend lassen sich drei Gruppen steuerlicher Einflussfaktoren auf die unternehmerische Standortentscheidung festhalten:

- Durch das jeweilige Steuersystem als solches bedingte Differenzierungen
- Steuerdifferenzierungen aufgrund unseres föderalistischen Systems
- Steuerdifferenzierungen, die durch aktive Einflussnahme des Staates mit Hilfe seiner Steuerpolitik zustande kommen.

Ein typisches Beispiel für die erste Gruppe ist die unterschiedliche Ermittlungsmöglichkeit der Gewerbesteuer; es besteht zwar eine einheitliche gesetzliche Regelung im GewStG, es wird aber ausdrücklich bestimmt, dass die Gemeinden ein frei zu handhabendes Heberecht besitzen.

Die Höhe der Gewerbesteuer richtet sich dabei nach dem Gewerbeertrag, dem Gewerbekapital; jeder Gewerbebetrieb unterliegt nach § 2 GewStG der Gewerbesteuer.

Gewerbeertrag: Der Gewerbeertrag ist der Gewinn aus dem Gewerbebetrieb; hierzu kommen einzelne Zuschlags- bzw. Abzugsmöglichkeiten, die im Einzelnen im GewStG geregelt sind (z. B. Zinsen für Dauerschulden bzw. Gewinnanteile bei anderen Gesellschaften).

Die zweite Gruppe steuerlicher Einflussfaktoren auf die unternehmerische Standortwahl besteht darin, dass Länder und Gemeinden unterschiedliche Ermessensspielräume besitzen, um steuerliche Forderungen festzusetzen; es handelt sich hier also um staatliche bzw. kommunale Subventionsmaßnahmen, die eine steuerliche Erleichterung für die Unternehmung bis hin zu einem völligen Erlass von Steuern reichen können. Als Beispiel sei wiederum Berlin genannt: im Jahre 1979 wurde hier die Lohnsummensteuer abgeschafft als ein steuerlicher Anreiz, neben großzügigen Möglichkeiten der Abschreibung für Anlagegüter. Ähnliche Vergünstigungen wurden auch für die Gebiete entlang der Grenze zur Deutschen Demokratischen Republik, sog. Zonenrandgebiete, gewährt.

Die dritte Gruppe steuerlicher Vergünstigungen überschneidet sich zum Teil mit der zweiten; hierbei soll durch aktive staatliche Steuerpolitik gleichzeitig eine Standortpolitik zur Benachteiligung strukturschwacher Gebiete erreicht werden.

Dieser Steuerungseffekt kann jedoch sehr an Wirksamkeit einbüßen, wenn man bedenkt, dass durch bestehende Industriezentren und einer somit praktizierten Arbeitsteilung der Unternehmungen nur schwer andere Anreize signalartigen Charakter besitzen.

Verkehrsorientierte Standorte

Eine Standortprüfung unter verkehrsorientierten Gesichtspunkten sollte die gesamte Verkehrssituation eines Gebietes zu berücksichtigen versuchen.

Die Verkehrsorientierung als Standortfaktor spielt vor allem bei transportabhängigen Unternehmungen eine große Rolle und besitzt somit auch ein stärkeres Gewicht gegenüber anderen konkurrierenden Standortfaktoren. Die Unternehmung wird versuchen, ihren größten kostenverursachenden Faktor - die Transportkosten - möglichst niedrig zu halten und daher insbesondere die Verkehrslage und die Verkehrsverbindungen möglicher Standortalternativen zu berücksichtigen. Der optimale Standort ist dort gegeben, wo er am günstigsten zu den Abnehmern liegt und wo gute Verkehrsverbindungen bestehen; insbesondere bei den in jüngster Zeit zu beobachtenden Ansiedlungen von Unternehmen am Rand eines Wohngebietes, sei es dass hier die Grundstückspreise günstig sind oder dass der Bebauungsplan ein solches vorsieht, kann es zu Verkehrsproblemen kommen, wenn diese Gebiete nicht ausreichend erschlossen sind.

Eine Möglichkeit, bei der Ermittlung des optimalen Standorts möglichst die wichtigsten Einflussgrößen zu erkennen, ist die Berechnung der Frachtempfindlichkeit; es handelt sich dabei um eine zu errechnende Vergleichszahl, die besagt, wie einzelne Produkte auf die Frachtkosten reagieren. Bei einer Berechnung der Frachtempfindlichkeit geht man von den Größen Gewicht, Wegstrecke und den Kosten für das zu befördernde Gut aus,

Ein Vergleich der Frachtempfindlichkeiten der Produkte A und B ergibt, dass das teuere Produkt B weniger empfindlich auf die Frachtkosten reagiert als das billigere Produkt A.

Als Erkenntnis für die Wahl des richtigen Standorts ergibt sich für die Produktion von billigen Gütern eine besondere Beachtung der optimalen Kombination aller Einflussfaktoren, um die Transportkosten möglichst niedrig zu halten.

Absatzorientierte Standorte

Entscheidendes Gewicht bei der Beurteilung von Standorten absatzorientierter Unternehmungen gewinnen die Vertriebskosten. Diese Unternehmungen sind häufig nicht auf ganz bestimmte Rohstoffe angewiesen bzw. können diese überall erhalten; eine Orientierung nach den Abnehmern (Konsumenten) ist daher sinnvolles Kriterium.

Entscheidend sind diese Aussagen für Einzelhandels- bzw. Großhandelsbetriebe; eine direkte Ansiedlung am Ort des Absatzes hat eine schnelle Reaktion auf Abnehmerwünsche zur Folge und eine ebenso schnelle Reaktionsmöglichkeit auf eventuelle Spezialwünsche.

Gerade bei Einzelhandelsunternehmungen ist es von großer Bedeutung, den Standort unter Berücksichtigung des angebotenen Leistungsprogramms zu wählen. Konkurrenz suchend werden nur diejenigen Unternehmen ihre Standortwahl treffen, die ein sehr enges Sortiment anbieten (z.B. Möbelhändler). Die Konkurrenz meiden werden hingegen die Unternehmen, die Produkte in einem breiten Sortiment anbieten und somit auch eine große Zahl von Abnehmern (Kunden) ansprechen.

Sonstige Einflussfaktoren

Neben den oben behandelten Größen, die einen Einfluss auf die Standortwahl ausüben, sollen kurz noch weitere wichtige Faktoren genannt werden:

Umweltpolitische Gesichtspunkte, klimatische Gesichtspunkte, bautechnische und raumordnungspolitische Überlegungen.

Zum Abschluss sollen einige ausgewählte Grundsätze zur Strukturpolitik des Bundeswirtschaftsministeriums - sog. Mittelstandspolitik - genannt werden, die zeigen, welche Bedeutung diesem Problemkreis beigemessen wird.

Leistungsfähige Klein- und Mittelbetriebe in Industrie, Handwerk, Handel und dem Dienstleistungsbereich sind ein notwendiger Bestandteil einer freiheitlichen Wirtschaftsordnung; in unserem Wirtschaftssystem der Marktwirtschaft müssen sich daher leistungsfähige Unternehmungen verschiedener Größenklassen behaupten können.

Der Staat muss die wirtschafts- und ordnungspolitischen Voraussetzungen für einen aktiven Leistungswettbewerb schaffen. Gesamtwirtschaftliches Interesse gebietet, Wettbewerbshindernisse abzubauen, die Anpassung an den wirtschaftlichen und technischen Wandel zu erleichtern. Wettbewerb darf dabei nicht durch Absprachen oder abgestimmte Verhaltensweisen behindert bzw. außer Kraft gesetzt werden.

Eine leistungssteigernde Kooperation kleiner und mittlerer Unternehmungen ist allerdings zu fördern. Den Erfordernissen kleiner und mittlerer Unternehmungen ist im Rahmen der Gesetzgebung Rechnung zu tragen; an öffentlichen Aufträgen sind kleine und mittlere Unternehmungen angemessen zu beteiligen. Zur Durchführung struktur-, politisch wichtiger Investitionsvorhaben (z.B. neue Standortsuche) sind kleinen und mittleren Unternehmungen zinsgünstige Finanzierungsmittel zur Verfügung zu stellen. Technisches und ökonomisches Wissen muss leichter zugänglich gemacht werden, ebenso ist der Verbesserung der Qualifikation der Betriebsinhaber (z.B. durch Betriebsberatungen) große Aufmerksamkeit zu schenken. Strukturpolitische Maßnahmen sollen grundsätzlich als ergänzende Maßnahmen verstanden werden und keinesfalls zur Konservierung bestehender (überholter) Strukturen führen.

Abb. 2.6 gibt einen zusammenfassenden Überblick über die wichtigsten Einflussgrößen, die bei der Wahl eines Standortes berücksichtigt werden sollten.

Verfahren der Standortbestimmung

Neben der Analyse und Systematisierung aller bei einer Standortentscheidung relevanten Einflussfaktoren stellt sich nach diesem Schritt die Gewichtung und Bewertung aller Faktoren.

Es wurde eine Reihe mathematischer Modelle und Rechenverfahren entwickelt, die jedoch in der Praxis recht unterschiedlichen Anklang gefunden haben. Allgemein kann die Aussage getroffen werden, dass, je umfangreicher und komplexer ein Modell ist - im Sinne der Berücksichtigung von möglichen Einflussfaktoren -, desto skeptischer diesen Verfahren begegnet wird. Im Folgenden nun eine Klassifizierung von möglichen Modellen und anschließend eine Darstellung einiger ausgewählter Rechenmethoden zur Standortbestimmung:

- Partial- und Totalmodelle
- lineare und nicht lineare Modelle
- statische und dynamische Methoden
- stochastische und spieltheoretische Modelle
- analytische und heuristische Modelle

Die Kostenvergleichsrechnung

Hierbei handelt es sich um eine einfache statische Rechenmethode, die ohne größren Aufwand angewandt werden kann, die allerdings auch nur wenige Einflussfaktoren, insbesondere die Kosten alternativer Standorte, berücksichtigen kann.
Wie bereits angedeutet, ist diese Methode mit gewissen Unzulänglichkeiten behaftet; die zur Berechnung erforderlichen Größen sind häufig nur durch Schätzungen zu ermitteln, und ferner sind durch eine statische Betrachtungsweise zukünftige Veränderungen nicht berücksichtigt. Der Aussagewert einer solchen Rechnung besitzt daher nur für einen begrenzten Zeitraum Gültigkeit.

Gegebenheiten | Abgabeorientierung

- natürliche und tech-
nische Gegebenheiten
(z. B. Klima)
- Lage an Autobahn,
Fluß, Bahn, Flug-
platz
- Vorhandensein
mehrerer Betriebe

- zwischenstaatliches
Steuergefälle
- innerstaatliches
Steuergefälle
(Untersch. Ge-
werbesteuer, Lohn-
summensteuer
ja/nein. Steuer-
vergünstigungen)

Materialorientierung

(Rohstoffe)

- Lassen die zu be-
schaffenden Güter
einen Transport
zu?
- Transportkosten
- Transportzeit
- Beschaffungszeit
- Transportempfind-
lichkeit

(Verkehr)
- Lage zu den
Lieferanten
- Lage von Natur-
schätzen

Energieorientierung

- Energieversorgung
- Energiekosten

Arbeitsorientierung
(Personal)

- Lohnniveau
- Arbeitskräftemarkt
- Angebot von
Spezialarbeits-
kräften

Umwelt

Betrieb

Beschaffung → Produktion → Absatz

Innerbetrieblicher Standort
- min. Durchlaufzeiten
- min. Transportkosten
- gegenseitige Störung
bestimmter Werkstätten
- Absatz- und Warteprobleme
in Kaufhäusern

Sonstiges

- Zinskosten
- Bau- und Boden-
kosten

Absatzorientierung

(Produkte)

- Konsumgewohn-
heiten
- Lage zur
Konkurrenz
a) Agglomeration
b) Deglomeration
- Absatzkosten
- Absatzzeit
- Ausdehnung des
Absatzgebietes
- Stadtrand oder
City für Handel

(Verkehr)

- Lage zum
Abnehmer

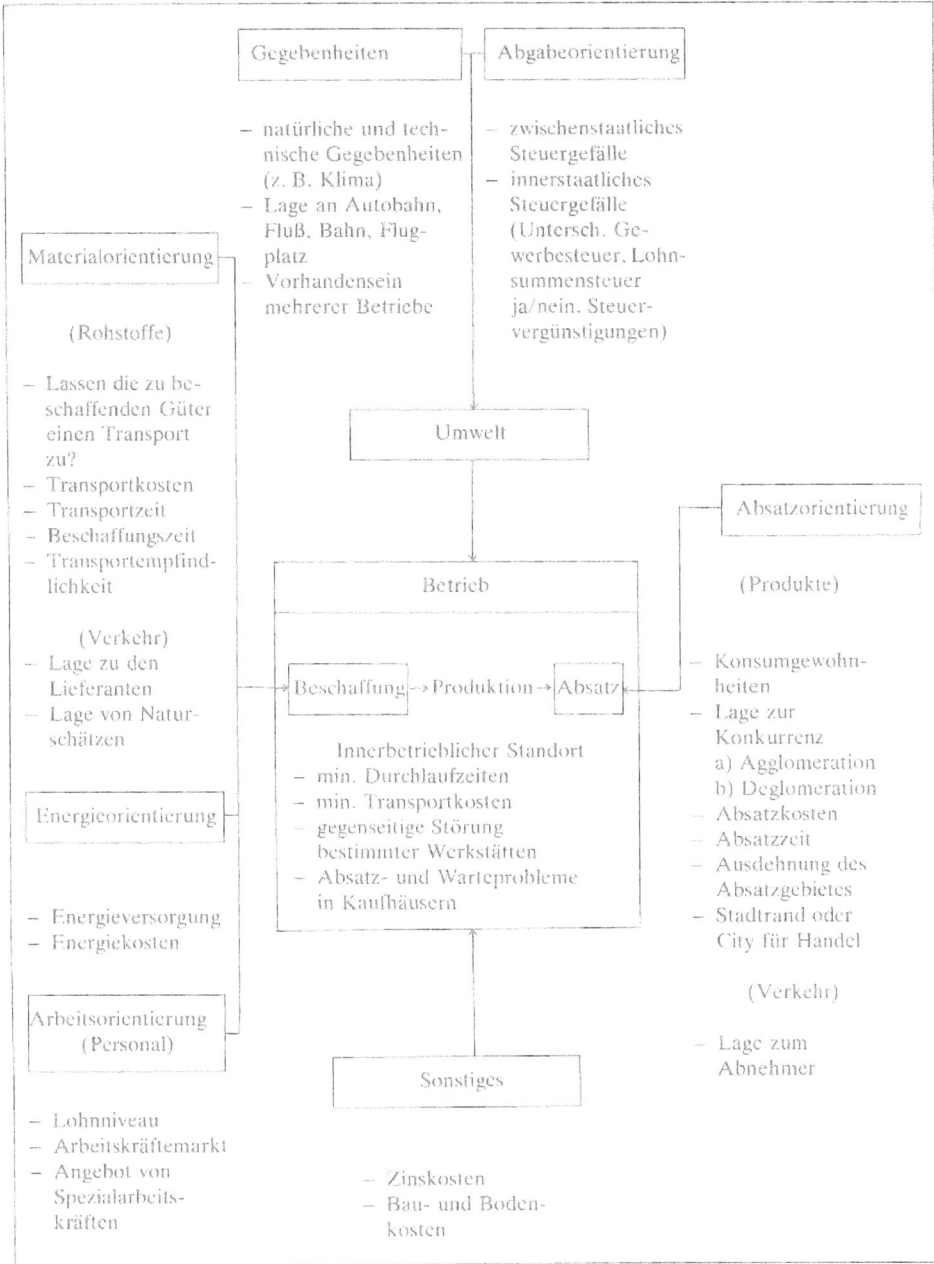

Abb. 2.6   *Einflussgrößen auf die Standortentscheidungen einer Unternehmung*

Der Standortfaktorenkatalog

Der Standortfaktorenkatalog wird allgemein den heuristischen Verfahren zugerechnet, d. h. der Entscheidungsträger muss bei den einzelnen Standortfaktoren gewichtend eingreifen und seine Erfahrungen einbeziehen.

Dies geschieht meist in Form einer Check-List, in welcher die relevanten Standortfaktoren aufgelistet und mit Punkten gewichtet werden. Trotz der Zuhilfenahme von Ergebnissen empirischer Untersuchungen bei der Zusammenstellung des Standortfaktorenkataloges sind Standortentscheidungen in erheblichem Umfang von unvollkommenen bzw. unsicheren Informationen begleitet.

Vom Deutschen Industrie- und Handelstag wurde speziell für Einzelhandelsunternehmungen eine Prüfliste auf verschiedene Einzelhandels-Branchen und Standortlagen zusammengestellt; die Fragen gelten sowohl für bestehende als auch für geplante Unternehmungen.

Zum Abschluss dieses Kapitels soll eine Fallstudie stehen; es handelt sich um ein materialintensives Unternehmen, so dass insbesondere die Transportkosten eine entscheidende Rolle spielen.

Der Entscheidungsprozess bei einer Standortwahl

In dem vorliegenden Fall handelt es sich um eine Tochterunternehmung eines großen Konzerns, die kosmetische Artikel herstellt.

Aus verpackungstechnischen Gründen (Werbewirksamkeit, Transportsicherheit) nehmen die Fertigprodukte und Verpackungsmaterialien einen sehr großen Lagerplatz ein, der sich mit den Rohmaterialien und Halbfertigprodukten auf 50% der gesamten Nutzungsfläche beläuft. Die übrigen 50% teilen sich je zur Hälfte die Verwaltung und die Labors.

Die Unternehmung besitzt außerdem einen 15 km entfernten Nebenbetrieb, in dem das zentrale Fertiglager untergebracht wurde. Somit entstehen der Unternehmung erhebliche „innerbetriebliche" Transportkosten.

Kapazitätsberechnungen ergaben, dass es in absehbarer Zeit zu einem Engpass in der zu nutzenden Fläche kommen wird. Es wurde daraufhin ins Auge gefasst, auf dem Grundstück des Hauptbetriebes ein altes, wenig genutztes Gebäude abzureißen und einen mehrgeschossigen Neubau zu errichten.

Aufgrund der eingeschlagenen aggressiven Absatzpolitik jedoch — wodurch die Absatzquoten, besonders einer Produktgruppe, und folglich auch die benötigten Produktions- und Lagerkapazitäten beträchtlich stiegen rückte der Zeitpunkt der völligen Auslastung der zur Verfügung stehenden Nutzfläche in bedenkliche Nähe.

Die Geschäftsleitung war sich durchaus im Klaren darüber, dass die jetzt zu treffende Entscheidung über die Kapazitätserweiterung einen langfristigen Einfluss auf die Leistungsfähigkeit der Unternehmung haben würde. Die Aufgabe der durchzuführenden detaillierten Kapazitätserweiterungsstudie musste es sein, die genauen Anforderungen an die Größe, Gestaltung und Einrichtung des neu zu errichtenden Gebäudes zu ermitteln.

Nachdem der Kapazitätsbedarf für die einzelnen Jahre festgestellt wurde - innerhalb dessen sich herausstellte, dass sich bei einer Produktgruppe die Fehlmenge auf 74% im Hinblick auf die erwartete Nachfrage belaufen würde und sich insgesamt eine Produktionslücke in Höhe von 38 % der erwarteten Nachfrage ergeben würde — konnte mit der Ermittlung des zusätzlichen Raumbedarfs begonnen werden. Es wurde — unter Berücksichtigung der Kriterien Herstellungs-, Abfüllungs- und Verpackungsspezifika, Platzbedarf, Lagerfähigkeit, Lagerdauer sowie zusätzlich benötigte Büroräume, Laboratorien, Pausenräume und sonstige Nebenräume - ein zusätzlicher Flächenbedarf in Höhe von 4000 qm ermittelt.

Längerfristig wurde - zusätzlich zu den 4000 qm - ein Flächenbedarf von 5000 qm errechnet. Zusätzlich zeigte sich, dass für eine wichtige Produktgruppe eine weitere Abfüll- und Verpackungslinie in Betrieb genommen werden muss.

Die Ergebnisse der Kapazitätserweiterungsstudie ließen sofort erkennen, dass die ursprünglich ins Auge gefasste Lösung des Kapazitätsproblems nicht realisiert werden konnte. Selbst bei fünfgeschossiger Bauweise hätte der Erweiterungsbau auf dem Grundstück des Hauptbetriebes nur eine Nutzfläche von 3200 qm erbracht, also lediglich 80% des errechneten zukünftigen Bedarfs. Hinzu kam, dass der kostenintensive Nebenbetrieb unter diesen Umständen erhalten bleiben musste.

Das anfänglich begrenzte Problem der Schaffung neuer Produktions- und Lagerkapazitäten weitete sich durch das Verwerfen der ursprünglich vorgesehenen Lösung zu der wesentlich umfassenderen Suche nach einem geeigneten Standort für den Neubau eines Zweigbetriebes aus.

Die Suche nach naheliegenden Alternativen

Mit der Veränderung der Entscheidungsaufgabe modifizierten sich auch die Zielvorstellungen der Geschäftsleitung. Priorität erhielten folgende Kriterien:

1. Die Verwirklichung einer für den optimalen Ablauf des Produktions-, Abfüllungs- und Verpackungsprozesses notwendigen eingeschossigen Bauweise;
2. die Berücksichtigung der zu erwartenden Umsatzsteigerungen;
3. die Möglichkeit zur Zentralisierung des gesamten Produktions- und Lagerbetriebes an einen Standort.

Ausgegangen wurde nunmehr von der Gesamtnutzfläche, die auf 20000 qm mit 17000 qm bebaubarer Fläche festgelegt wurde. Unter Berücksichtigung baupolizeilicher Vorschriften und ausreichender Zufahrtswege und Codefläche ergab sich ein Bedarf an Fläche in Höhe von 30000 qm, zu der eine Toleranz von 15000 qm hinzugerechnet wurde, so dass 45 000 qm bzw. 50 000 qm als Basis angesehen werden konnten.

Alternative 1 bestand in dem Erwerb des Nachbargrundstückes, so dass Haupt- und Nebenbetrieb eine Einheit gebildet hätten. Eine Reihe von unbefriedigenden Eigenschaften führte schließlich zur Ablehnung dieser Alternative:

1. Die vorhandene Bebauung mit Wohnhäusern bringt unverhältnismäßig hohe Kosten für den Abriss der Häuser mit sich, außerdem würde der Mieterkündigungsschutz den geplanten Produktionsbeginn verschieben;
2. die Nutzfläche von nur 45 000 qm hätte zu mehrgeschossiger Bauweise geführt und man hätte so die optimale Gestaltung des Produktions- und Verpackungsprozesses nicht verwirklichen können;
3. der benötigte Flächenzuwachs wäre nur mittelfristig gesichert; der Zukauf weiterer Nachbargrundstücke ist nicht möglich;
4. zu hohe Kosten zum Erwerb des Grundstücks.

Alternative 2 ergab sich aus der Bindung der Unternehmung zum Mutter-Konzern: Ein günstig gelegenes Grundstück im gleichen Ort könnte zu einem sehr niedrigen Buchwert erworben werden.

Dass auch diese Lösungsalternative abgelehnt wurde, ist auf die gleichen Gründe wie oben zurückzuführen. Die Suche nach Alternativen musste somit erweitert werden.

Die Suche nach weiteren Alternativen war dadurch charakterisiert, dass hinsichtlich der geographischen Lage des neuen Standortes völlige Offenheit bestand, d.h. das gesamte Bundesgebiet in die Suche eingeschlossen war.

Als erster Schritt wurde die Eignung größerer Wirtschaftsräume geprüft. Entscheidungskriterium war hierbei, unter Berücksichtigung einer Reihe von Nebenbedingungen, der zu maximierende Gewinn. Die dabei zu minimierenden Kosten wurden gewichtet und gingen als Zielkriterien in den Entscheidungsprozeß ein.

An der Spitze der Kostenhierarchie standen die Transportkosten und somit mittelbar die regionale Absatzverteilung. Man wählte als geographische Bezugspunkte die 25 schon bestehenden Auslieferungslager und filtrierte aus diesen die vier günstigsten Lagerorte.

Sodann wurde für jeden der vier Orte eine volle Kostenberechnung der geschätzten Transportkosten durchgeführt, was zur Ablehnung von zwei Alternativen führte.

Als weiteres Auswahlkriterium wurden die standortabhängigen Lohnkosten mitein-bezogen, woraus sich ergab, dass bei einer Alternative die Ersparnisse bei den Transportkosten durch die höheren Lohnkosten neutralisiert wurden.

Zusätzliches Kalkül war die Bereitschaft der Mitarbeiter, in den neuen Standortbereich umzuziehen, was schließlich zur Entscheidung für eine Alternative führte.

Die Entscheidung für einen bestimmten geographischen Bereich implizierte daraufhin eine Detailsuche innerhalb der gewählten Alternative. Wiederum musste die Suchstrategie geändert und eine neue Liste von Bewertungskriterien aufgestellt werden.

In Anbetracht der gespannten Arbeitsmarktlage im Stadtgebiet wurde der Neubau des Betriebes auf einer „grünen Wiese" beschlossen.

In dieser Phase des Entscheidungsprozesses sah sich die Geschäftsleitung zu einer Änderung in der generellen Planung für die Kapazitätserweiterung veranlasst: da sich nach der Abwägung aller für relevant gehaltenen Einflussfaktoren der Wirtschaftsbereich als am günstigsten für den neuen Standort erwiesen hatte, in dem sich auch der gegenwärtige Hauptbetrieb der Unternehmung befand, bot sich nun als weitere Lösungsalternative der Bau einer Satellitenfabrik an. Konkret hieße das, dass die gesamte Verwaltung einschließlich der Labors sowie ein Teil der Produktion im Hauptbetrieb verblieben, wogegen die übrigen Produktionsstätten sowie das zentrale Fertiglager ausgegliedert würden. Der neue Nebenbetrieb könnte wegen seiner geringen Entfernung vom Hauptbetrieb aus gesteuert und kontrolliert werden und somit die Kostenbelastung einer doppelten Betriebsführung entfallen.

Nach dieser Vorentscheidung war der Lösungsbereich soweit eingeschränkt, dass mit der systematischen Suche nach dem bestgeeigneten Grundstück begonnen werden konnte.

Bewertungskriterien	Alternativenausprägungen				
	A	B	C	D	E
Arbeitsmarktsituation	befriedigend	gut	befriedigend	befriedigend	gut
Entfernung vom Hauptbetrieb	20 km	60 km	50 km	30 km	30 km
Innerbetriebliche Transportkosten [TDM/Jahr]	140	300	300	200	200
Transportkosten zu Auslieferungslägern [TDM/Jahr]	760	835	815	820	790
Grundstücksgröße	50 000 qm	54 000 qm	50 000 qm	55 000 qm	55 000 qm
Gestalt und Aufschließungsgrad des Grundstücks	gut	gut	gut	gut	gut
Gleisanschluß	ja	ja	nein	nein	ja
Bevölkerungsentwicklung der Gemeinde bis 1975 [Tausend Einwohner]	180–230	13–20	18–25	42–50	24–30
Kaufpreis des Grundstücks [TDM]	2500	220	450	660	790
Anlernhilfen [fixer B.]	nein	ja	ja	ja	ja
Investitionshilfen [fixe Beträge]	ja	ja	ja	ja	ja
Darlehen für 7 Jahre [3,5%]	nein	ja	ja	ja	ja

Abb. 2.7 Alternativenmatrix des Entscheidungsprozesses für eine Standortwahl

Latente Problemsituation, Planung einer
Routinelösung

Ermittlung von Zielen und Nebenbedingungen, Ableitung von Bewertungskriterien und Prioritäten

Annahme

Bewertung der Routinelösung,
Entscheidung

Ablehnung

Suche nach weiteren naheliegenden
Alternativen

Annahme

Sequentielle Bewertung naheliegender
Alternativen, Entscheidung

Ablehnung

Erschöpfung d.
Alternativen

Ausweitung der Suche und neue
Abgrenzung des Lösungsraumes

Neuformulierung der Bewertungskriterien
und Prioritäten

Entwicklung einer neuen Suchstrategie
[Grobsuche]

Suche nach Lösungsbereichen, die
geeignete Alternativen enthalten

Sequentielle Bewertung der Teilbereiche,
Einschränkung des Lösungsraumes

Ablehnung

Annahme

Neuformulierung der Bewertungskriterien
und Prioritäten

Entwicklung einer neuen Suchstrategie
[Detailsuche]

Suche nach geeigneten Alternativen
im gewählten Teilbereich

Sequentielle Bewertung der
Alternativen, Entscheidung

Ablehnung

Annahme

Ende des Such- und Entscheidungsprozesses

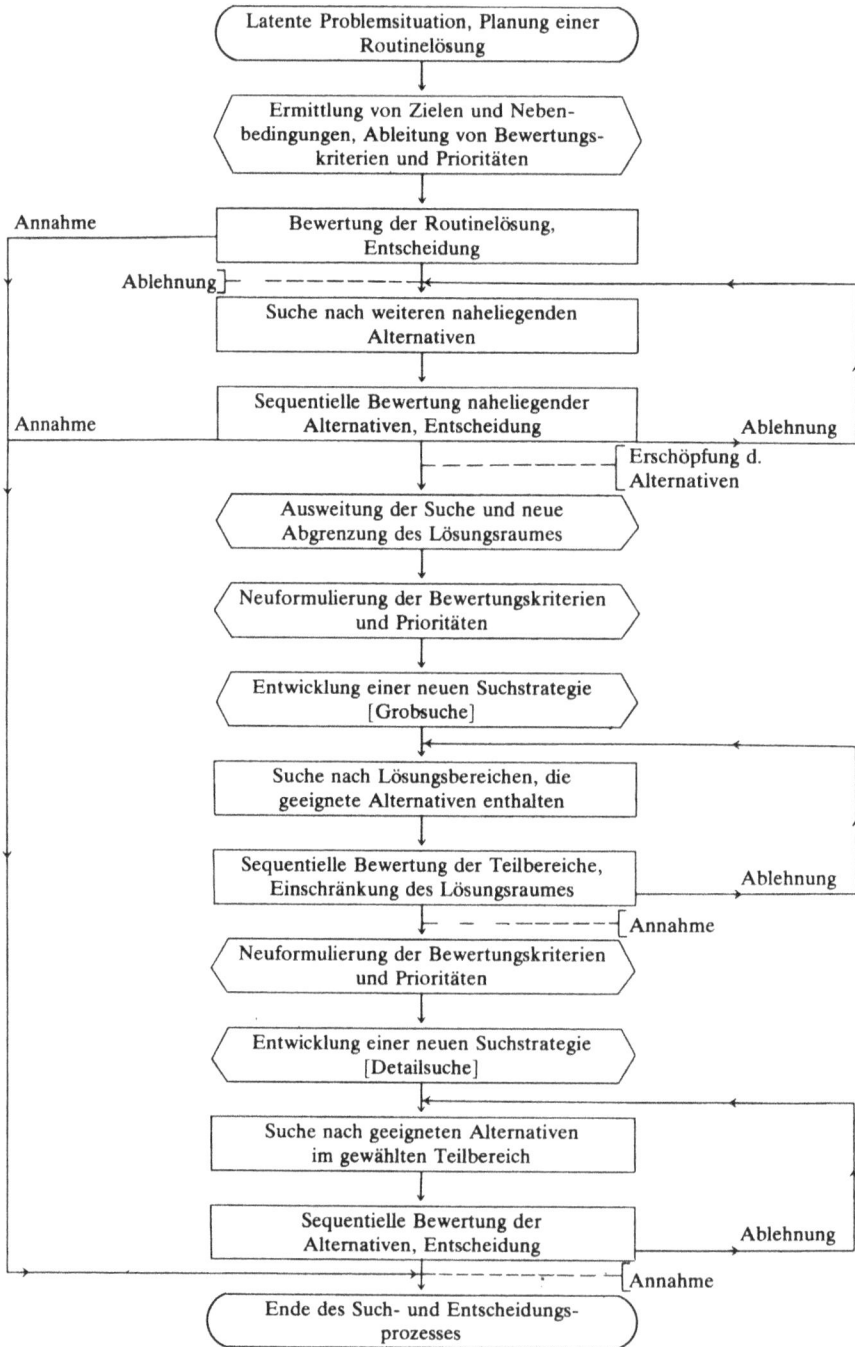

Abb. 2.8 Der Entscheidungsprozess bei einer Standortwahl (Skript alt Seite 37)

Die neu erstellte Liste von Bewertungskriterien enthielt sowohl alle relevanten Merkmale des zu beschaffenden Grundstücks als auch Minimalanforderungen und wurde in Form eines Fragebogens an die 28 in Frage kommenden Gemeinden verschickt.

Die letzten fünf in Frage kommenden Alternativen wurden in einer Matrix zusammengefasst (vgl. Abb. 2.7), wobei die relativen Vor- und Nachteile deutlich zutage traten:

1. Die Alternative A 1 zeichnete sich zwar durch ihre außerordentlich günstige Lage zum Hauptbetrieb aus, der sehr hohe Kaufpreis -zu dem noch erhebliche Kosten für Bodensanierungsarbeiten kamen - wurde dagegen als negatives Merkmal gewertet;
2. Gegen die Alternativen A 2 und A 3 erhoben sich vor allem wegen ihrer vergleichsweise großen und überdurchschnittliche Transportkosten verursachenden Entfernung zum Hauptbetrieb Bedenken;
3. Als weitere negative Faktoren wurden bei der Alternative A 3 die relativ ungünstige Situation auf dem Arbeitsmarkt sowie das Fehlen eines Gleisanschlusses verbucht;
4. Diese Nachteile waren ebenfalls mit der Alternative A 4 verbunden.

Somit verblieb die Alternative A 5, die zwar bei keinem der Auswahlkriterien die günstigste Lösung bot, jedoch als die optimale Kombination aller Kriterien angesehen wurde. Diese Entscheidung wurde später von der Konzernspitze bestätigt.

2.1.7   Einschub: Kaufmännische Begriffe

Lernende der BWL kommen nicht umhin, sich über die LVA hinaus mit weiteren Wissengebieten zu beschäftigen. Dazu gehören u.a. die auf dieser Seite aufgeführten Begriffe, die mit dem Lebenslauf des Unternehmens zu tun haben und mehr dem rechtlichen Umfeld zuzuordnen sind.

Kaufmann

Risiko (Krise der Unternehmung)

Firma

Sanierung

Handelsregister

Konkurs

Zusammenschlüsse

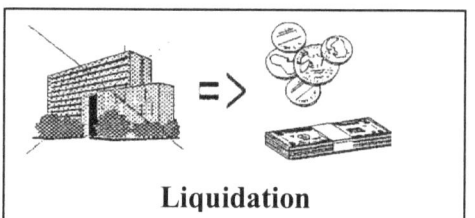

Liquidation

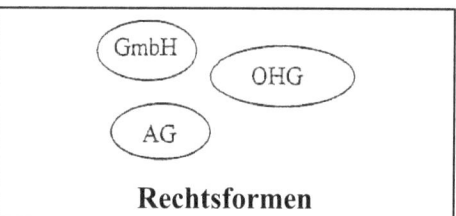

Rechtsformen

2.2 Ansätze der Betriebswirtschaftslehre

2.2.1 Mehrdimensionale Problembehandlung

Bisher hat die BWL vorwiegend aus einer jeweiligen Defizit-Situation ihre Betrachtungsgegenstände dargestellt.

Beispiel:

> In den zwanziger Jahren des letzten Jahrhunderts standen z.B. wegen inflationärer Rahmenbedingungen Bewertungsaspekte [z.B. Bilanzierungstheorien] im Vordergrund.
>
> Nach dem zweiten Weltkrieg in einem z.T. zerstörten und demontierten Umfeld waren Produktions- und Kapazitätsaspekte [z.B. Produktionstheorie] besonders wichtig.
>
> In den zunehmenden Sättigungsphasen (1960 ff) waren dann besonders Marketingaspekte [z.B. Verhaltensorientierung] gefragt.
>
> Heute angesichts struktureller Anpassungen globalen Ausmaßes sind Führungs- und Managementtheorien von großer Bedeutung.

Das heißt, die BWL konzentrierte sich eher auf einen Aspekt oder ihre Themen- und Arbeitsschwerpunkte waren jeweils eindimensional.

Dagegen versucht ein interdependenter Ansatz der BWL, sich als Teil eines gesellschaftlichen Ganzen zu sehen und damit wirtschaftliche Probleme entlang des Wertschöpfungsprozesses im Kontext zu anderen Gruppen (z.B. Konsumenten, Öffentlichkeit usw.) zu lösen.

2.2.2 Die Systemtheorie als Hilfe

Um diesem Anspruch der Mehrdimensionalität zu entsprechen, bedient sich die BWL bei der Behandlung betriebswirtschaftlicher Aufgabenstellungen der Systemtheorie.

Ein System ist eine Menge von Elementen, die miteinander in Beziehung stehen.

Die Systemtheorie charakterisiert das Unternehmensgeschehen als Prozess. Die von der BWL zu behandelnden Probleme sind Führungs- und Gestaltungsaufgaben.

Fazit:

Die Unternehmen sind ein

- künstliches,
- dynamisches / flexibles,
- hochkomplexes,
- probabilistisches (wahrscheinliches) und
- sozio-ökonomisches System.

Das Systemdenken ist inzwischen ein fester Bestandteil in der BWL. Ein Unternehmen wird daher kurz umschrieben als ein

- offenes
- zielgerichtetes
- dynamisches System (sozio-ökonomisches-technisches System).

Fragen und Hinweise:

1. Suchen Sie nach Beispielen für folgende Systeme: natürliches, offenes, geschlossenes, starres, einfaches und technisches System.
2. Bezeichnen Sie in den gefundenen Systemen wichtige Elemente und skizzieren Sie kurz die jeweiligen Beziehungen.

2.2.3   Interdependenzen

Selbst wenn es nach dem bisher gesagten einleuchtet, dass mehrdimensional gedacht und gehandelt werden soll bei der Lösung wirtschaftlicher Probleme - also im allgemeinen Sprachgebrauch 'über den Tellerrand oder Gartenzaun hinausschauen', so muss man irgendwo mal konkret anfangen, d.h. entweder den Standort oder den Blickwinkel beschreiben.

Wir wollen daher im Folgenden trennen zwischen:

1. Mengen- und
2. Wert- sowie
3. Vermögens- und Kapitalbewegungen

und diese im einzelnen nachvollziehen. Wir bedienen uns dabei zur Veranschaulichung eines sogenannten Kreislaufschemas. Das heißt: die wirtschaftliche Wirklichkeit wird in Form von Kreislaufmodellen abgebildet.

Mit der Bezeichnung 'Interdependenz' wollen wir ausdrücken, dass sich die Beziehungen zwischen den Elementen der Systeme zwangsläufig (stringent) ergeben. Das kann sich häufig in Form von Abhängigkeiten (kontrolliert und unkontrolliert) und gar Zwängen (Restriktionen) ausdrücken.

Fragen und Hinweise:

1. Überprüfen Sie die Begriffe aus Abschnitt 2.1.1 und erweitern Sie sie um Einnahmen, Ausgaben und Liquidität.
2. Machen Sie sich die Arbeitsgebiete der Geschäfts- und Finanzbuchhaltung sowie der Kosten- und Leistungsrechnung klar.
3. Kann ein rentables Unternehmen plötzlich illiquide werden?
4. Machen Sie einem Nichtkaufmann klar, warum Überschuss nicht immer Gewinn ist!

Merke:

- Bestandsgrößen: Der zu einem bestimmten Zeitpunkt (Stichtag, z.B. 31.12.) wertmäßige Bestand an Vermögen (Betriebsmittel wie Maschinen oder Werkstoffe wie Vorräte u.a.).
- Bewegungsgrößen (Strömungsgrößen): Dies sind Zu- und Abgänge zu systeminternen (z.B. Fertigfabrikate) und systemexternen Elementen (z.B. Kunden).

Fragen und Hinweise:

- Nennen Sie konkrete Ein- und Auszahlungen zwischen dem externen System "öffentliche Hand" und der Unternehmung!
- Auch in der Buchhaltung sprechen wir von Bestands- und Bewegungsgrößen. Nennen Sie jeweils typische Konten! Wie nennt man die jeweiligen Abschlusskonten?

Kreislaufschema: Vermögen - Kapital - Kreislauf

Mittels des Vermögen - Kapital - Kreislaufes wollen wir dem Kapitalfluss nachgehen. Wir stoßen dabei auf so wichtige unternehmerische Funktionen wie Finanzierung und Investition oder Produktion und Verkauf. Ausgehend von Stichtagsdaten in der Bilanz zerlegen wir diese zuerst in vier [(a) bis (d)] Betrachtungsbereiche und verfolgen dann über eine Planungs- und Abrechnungsperiode bestimmte unternehmerische Handlungen (Aktionen) in ihren wechselseitigen Konsequenzen. D.h. wir konzentrieren uns auf die funktionalen Prozesse und ihre buchhalterische Abbildung, zunächst nur verbal[1]

---

[1] Die veröffentlichten Jahresabschlüsse enthalten mehr und mehr Zeitraumdarstellungen in Form von Kapitalflussrechnungen (manchmal auch in Form von Bewegungsbilanzen oder Cashflow-Rechnungen aufgemacht). Auch viele Steuerberater sind dazu übergegangen, ihren Mandanten die Mittelverwendung und -herkunft im Geschäftsjahr in Form von Bruttorechnungen darzustellen.

	Mittelverwendung / (Aktiva)	Vermögen Mio. GE	Mittelherkunft / Schulden (Passiva)	(Kapital) Mio. GE
(a + b)	Anlagevermögen		Eigenkapital	(d)
	Sachanlagen	3,0	gezeichnetes Kapital	2,0
	Finanzanlagen	1,0 4,0	Kapitalrücklagen	0,5
			Bilanzgewinn	0.4 2,9 (c + d)
	Umlaufvermögen		Fremdkapital	
(b)	Vorräte	2,5	langfristig	3,5 (d)
(c)	Forderungen	2,0	kurzfristig	3,2 (c)
(c)	Guthaben	1,0	PRAP	0,4 7,1
	ARAP	0,5 6,0		
	Bilanzsumme	10,0	Bilanzsumme	10,0
	(Gesamtvermögen)		(Gesamtkapital)	

Abb. 2.9   Vermögen - Kapital - Kreislauf

(a)	=	Investitions- / Desinvestitionsbereich
(b)	=	Veränderungs- / Umwandlungsbereich
(c)	=	Zahlungsbereich
(d)	=	Kapitalbereich

Grundbegriffe:

Investition = Verwendung finanzieller Mittel

Finanzierung = Beschaffung finanzieller Mittel

Beachte:

Nicht jede Finanzierung muss zu einer Investition fuhren (z.B. Beschaffung eines preiswerten Kredits zur Ablösung eines teureren).

Aber:

Jede Investition setzt eine Finanzierung voraus.

Fragen und Hinweise:

1. Der Begriff 'Funktionen' war uns schon im Abschnitt 2.1.4 Gliederung der BWL in Abb. 2.3 begegnet.
2. Nennen Sie konkret einige der in Anspruch genommenen Leistungen!

3. Wie würden Sie Markt definieren?

2.2.4 Betriebswirtschaftliche Kennzahlen

Nachdem wir über den Kreislauf in Abb. 2.9 einige wirtschaftliche Prozesse dargestellt und nachvollzogen haben, wollen wir jetzt überlegen, wie wir, z.B. die Manager, diese Prozesse in unserem Sinne (= zielgerichtet) aktiv beeinflussen, ja gestalten können. Zahlen sollen dabei helfen.

Denn, Führungskräfte müssen täglich Entscheidungen treffen; diese Entscheidungen sollen auf aussagekräftigen und sicheren Informationen basieren.

Betriebswirtschaftliche Kennzahlen sind Instrumente zur Steuerung des Unternehmens.

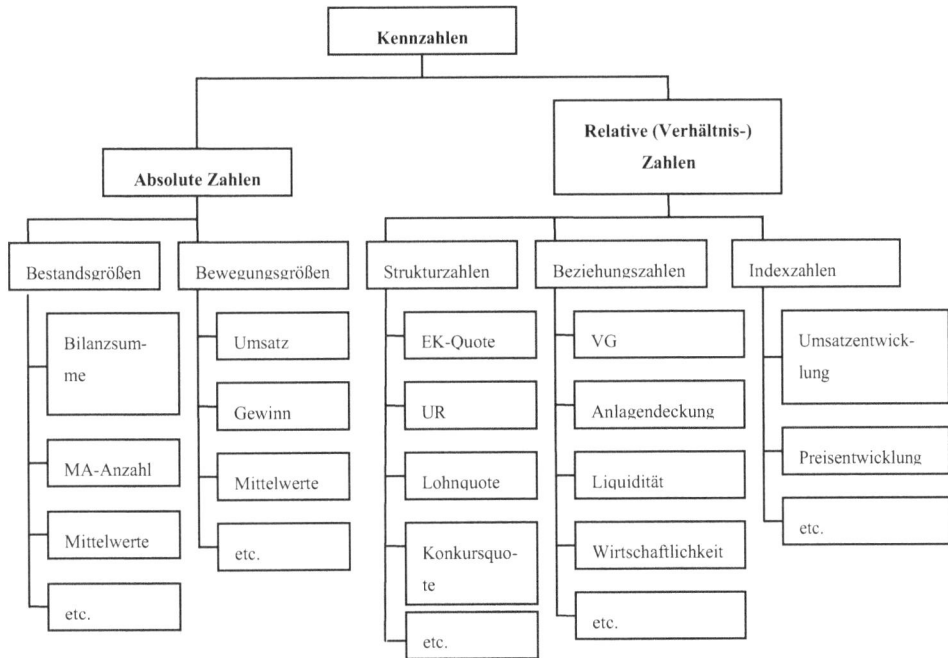

Abb. 2.10 Betriebswirtschaftliche Kennzahlen

Abb.2.10 verdeutlicht diesen Zusammenhang und stellt die Aufgaben von Kennzahlensystemen dar.

Definition und Aussagen von betriebswirtschaftlichen Kennzahlen

Betriebswirtschaftliche Kennzahlen sind in der Regel Verhältniszahlen mit einer betriebswirtschaftlich sinnvollen Aussage über das Unternehmen als Ganzes oder über Teile (Filialen) des Unternehmens. Folgende Fragen lassen sich dabei mit Hilfe der Kennzahlen beantworten.

- Welchen Kurs steuert das Unternehmen?
- Wo liegen die Stärken bzw. die Schwächen des Unternehmens?
- Wie ist die Marktstellung des Unternehmens zu beurteilen?

Die Verwendung von betriebswirtschaftlichen Kennzahlen führt darüber hinaus zu einem hohen Rationalisierungseffekt des Datenmaterials im Sinne der Kristallisation der wesentlichen Größen aus dem gesamten Datenmaterial.

Wichtig dabei ist, dass in der Unternehmung ein „Klima" geschaffen wird, welches der Arbeit mit Kennzahlen förderlich ist. Gerade in Klein- und Mittelbetrieben, in denen häufig kurze Kommunikationswege vorherrschen, ersetzt das persönliche Gespräch oft die Aussage einer betrieblichen Kennzahl, die zudem vorher noch ermittelt werden musste.

Bei großen Unternehmungen dagegen besteht die Tendenz und Notwendigkeit des Ausbaus ihres Kennzahlensystems; hier sind die Kommunikationswege oft lang und schwierig. Da ein Arbeiten mit betriebswirtschaftlichen Kennzahlen nicht nur bei der Unternehmungsführung betriebswirtschaftliche Kenntnisse voraussetzt, sondern bei allen Abteilungen, die mit Kennzahlen arbeiten, wird gerade bei großen Unternehmungen das Kennzahlensystem zum eigentlichen Führungsinstrument.

Es wurde bereits daraufhingewiesen, dass Kennzahlen immer im Zusammenhang gesehen werden müssen; der Versuch, Kennzahlen einzeln zu interpretieren, muss zwangsläufig scheitern. So muss z.B. der Umsatz je Beschäftigter nicht in unmittelbarem Zusammenhang mit dem Standort einer Unternehmung stehen, doch ist mit ziemlicher Wahrscheinlichkeit ein Zusammenhang zum jeweiligen Produktionsprogramm zu sehen. Viele Kennzahlen sind darüber hinaus Momentaufnahmen der Unternehmung und dienen somit als Analyseinstrument; andere dagegen haben temporären Charakter und dienen somit der laufenden Steuerung der Unternehmung.

Informationsinstrument					
Analyse		Steuerung			
Betriebs-vergleich	Betriebs-prüfung	Planung	Koordi-nation	Vorgabe	Kontrolle

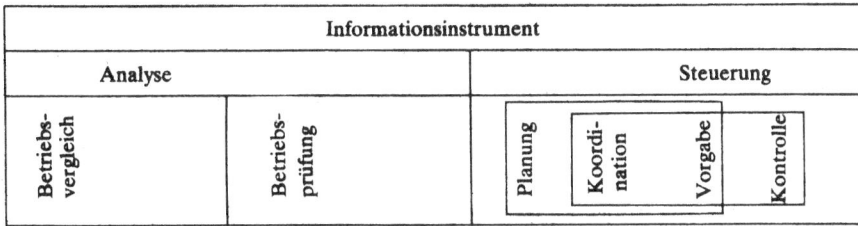

Abb. 2.11 Aufgaben von Kennzahlensystemen

An drei Fallbeispielen soll die Problematik im Umgang mit Kennzahlen verdeutlicht werden.

Fallbeispiel 1:

Bei einem Unternehmen entwickelt sich die Steigerung der Absatzstückzahlen folgendermaßen:

Im ersten Jahr wird eine Steigerung von 10 Prozent erreicht, im zweiten Jahr von 9, 1 Prozent, im dritten Jahr 8,3 Prozent, im vierten Jahr 7,7 Prozent und schließlich 7,1 Prozent. Bei der Interpretation dieser Absatzkennzahlen würde man sicherlich eine Verschlechterung des Wachstums annehmen. In Wirklichkeit ist das Wachstum jedoch unverändert geblieben, wenn man sich einmal die absoluten Zahlenwerte betrachtet. Die Basis für unser Beispiel sollen 100 Stück sein: Das erste Jahr brachte somit einen Zuwachs von zehn Stück ebenso wie das zweite Jahr und alle folgenden Jahre.

Eine gleichbleibende, jeweils auf das Vorjahr bezogene prozentuale Steigerung bedeutet aber in Wirklichkeit eine verschärfte Expansion.

Eine wachstumsorientierte Unternehmung, die versucht, jährlich die gleiche Wachstumsrate erreichen zu können — ohne zu fragen, wie diese zustande kommen soll —, setzt so in vielen Fällen von vornherein ein unrealistisches Budget fest.

Fallbeispiel 2:

Zur Problematik im Umgang mit Prozentzahlen die folgenden Beispiele:

Die Unternehmungsleitung stellt fest, dass der Gewinn in einem betrachteten Zeitraum um vierzig Prozent zurückging. Dieser Veränderung der Gewinnrate lag jedoch eine Erhöhung der Lohnkosten um etwa ein Prozent zugrunde, was für das betreffende Geschäftsjahr nach umfangreichen Personalreduzierungen eine sehr geringe Belastung für die Unternehmung darstellte. Das Beispiel zeigt, dass die Interpretation einer Kennzahl allein, nicht zu einer sachlichen Beurteilung der Geschäftslage herangezogen werden kann.

Fallbeispiel 3:

Prozentsätze in der Größenordnung von 0,5 erscheinen auf den ersten Blick vernachlässigbar klein. Welche Bedeutung können schon 0,5 Prozent besitzen, wenn z. B. Kostenblöcke in der

Größenordnung von vierzig Prozent auftreten? Auch hier gewinnt diese Prozentzahl an Aussagefähigkeit, wenn man mit absoluten Zahlenwerten rechnet. 0,5 Prozent von einem Cashflow (Gesamtergebnis + Abschreibungen ± Rückstellungen: Gesamtkapital) in Höhe von 6,8 Milliarden DM entsprechen einem Betrag von 34 Millionen DM. Für Klein- und Mittelbetriebe stellt dies in manchen Fällen schon einen ordentlichen Umsatz dar.

Da gerade Prozentzahlen zur Darstellung von betrieblichen Kennzahlen sehr anschaulich sind und demzufolge auch häufig angewandt werden, ist der Umgang mit ihnen zu üben.

Die Notwendigkeit betriebswirtschaftlicher Kennzahlen

Zu einer aussagefähigen Beurteilung der wirtschaftlichen Lage und Entwicklung einer Unternehmung reicht die Betrachtung der Bilanz allein nicht aus. Sie zeigt zwar den absoluten Erfolg auf, zeigt aber nicht, wie dieser Erfolg zustande gekommen ist. Diese Informationen liefert die Gewinn- und Verlustrechnung, deren Analyse dazu dient, Kennzahlen zu bilden, die über die Wirtschaftlichkeit und Produktivität hinsichtlich des betrieblichen Leistungsprozesses und des Kapitaleinsatzes Auskunft geben.

Die beiden folgenden Fragen stehen daher im Vordergrund:

- Hat sich die Unternehmung in einem ausgewählten Vergleichszeitraum wirtschaftlich entwickelt?
- Hat sich der Einsatz des Kapitals (Eigen- und/oder Fremdkapital) gelohnt?

Unter dem Begriff Wirtschaftlichkeit soll dabei das Verhältnis von mengenmäßigem Ertrag zu mengenmäßigem Aufwand — die sog. technische Wirtschaftlichkeit oder Produktivität — aber auch das Verhältnis von Ertrag zu Aufwand, in Geldeinheiten bewertet, verstanden werden.

$$Wirtschaftlichkeit = \frac{Ertrag}{Aufwand}$$

Das nachfolgende Beispiel soll dies anhand der Gegenüberstellung von zwei Bandwebereien verdeutlichen.

Zwei Bandwebereien A und B stellen unter gleichen betriebstechnischen Voraussetzungen 20 mm breites Einfassband gleicher Art und Güte als Meterware her. Sie beziehen das erforderliche Baumwollgarn von ein und derselben Spinnerei zum gleichen Preis.

Einer Überprüfung der Wirtschaftlichkeit lagen folgende Zahlen zugrunde:

	Weberei A	Weberei B
Baumwollgarn	6000,- €	6000,- €
Fertigungslöhne	2500,- €	3000,- €
Stromkosten	300,- €	400,- €
Reparaturen	900,- €	1100,- €
Sonstige Gemeinkosten	2300,- €	2700,- €
Selbstkosten	12000,- €	13200,- €

Produktion:	A:	1,5 Millionen lfd. Meter
	B:	1,3 Millionen lfd. Meter
Verkaufserlös dafür:	A:	7,- € für je 100 lfd. Meter = 105000,- €
	B:	7,20 € für je 100 lfd. Meter = 93600,- €
Verarbeitungsverlust:	**A: 300,- €**	**B: 360,-€**

Der Vergleich zeigt:

• Weberei A braucht zu der gleichen Arbeit weniger Zeit als Weberei B, weil weniger Fertigungslöhne anfielen und auch geringere Stromkosten entstanden. Die Arbeitsplanung bei A ist demnach besser als bei B.
• In der Weberei A erfahren die Maschinen eine bessere Pflege als bei B, denn es gab weniger Reparaturen.
• Auch die sonstigen Gemeinkosten waren bei der Weberei A niedriger als bei B. A ist sparsamer; auch ist offenbar die Betriebsorganisation im Ganzen besser als bei B.
• A hat einen geringeren Verarbeitungsverlust als B, nützt also das Rohmaterial besser aus.
• Die Weberei A erstellt bei geringeren Selbstkosten eine höhere Leistung als die Weberei B.

Ergebnis:
• Weberei A arbeitet wirtschaftlicher als Weberei B.

Wirtschaftlichkeitsziffern nach obiger Formel

Weberei A: $\dfrac{105000}{12300} = 8,5$ Weberei B: $\dfrac{93600}{13560} = 6,9$

Da in dieser Gegenüberstellung sowohl Erfolgs- als auch Kostengrößen in die Betrachtung miteinbezogen werden, bedarf es einer Klärung möglicher Definitionen des Erfolgs- bzw. Kostenbegriffs.

Arten betriebswirtschaftlicher Kennzahlen

Die Umschlagskennzahlen

Die Materialwirtschaft

Roh-, Hilfs- und Betriebsstoffe sind Faktoren, die in der Materialwirtschaft einer Unternehmung eine große Rolle spielen und Kapital binden. Es ist daher von großer Bedeutung, den Bestand an RHB-Stoffen so gering wie möglich zu halten. Wichtige Kennzahlen sind dabei der Meldebestand und der Eiserne Bestand (Mindestreserve). Ein Zahlenbeispiel soll die Zusammenhänge zwischen beiden Größen verdeutlichen.

Von einer Ware werden arbeitstäglich durchschnittlich 12 Stück für die Produktion benötigt. Bei einer Lieferzeit von 3 Wochen (=15 Arbeitstagen) ergibt sich daraus eine Differenz zwischen eisernem Bestand und Meldebestand von 180 Stück. Der eiserne Bestand wurde von der Geschäftsleitung als fünffacher Tagesbedarf festgelegt. Es ergibt sich folgende Rechnung:

Bedarf während der Beschaffungszeit	15 X 12 St.	= 180 Stück
Eiserner Bestand	5 X 12 St.	= 60 Stück
	Meldebestand	= 240 Stück

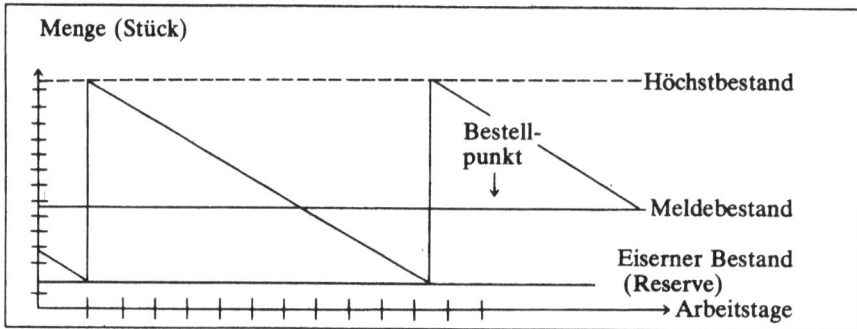

Abb. 2.12 Schematische Darstellung des Höchst-Melde- und Eisernen Bestandes

Die Kalkulation von Bezugspreisen und Lagerkosten hat darüber hinaus ergeben, dass die optimale Bestellmenge bei 500 Stück liegt. Damit ergibt sich in unserem Beispiel als Höchstbestand:

Eiserner Bestand: *60*

+ Bestellmenge: *500*

= Höchstbestand: *560*

$$Lw = \sqrt{\frac{2*A*B}{FL*VWSt}}$$

Die einzelnen Formelzeichen bedeuten:

Lw = wirtschaftliche Bestellmenge oder wirtschaftliche (Fertigungs-)Losgröße

A = mittlere Bestell- oder Abwicklungskosten, die einmalig für jede Bestellung bzw. für jedes Lieferlos entstehen, dazu gehören die Kosten für Bestellbearbeitung, Materialbereitstellung, Terminbearbeitung, Abnahmeprüfung, Rechnungsprüfung u. a.

B = Bedarfsmenge pro Jahr

FL = Lagerkostenfaktor, hier konstant mit 0,2 (= 20%) angenommen, einem Wert, welcher der Betriebspraxis entspricht. Darin sind enthalten: Lagerplatzkosten, Zinskosten für die Kapitalbindung durch die Lagerbestände, Anteil für die Risikoabdeckung gegen Verluste durch Veralten, Beschädigung oder sonstige Wertminderung der gelagerten Teile

VWSt   = Verrechnungswert: Einstandspreis je Stück (bei Bestellvorgängen) Herstellkosten je Stück (bei werksinternen Aufträgen).

Die allgemeinen Formeln lauten:

Eiserner Bestand + (Tagesbedarf * Lieferzeit) = Meldebestand

Eiserner Bestand + Bestellmenge = Höchstbestand

Neben dem Meldebestand und der eisernen Reserve spielt die „optimale Bestellmenge" oder die „optimale Losgröße" eine große Rolle für die Materialdisposition und damit für die Lagerhaltungskosten.

Zur Bestimmung dieser optimalen Losgröße kann die o.a. Formel angewandt werden.

Weitere wichtige Kennzahlen, die Ausdruck der Wirtschaftlichkeit sein können, sind: die Lagerumschlagsgeschwindigkeit und die durchschnittliche Lagerdauer. Abb. 2.13 zeigt dies anhand der Gegenüberstellung verschiedener Berichtszeiträume.

	Berichtsjahr	Vorjahr
Roh-, Hilfs- und Betriebsstoffe	400	460
Unfertige Erzeugnisse	700	200
Fertigerzeugnisse	100	890
Vorratsvermögen lt. Bilanz	1200	1550
Materialeinsatz lt. GuV-Rechnung	5168	3036
Durchschn. Lagerbestand an Stoffen ...	$\frac{400+460}{2}=430$	$\frac{460+300*}{2}=380$
Lagerumschlagshäufigkeit	$\frac{5168}{430}=12\text{mal}$	$\frac{3036}{380}=8\text{mal}$
Durchschnittliche Lagerdauer	$\frac{360}{12}=30\text{ Tage}$	$\frac{360}{8}=45\text{ Tage}$

Abb. 2.13 Lagerumschlagshäufigkeit und durchschnittliche Lagerdauer (*300=Bestand vom Vorjahr des Vorjahres)

Die Interpretation dieses Beispiels zeigt, dass sich im Berichtsjahr sowohl die Lagerumschlagshäufigkeit als auch die Lagerdauer wesentlich verbessert haben. Der Kapitaleinsatz und die Kapitalbindung werden geringer, die Zins- und Lagerkosten sinken und letztlich wirkt sich dieses positiv auf die Wirtschaftlichkeit aus. Als **Faustregel** kann daher festgehalten werden:

Je höher die Umschlagshäufigkeit, desto

- geringer der Kapitaleinsatz und das Lagerrisiko
- kürzer die Lagerdauer
- geringer die Kosten der Lagerhaltung (Miete, Personalkosten)
- höher die Wirtschaftlichkeit.

Der Forderungsumschlag

Die beiden wichtigsten Kennzahlen sind hier die **Umschlagshäufigkeit der Forderungen** und die **durchschnittliche Kreditdauer**. Beide Kennzahlen haben einen direkten Einfluss auf die **Liquidität** einer Unternehmung. Im betriebswirtschaftlichen Sinne wird unter Liquidität die Möglichkeit verstanden, Vermögenswerte in flüssige Zahlungsmittel umzuwandeln bzw. die Forderungen der Gläubiger erfüllen zu können.

Wichtig ist dabei die Unterscheidung in verschiedene **Liquiditätsgrade**; es werden drei Grade — je nach der Flüssigkeit der Vermögenswerte — unterschieden:

Liquidität ersten Grades: Bar- und Buchgeld

Liquidität zweiten Grades: diskontierbare Wechsel, kurzfristig fällige Forderungen, leicht realisierbare Warenbestände

Liquidität dritten Grades: Maschinen, Teile des Umlaufvermögens, Hypothekenforderungen, allgemein also Mittel, die schwer flüssig gemacht werden können.

Abb. 2.14 zeigt ein Beispiel für die Umschlagshäufigkeit der Forderungen und für die durchschnittliche Kreditdauer.

	Berichtsjahr	Vorjahr
Forderungen lt. Bilanz	600	310
Durchschnittlicher Forderungsbestand .	$\frac{600 + 310}{2} = \underline{\underline{455}}$	$\frac{310 + 790^*}{2} = \underline{\underline{550}}$
Umsatzerlöse lt. GuV	8200	5500
Umschlagshäufigkeit	$8200 : 455 = \underline{18 \text{ mal}}$	$5500 : 550 = \underline{10 \text{mal}}$
Durchschnittliche Kreditdauer	$360 : 18 = \underline{20 \text{ Tage}}$	$360 : 10 = \underline{36 \text{ Tage}}$

Abb. 2.14 Kennzahlen des Forderungsumschlages (*790 = Bestand vom Vorjahr des Vorjahres)

Die Umschlagshäufigkeit der Forderungen war mit 18-mal im Berichtsjahr also wesentlich höher als mit 10-mal im Vorjahr, was zur Folge hat, dass die Laufzeit der Forderungen geringer wird und somit die Liquidität zunimmt.

Die Verkürzung der durchschnittlichen Kreditdauer - oder anders ausgedrückt - das Zahlungsziel der Kunden von zwanzig Tagen wird sich gleichfalls günstig auf die Liquidität auswirken. Zusammenfassend ist daher festzustellen: je höher der Forderungsumschlag, desto

- kürzer ist die Kreditdauer
- günstiger ist die Liquiditätslage der Unternehmung
- geringer ist die Zinsbelastung
- höher die Wirtschaftlichkeit.

Der Kapitalumschlag

Die wichtigsten Kennzahlen für die Beurteilung des Kapitalumschlags sind die Umschlagshäufigkeit des Eigenkapitals, die Umschlagshäufigkeit des Gesamtkapitals (Eigen- und Fremdkapital) sowie die Kapitalumschlagsdauer.

$$\text{Umschlagshäufigkeit des Gesamtkapitals} = \frac{\text{Umsatzerlöse}}{\text{Eigenkapital}}$$

$$\text{Umschlagshäufigkeit des Gesamtkapitals} = \frac{\text{Umsatzerlöse}}{\text{Gesamtkapital}}$$

$$\text{Durchschnittliche Kapitalumschlagsdauer} = \frac{360}{\text{Kapitalumschlagshäufigkeit}}$$

Die Kennzahlen werden dabei nach den folgenden Formeln berechnet:

Abb. 2. 15 zeigt auch für die Kapitalumschlagskennziffern ein Beispiel

Wie die Zahlen erkennen lassen, ergeben sich auch hier für das Berichtsjahr durchweg bessere Werte für die Unternehmung als für das Vorjahr.

	Berichtsjahr	Vorjahr
Eigenkapital am 01. 01.	1260	1170
Eigenkapital am 31. 12.	1800	1260
Durchschn. Eigenkapital	3060 : 2 = 1530	2430 : 2 = 1215
Umsatzerlöse lt. GuV	8200	5500
EK-Umschlagshäufigkeit	8200 : 1530 = 5,4	5500 : 1215 = 4,5
EK-Umschlagsdauer	360 : 5,4 = 66 Tage	360 : 4,5 = 80 Tage
Gesamtkapital 01. 01.	3600	3500
Gesamtkapital 31. 12.	4000	3600
Durchschn. Gesamtkapital	7600 : 2 = 3800	7100 : 2 = 3550
Umschlagshäufigkeit	8200 : 3800 = 2,2	5500 : 3550 = 1,6
GK-Umschlagsdauer	360 : 2,2 = 164 Tage	360 : 1,6 = 225 Tage

Abb. 2.15 Kapitalumschlagskennziffern

Je höher also die Kapitalumschlagshäufigkeit ist, desto

• schneller fließt das eingesetzte Kapital zurück

• geringer ist der Kapitaleinsatz

• besser ist die Liquidität der Unternehmung

• höher ist die Rentabilität.

Zu erklären ist dies damit, dass durch eine höhere Kapitalumschlagshäufigkeit das eingesetzte Kapital schneller in Form von Erlösen aus dem Markt an die Unternehmung zurückfließt; somit kann der erforderliche Kapitaleinsatz niedrig gehalten werden, und gleichzeitig bleibt die Liquidität erhalten.

Die Kennzahlen der Rentabilität

Die Kennzahlen der Rentabilität geben Auskunft darüber, ob eine Unternehmung im Laufe eines Geschäftsjahres rentabel gearbeitet hat oder nicht. Zur Beurteilung dessen reicht die Kenntnis der absoluten Höhe des Gewinns nicht aus; das eingesetzte Kapital bzw. die Höhe des Umsatzes müssen als weitere Kenngrößen herangezogen werden.

Die wichtigsten Kennzahlen der Rentabilität sind demzufolge:

•   die Rentabilität des Eigenkapitals

•   die Rentabilität des Gesamtkapitals

•   die Umsatzrentabilität

•   die Fremdkapitalrentabilität.

Die Abb. 2.16 zeigt die wichtigsten Rentabilitätsarten (vor Steuern).

Paga-torisch	Umsatzrentabilität (UR)		$= \dfrac{\text{(Pagatorisches) Betriebsergebnis v. St.}}{\text{Umsatz}} \times 100$
	Kapi-tal-ren-tabi-lität (KR)	Gesamtka-pitalrenta-bilität (GKR)	$= \dfrac{\text{Kapitalgewinn/-verlust v. St.}}{\text{Gesamtkapital}} \times 100$
		Umsatzbe-zogene Ka-pitalren-tabilität (UKR)	$= \dfrac{\text{(Pagatorisches) Betriebsergebnis v. St.}}{\text{Umsatzbezogener Kapitaleinsatz}} \times 100$
		Eigenkapi-talrenta-bilität (EKR)	$= \dfrac{\text{Jahresüberschuß v. St.}}{\text{Eigenkapital}} \times 100$
Kalkula-torisch	Betriebsrentabilität (BR)		$= \dfrac{\text{(Kalk.) Betriebsergebnis v. St.}}{\text{betriebsnotwendiges Kapital}} \times 100$

Abb. 2.16 Rentabilitätsarten

Da bei all diesen Rentabilitätsarten der Jahresgewinn einer Unternehmung in die Berechnung eingeht, ist es aus Gründen der besseren Vergleichbarkeit verschiedener Rechnungsperioden sinnvoll, **den bereinigten Jahresgewinn** als Grundlage zu nehmen.

Jahreserfolg

+ außerordentliche Aufwendungen

- außerordentliche Erträge

= Bereinigter Jahresgewinn

Außerordentliche Aufwendungen und Erträge sind dabei solche Größen, die einmaligen Charakter besitzen und nicht unmittelbar mit dem Betriebszweck in Zusammenhang stehen. Im Folgenden sollen anhand der Bilanzzahlen und der Zahlenwerte aus der Gewinn- und Verlustrechnung einer Unternehmung die wichtigsten Kennzahlen der Rentabilität dargestellt werden.

$$\text{Eigenkapitalrentabilität} = \frac{\text{Bereinigter Jahresgewinn}}{\text{Eigenkapital}} \times 100$$

	Berichtsjahr		Vorjahr	
Jahresüberschuß lt. GuV	250		120	
+ A.o. Aufwendungen	60	310	40	160
./. A.o. Erträge		50		30
= Bereinigter Jahresgewinn		260		130
Durchschnittl. Eigenkapital	1530		1215	
Eigenkapital-Rentabilität	$\frac{260 \times 100}{1530} = 17\%$		$\frac{130 \times 100}{1215} = 10,7\%$	

Abb. 2.17 Eigenkapital-Rentabilität

Diese beiden Zahlenwerte im innerbetrieblichen Vergleich sagen nun lediglich aus, dass gegenüber dem Vorjahr die Eigenkapitalrentabilität um etwa sechs Prozent gestiegen ist; vergleicht man nun diese Größe zusätzlich mit dem üblichen Kapitalmarktzins (z.B. 10 %), so würde sich eine Differenz von sieben Prozent für das Berichtsjahr ergeben. Diese Größe nennt man dann **Risikoprämie**.

$$\text{Fremdkapitalrentabilität} = \frac{\text{Fremdkapitalzinsen}}{\text{Eingesetztes Fremdkapital}} \times 100$$

Aus der Bilanz entnehmen wir z. B. ein Fremdkapital (Schulden) in Höhe von 15 000 € und aus der Gewinn- und Verlustrechnung Schuldzinsen in Höhe von 1000 €. Somit ergibt sich folgende Fremdkapitalrentabilität:

$$\text{Fremdkapitalrentabilität} = \frac{1000}{15000} \times 100 = 6,6\%$$

$$\text{Gesamtkapialrentabilität} = \frac{\text{Bereinigter Jahresgewinn} + \text{Zinsen}}{\text{Eigenkapital} + \text{Fremdkapital}} \times 100$$

Die Zinsen für Fremdkapital werden dabei zuzüglich zum erwirtschafteten Gewinn mit dem Gesamtkapital in Beziehung gesetzt; bei einer Betrachtung der Gesamtkapitalrentabilität erwirtschaftet das Gesamtkapital nicht nur einen Gewinn auf das eingesetzte Eigenkapital, sondern auch die Fremdkapitalzinsen.

	Berichtsjahr		Vorjahr	
Durchschn. Gesamtkapital	3800		3550	
Bereinigter Jahresgewinn	260		130	
+ Zinsen lt. GuV	130	390	180	310
Gesamtkapital-Rentabilität	$\frac{390 \times 100}{3800} = 10,3\%$		$\frac{310 \times 100}{3550} = 8,7\%$	

Abb. 2.18 Gesamtkapital-Rentabilität

$$\text{Umsatzrentabilität} = \frac{\text{Bereinigter Jahresgewinn}}{\text{Umsatzerlöse}} \times 100$$

Berichtsjahr

$$\text{Umsatzrentabilität} = \frac{260}{8200} \times 100 = 3,2\%$$

Vorjahr

$$\text{Umsatzrentabilität} = \frac{130}{5300} \times 100 = 2,4\%$$

Die Kennzahl Umsatzrentabilität zeigt an, wie viel Prozent der Umsatzerlöse der Unternehmung zur Verfügung stehen, um neue Investitionen oder Gewinnausschüttungen vorzunehmen.

Im Berichtsjahr wurden somit 3,20 € gegenüber 2,40 € im Vorjahr je 100 € Umsatzerlöse verdient.

Eine weitere Kennzahl, die der Unternehmung Auskunft über ihre Finanzkraft gibt, ist der Cashflow. Sie gibt an, welche selbsterwirtschafteten finanziellen Mittel im Betrachtungszeitraum der Unternehmung zur freien Verfügung stehen.

Die Kennzahl Cashflow ist aussagefähiger als die bisher genannten Rentabilitätskennzahlen, da sie neben den Abschreibungen des Unternehmens auch die Pensionsrückstellungen berücksichtigt, die für die Unternehmung ähnlichen Charakter wie das Eigenkapital besitzen, da sie der Unternehmung langfristig und zinslos zur Verfügung stehen.

Setzt man den Cashflow zu den Umsatzerlösen in Beziehung, so ergibt sich ähnlich wie bei der Umsatzrentabilität eine Kenngröße, die aufzeigt, welche finanziellen Mittel der Unternehmung zur freien Verfügung stehen.

$$\text{Cashflow des Umsatzes} = \frac{\text{Cashfolw}}{\text{Umsatzerlöse}} \times 100$$

Somit stehen also 6,20 bzw. im Vorjahr 5,30 je 100 € am Umsatzerlösen zur Verfügung für Investitionen u.a.

Anwendungen

a) Bilanz- und Erfolgsanalysen (-Statistiken)

–   Bilanzkennzahlen **(entsprechend Kapitel 2.2.5)**
–   Erfolgskennzahlen **(entsprechend Kapitel 2.2.5)**

b) Produktionsanalyse

–   Wirtschaftlichkeit
–   Produktivität
– $\text{Lohnquote} = \dfrac{\text{Personalkosten}}{\text{Gesamtkosten}} \times 100$

c) Beschaffungs- und Lageranalyse

– $\text{Lagerumschlag} = \dfrac{\text{Wareneinsatz (WE)}}{\text{Durchschnittlicher Lagerbestand}}$

    $\text{Lagerdauer} = \dfrac{360}{\text{Lagerumschlag}}$
–

d) Personalanalyse

–   Anzahl der Mitarbeiter
–   Fluktuationsquote
–   Fehlzeitenquote
–   Mitarbeiter in der Produktion
–   Mitarbeiter in der Verwaltung

e) Vertriebsanalyse

– Umsatz pro Beschäftigten
– Umsatz pro m² Verkaufsfläche im Handel

– $\text{Forderungsumschlag} = \dfrac{\text{Umsatz}}{\text{Durchschnittlicher Forderungsbestand}}$

– $\text{Durchschnittlich in Anspruch genommenes Zahlungsmittel} = \dfrac{360}{\text{Forderungsumschlag}}$

– $\text{Umsatzrentabilität} = \dfrac{\text{Gewinn} \times 100}{\text{Umsatz}}$

Einsatzgebiete

a) Zeit- und Periodenvergleich

Vergleich gleicher Kennzahlen im Zeitablauf zur Beurteilung der inneren Entwicklung; Bsp. Umsatzentwicklung

b) Bereichs- und Abteilungsvergleich

Vergleich der Kennzahlen verschiedener Unternehmensbereiche; Bsp. im Konzern: PKW / LKW als Positionsbestimmung

c) Betriebsvergleich

Vergleich mit Betrieben der Branche; Bsp. Marktanteile, Lohnquote als Positionsbestimmung

d) Soll-Ist-Vergleich

Richtgrößen werden vorgegeben in Produktion, Absatz etc.; Bsp. Budgetierung / Plankostenrechnung als Kontrolle der Zielerreichung

Fragen und Hinweise:

1. Benennen Sie weitere wichtige Kennzahlen - mindestens eine zusätzliche pro Kästchen aus Abb. 2.10.
2. Nennen Sie Beispiele für Mittelwerte aus Bestands- und Bewegungsgrößen!
3. Versuchen Sie Orientierungs- oder Zielgrößen in Kennziffern auszudrücken!
4. Zählen Sie ganz typische Bereiche / Abteilungen / Stellen -also Instanzen- im Unternehmen auf, die sich an Kennzahlen orientieren. Können Sie sich vorstellen, wie dies vor Ort praktiziert wird? Nennen Sie z.B. Kontrollinstrumente!
5. Sie werden im weiteren Verlauf Ihres Studiums mit Kennzahlen-Systemen konfrontiert werden. Was könnte man nach dem bisher aufgeführten darunter verstehen?

2.2.5   Übung

Einige Kennzahlen sollen nachfolgend auf der Basis des Kreislaufschemas [Abb. 2.9] demonstriert und geübt werden.

1. Eigenkapitalquote

$$\text{Eigenkapitalquote} = \frac{\text{Eigenkapital} \times 100}{\text{Gesamtkapital}} = \frac{\text{EK} \times 100}{\text{GK}}$$

$$\frac{2,5 \times 100}{9,6} = 26\%$$ $$\frac{2,9 \times 100}{10,0} = 29\%$$

    Gewinnausschüttung   Keine Gewinnausschüttung

2. Verschuldungsgrad

$$\text{Verschuldungsgrad} = \frac{\text{Fremdkapital}}{\text{Eigenkapital}} = \frac{\text{FK}}{\text{EK}}$$

$$\frac{7,5}{2,5} = 3$$ $$\frac{7,1}{2,9} = 2,4$$

    Gewinnausschüttung   Keine Gewinnausschüttung

$$\text{Verschuldungsquote} = \frac{\text{Fremdkapital}}{\text{Gesamtkapital}} = \frac{\text{FK}}{\text{GK}}$$

$$\frac{7,5}{9,6} = 0,78$$ $$\frac{7,1}{10} = 0,71$$

    Gewinnausschüttung   Keine Gewinnausschüttung

Aussage zu 1. und 2.:

Eigenkapitalquote und Verschuldungsgrad sind Kennziffern für die Beurteilung der Kreditwürdigkeit eines Unternehmens. Je höher die Eigenkapitalquote, umso kreditwürdiger wird ein Unternehmen auf den ersten Blick beurteilt. Der Verschuldungsgrad ist dann entsprechend niedriger.

3. Anlagenintensität oder Anlagenquote

$$\text{Anlagenintensität oder Anlagenquote} = \frac{\text{Anlagevermögen} \times 100}{\text{Gesamtvermögen}} = \frac{\text{AV}}{\text{GV}}$$

$$\frac{4,0}{100} \times 100 = 0,4 \,(40\%)$$

Aussage zu 3.

Ob im Vergleich innerhalb der Branche zu viel oder zu wenig im Anlagevermögen gebunden ist und über die Anpassungsfähigkeit / Flexibilität einer Unternehmung. Dies gibt Rückschlüsse auf Krisenanfälligkeit.

4. Anlagedeckung I

$$\text{Anlagedeckung I} = \frac{\text{Eigenkapital} \times 100}{\text{Anlagevermögen}} \qquad \frac{\text{EK} \times 100}{\text{AV}}$$

$$\frac{2,5 \times 100}{4,0} = 62,5\%$$

5. Anlagedeckung II

$$\text{Anlagedeckung II} = \frac{\text{Eigenkapital} + \text{langfristiges Fremdkapital} \times 100}{\text{Anlagevermögen}}$$

$$\frac{\text{EK} + \text{langfr. FK} \times 100}{\text{AV}}$$

$$\frac{2,5 + 3,5 \times 100}{4,0} = 150\%$$

Aussage zu 4. und 5.:

Besagt, ob langfristig gebundenes Anlagevermögen durch Eigenkapital (=goldene Bilanzregel im engeren Sinne, wenn 1:1) oder durch langfristiges Kapital (Eigenkapital + langfristiger Fremdkapital) abgedeckt ist (=goldene Bilanzregel im weiteren Sinne).

6. Liquidität

a) Liquidität 1. Grades/1. Ordnung oder Barliquidität

Liquidität 1. Grades/ 1. Ordnung oder Barliquidität =

$$\frac{\text{Guthaben} \times 100}{\text{kurzfr. Verbindlichkeiten (bis 90 Tage)}} = \frac{1,0 \times 100}{3,6} = 28\%$$

b) Liquidität 2. Grades/2. Ordnung oder Einzugsliquidität

Liquidität 2. Grades / 2. Ordnung oder Einzugsliquidität =

$$\frac{\text{Guthaben} + \text{kurzfr. Ford.} + \text{Vorräte} \times 100}{\text{kurzfr. Verbindlichkeiten}} = \frac{(1,0 + 2,0) \times 100}{3,6} = 83\%$$

c) Liquidität 3. Grades / 3. Ordnung oder Umsatzliquidität

Liquidität 3. Grades / 3. Ordnung oder Umsatzliquidität =

$$\frac{\text{Guthaben} + \text{kurzfr. Ford.} + \text{Vorräte} \times 100}{\text{kurzfr. Verbindlichkeiten}} = \frac{1,0 + 2,0 + 2,5 \times 100}{3,6} = 153\%$$

zu a): Guthaben=Barliquidität

zu b): kurzfristige Forderungen = bis 90 Tage; optimal sind 100%

Aussage zu 6:

Die Kennziffern der Liquidität geben Auskunft über die Zahlungsfähigkeit einer Unternehmung; d.h. ihren Zahlungsverpflichtungen nachkommen zu können.

7. Rentabilität

$$\text{Rentabilität} = \frac{\text{Gewinn} \times 100}{\text{Gesamtkapital} (\text{EK} + \text{FK})} \qquad \frac{G \times 100}{GK}$$

$$\frac{0,4 \times 100}{9,6} = 4,2\% (ROI)$$

a) EK-Rentabilität

$$\text{EK - Rentabilität} = \frac{\text{Jahresüberschuss} \times 100}{\text{Eigenkapital}} \qquad \frac{\text{JÜ} \times 100}{\text{EK}}$$

$$\frac{0,4 \times 100}{2,5} = 16\% \, (\text{EK} - \text{R})$$

b) GK-Rentabilität

$$\text{GK - Rentabilität} = \frac{\text{Kapitalgewinn} \times 100}{\text{Gesamtkapital}} \qquad \frac{\text{KG} \times 100}{\text{GK}}$$

$$\frac{0,826 \times 100}{9,6} = 8,6\% \, (\text{GK - R})$$

Prämisse: 0,6% FK-Zinsen auf 7,1 Mio. GEFK = 426 GE

0,426 Mio. GE (FK-Z) + 0,400 Mio. GE (Gewinn / JÜ) = 0,826 Mio. GE (Kapitalgewinn)

Aussage zu 7:

Zeigt die insgesamt erwirtschaftete Rendite an, d.h. wie sich jede in der Unternehmung eingesetzte Geldeinheit verzinst hat.

Fragen und Hinweise:

1. Versuchen Sie zu jeder oben aufgeführten Aussage kritische Argumente zu formulieren!
2. Können Sie sich vorstellen, dass allein auf Grund der in diesem Abschnitt vorgenommenen Kennziffernanalyse eine Bank dem betreffenden Unternehmen [Basis Abb. 2.9] weitere Kredite einräumt?
3. Wie verlässlich sind insbesondere die Liquiditätskennziffern bezüglich der tatsächlichen Zahlungsfähigkeit (Liquidität)?
4. Gibt es so etwas wie allgemein gültige Kennzahlen, quasi Standards oder Regeln?

2.3   Unternehmenslehre

Es wird Ihnen schon aufgefallen sein, dass die Bewältigung wirtschaftlicher Probleme eine Daueraufgabe ist, was schon aus der eingangs herausgearbeiteten beschränkten Verfügbarkeit der Mittel folgt. Die Lösung dieser permanenten Herausforderung wird wahrscheinlich umso eher gelingen und allgemein akzeptiert werden, je dezentraler und autonomer die Wirtschaftssubjekte operieren können.

Wir wollen daher für unsere Lernzwecke folgende Arbeitsthese aufstellen: Je freier Anbieter und Nachfrager von wirtschaftlichen Leistungen in ihren Entscheidungen sind, je mehr Optionen sie also haben, und zwar auf der Basis gemeinsamer sittlicher, sozialer oder auch ökologischer Grundregeln, desto stärker lässt sich die BWL als eine vollständige allgemeine Unternehmenslehre verstehen. Je stärker die Rahmenbedingungen, d.h. die Wirtschaftsform marktwirtschaftlich orientiert ist, umso mehr sind unternehmerisches Denken und Handeln gefragt.

Wir wollen daher die BWL nachfolgend auch und besonders als eine allgemeine Unternehmenslehre betrachten, die unter vier Aspekten betrachtet oder in entsprechende Arbeitsbereiche gegliedert werden kann.

2.3.1   Beschreibender Bereich

...auch als deskriptive BWL bezeichnet.

> Es werden ohne Kommentar wirtschaftliche Tatbestände und Zusammenhänge aufgenommen und protokolliert; Beispiel: die empirische Wirtschaftsforschung.

2.3.2   Erklärender Bereich

...auch als Funktionsbereichslehre bezeichnet.

> Es werden Zusammenhänge und Realitäten auf Grund von Erkenntnisgewinn erklärt, Abläufe auf Grund von Annahmen [Hypothesen, Prämissen] antizipiert. Dazu ist die Aufteilung in Teilbereiche, z.B. nach Funktionen, zweckmäßig.

2.3.3   Hilfsbereich

...auch als Methodenlehre bezeichnet.

> Es werden für spezielle Unternehmensprobleme und -aufgabenstellungen sowie deren Lösung und letztlich für Entscheidungen Verfahren [Instrumente, Techniken] entwickelt und eingesetzt.

2.3.4   Führungsbereich

...auch als Lehre von der Gesamtführung [Managementlehre] bezeichnet.

> Es werden Führung und Organisation sowohl in ihrer externen und internen Wirkung und
> Bedeutung auf dem Systemansatz basierend behandelt.

Übung:

Um diese eher abstrakte Darstellung etwas zu vertiefen und zu konkretisieren, wollen wir
die Matrix in der nachfolgenden Abb. 2.19 gemeinsam ausfüllen.

Bereiche	Beschreibung	Erklärung	Methoden	Führung
Inhalt / Was				
Bedeutung				
Anwendung/ Beispiel				

Abb. 2.19 Übungs-Matrix

2.3.5   Nachbardisziplinen

Wenn man sich vor Augen führt, dass die BWL eine angewandte Realwissenschaft1 ist, also Erfahrungen verarbeitet, die aus vielen Lebensbereichen kommen, dann macht es Sinn, einmal über den „Zaun" der eigenen Disziplin zu schauen.

Wer sind unsere Nachbarn? Wo greifen wir auf Erfahrungen und Erkenntnisse anderer zurück, um unsere betriebswirtschaftlichen Aufgaben zu lösen?

Wir wollen uns Schnittstellen und Anwendungsgebiete mittels nachfolgender Abb. 2.20 selber erarbeiten.

Disziplinen	Erkenntnisse/Schnittstellen	BWL-Anwendungen/Beispiele
Volkswirtschaftslehre		
Recht		
Naturwissenschaften, u.a. Chemie Physik Medizin Ingenieurwissenschaft Psychologie		
Soziologie		
Philosophie		

Abb. 2.20 BWL und Nachbardisziplinen

2.4   Allgemeine Anforderungen

Mit der Frage nach den Anforderungen an ein betriebswirtschaftliches Lehrsystem einer Hochschule knüpfen wir wieder an die Ausführungen über Ziele und Vorgehensweisen im Vorwort an.

Im Einzelnen muss für eine akademische kaufmännische Ausbildung reklamiert werden:

-    Wissenschaftlichkeit

-    Praxisnähe und

-    Umsetzungsfähigkeit.

Dazu bedient sich das Lehrsystem der Forschung, der Theorie und der Lehre.

Fragen und Hinweise:

Was heißt Wissenschaftlichkeit? Welche Beurteilungskriterien würden Sie anlegen, um einer Recherche das Attribut wissenschaftlich zu verleihen?

Zeigen Sie an Beispielen von Untersuchungen, Analysen, Projekten usw. auf, was Praxisnähe heißt! Denken Sie dabei daran, dass Sie im BPS evtl. für Ihre spätere Bachelorarbeit einen Praktiker interessieren sollen, der Ihre Arbeit begleiten oder betreuen soll.

Mit der Forderung nach Umsetzungsfähigkeit begeben wir uns womöglich auf subjektives und politisches Terrain. Dennoch scheiden sich im Kaufmannsleben daran oft die sogenannten Erfolgreichen von den Mitläufern. Diskutieren Sie diese Feststellung!

Forschung

Forschung ist ein wichtiger Teil, den oben gestellten Anforderungen zu entsprechen. Forschen bedeutet suchen oder kurz definiert:

> Erkenntnisgewinn durch Bestätigung von Annahmen.

Wie kann man bei dieser Suche vorgehen? Wir wollen zwei Richtungen unterscheiden:

a)   empirisch-induktive oder auch Praktiker-Methode

b)   mathematisch-deduktive Methode (Abstraktion, Theorie).

Mit anderen Worten: Bei der Forschungsmethode a) versucht man, vom Einzelfall auf allgemein gültiges oder grundsätzliches zu schließen; dagegen will man bei b) vom Grundsätzlichen ausgehend den Einzelfall lösen.

Versuchen wir, uns diesen Unterschied an Beispielen zu verdeutlichen und mögliche Konsequenzen daraus abzuleiten.

- Untersuchungen über die gesundheitlichen Auswirkungen von Bildschirmarbeit auf Seh- und Konzentrationsvermögen.

Konsequenzen aus diesen empirischen Arbeiten könnten sein:

* regelmäßige Vorsorgeuntersuchungen

* Arbeitsvorgaben

* technische und organisatorische Auflagen

bezüglich des Arbeitsgerätes u.a.

- Einführung gleitender Arbeitszeit und / oder Organisation autonomer Arbeitsgruppen, weil angenommen wird, dass die Anwesenheitsquote der Mitarbeiter bzw. die Produktivität erhöht werden.

Bestätigen sich die Annahmen in den betroffenen Abteilungen, dann sind die Konsequenzen wie geringerer Mitarbeiterinput und höherer Leistungsoutput vorteilhaft für den Betrieb.

Fragen und Hinweise:

1. Nennen Sie mögliche Praxisuntersuchungen als Projektstudie für die Praktiker-Methode.
2. Können Sie sich dazu ein entsprechendes Bachelorarbeitsthema - vielleicht aus Ihrem Lehrbetrieb - vorstellen?
3. Nennen Sie weitere Interessengebiete aus der empirischen Wirtschaftsforschung.
4. Wenn Sie sich die oben aufgezeigten Beispiele der gleitenden Arbeitszeit und autonomer Arbeitsgruppen vor Augen fuhren:
   a) Kann der Betriebswirt eine eindeutige Kosten-Nutzen-Analyse aufstellen, d.h. diesen Sachverhalt rechen- und quantifizierbar machen?
   b) Demonstrieren Sie anhand dieser Beispiele, ob Sie bereits vernetzt und interdisziplinär argumentieren können.
5. Versuchen Sie, an einem selbstgewählten Beispiel beide Forschungsmethoden zu verknüpfen.

2.4.1   Theorie

Eine weitere Notwendigkeit, um den eingangs gestellten Anforderungen gerecht zu werden, ist die Theorie. Theorie lässt sich in etwa definieren als:

Systematisierung gewonnener Erkenntnisse und Voraussage zukünftiger Ereignisse.

Nun besteht in der BWL als Erfahrungswissenschaft ein Problem. Die BWL kann nämlich nicht wie etwa Naturwissenschaften eindeutige Ursache - Wirkungs - Zusammenhänge mittels Experimente verifizieren. Daher bedient sie sich als Hilfsmittel der Modelle, mit denen sie die Wirklichkeit in vereinfachter Form abzubilden versucht.

Je nach Untersuchungszweck kann man drei Modelltypen unterscheiden:

> Beschreibungsmodell = man begnügt sich mit der übersichtlichen Darstellung
>
> betrieblicher Vorgänge und Zustände; z.B. Buchhaltung

> Erklärungsmodell = man versucht, Zusammenhänge und Ursachen betrieblicher Vorgänge zu erklären; z.B. Produktlebenszyklus

> Entscheidungsmodell = man versucht, optimale Handlungsmöglichkeiten zu bestimmen, indem man unter bestimmten Nebenbedingungen [Prämissen] Variable so festlegt, dass sie einer bestimmten Zielsetzung (z.B. Gewinnmaximierung) genügen; z.B. Investitionsentscheidung.

Da Entscheidungen in die Zukunft gerichtet sind, können diese getroffen werden unter:

> Sicherheit = deterministische Modelle
>
> z.B.: Investitionsrechnung, wenn Einzahlungen und Auszahlungen bekannt sind

> Risiko = stochastische Modelle
> (Wahrscheinlichkeiten)
>
> z.B. Absatzprognosen

> Unsicherheit = spieltheoretische (Simulations-) Modelle
>
> z.B.: Unternehmensplanspiele

Fragen und Hinweise:

1. Suchen Sie nach weiteren Sachverhalten, in denen sich die BWL der Wissenschaftsmodelle bedient.
2. Vielleicht sind Ihnen bereits in anderen LVA solche Modelle begegnet? Wo und ggf. welche? [Mathematik, Statistik, Buchhaltung, ...]
3. Um welchen Typ handelte es sich dabei?

2.4.2   Lehre

Was und vor allem wie kann die Lehre nun die Forderungen nach Wissenschaftlichkeit, Praxisnähe und Umsetzungsfähigkeit verwirklichen / erfüllen?

Die Lehre muss sich bemühen, Ausbildung zu vermitteln. Das heißt, je mehr es ihr gelingt, dass Sie sich, als Studierende, ein Bild von wirtschaftlichen Problemstellungen machen können, d.h. auch kaufmännische Sensibilität entwickeln, umso größer wird Ihre Sach- und Handlungskompetenz ausfallen.

Dies geschieht zum einen über die Vermittlung von breit angelegtem Grundwissen und Methodenkenntnissen und zum anderen in Form einer möglichst praxisorientierten Ausbildung.

Ein wichtiger Teil ist daher im Studiengang Betriebswirtschaft ein gelenktes berufspraktisches Studiensemester. Dies entspricht den Anforderungen der Industrie, des Handels, des Dienstleistungssektors, der Kammern und ganz allgemein der Unternehmenspraxis. Das heißt, theoretisches Wissen unter realen betrieblichen Umfeldbedingungen zu praktizieren.

2.4.3   Zusammenfassung

Damit können wir zusammenfassen und aufgrund der bisherigen Ausführungen zu einer Gesamtkonzeption der BWL kommen, die nachfolgende Punkte umfasst. Diese können auch als Zielsetzung aufgefasst werden.

1. Grundlegendes betriebswirtschaftliches Wissen vermitteln

2. BWL wird aufgefasst als allgemeine Unternehmenslehre in Form von:
   - Beschreibung von Tatbeständen
   - Funktionsbeschreibung und Ihre Zusammenhänge
   - Methoden zur Problemlösung
   - Gesamtführung als personelle und strukturelle Herausforderung

3. Verknüpfungen zu Nachbarbereichen wie VWL; Recht, Soziologie, Technologie, usw. werden hergestellt.

4. Betriebswirtschaftliche Probleme werden mit Hilfe des Systemansatzes Mehrdimensional behandelt.

Fragen und Hinweise:

1. Was erachten Sie als grundlegendes betriebswirtschaftliches Wissen? Beschränken Sie sich bei der Beantwortung auf drei Bereiche.
2. Was charakterisiert die BWL zu einer Unternehmenslehre?
3. Was versteht man unter einem System?
4. Inwiefern ist der Systemansatz für die Bearbeitung und Lösung wirtschaftlicher Probleme hilfreich?

2.4.4   Übung

Mit den Abbildungen 10 und 11 im Anhang

soll dieser Abschnitt noch etwas vertieft werden. Gleichzeitig wird damit bereits vorgegriffen auf Kapitel 9 Faktoreinsatz zur Wertschöpfung.

Damit soll die Wichtigkeit des theoretischen Grundwissens - wie etwa das über die Modelle - aufgezeigt werden für die Einschätzung zukünftiger Ereignisse. Dies wird im Zusammenhang mit den Ausführungen über die strategische Planung im Abschnitt 8.8.2, Planungs- und Kontrollsysteme, hilfreich sein.

Ebenso werden wir noch auf Modelle zurückgreifen, wenn wir optimale Entscheidungen suchen im Rahmen der Bestellungen [z.B. optimale Bestellmenge] oder in der Produktion in den Abschnitten 9.2 und 9.3.

2.5   Grundbegriffe und Wiederholung

Im nachfolgenden Abschnitt werden einige betriebswirtschaftliche „Vokabeln" - also termintechnisch - noch einmal aufgegriffen und weiter vertiefend behandelt.

2.5.1   Produktionsfaktoren

Den betriebswirtschaftlichen Produktionsfaktoren waren wir gleich anfangs [Abschnitt 2.1.1, Wirtschaft und wirtschaftliches Prinzip] im Zusammenhang mit der Produktivitätskennziffer begegnet.

In Anlehnung an den Quotienten $\frac{\text{Output}}{\text{Input}}$ wollen wir als Produktionsfaktoren [Faktoren; Input] verstehen:

> - die für die Produktion, für die Erhaltung der Betriebsbereitschaft und für den Absatz sowie für die Unternehmensleitung eingesetzten und notwendigen Güter und Dienstleistungen erforderlich sind,

während Produkte [Output]

> - die Güter heißen, die durch bestimmte Kombinationen von Produktionsfaktoren entstehen. Dabei können für den Absatz bestimmte Endprodukte und für die innerbetriebliche Verwendung bestimmte Zwischenprodukte unterschieden werden.

Machen wir uns diesen sog. Kombinationsprozess des Faktorinputs zur Gütererzeugung noch einmal an Beispielen klar:

– Getreide wird erzeugt durch eine bestimmte Kombination von Ackerboden, Saatgut, Düngemitteln, landwirtschaftlichen Maschinen, Dieselöl und der Arbeit des Bauern.

– Ein Haarschnitt wird produziert durch eine bestimmte Kombination von Schere, Kamm, Haarschneidemaschine, Elektrizität, Haarwasser, sonstigem Zubehör und der Arbeit des Friseurs.

– Ein Automotor kann sowohl als Zwischenprodukt in einer Automobilfirma in einen PKW eingebaut als auch als Endprodukt an eine Reparaturwerkstatt geliefert werden.

In der Volkswirtschaftslehre ist es dagegen üblich, folgende drei Produktionsfaktoren zu unterscheiden:

– Arbeit
– Boden
– Sachkapital im Sinne produzierter Produktionsmittel (abgeleiteter Faktor).

Die volkswirtschaftliche Einteilung der Produktionsfaktoren ist ein Abbild der englischen Gesellschaftsklassen [Arbeiter, Großgrundbesitzer, Fabrikanten] zu Beginn des Industrialisierungszeitalters. Man wählte diese Faktoreneinteilung, um untersuchen zu können, welchen Beitrag jede dieser Klassen zur Entstehung des Volkseinkommens leistete und welcher Anteil ihnen bei der Verteilung des Volkseinkommens [Lohn, Grundrente, Gewinn] zufiel. Mit dieser Frage der Verteilungsgerechtigkeit beschäftigt sich die BWL nicht. Sie konzentriert sich darauf, den Prozess der betrieblichen Leistungserstellung und -Verwertung [Kombinationsprozess s.o.] zu analysieren. D.h.: Die BWL interessiert die Wirkungsweise und damit Beeinflussbarkeit der Produktionsfaktoren im Wertschöpfungsprozess. Damit können dann mengen- und kostenmäßige Zusammenhänge innerhalb des Betriebes erfasst und dargestellt werden. Dies ist Voraussetzung für eine zielgerichtete Steuerung des Betriebsgeschehens.

Fragen und Hinweise:

1. In welchen Dimensionen kann der Produktivitätsquotient ausgedrückt werden? Nennen Sie Beispiele für die einzelnen Produktionsfaktoren.
2. Welche Namen fallen Ihnen aus der VWL im Zusammenhang mit dem Beginn des Industrialisierungszeitalters ein?
   – Ist das nur Historie!
   – Wann war das ungefähr?
3. Nennen Sie weitere Zusatzfaktoren!
4. In der Literatur wird zuweilen die Umwelt als Produktionsfaktor eingestuft. Diskutieren Sie dies kurz und ziehen Sie ein Zwischenfazit.

2.5.2   Bestands- und Bewegungsgrößen

Auch für diesen Sachverhalt greifen wir wieder auf eines unserer Kreislaufschemata zurück. Im Vermögen - Kapital - Kreislauf hatten wir bereits die Bilanz [Abb. 2.9] kennengelernt. Die darin zu einem Stichtag abgebildeten Bestände an Vermögen und Schulden [Aktiva und Passiva] haben sich im Zeitablauf [zwischen den Stichtagen, meist ein Kalender- bzw. Geschäftsjahr] verändert. Diese Veränderungen [Bewegungen] werden im Einzelnen in der Gewinn- und Verlustrechnung abgebildet als Aufwand und Ertrag. Der Saldo daraus gleicht dann die Bilanz aus, weshalb die Gewinn- und Verlustrechnung [G&V] auch als Unterkonto der Bilanz bezeichnet wird.

Sowohl in der Bilanz als auch in der G&V werden Geschäftsvorfälle komprimiert dargestellt. Die Buchhaltung muss nun, um den Grundsätzen ordentlicher Buchführung [GoB] zu entsprechen, das Zahlenmaterial detailliert dokumentieren. Sie bedient sich dabei folgender Arten von Konten:

---

1. Bestandskonten [Stichtagsgrößen]

Sie nehmen für jede Vermögens- und Kapitalart den Anfangsbestand einer Abrechnungsperiode auf, sammeln die Zugänge und Abgänge während der Periode, zeigen also die Bewegungen der Bestände und ermöglichen am Ende der Periode durch Gegenüberstellung von Anfangsbestand und Zugängen einerseits und Abgängen andererseits die Ermittlung des Endbestandes.

---

2. Erfolgskonten [Bewegungsgrößen]

Sie sammeln -getrennt nach Aufwands- und Ertragsarten- die Aufwendungen und Erträge einer Abrechnungsperiode. Der Saldo zwischen sämtlichen Aufwendungen und Erträgen ergibt den Erfolg der Periode, der mit dem Eigenkapitalkonto verrechnet wird und als Gewinn das Eigenkapital vermehrt oder als Verlust das Eigenkapital vermindert.

---

3. Gemischte Konten

Sie bilden eine Kombination von Bestands- und Erfolgskonten. Bekanntestes Beispiel ist das ungeteilte (gemischte) Warenkonto. Diese Konten haben den Nachteil, dass ihr Saldo eine Mischung von Endbestandswert und Erfolg ist.

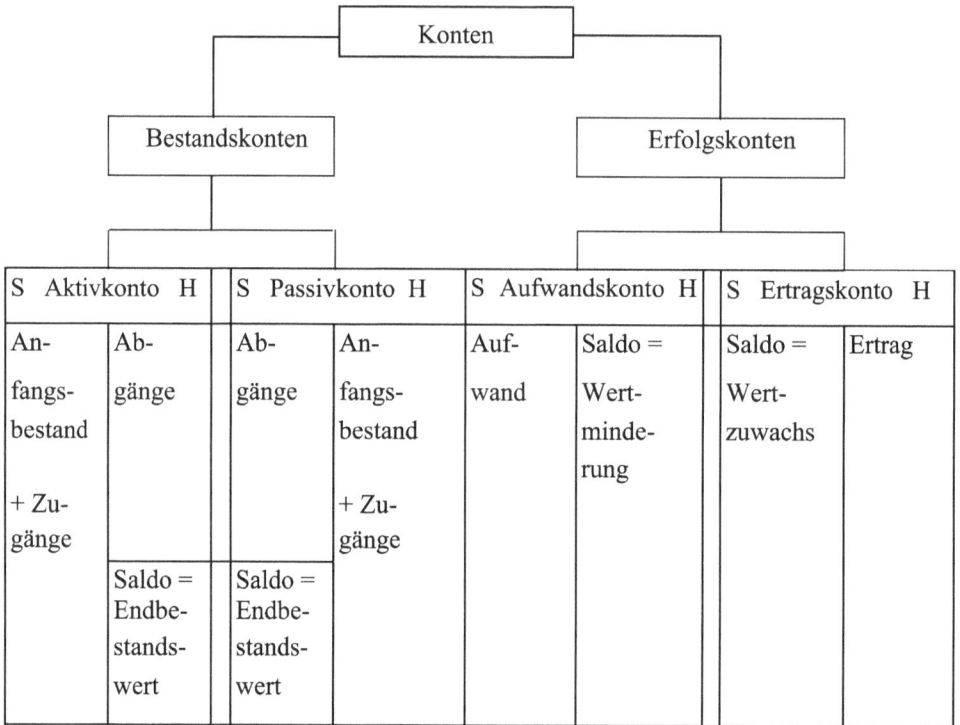

Konten

Bestandskonten

Erfolgskonten

S Aktivkonto H		S Passivkonto H		S Aufwandskonto H		S Ertragskonto H	
An-fangs-bestand	Ab-gänge	Ab-gänge	An-fangs-bestand	Auf-wand	Saldo = Wert-minde-rung	Saldo = Wert-zuwachs	Ertrag
+ Zu-gänge			+ Zu-gänge				
	Saldo = Endbe-stands-wert	Saldo = Endbe-stands-wert					

Anfangsbestand + Zugänge =	Ertrag ./. Aufwand = Erfolg
Endbestand ./. Abgänge	Ertrag > Aufwand = Gewinn
	Ertrag < Aufwand = Verlust

Abb. 2.21   Bestands- und Erfolgsgrößen

Fragen und Hinweise:

1. Auch diejenigen unter Ihnen, die der Buchhaltung nicht viel abgewinnen können oder kaum Vorkenntnisse haben, sollten sich zumindest mit ihrem Prinzip der zwingenden Stimmigkeit vertraut machen. Es hilft Ihnen, vieles in der BWL zu verstehen. Oder: Warum steht der Jahresgewinn auf der Schuldenseite der Bilanz, wenn man Gewinn als Betriebswirt eher positiv, Schulden dagegen negativ assoziiert?
2. Welches sind denn die Grundsätze ordentlichen Buchführung [GoB]?

2.5.3 Geschäftsvorfälle

Nach diesem Ausflug in die Gefilde der Buchhaltung soll nachfolgend über einige simple Tagesgeschäfte im Sinne buchhalterischer Konsequenzen nachgedacht werden.

Auswirkungen von Geschäftsvorfällen auf Bilanz und Gewinn- und Verlustrechnung:

Geben Sie bei den folgenden Geschäftsvorfällen an, welche Bilanzpositionen sich verändern, wie sich das Netto- / Reinvermögen (RV) und / oder welche Positionen der G&V sich verändern. Tragen Sie die Lösungen in der untenstehenden Tabelle ein.

a) Barverkauf von Produkten 125 TGE (Erstellung in dieser Periode)

b) Überweisung der Kfz-Steuer 14 TGE für das lfd. Jahr

c) Überweisung Löhne und Gehälter August 25 TGE an Mitarbeiter

d) Überweisung 22,5 TGE an Bank (20 TGE Tilgung eines Darlehens; 2,5 TGE Zinsen)

e) Barverkauf von Rohstoffen 20 TGE

f) Barverkauf von Handelswaren 18 TGE (Kauf in der Vorperiode;

    Bilanzwert 31.12. VJ = 20 TGE)

g) Produktion auf Lager (Anfangsbestand = 15 TGE,

    Endbestand = 25 TGE)

h) Auflösung einer Prozessrückstellung, die in der Vorperiode mit 30 TGE gebildet wurde. Der tatsächliche Aufwand betrug 20 TGE (per Überweisung an Prozessgegner)

i) Rückzahlung einer Bankverbindlichkeit von 5 TGE

j) Eigenkapital-Entnahme über 120 TGE durch Eigentümer (in bar)

	Δ Vermögen	Δ Schulden	Δ RV	Erträge	Aufwendung
a)					
b)					
c)					
d)					
e)					
f)					
g)					
h)					
i)					
j)					

2.5.4   Ziel- und Effizienzgrößen

– Ein Unternehmen schreibt in seinem Geschäftsbericht:

• gemeinsames Ziel im Konzern ist eine Eigenkapitalrentabilität von 15% im Mittel des Konjunkturzyklus.

– Ein anderes nennt

• eine Gesamtkapitalrentabilität von mindestens 10%.

– Ein weiteres Unternehmen steuert seinen Absatz so, dass nur Kunden / Märkte bedient werden, bei denen die

• Umsatzrentabilität mindestens 15% beträgt.

– Eine Handelskette hat nur solche Artikel im Sortiment, die sich mindestens 50 x im Jahr umschlagen.
– Dir Mitbewohner in der WG achtet streng darauf, dass sein Haben-Saldo von 500,-GE auf seinem Girokonto nicht unterschritten wird.
– Ein Teilelieferant muss seinem Abnehmer unter 1 ppm Ausschuss garantieren.
– Ein Automobilhersteller peilt in seinem Werk E eine Ø Fehlzeitenquote von unter 3,5% an.
– Von Ihrem Nachbarn wissen Sie, dass er das Studium in der Regelstudienzeit mit Abschlussnote 2,0 absolvieren will.

All das sind in Wünsche, Empfehlungen oder in Forderungen gekleidete Ziele.

Fragen und Hinweise:

1. Fallen Ihnen weitere ökonomische Ziele ein?
2. Gibt es nicht-ökonomische Ziele, die dennoch betriebswirtschaftlich relevante sind?
3. Lassen sich Ziel- und Effizienzgrößen unterscheiden? Wenn ja, wie?
4. Lässt sich bei den oben aufgeführten Zielen eine Rangordnung / Priorität ausmachen?
5. Es gibt den Begriff Zielhierarchie in der BWL. Versuchen Sie einmal, an den Beispielen eine Zielhierarchie aufzustellen.
6. Erklären Sie den Unterschied zwischen Ziel, Effizienz und Aufgabe.

2.6   Testfragen zu Kapitel 2

Bitte arbeiten Sie anhand der **folgenden Fragen** noch einmal das zweite Kapitel durch. Wiederholen Sie dies in gewissen Abständen bis Sie merken, dass Sie sich ohne Rückgriff auf entsprechende Literatur zu helfen wissen.

Bedenken Sie, dass es darauf ankommt zu wissen, warum man etwas Bestimmtes tut.

Konkret:

Sie kennen inzwischen sicherlich die Quotienten Produktivität, Wirtschaftlichkeit oder Rentabilität womöglich gar auswendig. Aber verstehen Sie auch, wem sie und warum sie nützlich sind?

An Ihrer richtigen Antwort auf die letzte Frage liegt uns eher mehr.

1. Was versteht man unter wirtschaften? Warum muss der Mensch wirtschaften?

2. Beschreiben Sie die Ausprägungen des ökonomischen Prinzips mengen und wertmäßig;

3. Grenzen Sie die Begriffe voneinander ab: Produktivität, Wirtschaftlichkeit und Rentabilität;

4. Muss ein rentables Unternehmen unbedingt produktiv arbeiten und ist ein wirtschaftliches Unternehmen immer rentabel?

5. Begründen Sie die Aussage: Wirtschaften heißt bewerten! Welche Probleme sind hierbei angesprochen?

6. Die BWL als angewandte Realwissenschaft greift auf Erkenntnisse von Nachbardisziplinen zurück. Nennen Sei die wichtigsten Disziplinen und zeigen Sie Arbeitsfelder auf, in denen die BWL darauf zurückgreift;

7. Charakterisieren Sie die Bedeutung von Modellen im Rahmen der BWL;

8. Welche Modellarten lassen sich unterscheiden?

9. Erklären Sie einem Nichtkaufmann den Zusammenhang zwischen Betrieb und Unternehmung;

10. Nennen Sie die Hauptkriterien, nach denen sich Unternehmen einteilen lassen. Zeigen Sie anhand von Beispielen praktische Anwendungen auf;

11. Versuchen Sie einem Nichtkaufmann die Aufgaben der BWL zu erklären und demonstrieren Sie, wie weit sie diesen Aufgaben gerecht wird;

12. Wie lässt sich die Betriebswirtschaftslehre untergliedern?

13. In der betriebswirtschaftlichen Ausbildung wird vernetztes Denken gefordert. Durch welchen Ansatz und wie versucht die BWL dieser Forderung zu entsprechen?

14. Was versteht man unter betriebswirtschaftlichen Kennzahlen?

15. Beschreiben Sie einige Arten und deren Anwendung;

16. Was versteht man in der BWL unter Produktionsfaktoren?

17. Versuchen Sie eine Systematisierung der Produktionsfaktoren;

18. Wodurch und warum unterscheiden sich die Einteilung der Produktionsfaktoren in Volks- und Betriebswirtschaftslehre?

19. Was versteht man in der BWL unter: a) Bestandsgrößen, b) Bewegungsgrößen und c) Zielgrößen?

20. Erklären Sie die folgenden Kennzahlen:

  - Eigenkapitalquote; Verschuldungsgrad;

  - Gesamtkapital-, Eigenkapital-, Umsatzrentabilität

  - Return on Investment;

  - Anlagendeckung und

  - Liquidität

3 Betriebliche Ziele und Zielbeziehungen

Dieses Kapitel befasst sich mit der betriebswirtschaftlichen Zieldiskussion. An der Wortkombination 'Zieldiskussion merken Sie schon, dass das oder die betriebswirtschaftlichen Ziele nicht so eindeutig festliegen wie z.B. im Sport, wo durch Zielband, Zielhöhe, Zielzeit usw. bestimmte Marken bekannt sind.

Erinnern Sie sich, was wir im Abschnitt 2.2 ausgeführt haben, wenn Sie die nächsten Abschnitte bearbeiten.

Unter Zielen werden angestrebte Zustände verstanden, die durch Handlungen erreicht werden sollen. Ziele erfüllen somit eine Steuerungs- und Koordinationsfunktion.

3.1 Entstehung von Unternehmenszielen

Jede bewusste rationale Entscheidung setzt eine Vorstellung von dem Ziel voraus. Was wollen wir überhaupt und was soll konkret erreicht werden? D.h.: Entscheider brauchen zur Orientierung Ziele.

Alle Maßnahmen haben sich an den Zielen auszurichten. An ihrer Erreichung wird das Unternehmen als Einheit beurteilt.

Aber woher kennen wir die Ziele? Welche sind relevant?

Nachfolgend soll in Form von Thesen die Entstehung von Unternehmenszielen skizziert werden.

1. These

Unternehmensziele liegen nicht von vornherein fest.

---

2. These

Ziele sollen das Ergebnis von Entscheidungsprozessen sein.

In den Prozessen treten unterschiedliche Interessen der Beteiligten auf [interne Gruppen wie Eigner, Arbeitnehmer und Manager; externe Gruppen wie Kunden, Lieferanten, Banken, Staat und Gesellschaft].

Diese Differenzen müssen im Unternehmen zum Ausgleich gebracht werden. Dies ist die Aufgabe des Managements.

3. These

Interessen haben etwas mit Macht zu tun. Es kommt im pluralistisch -demokratischen System darauf an, die permanente Abstimmung zwischen individuellen und kollektiven Zielen herzustellen. D.h., „das Spannungsfeld der konfliktären Interessenlagen zu handeln".

Fragen und Hinweise:

1. Wenn man sagt: Art und Bedeutung (Gewichtung) der Ziele seien im und Zeitablauf wandelbar, was ist damit gemeint? Nennen Sie dafür aktuelle Beispiele auch im Rückblick auf die letzten Jahre.
2. Wie können Entscheidungsprozesse stattfinden? Nennen Sie konkrete interne und externe Koalitionspartner auf den verschiedenen Unternehmensebenen. In diesem Zusammenhang fällt schon einmal das Wort der Konsenstheorie.
3. Diskutieren Sie die Frage, ob es allgemein verbindliche betriebswirtschaftliche Ziele gibt.
4. Man spricht auch schon mal vom Korporatismus als einem deutschen Modell des Interessenausgleichs. Woran zeigt sich das konkret?

3.1.1   Motive menschlichen Verhaltens

Als Ausgangsgröße für die Beschreibung und Erklärung von Zielbildungsprozessen sind also zunächst die jeweils dominierenden Interessenlagen, respektive Bedürfnisse (Motive) der Unternehmensträger (u.a. Unternehmensleiter, Anteilseigner, Arbeitnehmer), anzusehen.

Nach Maslow, an dessen Motiv-Klassifikation hier angeknüpft wird, können die vielfältigen Motive menschlichen Handelns in fünf hierarchisch angeordnete Motivklassen eingeteilt werden, wobei sich die Hierarchie der Bedürfnisse aus der unterschiedlichen Dringlichkeit ihrer Befriedigung ergibt (siehe Abbildung 12).

Die Abbildung der menschlichen Motive soll uns helfen, den Zielbildungs- und damit Entscheidungsprozess zu veranschaulichen. Die Herkunft der Ansprüche, ihre Dringlichkeit sowie ihre Durchsetzungsfähigkeit in den jeweiligen Situationen spiegeln sich darin wider.

In welchen wechselseitigen Erwartungen des Unternehmens und ihrer jeweiligen Koalitionspartner sich dies im Einzelnen konkretisiert, sei in der Abbildung 13 [Anreiz-Beitrags-Theorie von Barnard] beispielhaft dargestellt.

Betrachten wir noch einmal **die Abbildung 12 [Entstehung von Unternehmenszielen]**, so gilt es nach der Formulierung der Ansprüche an die Unternehmung die Gegenrechnung aufzumachen.

Das heißt, die Geschäftsgrundlage der Unternehmung muss umrissen werden, die wir als Existenzgrundlage bezeichnen wollen. Es ist nachzuvollziehen, dass wenn Ansprüche erfüllt werden sollen, die Institution Unternehmung 'Luft zum atmen' braucht.

3.1.2   Existenzbedingungen der Unternehmung

Wir beobachten: Je höher man in der Motiv-Klassifikation angelangt ist [Abbildung 12], umso vielfältiger sind die Ansprüche anderer an den Einzelnen selbst. Wenn jemand sich „selbst verwirklicht", indem er sich beispielsweise selbstständig macht bzw. ein Unternehmen gründet, besitzt oder leitet, dann wird er dies nur dann tun -sprich motiviert sein-, wenn die sog. Existenzbedingungen der Unternehmung gewährleistet sind. Dies ist auch deshalb wichtig, damit überhaupt die vielfältigen, an das Unternehmen gerichteten Ansprüche erfüllt werden können.

Zu diesen Existenzbedingungen zählen in erster Linie:

- Rentabilität

Langfristig muss ein Unternehmen rentabel arbeiten, da es sonst keine Kapitalgeber findet bzw. sich das Eigenkapital durch Verluste aufzehrt, zur Überschuldung oder auch zur Illiquidität fuhrt mit ebenfalls Konkurskonsequenz. Die Unternehmenstätigkeit muss also einen Nutzen bringen.

- Liquidität

Die Zahlungsfähigkeit muss jederzeit auch kurzfristig gesichert sein, denn Illiquidität bedeutet Konkurskonsequenz. „Liquidität ist nicht alles, aber alles ist nichts ohne Liquidität".

- Wachstum

> Man sagt oft, dass die Bedingungen Rentabilität und Liquidität langfristig nur in einer auf Wachstum ausgerichteten Wirtschaftsordnung erfüllbar seien.
>
> Hier stellt sich die Frage, wie Wachstum gemessen werden kann. In jeden Fall kennen wir nicht nur quantitatives, sondern auch qualitatives Wachstum.

- Planbarkeit

> Darunter wollen wir verlässliche Rahmenbedingungen [z.B. Rechtsordnung, Vertragsfreiheit u.a.] verstehen. Im weiteren Sinne auch Entscheidungsspielraum und gesellschaftliche Akzeptanz.

Fragen und Hinweise:

1. Die Begriffe Rentabilität und Liquidität sind aus dem zweiten Kapitel bekannt und definiert. Versuchen Sie noch einmal, mit Ihren Worten zu begründen, warum ohne Rentabilität und ohne jederzeitige Liquidität Unternehmen auf Dauer nicht lebensfähig sind.
2. Nennen Sie Beispiele für quantitatives und qualitatives Wachstum.
3. Zählen Sie weitere Kriterien auf, die Unternehmertum fördern oder hemmen können.

3.1.3   Unternehmensphilosophie

Im engen Zusammenhang mit den Unternehmenszielen stehen die Werthaltungen bei den Machtträgern der Unternehmung [Abbildung 12]. Das sind ihre ethischen und moralischen Wertvorstellungen.

Wir bezeichnen diese Grundeinstellung z.B. zu Mitarbeitern, Kunden, Lieferanten, zur Gesellschaft schlechthin als Leitbilder oder Unternehmensphilosophie [manchmal auch als Unternehmenskultur].

Ihren konkreten Niederschlag finden die Leitbilder z.B. in den allgemeinen Führungsgrundsätzen oder auch in der langfristigen Rahmenplanung. Diese können, ja sie sollen schriftlich fixiert und allen Interessenten zugänglich sein. In gewissen Abständen werden die Leitsätze in Form von Unternehmensgrundsätzen auch in den Geschäftsberichten abgedruckt.

Den Zusammenhang zwischen der Philosophie und den Zielen eines Unternehmens findet seinen Niederschlag in der konkreten Unternehmenspolitik.

3.1.4   Unternehmenspolitik

Schließlich müssen Leitbilder und Ziele praktisch umgesetzt werden. Wir befinden uns auf der Handlungsebene und sprechen in dem Zusammenhang von Unternehmungs- oder Unternehmenspolitik. Politik als die „Kunst des Machbaren" lässt sich durchaus auf unsere betriebswirtschaftlichen Belange übertragen. Oder anders ausgedrückt, die Summe aller Maßnahmen, die zu den (gefundenen und abgesteckten) Zielen fuhren (vgl. Abb. 3.1).

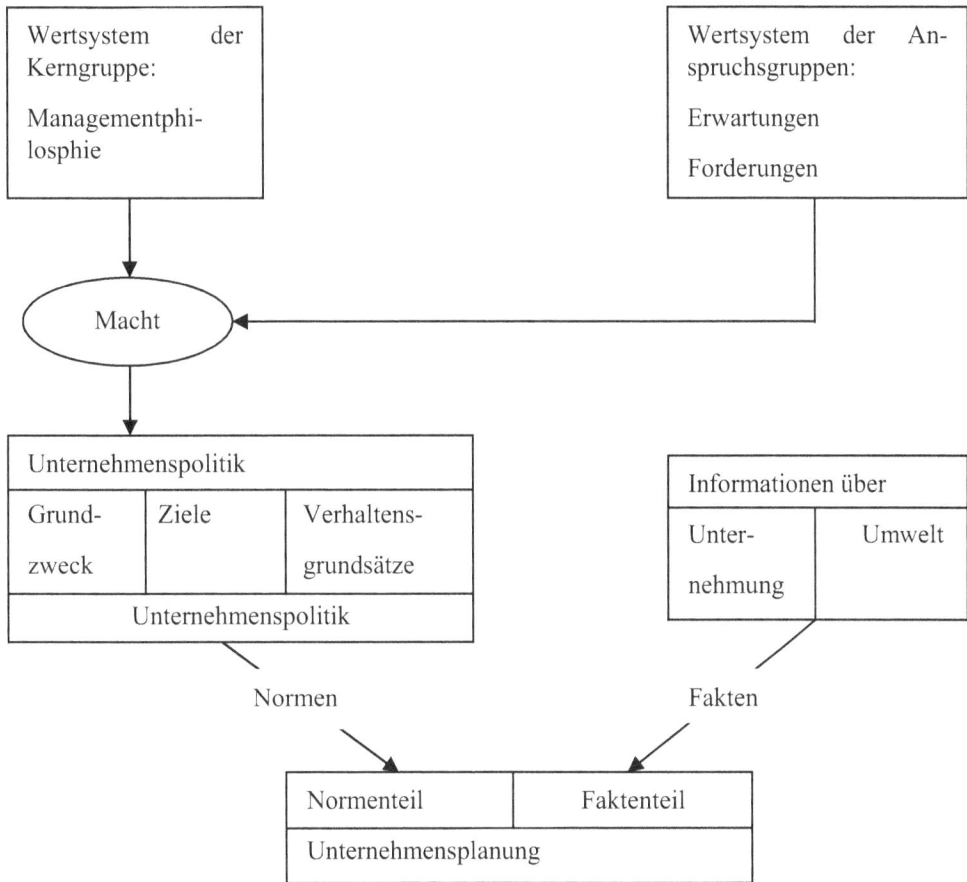

Abb. 3.1   Unternehmenspolitischer Willensbildungsprozess

3.1.5   Übung

Diskutieren Sie die Abbildungen 12 und 13

3.2   Ökonomische Dimensionen der Unternehmensziele

Die Unternehmung ist in erster Linie ein Wirtschaftsbetrieb und verfolgt vorrangig ökonomische Ziele.

3.2.1   Zielkonzeption

Die Gesamtheit der ökonomischen Ziele einer Unternehmung wird auch als ihre Zielkonzeption bezeichnet, die aus drei Zielkategorien besteht:

–   Leistungsziele [z.B. Absatzziele]
–   Erfolgsziele [z.B. Rentabilitätsziele]
–   Finanzziele [z.B. Liquiditätsziele]

Ökonomische Zielkonzeption der Unternehmung		
Leistungsziele	Erfolgsziele	Finanzziele
- Produktions- und Absatzmengen	- Gewinn / Rentabilität	- Zahlungsfähigkeit
- Absatzwege	- Dividenden	- Umfang und Struktur der Liquiditätsreserve
- Marktanteile	- Wertschöpfung	- finanzielle Struktur
- Produktions- und Lagerkapazitäten	- Kostenstruktur	- Gewinnreservierung
- Faktor- und Produktqualitäten	- Umsatzvolumen und -struktur	- Struktur und Volumen des Investitions- und Finanzierungsprogramms
- Art und Struktur des Produktions- und Absatzprogramms	- usw.	- usw.
- usw.		

Abb. 3.1   Zielkonzeption der Unternehmung

Fragen und Hinweise:

1. Versuchen Sie, die in Abb. 3.2 exemplarisch aufgeführten Ziele zu präzisieren, indem Sie sie in entsprechenden Maßzahlen [Dimensionen] ausdrücken. Was fällt Ihnen dabei auf?
2. Stellen Sie eine Verbindung zu den im Abschnitt 2.2..4 behandelten Kennzahlen her [i.e. Kennzahlen als Steuerungsinstrumente...].
3. Wenn Sie nach Zielebenen unterscheiden wie
   – Leitidee als treibende Kraft
   – langfristige Strategien und
   – Periodenziele,
   wo würden Sie obengenannte Ziele etwa einordnen und warum?
4. In der Literatur finden Sie für die Zielkategorien auch manchmal das Begriffspaar Sach- und Formalziele.

3.2.2   Zielstrukturen

In der Praxis werden meist gleichzeitig mehrere Ziele verfolgt, wobei Ziele zueinander in bestimmten Beziehungen stehen.

Wir unterscheiden beispielsweise Ober-, Zwischen- und Unterziele. Wenn man einen mög-lichst hohen Gewinn zu erzielen als Oberziel unterstellt, so könnte dies über das Zwischen-ziel einer Marktanteilserhöhung und dies wiederum durch das Unterziel der Verbesserung des Kundendienstes erreicht werden. Man nennt dies auch die *Ziel-Mittel-Hierarchie* oder *Zweck-Mittel-Beziehung.*

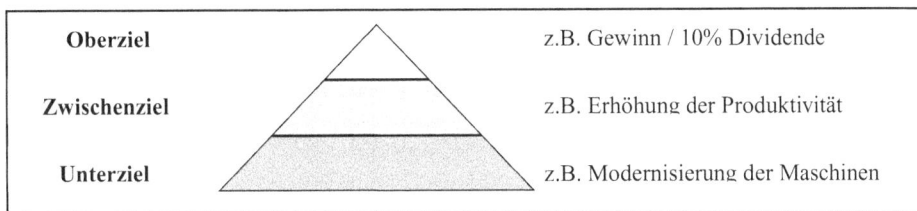

Oberziel		z.B. Gewinn / 10% Dividende
Zwischenziel		z.B. Erhöhung der Produktivität
Unterziel		z.B. Modernisierung der Maschinen

Abb. 3.2   Zielhierarchie

Bei einer Anzahl von Zielen auf gleicher Ebene muss darüber hinaus die Rangfolge der Wichtigkeit oder Dringlichkeit -Ziel-Prioritäten- festgelegt werden. Z.B. muss bzw. kann in bestimmten Situationen Liquidität vor Rentabilität oder Beschäftigung vor Gewinn rangie-ren.

Ziel-Prioritäten:

- Vorrang; z.B. kann ein Liquiditätsengpass, ausgelöst durch Zinserhöhungen oder Forderungsausfall, unser Gewinnziel vorübergehend zurückstehen lassen.
- können sich je nach Situation verändern.

3.2.3   Zielbeziehungen

Ebenfalls können Beziehungen ausdrücken, ob Maßnahmen zur Erreichung eines Zieles positive (unterstützende), negative (einschränkende) oder keinerlei Wirkungen auf die Erreichung anderer Ziele haben. Man spricht von Zielkomplementarität, von Zielkonflikten (Zielkonkurrenz, Zieldivergenz) und von Zielindifferenz (bzw. Zielneutralität)

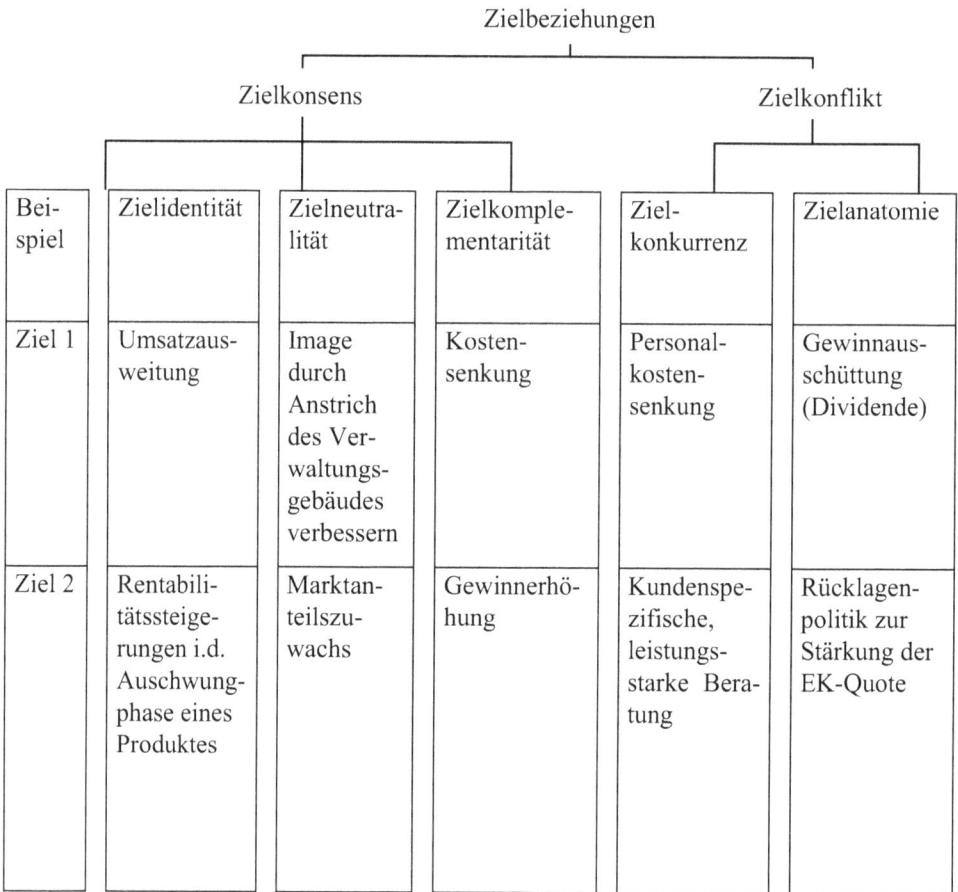

	Zielkonsens			Zielkonflikt	
Bei-spiel	Zielidentität	Zielneutra-lität	Zielkomple-mentarität	Ziel-konkurrenz	Zielanatomie
Ziel 1	Umsatzaus-weitung	Image durch Anstrich des Verwaltungs-gebäudes verbessern	Kosten-senkung	Personal-kosten-senkung	Gewinnaus-schüttung (Dividende)
Ziel 2	Rentabili-tätssteige-rungen i.d. Auschwung-phase eines Produktes	Marktan-teilszu-wachs	Gewinnerhö-hung	Kundenspe-zifische, leistungs-starke Beratung	Rücklagen-politik zur Stärkung der EK-Quote

Abb. 3.3   Zielbeziehungen

Auch Zielbeziehungen können sich je nach Situation ändern.

Fragen und Hinweise:

1. Die in Abb. 3.3 aufgezeigten Zielbeziehungen wollen Sie bitte an einem praktischen Beispiel erklären.
2. Eine konkrete Zielformulierung wird in dem nachstehenden Zielkegel der Fa. Löbro wiedergegeben.

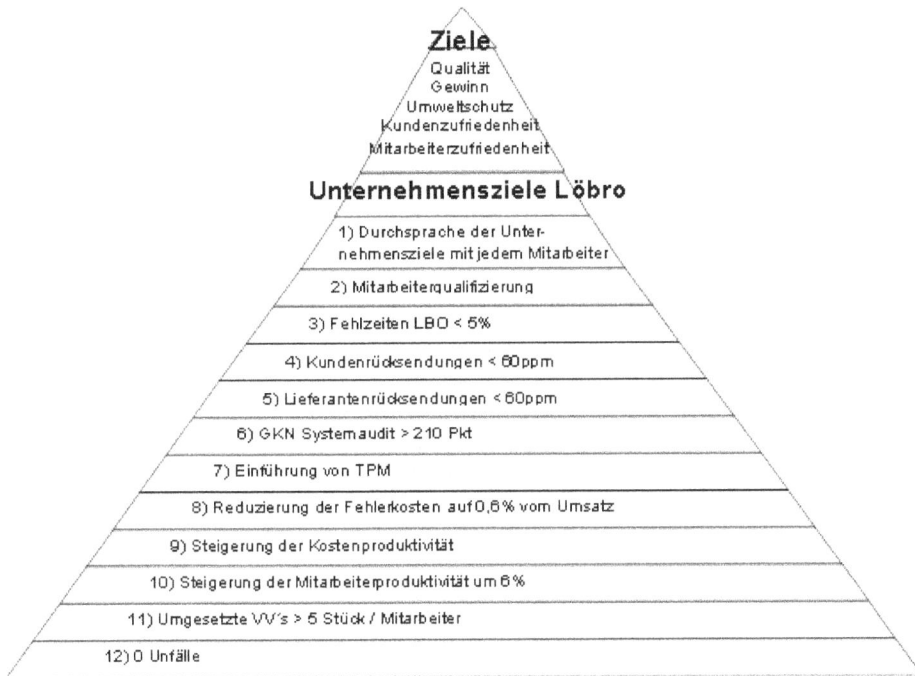

Ziele
Qualität
Gewinn
Umweltschutz
Kundenzufriedenheit
Mitarbeiterzufriedenheit

Unternehmensziele Löbro

1) Durchsprache der Unternehmensziele mit jedem Mitarbeiter
2) Mitarbeiterqualifizierung
3) Fehlzeiten LBO < 5%
4) Kundenrücksendungen < 60ppm
5) Lieferantenrücksendungen < 60ppm
6) GKN Systemaudit > 210 Pkt
7) Einführung von TPM
8) Reduzierung der Fehlerkosten auf 0,6% vom Umsatz
9) Steigerung der Kostenproduktivität
10) Steigerung der Mitarbeiterproduktivität um 6%
11) Umgesetzte VV's > 5 Stück / Mitarbeiter
12) 0 Unfälle

Abb. 3.4 Zielkegel der Fa. Löhr & Bromkamp GmbH

Wie sich Zielbeziehungen nach außen darstellen lassen, sei am Beispiel Industrie und Handel auszugsweise aufgezeigt.

Ziele der Industrie	Ziele des Handels
Sortimentspolitik	
* Produkt- bzw. Markenimage * Produktinnovation * Unterstützung der Hersteller- marke	* Sortiments- bzw. Ladenimage * Produktkonstanz * Unterstützung der Handels- marke
Preispolitik	

* Abbau überhöhter Spannen
 	
* hohe Einführungspreise zur
 	
  Imagebildung
	* Erreichen hoher Spannen
	
	* niedriger Einführungspreis zur
	
	  Marktdurchdringung

Abb. 3.5   Zielkonflikte zwischen Industrie und Handel

3.3   Soziale Dimension der Unternehmensziele

Unternehmensziele haben stets auch eine soziale Dimension. Dies wird deutlich, wenn man bedenkt, welche sozialen Aspekte im Wirtschaftsprozess eine Rolle spielen:

– gerechte Entlohnung
– humane Arbeitsbedingungen
– Arbeitsplatzsicherheit
– Beteiligung der Arbeitnehmer an Gewinn und Vermögen
– Mitsprache u.a. bei Entscheidungen über Zielformulierungen und anderes mehr.

Im Zweifel wird für eine Unternehmung das „Primat des Ökonomischen" gelten müssen. Aber wenn wir erkennen dass

> - wirtschaftlicher Erfolg langfristig nur durch einen sozialen Unterbau erreicht werden kann.

und andererseits

> - die sozialen Möglichkeiten nur durch dauerhaften wirtschaftlichen Erfolg gewährleistet werden können.

wird man die Beziehungen zwischen ökonomischen und sozialen Zielen auf lange Sicht eher komplementär als konfliktär einstufen.

Oberstes Ziel in diesem Bereich ist die Vermeidung sozialer Konflikte. Oder positiv ausgedrückt: Die Erhaltung des sozialen Friedens.

3.3.1 Soziales Umfeld [Rahmenbedingungen]

Von Hause aus ist unternehmerisches Tun im Allgemeinen nicht sozial angelegt. Deshalb sieht sich der Staat veranlasst, durch Gesetze Zwang auszuüben. Wir nennen dies im betrieblichen Alltag die sozialen Restriktionen.

Die Rahmenbedingungen für eine stärkere Berücksichtigung sozialer Ziele bei den Unternehmen sind in der Bundesrepublik Deutschland durch die

- arbeitsrechtliche Mitbestimmung [(MB); den Arbeitsplatz des einzelnen Mitarbeiters betreffend; geregelt im Betriebsverfassungsgesetz]

und die

- unternehmerische Mitbestimmung [das Unternehmen als Ganzes betreffend; geregelt im Mitbestimmungsgesetz]

geschaffen worden.

3.3.2 Machtträger betrieblicher Willensbildung

Natürlich ist es von Bedeutung, wie die Führungsgremien einer Unternehmung zusammengesetzt sind, denn diese bestimmen das „Sozialklima" [Wertehaltungen].

Bei der in der Bundesrepublik praktizierten Mitbestimmung wird diesem Grundgedanken (am Beispiel der AG) insofern Rechnung getragen, als in den hiervon betroffenen Kapitalgesellschaften drei Zentren der betrieblichen Willensbildung unterschieden werden, und zwar

–	Hauptversammlung	[HV]	als Organ der Eigner	(Kapital)
–	Aufsichtsrat	[AR]	als Organ der Kontrolle	(Kapital + Arbeit)
–	Vorstand	[V]	als Ausführungsorgan.	

Durch das Mitbestimmungsgesetz ist den Arbeitnehmern, bzw. ihren Vertretern im Aufsichtsrat ein institutionalisiertes Einflussrecht auf die Unternehmenspolitik eingeräumt. Es findet eine Art Macht- und Arbeitsteilung statt. Hie Sozialinteressen, da Kapitalinteressen auf der Eigentümerseite.

Der Vorstand bzw. die Geschäftsführung hat die Aufgabe, die Spannungen zwischen sozialer und ökonomischer Dimension zum Wohle des Unternehmens und aller Beteiligten auszugleichen.

Durch das Betriebsverfassungsgesetz (BetrVG) – für Betriebe mit mindestens 5 Arbeitnehmern – ist den Arbeitnehmern ihre Interessenvertretung durch bestimmte Organe wie Betriebsrat, Betriebsversammlung oder Wirtschaftsausschuss gewährleistet. Das Dispositionsrecht [Direktionsrecht] des Unternehmers in Angelegenheiten, die die Arbeitnehmer betreffen, ist mit der Personalvertretung geteilt.

Der soziale Friede in einer Gesellschaft und in den Betrieben hängt von vielen Faktoren ab. Mit dem Betriebsverfassungsgesetz und dem Mitbestimmungsgesetz sowie den darin vorgesehenen Organen des Interessenausgleichs zwischen Kapital und Arbeit haben wir einen wichtigen Faktor kennengelernt. Aber wie die Erfahrung zeigt, sind es letztlich die Menschen selbst, die für dieses „hohe Gut" in der Wirtschaft verantwortlich sind. Es kommt letztlich darauf an, wie

– Vorgesetzte mit Untergebenen,
– Gesellschafter, Geschäftsführer und Vorstand mit ihren Mitarbeitern und deren Interessenvertretung und

– diese umgekehrt mit dem Management
umgehen bei der ständigen Suche nach einem Ausgleich zwischen Betriebs- und Mitarbeiterzielen.

Im Betriebsverfassungsgesetz § 2 Absatz 1 heißt es dazu:

> „Arbeitgeber und Betriebsrat arbeiten unter Beachtung der geltenden Tarifverträge vertrauensvoll und im Zusammenwirken mit den im Betrieb vertretenen Gewerkschaften und Arbeitgebervereinigungen zum Wohle der Arbeitnehmer und des Betriebes zusammen."

Das heißt, die arbeitsrechtliche Mitbestimmung soll nach dem Gesetz mehr durch Partnerschaft, als durch Konflikt gestaltet werden.

Fragen und Hinweise:

1. Das Betriebsverfassungsgesetz ist nicht zu verwechseln mit den Bestimmungen, die in großen Unternehmen den Arbeitnehmervertretern Sitze im Aufsichtsrat ihres Hauses sichern. Betriebsverfassung findet auf tieferer Ebene statt: Basisnah und zum Anfassen. Nennen Sie wichtige Regelungen der Arbeitswelt aus dem BetrVG.

2. Zur Beilegung von Meinungsverschiedenheiten zwischen..... und.....sieht das BetrVG in bestimmten Fällen Einigungsstellen vor.
– Nennen Sie solche Fälle.
– Warum muss es darüber hinaus noch Arbeitsgerichte geben?

3. Kennen Sie weitere wichtige Arbeitsschutzgesetze und gegebenenfalls welche?

3.3.3   Rechtsformen der Unternehmung

Einen nicht unbeträchtlichen Einfluss auf das Miteinander von Kapital und Arbeit hat auch die Rechtsform. Nachfolgend seien daher die wichtigsten Gestaltungsmöglichkeiten durch die Wahl der Rechtsform aufgezeigt.

Unter dem Begriff „Rechtsform" lassen sich alle diejenigen Regelungen zusammenfassen, die einen Betrieb über seine Eigenschaften als Wirtschaftseinheit hinaus auch zu einer rechtlich fassbaren Einheit machen. Die Rechtsform ist also gleichsam das „Juristische Kleid" einer Wirtschaftseinheit und bindet in dieser Funktion deren Handeln in die bestehende Rechtsnormen ein.

Abb. 3.6 gibt eine Übersicht über die Rechtsformen, wobei privatrechtliche und öffentlichrechtliche Formen unterschieden werden können. Mit der Ausnahme einiger privatrechtlicher Mischformen (z.B. GmbH & Co KG), die von der Wirtschaft entwickelt wurden, handelt es sich dabei um gesetzlich geregelte Formen, die den Betrieben von der Rechtsordnung ausdrücklich zur Verfügung gestellt werden.

In erster Linie spielen für die Unternehmen die privatwirtschaftlichen Rechtsformen eine Rolle.

I. Privatrechtliche Formen

    1. Einzelunternehmen

    2. Personengesellschaften a. Gesellschaft bürgerlichen Rechts (GbR)
                b. Offene Handelsgesellschaft (oHG)
                c. Kommanditgesellschaft (KG)
                d. stille Gesellschaft

    3. Kapitalgesellschaften
                a. Aktiengesellschaft
                b. Gesellschaft mit beschränkter Haftung (GmbH)
                c. Bergrechtliche Gewerkschaft

    4. Mischformen
                a. Kommanditgesellschaft auf Aktien (KG aA)
                b. AG & Co. KG
                c. GmbH & Co. KG
                d. Doppelgesellschaft

    5. Genossenschaften

    6. Versicherungsvereine auf Gegenseitigkeit (VVaG)

    7. Partnerschaft

II. Öffentlich-rechtliche Formen

    1. Ohne eigene Rechtspersönlichkeit
                a. Regiebetriebe
                b. Eigenbetriebe
                c. Sondervermögen

    2. Mit eigener Rechtspersönlichkeit
                a. öffentlich-rechtliche Körperschaften
                b. Anstalten
                c. Stiftungen

Abb. 3.6 Rechtsformen der Unternehmung

3.3.4   Übung

Diskutieren Sie arbeitsrechtliche und unternehmerische Mitbestimmung anhand des Mitbe-
stimmungsgesetzes und des BetrVG

3.4 Zielordnung

In den vorherigen Abschnitten wurden die betrieblichen Ziele mehr theoretisch und punktuell behandelt, hinsichtlich

- Art [ökonomisch / sozial]
- Herkunft [interne / externe Gruppen]
- Interessenausgleich [Zielbildungsprozess über Konsensfindung]
- strukturellen Stellenwert [Ober-, Zwischen-, Unterziele]
- Beziehungen [Harmonie / Konflikte]
- Normcharakter [Verhaltens- / Führungskonflikt].

In diesem Abschnitt sollen daher mehr unter unternehmerisch-pragmatischen Aspekten die einzelnen Schritte einer Zielentwicklung nachvollzogen und damit zusammengefasst werden.

Funktional können wir dieses auch Zielplanung nennen. In der Abb. 3.7 sind diese Schritte in Form von Prozessstufen dargestellt und anschließend kurz erläutert. Diese sogenannte Ziel-ordnung stellt eine Art Ablauf- oder auch Arbeitsplan dar.

3.4.1   Prozessstufen

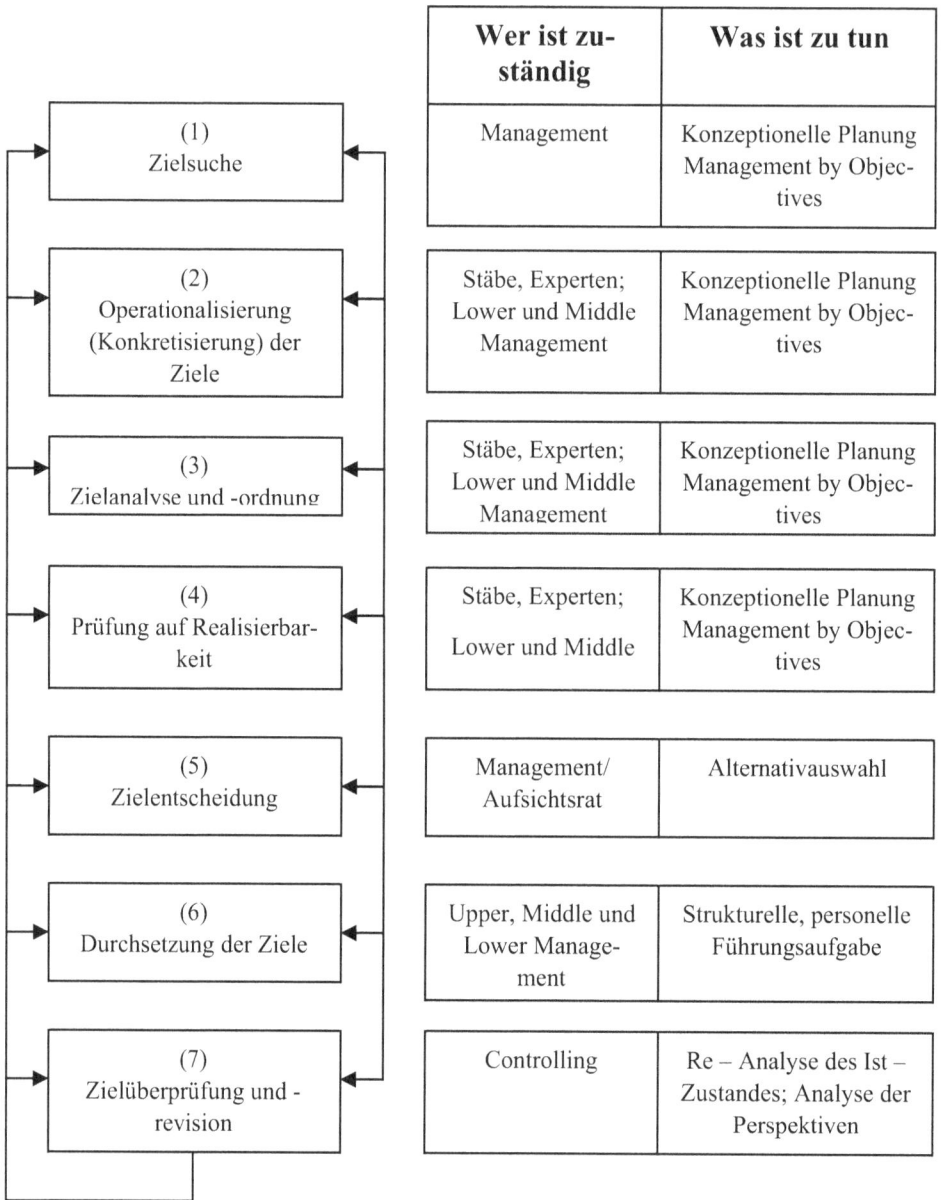

(1) Zielsuche	Wer ist zuständig	Was ist zu tun
(1) Zielsuche	Management	Konzeptionelle Planung Management by Objectives
(2) Operationalisierung (Konkretisierung) der Ziele	Stäbe, Experten; Lower und Middle Management	Konzeptionelle Planung Management by Objectives
(3) Zielanalyse und -ordnung	Stäbe, Experten; Lower und Middle Management	Konzeptionelle Planung Management by Objectives
(4) Prüfung auf Realisierbarkeit	Stäbe, Experten; Lower und Middle	Konzeptionelle Planung Management by Objectives
(5) Zielentscheidung	Management/ Aufsichtsrat	Alternativauswahl
(6) Durchsetzung der Ziele	Upper, Middle und Lower Management	Strukturelle, personelle Führungsaufgabe
(7) Zielüberprüfung und -revision	Controlling	Re – Analyse des Ist – Zustandes; Analyse der Perspektiven

Abb. 3.7   Prozessstufen der Zielplanung

Aber merke:

Der Gesamtprozess selbst muss natürlich keineswegs immer in der in Abb. 3.7 bezeichneten strengen Folge ablaufen. Vielmehr sind in praktischen Planungssituationen Rückkopplungen, Verzweigungen und Auslassungen einer Prozessstufe möglich.

Kurzerläuterung zu Abb. 3.7

zu (1) Das Problem besteht darin, die „richtigen" Ziele zu finden.

zu (2) Wenn Wirtschaftsprozesse gesteuert werden sollen, müssen die Ziele hinreichend präzisiert sein; nach

– Zielinhalt (-richtung)
– Zielausmaß (-betrag)
– Zieltermin (-zeitraum)
– Zuständigkeit für die Zielverwirklichung (Institution)
– verfügbaren Ressourcen für die Zielerreichung (Budget)
– Restriktionen für die Zielerreichung (intere / externe).

zu (3) Die Zielbeziehungen müssen festgelegt **werden|**.

zu (4) Hierzu gehört, dass Ziele realistisch, also weder zu hoch noch zu niedrig gesetzt werden; wobei sich ganz allgemein formulieren lässt, dass Ziele den Charakter einer „Herausforderung" als Leistungsansporn haben sollen.

zu (5) Sollte die Zielsetzung bisher noch Alternativen enthalten, ist nun eine Entscheidung über die letztlich konkret angestrebten Ziele zu treffen.

zu (6) Dies setzt voraus, dass die Ziele den einzelnen Organisationseinheiten, die für die Zielrealisierung verantwortlich sein sollen, bekannt gemacht und zugeordnet werden. Dabei sollte auf ein Höchstmaß an Identifizierung (durch Mitwirkung im Zielbildungsprozess) geachtet werden.

zu (7) Ziele müssen laufend (periodisch) überprüft und gegebenenfalls korrigiert werden. Planabweichungen, Umwelt- und Prämissenänderungen sind Anstöße hierzu.

Fragen und Hinweise:

1. In der BWL spricht man vielfach von dem "Zielsystem eines Unternehmens". Wie würden Sie das einem Kommilitonen aus einem anderen Fachbereich erklären?
2. Sie werden sich im Hauptstudium noch intensiver mit unternehmerischen Zielen befassen und dabei u.a. den Grundsatz der Schlüssigkeit (widerspruchsfrei / konsistent) von Zielen hören. Erklären Sie dies möglichst an einem Beispiel.
3. Zur weiteren Vertiefung A24, Formulierung von Zielsystemen.
4. Im Vorgriff auf das 4. Kapitel, Betriebs- oder Unternehmensführung, seien Sie schon einmal auf „Führung durch Zielvereinbarung" hingewiesen.

5. Ziele lassen sich systematisieren in
– zeitlicher Hinsicht
– sachlicher Hinsicht und
– hierarchischer Hinsicht.

3.4.2   Übersichten

Nachdem wir gesehen haben, wie betriebliche Ziele Zustandekommen, und wie sie zueinander in Beziehung stehen können, wollen wir in den nachfolgenden Übersichten konkrete Zielgrößen – in Form von unterschiedlichen Erfolgsbegriffen und –kennzahlen – in ihrem Zusammenhang kennenlernen.

Abb. 3.8 veranschaulicht die Zusammenhänge zwischen alternativen Erfolgsbegriffen,

Abb. 3.9 baut hierauf die Definition einiger Rentabilitätskennzahlen auf.

		Umsatzerlöse
	±	Bestandsveränderungen Halb- und Fertigerzeugnissen
	+	aktivierte Eigenleistungen
	=	**Gesamtleistungen**
	-	Materialaufwand
	=	**Rohertrag**
	-	sonstige Erträge
	=	**erweiterter Rohertrag**
	-	bilanzielle Abschreibungen
	-	Kosten für Fremddienste und –
	-	Kostensteuern
	=	**Wertschöpfung**
	-	Löhne und Gehälter

		=	**Kapitalgewinn / -verlust vor Steuern**
±	neutrales Ergebnis	-	Zinsen
=	(Pagatorisches Betriebs-Ergebnis vor Steuern)	=	Unternehmergewinn / -Verlust vor Steuern (Jahresüberschuss / -fehlbetrag)
		-	Einkommen-, Ertrags-, Vermögensteuer
		=	Unternehmergewinn / -Verlust nach Steuern (Jahresüberschuss / -fehlbetrag)
-	Dividenden		
=	Bilanzgewinn		
=	Unternehmungsgewinn (Gewinnreservierung)		

- kalk. Unternehmerlohn
- kalk. Zinsen auf das EK
- kalk. AfA[1]

= Unternehmergewinn / -verlust i.e.S.
± neutrales Ergebnis
= kalk. Betriebsergebnis vor Steuern

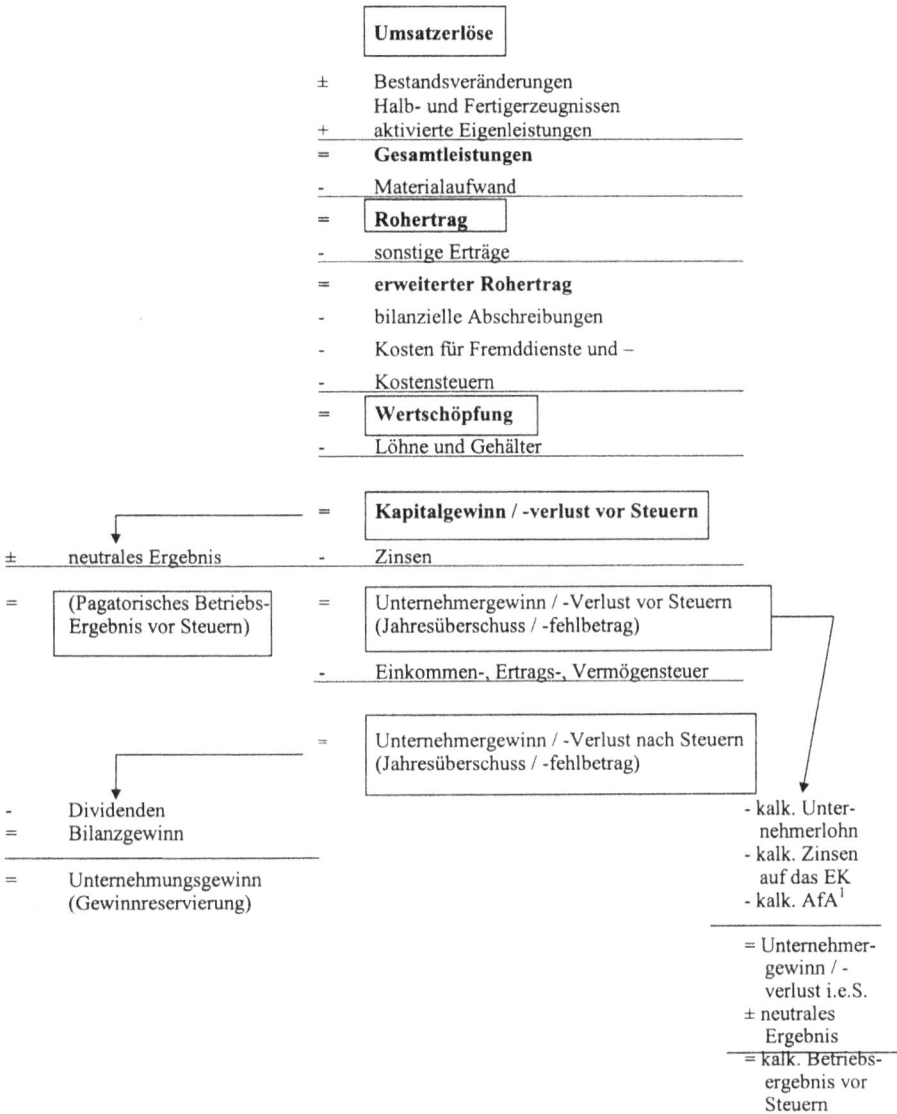

Abb. 3.8   Alternative Erfolgsbegriffe

Eigenkapitalrentabilität (EKR)	$\dfrac{\text{Jahresüberschuss vor Steuern}}{\text{Eigenkapital}} \times 100$
Gesamtkapitalrentabilität (GKR)	$\dfrac{\text{Kapitalgewinn vor Steuern}}{\text{Gesamtkapital}} \times 100$
Return on Investment (ROI)	$\dfrac{\text{Jahresüberschuss vor Steuern}}{\text{Gesamtkapital}} \times 100$
Umsatzrentabilität (1) Brutto (UR_{Brutto})	$\dfrac{\text{Kapitalgewinn vor Steuern}}{\text{Umsatz}} \times 100$
(2) Netto (UR_{Netto})	$\dfrac{\text{Jahresüberschuss vor Steuern}}{\text{Umsatz}} \times 100$

Abb. 3.9   Wichtige Rentabilitätskennzahlen (vor Steuern)

Zwischen den in Abb. 3.9 genannten Rentabilitätskennziffern bestehen eine Reihe relevanter Beziehungen.

Exemplarisch dargestellt werden sollen im folgenden die Beziehungen zwischen

- Eigenkapitalrentabilität (EKR) und Gesamtkapitalrentabilität (GKR)
- Gesamtkapitalrentabilität (GKR) und Bruttoumsatzrentabilität (UR brutto)
  sowie zusammenfassend zwischen

- Eigenkapitalrentabilität (EKR); Return on Investment (ROI) und den Umsatzrentabilitäten (URNetto) und (URBrutto)

Eigenkapital- und Gesamtkapitalrentabilität

Die Beziehungen zwischen GKR und EKR werden über die sog. **Leverage-Formel** hergeleitet:

$$(1)\ \text{Kapitalgewinn} = \text{GKR} \times (\text{EK} + \text{FK})$$
$$(2)\ \text{Kapitalgewinn} = (\text{EKR} \times \text{EK}) + (\text{FKZ} \times \text{FK})$$

(1) und (2) ergibt

$$(3)\ (\text{EKR} \times \text{EK}) + (\text{FKZ} \times \text{FK}) = \text{GKR} \times (\text{EK} + \text{FK})$$

und nach EKR aufgelöst:

$$(4)\ \text{EKR} = \text{GKR} + (\text{GKR - FKZ}) \times \frac{\text{FK}}{\text{EK}}$$

Die EKR ergibt sich mit anderen Worten als Resultante aus GKR, FKZ-Satz und Verschuldungsgrad (FK/EK). Die EKR unterscheidet sich dabei umso mehr von der GKR, je größer der (positive oder negative) Klammerausdruck und je höher der Verschuldungsgrad ist [siehe dazu auch nachfolgendes Zahlenbeispiel].

VG = FK:EK		0^2	1	2	3	10	20
Positiver Leverage-...	0/GKR	10%	10%	10%	10%	10%	10% 05%
	0/FKZ	05%	05%	05%	05%	05%	
	EKR	10%	15%	20%	25%	60%	110%
Negativer Leverage-Effekt	0/GKR	03%	03%	03%	03%	03%	03% 08%
	0/FKZ	08%	08%	08%	08%	08%	
	EKR	03%	- 02%	- 07%	-12%	- 47%	- 97%

Abb. 3.10   Rentabilitäts - Leverage - Effekt[3]

Wie Abb. 3.10 zeigt, bewirkt ein positiver Klammerausdruck (GKR > FKZ), dass sich die EKR mit zunehmender Verschuldung gegenüber der GKR immer stärker erhöht, während ein negativer Klammerausdruck (GKR < FKZ) eine entgegengesetzte Wirkung hat. Der Verschuldungsgrad wirkt sich also als eine Art „Hebel" auf die EKR aus.

Im Falle eines positiven Klammerausdrucks (GKR > FKZ) spricht man daher auch vom „Leverage"-Effekt, der die eigenkapitalrentabilitätssteigernde Wirkung wachsender Verschuldung umschreibt. Allerdings wirkt sich dieser Verschuldungshebel auch im umgekehrten Falle aus, wenn der Klammerausdruck negativ wird (GKR < FKZ), wenn also die GKR kleiner als der FKZ-Satz ist. Die EKR sinkt dann unter die GKR und kann bei hoher Verschuldung sehr schnell negativ werden, bis hin zum vollständigen Verzehr der EK (EKR = - 100%) oder noch darüber hinaus (Tatbestand der Überschuldung). Das sich hier andeutende Verschuldungsrisiko wird im Allgemeinen umso größer sein,

- je höher der Verschuldungsgrad ist,
- je niedriger die durchschnittliche GKR liegt
- je größer die Gefahr, dass (zumindest längerfristig) GKR < FKZ wird.

Es ist unmittelbar einsichtig, dass diese Zusammenhänge von größter Bedeutung für die Formulierung von Eigen- und Gesamtkapitalrentabilitäten (als Zielgrößen in der Zielkonzeption) sind. Denn zum einen sind hierfür die inneren Beziehungen zwischen beiden Rentabilitätsgrößen strikt zu beachten, zum anderen wird durch die Leverage-Formel deutlich, wie die

---

[2] FK = 0

[3] Zur Veranschaulichung stellen Sie sich vor, das GK betrüge 100.000 GE, dann wäre z.B. für VG = 1 folgende Zahlenrelation gegeben: FK = 50.000 GE; GKR = 10% = 10.000; FKZ = 5% = 2.500; JÜ = 10.000 - 2.500 = 7.500; EKR=[(7.500*100)/50.000] = 15% usw.

EKR stärker noch als die GKR bzw. die umsatzbezogenen Kapitalrentabilitäten auch von Zielen und Entscheidungen im Finanzbereich der Unternehmung bestimmt wird.

Gesamtkapital- und Bruttoumatzrentabilität

Die Beziehungen zwischen GKR und URbrutto werden deutlich, wenn die Formel für die GKR im Nenner und im Zähler mit der Größe Umsatz multipliziert und die Formelelemente anders gruppiert werden:

$$(1)\, GKR = \frac{Kapitalgewinn \times 100}{Gesamtkapital} \times \frac{Umsatz}{Umsatz}$$

$$(2)\, GKR = \frac{Kapitalgewinn \times 100}{Umsatz} \times \frac{Umsatz}{Gesamtkapital}$$

$$(3)\, GKR = UR_{brutto} \times Kapitalumschlag\,(KU)$$

Die GKR ergibt sich mit anderen Worten als Produkt aus Umsatzrentabilitäten und Kapitalumschlag. Bei einer gewünschten GKR (als Zielgröße in der Zielkonzeption der Unternehmung) kann UR umso kleiner sein (bzw. muss UR umso größer sein) je höher (niedriger) der KU ist.

Eigenkapitalrentabilität; Return on Investment und Umsatzrentabilitäten

Mit der in Abb. 3.11 erweiterten ROI-Analyse sollen vor allem die stringenten Zusammenhänge (Interdependenzen) zwischen verschiedenen Zielgrößen (wie EKR; ROI; URnetto und URbrutto; KU) und möglichen Operationsfeldern (wie Umsatz in bestimmten Verkaufsgebieten; Umschlagshäufigkeit des Vorratsvermögens u.a.m.) aufgezeigt werden.

Wie lässt sich beispielsweise der KU beeinflussen und welche Auswirkungen lösen Veränderungen auf die Rentabilitäten aus? Wo sind die Möglichkeiten der Umsatzausweitung und welche Konsequenzen ergeben sich, wenn dies nur durch Erhöhung bestimmter Kostenarten möglich ist?

Versuchen Sie selbst, Ziel-Mittel-Beziehungen aufzuzeigen. Denken Sie dabei ebenfalls an Zielbeziehungen auf gleicher Ebene, wie im Abschnitt Zielstrukturen abgehandelt.

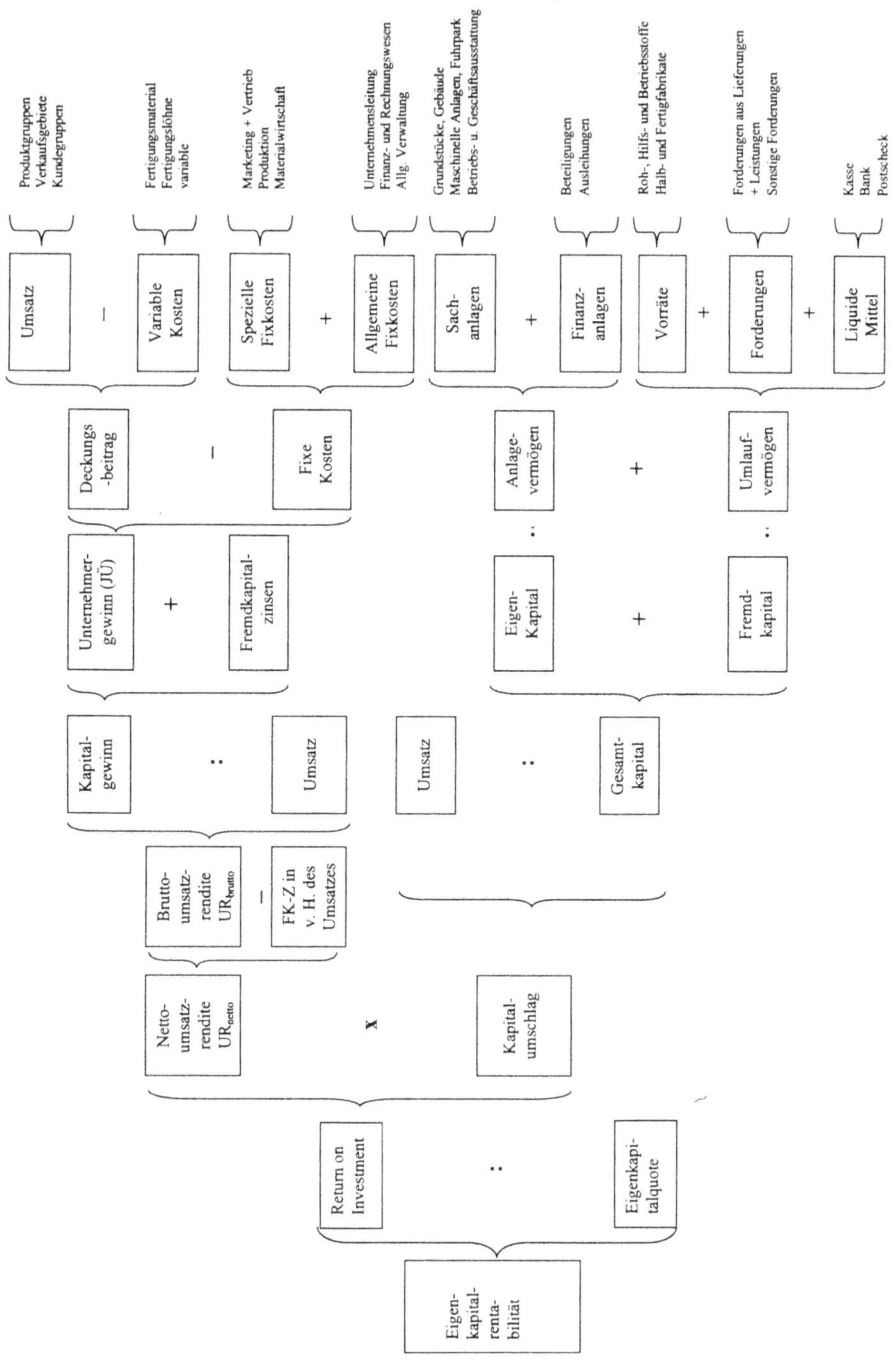

Produktgruppen
Verkaufsgebiete
Kundegruppen

Fertigungsmaterial
Fertigungslöhne
variable

Marketing + Vertrieb
Produktion
Materialwirtschaft

Unternehmensleitung
Finanz- und Rechnungswesen
Allg. Verwaltung

Grundstücke, Gebäude
Maschinelle Anlagen, Fuhrpark
Betriebs- u. Geschäftsausstattung

Beteiligungen
Ausleihungen

Roh-, Hilfs- und Betriebsstoffe
Halb- und Fertigfabrikate

Forderungen aus Lieferungen
+ Leistungen
Sonstige Forderungen

Kasse
Bank
Postscheck

| Umsatz | − | Variable Kosten | Spezielle Fixkosten | + | Allgemeine Fixkosten | Sach-anlagen | + | Finanz-anlagen | Vorräte | + | Forderungen | + | Liquide Mittel |

| Deckungs-beitrag | − | Fixe Kosten | Anlage-vermögen | + | Umlauf-vermögen |

| Unternehmer-gewinn (JÜ) | + | Fremdkapital-zinsen | Eigen-Kapital | + | Fremd-kapital |

| Kapital-gewinn | : | Umsatz | Umsatz | : | Gesamt-kapital |

| Brutto-umsatz-rendite UR_{brutto} | − | FK-Z in v. H. des Umsatzes |

| Netto-umsatz-rendite UR_{netto} | X | Kapital-umschlag |

| Return on Investment | : | Eigenkapitalquote |

Eigen-kapital-renta-bilität

Abb. 3.11　Zielhierarchie [Ziel – Mittel – Analyse]

3.4.3   Übung

Vieles was in den Übersichten des vorhergehenden Abschnitts zusammengefasst wurde, war Ihnen sicherlich schon begegnet [u.a. in anderen LVA, wie Buchführung, Bilanzierung, Kostenrechnung, Finanzierung und Investition, Steuern] oder ist Ihnen bereits bekannt.

An dieser Stelle seien nun zwei Kurzübungen mit Lösungsanleitungen zum behandelten Themenkomplex der unternehmerischen Ziele angeboten.

1. Aufgabe: Unternehmen A hat in 2005 durchschnittlich 9% Zinsen für das Fremdkapital bezahlt. Insgesamt hat sich das Kapital mit 8% verzinst. Für 2006 sieht die Relation nicht anders aus, eher ungünstiger.

–   Im Jahre 2005 wurden 2,4 Mio. GE umgesetzt.
–   Die Bilanzsumme betrug am Jahresende 1,2 Mio. GE.
–   Der Verschuldungsgrad war 2.

a)   Interpretieren Sie das Ergebnis 2005.

b)   Was empfehlen Sie A für 2006?

c)   Prüfen Sie Ihre Empfehlung auf Operrationalität und Realisierbarkeit.

Lösungsvorschlag zu a):

Bekannt:

FKZ $= 9\%$

GKR $= 8\%$

GK $= 1,2$ Mio. GE

VG $= 2$

Umsatz $= 2,4$ Mio. GE

Weg:

1.

$$VG = \left(\frac{FK}{EK}\right) = 2 \ \text{ oder } \left(\frac{2x}{1x}\right) \text{ und}$$

$$GK = FK + EK \quad \text{d.h.}$$

$$1,2 = 2x + 1x \ ; 1,2 = 3x \ ; x = 0,4 \ \text{d.h.}$$

$$1,2 \ \text{Mio. GK} = 0,8 \ \text{Mio. FK} + 0,4 \ \text{Mio. EK}$$

2.

$$FKR = \frac{FKZ \times 100}{FK} = 9\% \text{ d.h.}$$

$$FKZ = 0{,}8 \text{ Mio. } FK \times 9\% = 72.000 \text{ GE}$$

$$GKR = \frac{Kapitalgewinn \times 100}{GK} = 8\% \text{ d.h.}$$

$$KG = 1{,}2 \text{ Mio. } FK * 8\% = 96.000 \text{ GE da}$$

$$KG = FKZ + JÜ \text{ ist}$$

$$JÜ = 96.000 - 72.000 = 24.000 \text{ GE oder}$$

$$EKR = \frac{JÜ \times 100}{EK}$$

$$EKR = \frac{24.000 \times 100}{400.000} = 6\%$$

3.

$$UR_{brutto} = \frac{Kapitalgewinn \times 100}{Umsatz}$$

$$UR_{brutto} = \frac{96.000 \times 100}{2{,}4 \text{ Mio.}} = 4\%$$

$$UR_{netto} = \frac{JÜ \times 100}{2{,}4 \text{ Mio.}} = 1\%$$

4.

$$KU = \frac{Umsatz}{GK}$$

$$KU = \frac{2{,}4}{1{,}2} = 2$$

5.

$$GKR = UR_{brutto} \times KU$$

$$GKR = 4 \times 2 = 8\%$$

6.

$$FKZ > GKR$$

Fazit:

Das Eigenkapital hat sich in 2005 mit nur 6% schlechter als das Fremdkapital (9%) verzinst. Wenn sich diese ungünstige Relation fortsetzt [GKR < FKZ-Satz], dann wird das zur Aufzehrung des Eigenkapitals führen [negativer Leverage-Effekt - siehe Abb. 3.10].

Lösungsvorschlag zu b):

Versuchen Sie, entsprechende Maßnahmen zu finden zur Verbesserung des Produkts aus UR * KU = GKR, indem Sie sich jeweils die Faktoren vornehmen und diese operationalisieren. Wie können der KU und / oder UR erhöht werden?

Lösungsvorschlag zu c):

Nehmen Sie sich den Abschnitt Zielordnung noch einmal vor und kontrollieren Sie Ihre Empfehlungen, indem Sie sie an den dort geforderten Maßstäben messen.

2. Aufgabe:

Ermitteln Sie aus dem folgenden Zahlenmaterial

a)   die Bilanz, und ergänzen Sie dabei das Eigenkapitalvolumen;

b)   den ROI, die Eigenkapitalquote, den KU und die URnetto;

c)   überprüfen Sie die Zielhierarchie durch Einsetzen der entsprechenden Zahlen.

	TGE
Umsatz	9.000
Grundstücke und Gebäude	1.000
Liquide Mittel, Forderungen	1.000
langfr. Fremdkapital	2.800
variable Kosten	3.500
Maschinen, Anlagen und sonst. Anlagevermögen	1.400
sonst. Umlaufvermögen	1.800
kurzfr. Fremdkapital	1.400
Vorräte	1.500
fixe Kosten	4.200

Lösungsvorschlag zu a):

Bilanz

Gesamtvermögen	6.700

Lösungsvorschlag zu b):

Bitte selbst berechnen unter Zugrundelegung der Werte aus Aufgabe 1.

Lösungsvorschlag zu c):

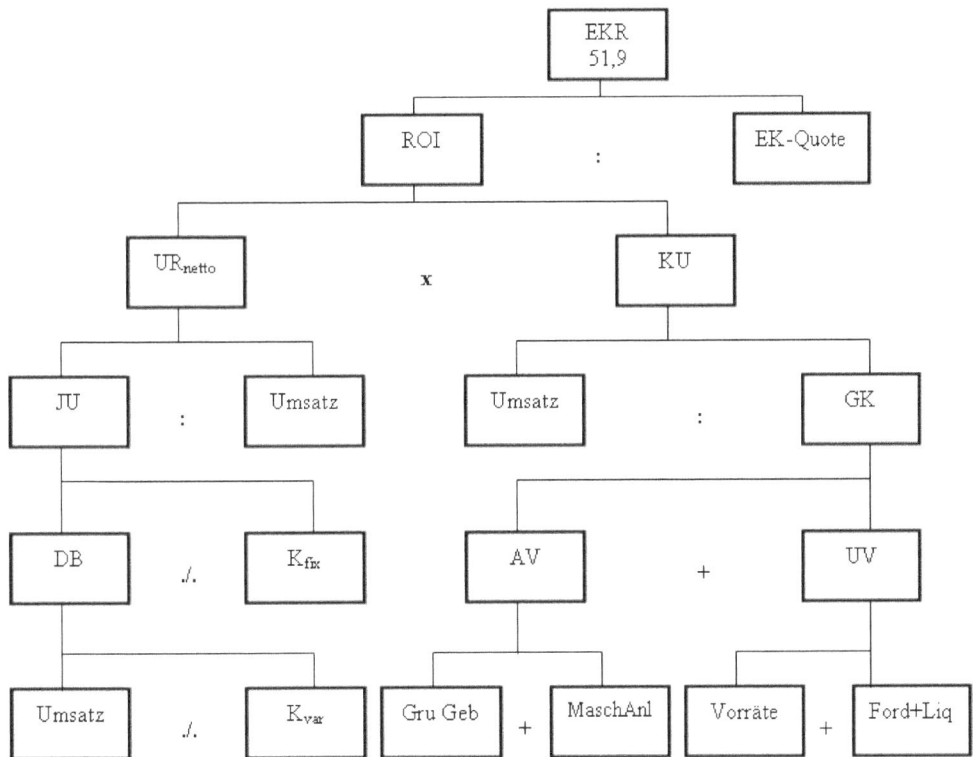

```
                            EKR
                            51,9
                    ┌─────────┴─────────┐
                  ROI          :       EK-Quote
          ┌────────┴────────┐
       UR_netto     x        KU
     ┌────┴────┐         ┌────┴────┐
    JU    :  Umsatz    Umsatz  :   GK
     │         │         │          │
    DB   ./.  K_fix     AV    +     UV
  ┌──┴──┐            ┌──┴──┐      ┌──┴──┐
Umsatz ./. K_var  Gru Geb + MaschAnl  Vorräte + Ford+Liq
```

DUPONT-Pyramide

3.5   Testfragen zu Kapitel 3

Anhand **der nachfolgenden Fragen** können Sie Ihren Wissensstand überprüfen und sich auf Klausuren, sowie Fachgespräche oder die mündliche Examensprüfung in BWL vorbereiten.

1. Welche unternehmensinterne und - externe Gruppen nehmen auf die Zielbildung in einem Unternehmen Einfluss? Beschreiben Sie jeweils die Anreize, die diese Gruppe zur Einflussnahme veranlassen, sowie die Beiträge, die sie für den Unternehmensprozess leisten;

2. Beschreiben Sie die Bedürfnispyramide nach Maslow und ihre Bedeutung für den Zielbildungsprozess;

3. Welche Existenzbedingungen müssen in einem Unternehmen vorrangig sichergestellt sein, bevor weitergehende Ziele ins Auge gefasst werden können?

4. Was versteht man unter einer Unternehmensphilosophie? Welche Zwecke verfolgt die Leitung eines Unternehmens mit der Formulierung derartiger Leitsätze?

5. Grenzen Sie die Unternehmensphilosophie von den Unternehmenszielen ab;

6. Nennen Sie Beispiele für die Zielkategorien: Leistungs-, Finanz- und Erfolgsziele. Was versteht man in diesem Zusammenhang unter den Begriffen Sach- und Formalziel?

7. Was versteht man unter einer Zielhierarchie? Nennen Sie Beispiele für die hierarchische Anordnung von Zielen;

8. Welche Zielbeziehungen lassen sich bei gleichzeitiger Verfolgung zweier Ziele unterscheiden?

9. Dem Jahresabschluss eines Unternehmens sind folgende Daten zu entnehmen:

Bilanzsumme	120.000 T€
Verschuldungsgrad	2
Umsatz	360.000 T€
Materialaufwand	144.000 T€
Personalaufwand	108.000 T€
Abschreibungen	90.000 T€
FK-Zinsen	6.000 T€

Ermitteln sie folgende Erfolgsgrößen:

−   - den Kapitalgewinn
−   - den Jahresüberschuss
−   - die Wertschöpfung
−   - die Netto-Umsatzrentabilität

- - den Return on Investment
- - die Gesamtkapitalrentabilität
- - die Eigenkapitalrentabilität

Zeigern Sie anhand des Beispiels die Auswirkungen einer Erhöhung des Verschuldungsgrades auf die Eigenkapitalrentabilität. Diskutieren Sie die praktischen Wirkungen dieses Effekts.

10. Nennen Sie Beispiele für soziale Ziele eines Unternehmens;

11. In welchen Gesetzen ist die Mitbestimmung der Arbeitnehmer geregelt? Welche Arten von Mitbestimmung lassen sich unterscheiden?

12. Nennen Sie Organe des BetrVG;

13. Beschreiben Sie einige Aufgaben, die diese Organe wahrnehmen.

4 Unternehmensführung [Entscheidungsprozesse]

Der Wirtschaftsprozess läuft nicht von allein und nicht automatisch ab. Die Unternehmung braucht Gestaltungskräfte.

Wirtschaftliche Prozesse müssen zielgerecht in Gang gesetzt werden und koordiniert ablaufen. Die hierfür erforderlichen Steuerungsmaßnahmen machen den Kern der Unternehmensführung oder des Managements aus.

4.1 Funktion der Unternehmensführung [des Managements]

Der Begriff Management kann auf zweifache Art verwendet werden [siehe Abb. 4.1] als:

– Institution und
– Funktion.

4.1.1 Merkmale als Institution und als Funktion

Als Institution beinhaltet das Management alle leitenden Instanzen.

Als Funktion umfasst das Management im weitesten Sinne alle zur Steuerung einer Unternehmung notwendigen Aufgaben. Kernaufgaben sind dabei Planung und Kontrolle, sowie Entscheidungen fällen. Dies betrifft mehr die prozessuale Dimension.

Schließlich muss die Führungsaufgabe dazu gezählt werden, also die mehr personelle Komponente des Managements. Darüber hinaus gehört die Organisation, eine mehr strukturelle Aufgabe, zu den Managementfunktionen. In der Literatur wird von den Kernaufgaben auch als Querschnittsfunktionen des Managements gesprochen.

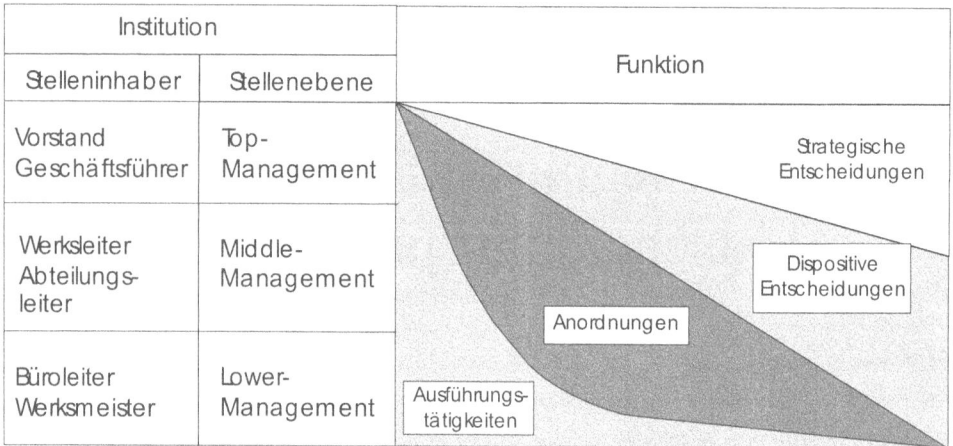

Institution		Funktion		
Stelleninhaber	Stellenebene			
Vorstand Geschäftsführer	Top-Management			Strategische Entscheidungen
Werksleiter Abteilungs-leiter	Middle-Management		Anordnungen	Dispositive Entscheidungen
Büroleiter Werksmeister	Lower-Management	Ausführungs-tätigkeiten		

Abb. 4.1   Ausgewähltes Tätigkeits- (Aufgaben-) schwerpunkte des Top-, Middle- und Lower-Management

Fragen und Hinweise:

1. Woran würden Sie erkennen, ob jemand Managementaufgaben wahrnimmt?
2. Ist die Stellung [Institution] immer gleichbedeutend mit dem Inhalt der Aufgaben? Ist Ihnen schon einmal die Bezeichnung 'Frühstücksdirektor' begegnet? Was will man damit ausdrücken?
3. Unternehmen agieren in einer Umwelt, die ständigen Veränderungen unterworfen ist. D.h., das Management sieht sich aus zwei Richtungen herausgefordert:
   – nach außen gerichtete und
   – nach innen gerichtete Aufgaben.
   Nennen Sie Beispiele dafür, und legen Sie dabei Abb. 4.1 zugrunde.

4. Diskutieren Sie die Begriffe
   – Eigentums- und
   – Managementunternehmer.
5. Welche persönlichen Eigenschaften sollte nach Ihrer Ansicht ein typischer Unternehmer haben?
6. Welche Interessenbeziehungen bestehen zwischen Unternehmern / Managern und Funktionären?

4.1.2   Managementprozesse

Wenn man die prozessualen Elemente als die Hauptfunktionen der Managementaktivitäten ansieht, dann wird sich „Management" eher als ein Managementprozess mit Rückkopplungsbeziehungen darstellen. Man spricht daher auch vom „Managementzyklus".

In welchen Schritten oder Phasen sich das abspielt, möge Abb. 4.2 verdeutlichen.

Zielbildung

(zusätzlich)

Problemanalyse

Alternativensuche — Prognose — Bewertung

Vorkopplung (feed forward)

Informationsgewinnung

Rückkopplung (feed back)

Informationsspeicherung

Entscheidung

Durchsetzung

REALISATION

Messung

Soll   Ist

Kontrolle

Abweichungs-analyse

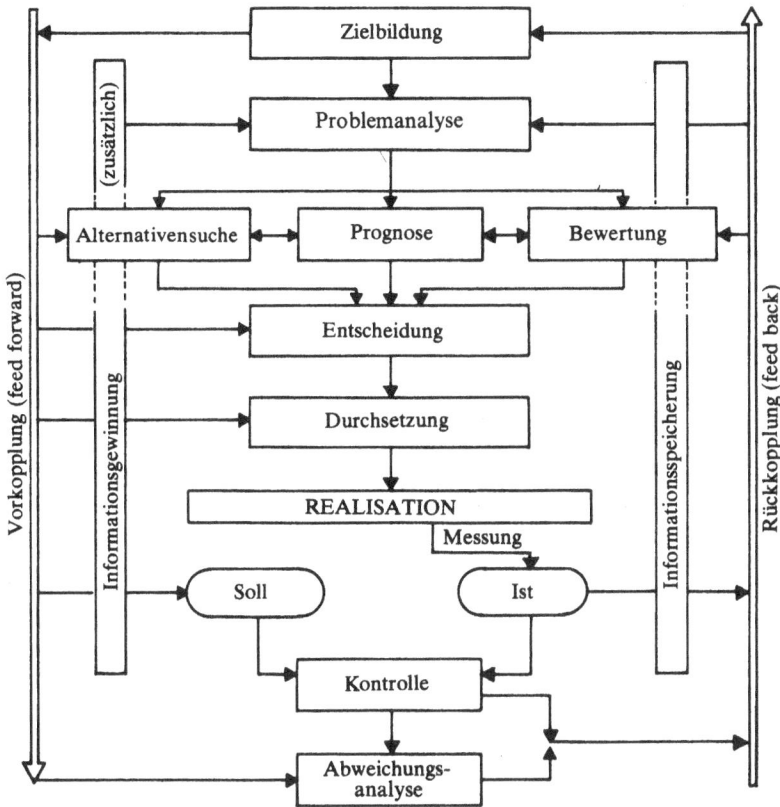

Abb. 4.2   Phasenstruktur des Managementprozesses (Managementzyklus)

Die in Abb. 4.2 dargestellte Phasenfolge beschreibt einen Grundablauf als Sollvorstellung. Sie kann nur andeuten, dass die einzelnen Phasen nicht immer linear, sondern eher zyklisch verlaufen, worauf auch empirische Forschungsergebnisse hindeuten.

Fragen und Hinweise:

Um die Darstellung in 4.2 zu konkretisieren, wollen wir uns nachfolgend einigen praktischen Aufgabenstellungen widmen:

- Verringerung der Fehlzeiten / der Ausschussquote
- Verminderung der Lagerbestände bei gleichzeitiger Erhöhung der Lieferbereitschaft
- Suche nach neuen Geschäftsfeldern/ Überprüfung bestehender Geschäftsfelder
- Überprüfung der Gemeinkosten
- Überprüfung der Personalquote.

Über die Zielbildung haben wir uns im 3. Kapitel informiert.

1. Operationalisieren Sie einige Ziele angesichts oben aufgeführter Fragestellungen.
2. Worin besteht die Problemanalyse [oder auch Lage- / Problemfeldanalyse]?
3. Schlagen Sie einige Alternativen [Lösungskonzepte] vor.
4. Beurteilen Sie Ihre Alternativen in Form von
   – Prognosen (Prognosemodellen)
   – Bewertungen (Bewertungstechniken).
5. Wir haben im Abschnitt 4.1.1 von den notwendigen Aufgaben des Managements gesprochen. Skizzieren Sie in der Abb. 4.2
   5.1 den Planungsprozess
   5.2 den Kontrollprozess
   5.3 die strukturellen und
   5.4 die personellen Aufgaben des Managements.
6. Was ist davon delegierbar, was ist durch das Management nicht delegierbar?
7. Die praktische Organisationsarbeit an komplexen Problemen orientiert sich an ähnlichen, zyklischen Vorgehensmodellen, indem sie den Organisationsprozess in die Stufen
   – Vor-, Haupt- und Teilstudie, was der Planung entspricht;
   – Systembau und Einführung, was der Realisation gleichkommt und
   – Erhaltung, was etwa soviel wie Kontrolle bedeutet,
   einteilt.

5 Das Phasenschema des Management-Prozesses: Zielsysteme

5.1 Stand der empirischen Forschung zu Managementsystemen

Die Ansätze lassen sich in vier Kategorien gruppieren (Zeitraum ca. 1970 bis heute):

Erste Kategorie: Auf **Personalmanagement** und **Organisation** bezogene Ansätze Hierbei werden Führungssysteme auf bestimmte Aspekte des Personalmanagement oder der Organisation bezogen (vgl. Abb. 5.1).

Beispiel: Das Führungssystem bestimmt maßgeblich das für eine Unternehmung charakteristische Organisationsklima.

Die Gleichsetzung von Führungssystem mit dem Organisationssystem bedeutet in diesem Fall, dass das Führungssystem im Sinne von formalisierten und normierten Regelungen und Prozessen zwecks Koordination und Beziehungen zwischen verschiedenen betrieblichen Funktionen aufgebaut ist.

Das Führungssystem auf oberster Führungsebene - dem Topmanagement bedeutet, dass zusätzlich von dieser Ebene Management-Techniken, wie z. B. Management-by-Exception (MbE) oder Management-by-Objectives (MbO) zur Führung nachgelagerter Ebenen eingesetzt werden müssen. Der Ansatz wurde von Unternehmensberatern aus dem amerikanischen Sprachraum entwickelt.

Zweite Kategorie: Weitere spezialisierte Ansätze

Management-Systeme sind häufig identisch mit Management- Informations -Systemen (MIS) im gesamten Funktionalbereich des Unternehmens (Marketing, Finanz-und Rechnungswesen oder Planung, Kontrolle) oder werden häufig sprachlich nicht weiter differenziert. Im Vordergrund steht hier die Optimierung von Teilfunktionen (vgl. Abb. 5.2).

Hierunter fallen auch Management-Systeme bei der Lenkung technischer Funktionen, wie z. B. Transport- und Logistikaufgaben.

Dritte Kategorie: Systemorientierte Ansätze

Management wird hiernach verstanden als Führen (Gestalten, Lenken und Entwickeln) produktiver sozialer (sozio-technischer) Systeme im Sinne des St. Gallener Systems (vgl. Abb. 5.3).

Unternehmensführung in diesem System wird verstanden im Sinne von Vorkehrungen zur Bewältigung von Umweltdynamik. Als die wesentlichen die Dynamik beeinflussenden Faktoren werden dabei angesehen (vgl. Abb. 5.4):

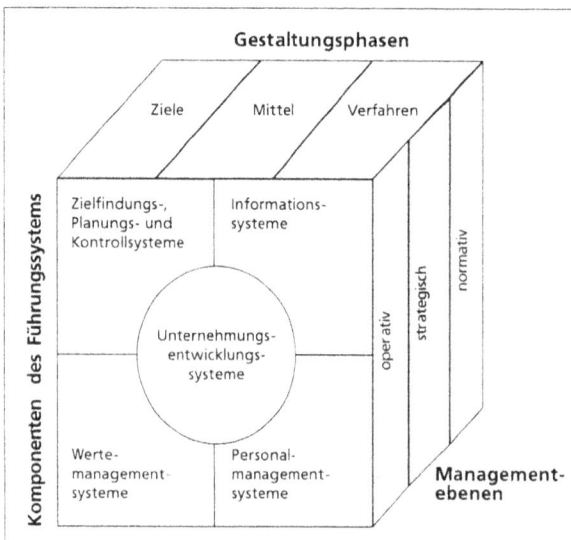

Abb. 5.1   Gestaltung von Managementsystemen - drei wesentliche Problemdimensionen

1. Die das Unternehmen in seiner relevanten Umwelt geltenden Gesetze; diese sind weitgehend marktabhängig;
2. Bei internationalen/globalen Aktivitäten und Netzwerken sind u. U. Wechselkurse finanzwirtschaftlich relevant;
3. Der technische Entwicklungsstand resp. allgemeine wirtschaftliche Entwicklungen;

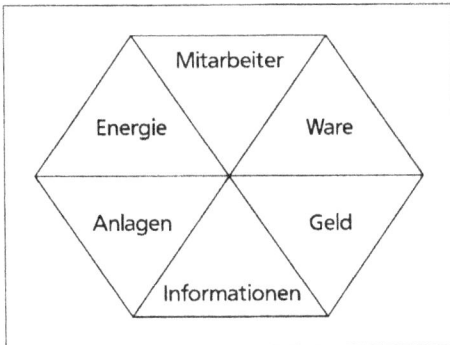

Abb. 5.2   Ressourcen als Bezugspunkt für die Gliederung von Managementsystemen

4. Der Marktanteil bzw. die Marktanteile in den für das Unternehmen relevanten Märkten;
5. Das Käuferverhalten,
6. Aus der Mitbestimmungsebene Tarifverträge, allerdings eher auf nationaler bzw. regionaler Ebene;
7. das auf dem jeweiligen Arbeitsmarkt zur Verfügung stehende Arbeitskräftepotenzial und
8. Neue auf den Markt drängende u. U. internationale Wettbewerber.

1. Mitarbeiter Managementsysteme

- Beschaffung
- Schulung
- Einsatz
- Beurteilung
- Verwaltung

2. Informationsmanagementsysteme

- Informationsbeschaffung
- Datenmanagement
- Softwaremanagement
- Technische Steuerung (infobezogen)

3. Geldmanagementsysteme

- Mittelbeschaffung
- Mittelverwendung
- Cash-Management

4. Warenmanagementsysteme

- Beschaffung
- Produktion ────▶ »PPS«
- Distribution
- Recycling ────▶ »Logistik«

5. Energiemanagementsysteme

- Energieerzeugung
- Energieversorgung
- Energiesparen
- Technische Steuerungen (energiebezogen)

6. Anlagenmanagementsysteme

- Beschaffung
- Verwaltung
- Unterhalt

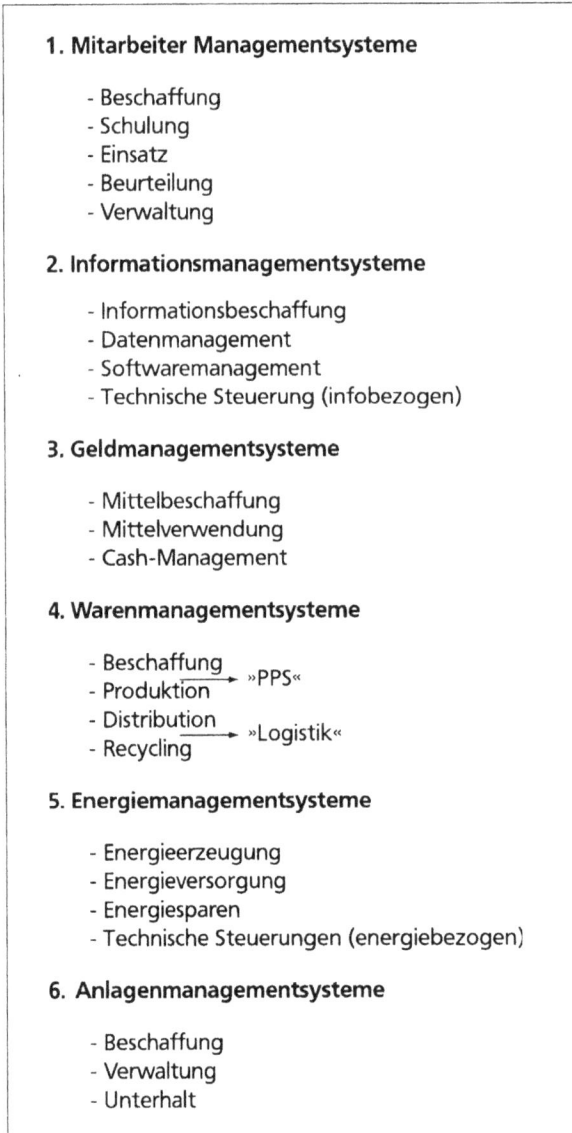

Abb. 5.3   Ressourcenspezifische Managementsysteme

Ergiebig-keitsziele / Ergiebig-keitsarten	Ausgewählte absolute Ergiebigkeitsziele	Ausgewählte relative Ergiebigkeitsziele
Ökonomische Ergiebigkeit	- Umsatz - Erfolg (Gewinn bzw. Verlust), - Gebundenes Kapital, - Deckungsbeitrag sowie - Kosten.	- Umsatzrentabilität, - Gesamt- bzw. Eigenkapital-rentabilität, - Relativer Deckungsbeitrag pro Engpasseinheit sowie Anteil der Gemeinkosten an den Gesamtkosten.
Soziale Ergiebigkeit	- Mitarbeiterzufriedenheit, - Umfang der Sozialleistungen, - Anzahl der Krankheitstage, - Fluktuation sowie - Gesamtzahl der Mitarbeiter aus bestimmten sozialen Gruppen.	- Sozialleistungen pro Mitarbeiter, - Verhältnis von Krankheitstagen zu Arbeitstagen. - Fluktuationsrate sowie - Anteil bestimmter sozialer Gruppen an der Gesamtmitarbeiterzahl (Behindertenquote, Frauenquote).
Technische Ergiebigkeit	- Menge der produzierten Güter, - Menge der eingesetzten (verbrauchten) Güter, - Qualität der Produkte, - Verfahrensqualität und -flexibilität, - Potenzialqualität und -flexibilität, - Ausschussmenge, Durchlaufzeiten sowie - Kapazität.	- Produktivität, - Mitarbeiterproduktivität, - Anlagenproduktivität, - Materialproduktivität, - Ausschussrate, - Leistungsgrade, - Verhältnis von Bearbeitungs- zu Gesamtdurchlaufzeit eines Auftrags sowie - Beschäftigungsgrade.
Ökologische Ergiebigkeit	- Wasserverbrauch, - Energieverbrauch, - Bodenverbrauch, - Menge wiedereingesetzter Abfallstoffe (sekundäre Güter), - Schadstoffmenge, - Lautstärke, - Abgasmenge sowie - Abstrahlwärme.	- Energieverbrauch pro Produktionseinheit, - Recyclingrate, - Schadstoffmenge pro Produktionseinheit sowie CO_2-Ausstoß pro m^3 Luft.

Abb. 5.4 Zuordnung von Ergiebigkeitszahlen auf Ergiebigkeitsarten

Vierte Kategorie: Pragmatische Mischformen aus den Kategorien eins und zwei (eher funktionalistisch) sowie aus der Kategorie drei (eher systemorientiert)

Zusammenfassend lassen sich die vorgestellten Ansätze wie folgt bewerten:

1. Partialansätze entstammen meist dem konkreten Arbeitsumfeld des Initiators, sie konzentrieren sich auf spezielle Aspekte der Unternehmensführung. Sie werden häufig mit dem Etikett »Managementsysteme« versehen.
2. Durch rechnergestütztes Vorgehen und entsprechender Modellbildung wird häufig ein hoher Abstraktionsgrad erreicht.
3. Durch eher situative Gestaltungsempfehlungen sind die Handlungsanweisungen eher bruchstückhaft.

Aus diesen Überlegungen sind die folgenden Vorgehensweisen zur Beeinflussung der Umweltdynamik denkbar:

1. Die Unternehmen verfügen über Reaktionsvarianten in der »Schublade« basierend auf Erfahrungswissen (vgl. Abb. 5.5);
2. Eher Innovative Reaktionsmöglichkeiten unter Berücksichtigung des Tatbestandes, dass diese eher risikobehaftet sind und
3. Aktive Gestaltungsmöglichkeiten der Unternehmen zur Vorabbeeinflussung der Situation im Sinne eines aktiven Risikomanagements.

5.1.1   Forschungsarbeiten an der Hochschule St. Gallen

Im Mittelpunkt der Forschungsarbeiten steht die Entwicklung eines Gesamtkonzepts aus den Elementen FührungsSystem, Organisationskonzept sowie Führungsmethodik/ Führungspotenzial, wobei alle drei integraler Bestandteil der Unternehmenspolitik sind.

Die Macht kraft Unternehmensverfassung (Gesellschaftsvertrag) sowie darin enthaltene Kompetenzen seien im Folgenden kurz skizziert.

Die Inhalte der Unternehmensverfassung regeln dabei im Wesentlichen folgende Bereiche:

1. den Sinn und Zweck der Gesellschaft;
2. die zu wählende Rechtsform;
3. die Bestimmung der geschäftsführenden Personen (z. B. einen oder mehrerer Geschäftsführer);
4. den Standort bzw. Sitz der Gesellschaft;
5. die Machtbefugnisse der Entscheidungsträger sind im Gesellschaftsvertrag zu regeln;
6. die Aufgaben/Kompetenzen mit Ausschlussbefugnissen;
7. die Vergütung (Basisgehalt plus erfolgsabhängige Größen, wobei letztere zunehmend an Bedeutung gewinnen).

Eigentumsverhältnis und Management-Strukturen der »Hidden-Champions«

Andere Unternehmen/ Konzerne			Aktiengesellschaften/ Viele Eigentümer	Familienbesitz Wenige Eigentümer
21,1 %			2,4 %	76,5 %

Ausland. Mutter	Deutsche Mutter		Eigentümer im Management	Eigentümer nicht im Management
12,5 %	8,7 %	2,4 %	62,3 %	14,1 %

Die Altersstruktur der »Hidden-Champions«

% der »Hidden Champions«

	40,3	
23,5		16,8
	11,8	
7,6		

Alter in Jahren	Älter als 150	75–150	50–75	25–50	Jünger als 25
Gründungsjahr	Vor 1845	1845–1919	1920–44	1945–69	nach 1970

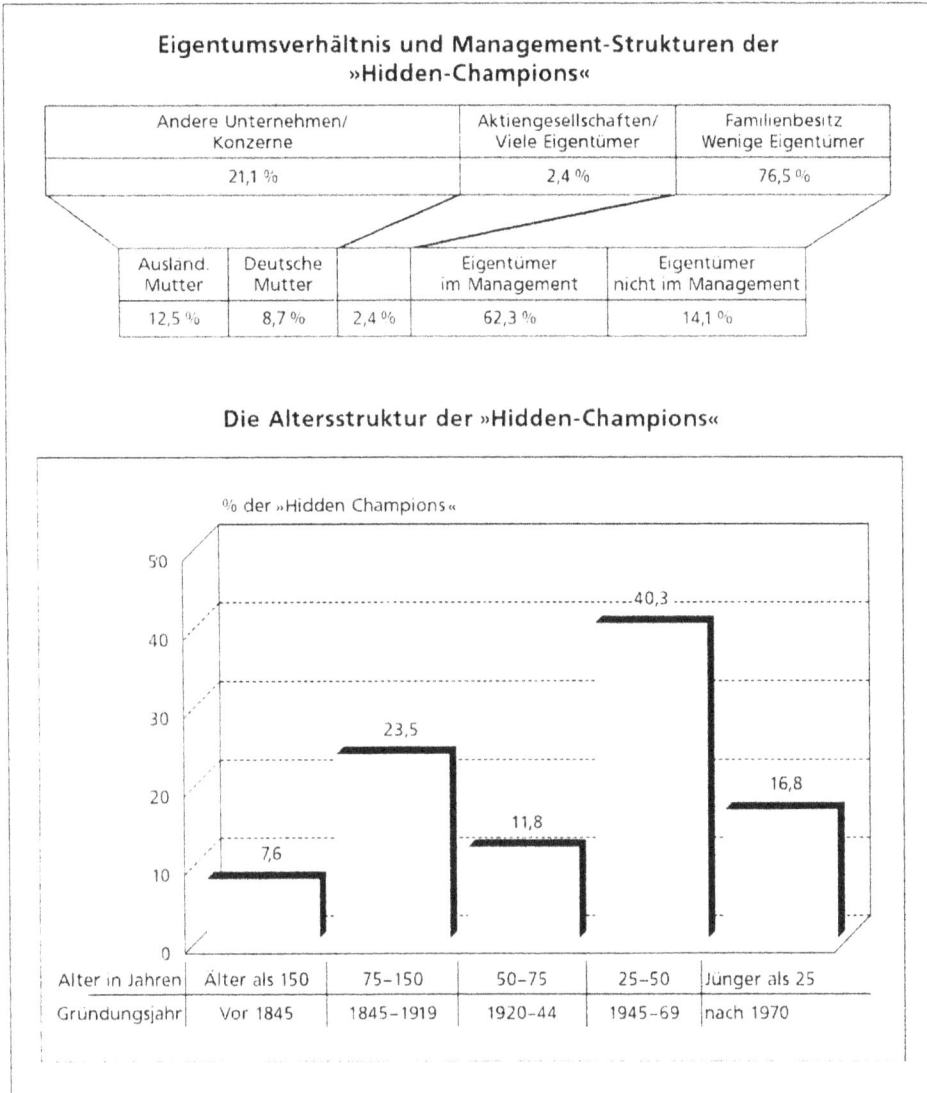

Abb. 5.5   Merkmale der „Hidden-Champions"

Beispiele:

Für genehmigungspflichtige Aktivitäten wären in den folgenden Bereichen Zustimmungen der Gesellschafter einzuholen:

- Konstitutive Entscheidungen (z, B,, Standort, Rechtsform, Kooperationen/ Fusionen),
- Volumenbegrenzung bei Investitionen und
- Geschäftsfeld- und Zweckänderung.
-

5.1.2 Die Gestaltung von Managementsystemen als Problem

Bei der Gestaltung von Managementsystemen sind die folgenden drei Aspekte zu beachten (zusammenfassend Abb. 5.6):

1. Es müssen alle Komponenten des Managementsystems berücksichtigt werden, weil jedes Managementsystem aus Teilsystemen besteht.
2. Die Differenzierung nach den Managementebenen. Managementsysteme sollen den Managementprozess auf allen seinen logischen Ebenen (operativ, strategisch und normativ) unterstützen.
3. Die Berücksichtigung der Gestaltungsphasen in Zielformulierung, Mitteleinsatz und angewandte Verfahren gesteuert durch das jeweilige Budget. In all diesen Phasen stellen sich unterschiedliche Fragen.

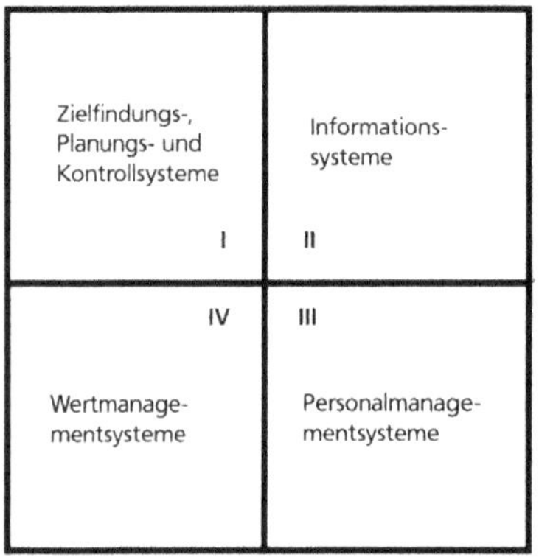

Abb. 5.6   Managementsystem im Überblick

Ansatzpunkte für die Gestaltung von Managementsystemen

Managementsysteme leisten einen systematischen Beitrag zur Bewältigung neuer Herausforderungen und komplexer werdenden Umwelten (Turbulenzen des wirtschaftlichen und technologischen Umfelds), denen sich die Unternehmen zunehmend gegenübersehen.

Beispiel: Neue Märkte bzw. Osterweiterung auf der europäischen Ebene und generell zunehmender Druck zur Internationalisierung. Man bezeichnet diesen Sachverhalt als »Internationale Jagdlinie« (vgl. die Abb. 5.7)

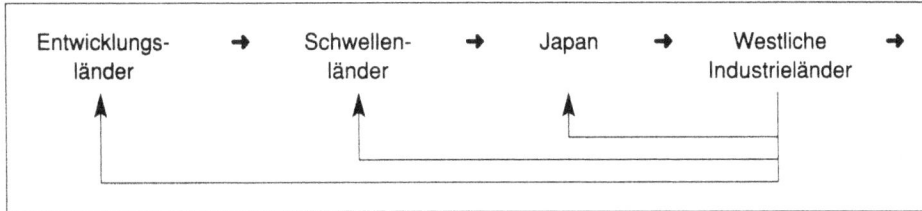

Abb. 5.7 „Internationale Jagdlinie"

Damit ändern sich z. B. und müssen von den Unternehmen antizipiert werden: Neuere EU-Richtlinien, die in nationales Recht umgesetzt werden, eine zunehmende Internationalisierung der Beschaffungsmärkte (global sourcing) und Deregulierungstendenzen (vgl. Abb. 5.8).

Das heißt die Unternehmen sind einer zunehmenden Vernetzung und Wechselwirkung wirtschaftlicher, sozialer, politischer und ökologischer Faktoren ausgesetzt; sie unterliegen einem rasanten technischen Fortschritt (z. B. Internet).

Damit einhergehend sind ein Wandel von Werthaltungen, Stichwort: Wertewandel festzustellen; vermehrte Ansprüche Dritter an die Unternehmen kommen hinzu überlagert von einem demographischen, sozialen und politischer Wandel in vielen Ländern sowie einer steigenden Bedeutung der »human resources«.

Managementsysteme für ein integratives Management

Die Gestaltung von Managementsystemen ist unzweifelhaft eine Daueraufgabe mit strategischem Zeithorizont.

Auf allen drei Ebenen des Managements (Top-Middle-Lower) kommen unterschiedliche Kriterien unternehmerischer Effektivität zum Tragen, wobei wir unter Effizienz: »Die Dinge richtig tun« und Effektivität: »Die richtigen Dinge tun« verstehen. Auf diesen drei Ebenen des Management kommen unterschiedliche Kriterien unternehmerischer »Fitness« (oder Effektivität) zum Tragen (vgl. die Abb. 5.9). Dabei sind auf der operationalen Ebene das Kriterium der Effizienz Wirtschaftlichkeit/Produktivität) relevant und auf der strategischen Ebene die Leistungsfähigkeit (Effektivität) - im Sinne von Wettbewerbsfähigkeit und Kooperationsfähigkeit. Auf der normativen Ebene ist die Legitimität ausschlaggebend, welche auf der Fähigkeit beruht, die Bedürfnisse aller relevanten Anspruchsgruppen zu befriedigen (Beispiel: Die aktuelle Diskussion um den Shareholder vs. Stakeholder Ansatz).

Allen drei Maßstäben auf Dauer und damit erfolgreich gerecht zu werden ist die Kernaufgabe eines integralen Managements (vgl. Abb. 5.10).

Gestaltungsphasen: Ziele-Mittel-Verfahren

Die festgelegten Unternehmensziele legen gleichzeitig die Kriterien der Effektivität von Managementsystemen fest.

Sie lassen sich festmachen an den Charakteristika und der Integration des Managementsystems sowie deren Beitrag zur Zielerreichung des Gesamtsystems.

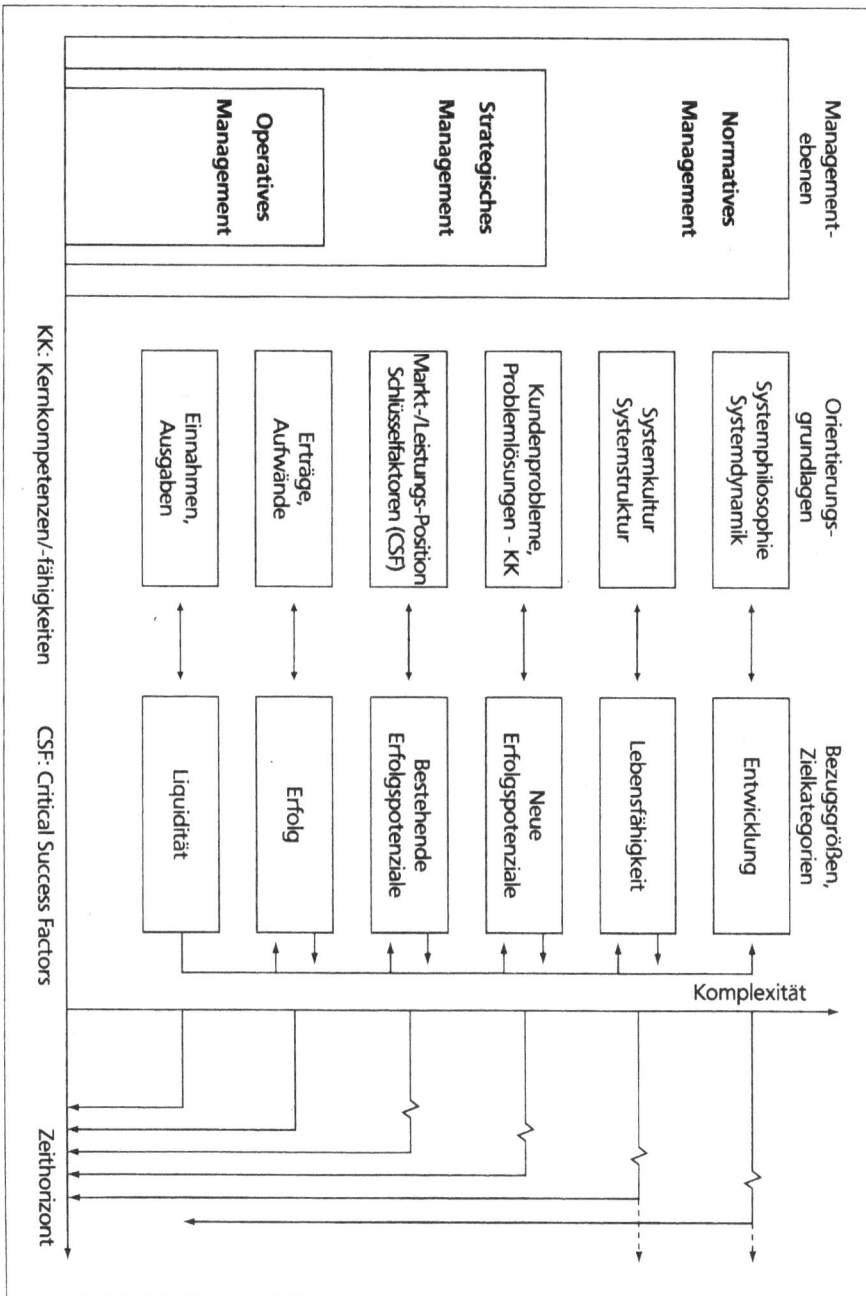

Abb. 5.8   Bezugsgrößen und Orientierungsgrundlagen auf drei logischen Ebenen der Unternehmensführung

Dimension der Fitness	Logische Management-ebenen	Bezugs-/Führungsgrößen
Legitimität (»*Die Gesamtaufgabe - definiert aus Sicht des größeren Ganzen - erfüllen.*«)	**Normatives Management**	Entwicklung Lebensfähigkeit
Leistungsfähigkeit (»*Die richtigen Dinge tun.*«)	**Strategisches Management**	zukünftige EP bestehende EP
Effizienz (»*Die Dinge richtig tun.*«)	**Operatives Management**	Gewinn Liquidität

Komplexität

Code: EP = Erfolgspotenziale   Zeithorizont

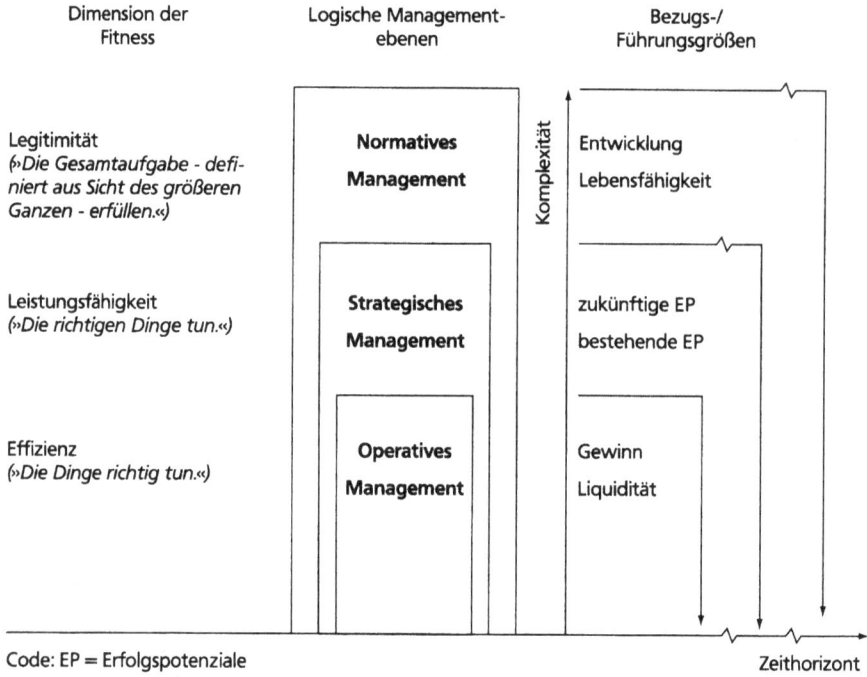

Abb. 5.9   Bezugsgrößen und Dimensionen der Fitness von Unternehmungen

Zu den Charakteristika gehören folgende Fragestellungen: Welches sind die Eigenschaften oder unmittelbaren Auswirkungen des Managementsystems?

Welchen Flexibilitätsgrad weisen sie auf (wir verstehen hierbei die Fähigkeit zur Anpassung an unvorhersehbare Veränderungen im Sinne schneller Reaktionsfähigkeit bzw. dem Potenzial im besten Falle zu agieren.

Unter motivationalen Aspekten ist zu fragen, wie realistisch im Sinne einer erfolgversprechenden Lösung realer Probleme sind diese Systeme und sind sie beherrschbar?

Wir erwarten die Förderung des organisationalen Lernens (Verfestigung von Strukturen wie z. B. Führungsstil, Projektstruktur, Team) z. B. im Sinne eines erfolgreichen Qualitätsmanagement und die Förderung des individuellen Lernens. Die Unterstützung von Innovationen/Produktdifferenzierungen etc., eine Verbesserung der Lenkbarkeit der Unternehmung und Erleichterung der Zusammenarbeit auf allen Managementebenen runden den Anforderungskatalog ab.

Die Integration des Managementsystems lässt sich an folgenden Überlegungen festmachen: Einmal die Integration nach innen (Akzeptanz, Verankerung in Realprozesse) und die Integration nach außen (vgl. Abb. 5.11).

Der Beitrag zur Zielerreichung des Gesamtsystems bemisst sich primär an Fragen der Leistungsfähigkeit und damit der Wettbewerbsfähigkeit und Kooperationsfähigkeit sowie der Legitimität (Fähigkeit, die Ansprüche multipler Arbeitsgruppen zu befriedigen).

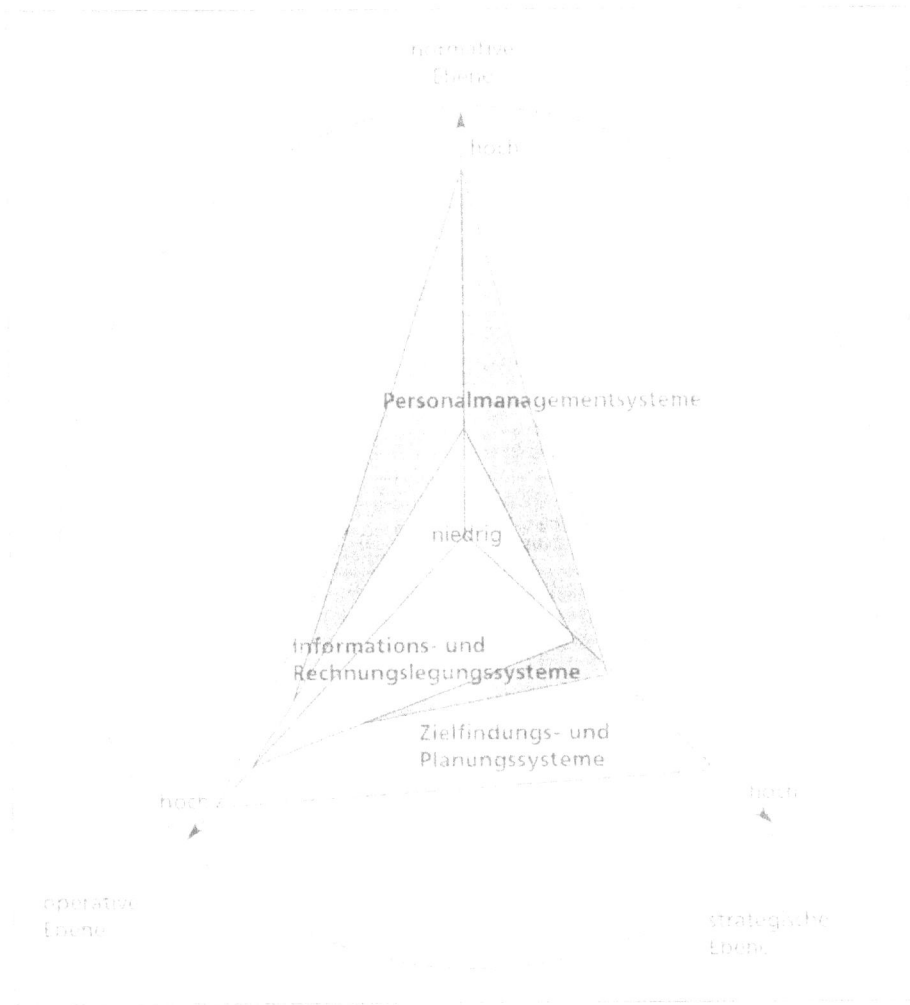

Abb. 5.10   Strukturmodell für integratives Management

Managementsysteme können daher ihre Funktionen nur dann voll erfüllen, wenn sie in allen Bereichen (funktional) und auf allen Managementebenen voll in die Realsysteme und -prozesse realisiert sind (vgl. die Abbildungen 5.12 - 5.14).

Planung

Steuerung

Durch-
setzung
(Veran-
lassung)

Kontrolle
(Überwachung)

siche-
rund

(feed forward) Informationen

Vorkopplungsinformationen

Rückkopplungsinformationen (feed back)

- Zielbildung
- Zielsystem
- Problem-
feststellung
- Problem-
hierarchie
- Alternativen-
suche
- Prognose
- Planalter-
native 1
- Planalter-
native n
- Bewertung und
Entscheidung
- Plan(-system)
- Durchsetzung
- Reali-
sation
- Vorgabe von
Sollwerten
- Ermittlung von
Istwerten
- Soll-Ist-
Vergleich
- Soll-Ist-
Abweichung
- Abweichungs-
analyse
- Kontrollbericht
- Auslösung von
Anpassungs-
maßnahmen

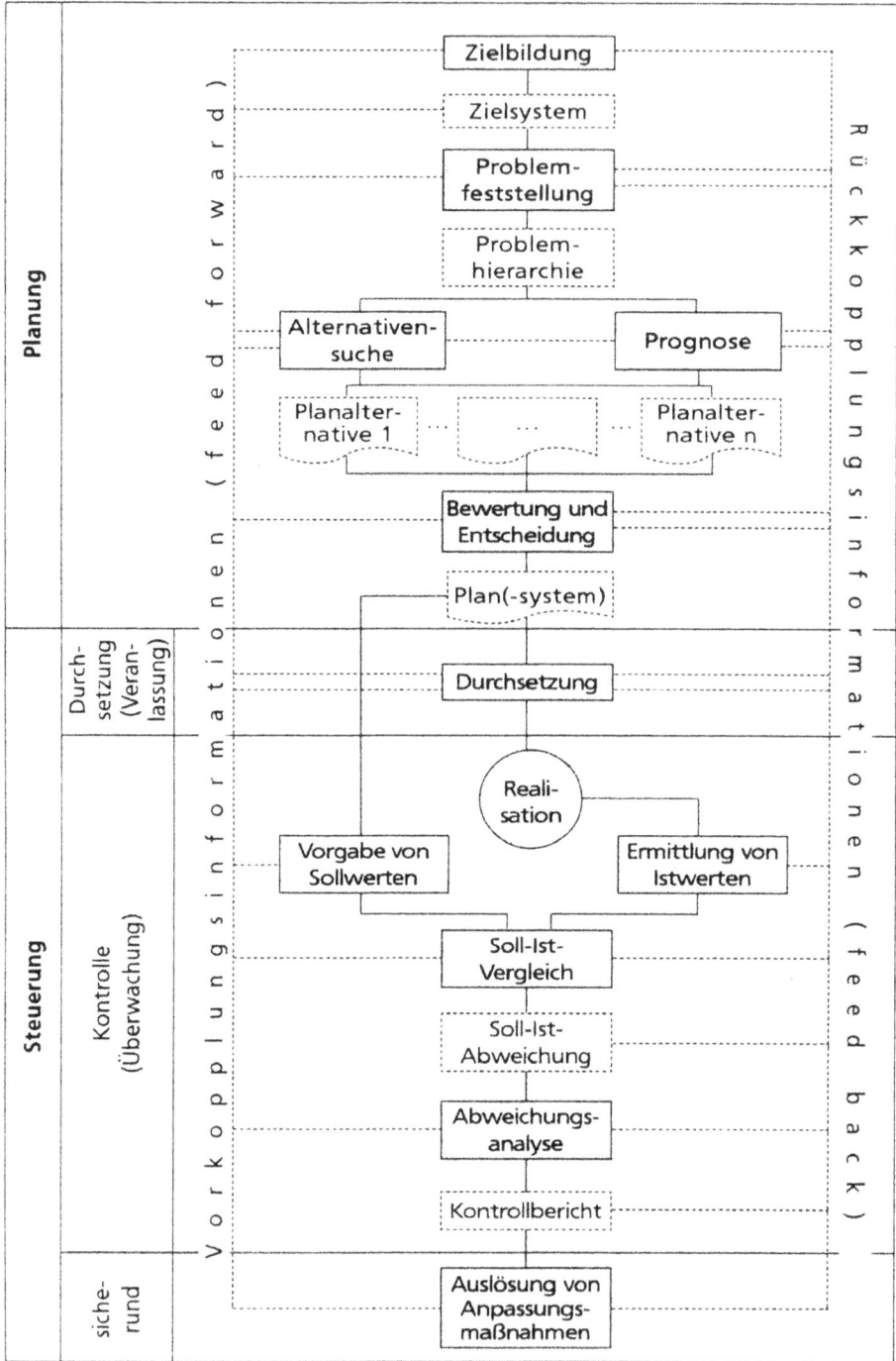

Abb. 5.11   Stellung der Planung und Streuung im Führungsprozess des Unternehmens

Anspruchgruppen	Interessen (Ziele)
I. Interne Anspruchsgruppen 1. Eigentümer • Kapitaleigentümer • Eigentümer-Unternehmer 2. Management (Manager-Unternehmer)	• Einkommen • Erhaltung, Verzinsung und Wertsteigerung des investierten Kapitals • Selbständigkeit (nur 1) • Macht, Einfluss, Prestige • Entfaltung eigener Ideen und Fähigkeiten, Arbeit = Lebensinhalt
3. Mitarbeiter	• Einkommen (Arbeitsplatz) • soziale Sicherheit • sinnvolle Bestätigung, Entfaltung der eigenen Fähigkeiten • zwischenmenschliche Kontakte (Gruppenzugehörigkeit) • Status, Anerkennung, Prestige (egoneeds)
II. Externe Anspruchsgruppen 4. Fremdkapitalgeber	• sichere Kapitalanlage • befriedigende Verzinsung • Vermögenszuwachs
5. Lieferanten	• stabile Liefermöglichkeiten • günstige Konditionen • Zahlungsfähigkeit der Arbeitnehmer
6. Kunden	• qualitativ und quantitativ befriedigende Marktleistungen zu günstigen Preisen • Service, günstige Konditionen usw.
7. Staat und Gesellschaft (Allgemeinheit)	• Steuern • Sicherung der Arbeitsplätze • Sozialleistungen • positive Beiträge an die Infrastruktur • Einhaltung Rechtsvorschriften und Normen • Teilnahme an der politischen Willensbildung • Beiträge an kulturelle, wissenschaftliche und Bildungsinstitutionen • Erhaltung einer lebenswerten Umwelt

Abb. 5.12   Die Anspruchsgruppen der Unternehmung

Arbeitnehmer des Unternehmens	Dyllick-Brenzinger 1982, 162; Fischer 1993, 7; Gross 1992, 94; Hermanni 1991, 19; Knauthe 1995, 1; Kunkel 1978, 7; Staehle 1992, 30; Steinmann 1969, 177; Ulrich, H. 1978, 67; Ulrich, P. 1977, 174.
Kunden, Konsumenten	Dyllick 1989b, 47; Fischer 1993, 7; Hermanni 1991, 20; Steinmann 1969, 177; Ulrich, H. 1978, 66; Ulrich, P. 1977, 174; Ulrich/Fluri 1992, 79
Fremdkapitalgeber, Kapitalmarkt	Fischer 1993, 7; Hermanni 1991, 17; Ulrich, H. 1978, 67; Ulrich, P. 1977, 174; Ulrich/Fluri 1992, 79
Lieferanten	Fischer 1993, 7; Hermanni 1991, 20; Ulrich, H. 1978, 66; Ulrich, P. 1977, 174; Ulrich/Fluri 1992, 79
Staat	Dyllick-Brenzinger 1982, 162; Fischer 1993, 7; Ulrich, H. 1978, 28, 66, 93; Ulrich, P. 1977, 174; Ulrich/Fluri 1992, 79
Aktionäre, Teilhaber, Eigenkapitalgeber	Fischer 1993, 7; Hermanni 1991, 17; Steinmann 1969, 177, Ulrich, P. 1977, 174; Ulrich/Fluri 1992, 79
Arbeitnehmerorganisationen, Gewerkschaften	Dülfer 1991, 14; Dyllick 1989b, 47; Hermanni 1991, 19; Markmann/Kitsche 1980, 6 f.
Bürgerinitiativen	Albach/Albach 1989, 16; Dyllick 1989b, 47; Hermanni 1991, 20; Ulrich/ Fluri 1992, 79
Kirchen	Dyllick-Brenzinger 1982, 162; Dyllick 1989b, 47; Hamburger Abendblatt, 13./14. 6. 95; Hermanni 1991, 20
Verbände, Vereine	Dyllick-Brenzinger 1982, 162; Markmann/Kitsche 1980, 5; Ulrich, H. 1978, 66; Ulrich/Fluri 1992, 79
Konkurrenten, Wettbewerb	Hermanni 1991, 20; Ulrich, H. 1978, 67; Ulrich/Fluri 1992, 79
Medien	Dyllick 1989b, 475; Hamburger Abendblatt, 14. 6. 1995; Hermanni 1991, 19
Benachbarte Bevölkerung	Albach/Albach 1989, 16; Hermanni 1991, 20
Management	Ulrich, P. 1977, 174; Ulrich/Fluri 1992, 79
Politiker, Träger öffentlicher Mandate, Parteien	Hermanni 1991, 20; Ulrich/Fluri 1992, 79
Umweltorganisationen	Dyllick, 1989b, 47; Hamburger Abendblatt, 13. 6. 95
Arbeitgeberverbände	Markmann/ Kitsche 1980, 6 f.
Arbeitnehmer als Nachfrager am Arbeitsmarkt	Hermanni 1991,19
Bildungsträger	Markmann/Kitsche 1980, 13
Gerichte	BdA (Hrsg.) 1985, 61
Schule, Lehrer, Erzieher	Hermanni 1991, 20

Abb. 5.13   Anspruchsgruppen des betrieblichen Umfeldes

Arbeitsplatzerhalt, soziale Sicherheit	Dyllick 1989b, 38; Fischer 1993, 6, 7; Fischer 1996, 243; Freimann 1990, 179; Hopfenbeck 1992, 882; Luger 1981, 190; Noelle-Neumann/Strümpel 1984, 122; Siebert 1994, 22; Ulrich, H. 1978, 155; Ulrich/Fluri 1992, 79
Erhalt einer lebenswerten Umwelt	Dyllick, 1989b, 38; Fischer 1993, 7; Freimann 1990, 179; Hermanni 1991, 19; Hopfenbeck 1992, 526, 882; Noelle-Neumann/ Strümpel 1984, 152; Ulrich, H. 1978 154; Ulrich/Fluri 1992, 79
Entfaltung der Persönlichkeit – Macht, Prestige, Einfluss	Betriebsverfassungsgesetz 1972, § 75 Abs. 2; Fischer 1993, 7; Freimann 1990, 179; Hopfenbeck 1992, 525; Ulrich/Fluri 1992, 79
Mitbestimmung	Hopfenbeck 1992, 525; Lindert 1993, 63; Noelle-Neumann/ Strümpel 1984, 135; Wollert 1996, 165
Arbeitszeiten, Öffnungszeiten	Dyllick 1989b, 38; Hopfenbeck 1992, 526; Oechsler 1993, 26; Strümpel 1983, 22 f.
Beiträge zu Kultur, Bildung, Wissenschaft	Fischer 1993, 7; Hopfenbeck 1992, 882; Ulrich/Fluri 1992, 60, 79
Einkommens-/Gewinnerzielung, Kapitalverzinsung	Dyllik 1989b, 38; Fischer 1993, 6, 7; Ulrich/Fluri 1992, 60, 79
Konsumentenschutz	Dyllick 1989b, 38; Freimann 1990, 179; Noelle-Neumann/ Strümpel 1984, 152
Zahlung von Steuern, Abgaben, Sozialleistungen	Fischer 1993, 6, 7; Ulrich/Fluri 1992, 60, 79
Teilnahme an der politischen Willensbildung	Hopfenbeck 1992, 882; Ulrich/Fluri 1992, 79
Qualitativ und quantitativ gute Marktleistung	Fischer 1993, 7; Ulrich/Fluri 1992, 79
Stabile Güterabnahme (Lieferantensicht)	Fischer 1993, 7; Ulrich/Fluri 1992, 79
Einhaltung von Rechtsvorschriften, Normen	Freimann 1990, 180; Ulrich/Fluri 1992, 79
Minderheitenschutz	Dyllick 1989b, 38; Noelle-Neumann/Strümpel 1984, 152
Beiträge Infrastruktur	Fischer 1993, 7; Ulrich/Fluri 1992, 79
Soziale Kontakte	Ulrich/Fluri 1992, 79

Abb. 5.14   Umweltansprüche an das Unternehmen (Reihenfolge der Ansprüche entsprechend Anzahl Nennungen in der Literatur)

5.2   Zielbildung

Für die Entwicklung, Formulierung und Vorgabe sowie die Messung von Zielen sind folgende Kriterien zu beachten; dies gilt insbesondere für Zielvereinbarungsgepräche zwischen Vorgesetzten und Mitarbeitern: Eine klare und widerspruchsfreie Zielsetzung bzw. -formulierung; Operationale (d. h. terminiert und quantifiziert) und schriftliche Zielformulierungen; die Vorgabe von erreichbaren, realistischen und zugleich zu Leistungen anreizenden Zielen (personenfixiert); die Terminierung der Ziele, einschließlich Benennung der Kontrollpunkte im Sinne einer rollenden Planung; die Anordnung der Ziele in einer Prioritätenreihe (Zielhierarchie); die Zurechenbarkeit der Ziele auf Einzelpersonen, Gruppen oder Teams sowie eine partizipative, d. h. den Mitarbeiter einbindende Ermittlung der Zielvorstellungen durch Mitarbeitergespräche und Zielvereinbarungsgespräche.

5.2.1   Operationale Zielsetzungen - ein paar Takte zur Theorie der Ziele

Die Grenzen zwischen operationalen (taktischen) und strategischen Zielen sind fließend. Z. B. ein formuliertes Wachstumsziel von 5 % kann sowohl taktisch als auch strategisch sein, es hängt ab von den konkreten Maßnahmen zur Erreichung dieses Ziels.

a)   Kategorien der Operationalität (vier Grundkategorien)

1. Festlegung der Verantwortlichkeit (WER?)
2. Die Technische Beschreibung der Ziele (WAS? WIEVIEL?)
3. Der zeitliche Vollzug (bis WANN? wann BEGINN? wann ENDE?)
4. Die wirtschaftliche Effizienz (mit welchen Kosten? mit welchem Ergebnis?)

Damit stellt sich der Zielbildungsprozess als »kreativer« Suchprozess dar. Nicht nur das Management als Kerngruppe, sondern auch Satellitengruppen (Steuerberater, Wirtschaftsprüfer, Lieferanten/Kunden, Banken und Wettbewerber) nehmen Einfluss.

b)   Nominale, ordinale und kardinale Zielgrößen

ba) nominal

Nominale Messungen (Zielerreichung) informieren über das Erreichen oder Nichterreichen eines Zustandes mittels Ja/Nein-Aussagen

Beispiel: Bisher haben wir nur mit Eigenkapital finanziert; für die Zukunft ist auch Fremdkapital zugelassen.

bb) ordinale Zielgrößen

Hier liegen dem Grade nach vorgegebene Werte vor.

Beispiel: Wir wollen mehr Fremdkapital-Finanzierung als die bisher erreichten 30% zulassen.

bc) kardinale Zielgrößen

Die Zielgrößen sind dem Grade nach bestimmt (unterer/oberer Wert; Extremwert). Beispiel: Der Fremdkapital-Anteil an der Unternehmensfinanzierung soll nicht kleiner 30 %, aber auch nicht größer 50 % am Gesamtkapital liegen.

c)   Das Zielsystem

In den Unternehmen werden mehrere Ziele gleichzeitig verfolgt, dabei sind folgende Beziehungen denkbar:

1. Eine Zielkomplementarität
   a) ein Ziel ersetzt ein anderes in seinen Wirkungen - totale Komplementarität
   b) ein Ziel unterstützt in seinen Wirkungen ein anderes Ziel.
2. Eine Zielneutralität: Ein Ziel hat keinerlei Wirkung auf ein anderes Ziel.
3. Zielkonkurrenz: Die Erreichung eines Zieles übt negative Wirkungen auf ein anderes Ziel aus.
4. Zielantinomie: Zwei Ziele schließen sich in symmetrischer Konkurrenz gegenseitig aus.
5. Zielpluralität: Diese kommt häufig bei taktischen Zielen (unterjährig) vor. Meist werden viele Ziele aus unklaren Vorgaben resultierend formuliert. Daher ist wichtig zu dokumentieren und zu operationalisieren. Somit werden Fehlinterpretationen vermieden bzw. eingeschränkt. Ein Zielsystem sollte dabei nicht mehr als fünf Werte umfassen; Damit sind die Soll-Ist-Werte stets bewusst und dem Entscheidungs-träger sind diese Werte zuzumuten.

Einige Ziele sollen im Folgenden beispielhaft skizziert werden:

a) Wachstumsziele;

b) Rentabilitätsziele: wichtige Kennzahlen, wie Eigenkapital Rentabiltät, Gesamtkapital-Rentabilität, Return-on-Investment;

c) Vermögensziele: Geschäftstätigkeit in Märkten, deren Eintrittsbarrieren unserer Vermögenssituation;

d) Finanzierungsziele: einen Verschuldungsgrad von 2 nicht übersteigen; eine Anlagedeckung (Eigenkapital in Prozent des Anlagevermögen) von 80 % erreichen;

e) Marktziele: Marktführer im Segment A werden; bei der neuen Produktgruppe C den Marktanteil von 20 % erreichen;

f) Produktion/Kosten: Kapazitätsauslastung nicht unter 80 %; Verkürzung der Durchlaufzeit um einen Tag durch Verbesserung im Betriebsablauf;

g) Risiko: kein Kunde soll mehr als 5% Umsatz einnehmen; ein Hauptlieferant soll nicht mehr als die doppelte Menge des nächstgrößeren Lieferanten liefern;

h) Qualitative Ziele: Stabilisierung der Produktion bei Saison- und Konjunktur-schwankungen; Qualitätsniveau halten (kann durchaus operational definiert werden, z. B. die Ausschussquote resp. Rücksendequote senken);

i) Unspezifische Ziele: Faireres Verhalten der Konkurrenz gegenüber; das Image verbessern (operational wäre noch: Steigerung des Bekanntheitsgrades um X Prozent).

5.2.2   Strategische Ziele

Wie bei der Checkliste taktischer Ziele ausgeführt, ist die Grenze zwischen taktischen und strategischen Zielen durchaus fließend. Insofern wird auf die Ausführungen in Kapitel 5 verwiesen.

Andererseits sind strategische Ziele eher grundsätzlicher Natur und langfristig für die Entwicklung des Gesamtunternehmens entscheidend. In diesem Zusammenhang wird häufig von Visionen gesprochen, die ebenfalls für das Unternehmen langfristige Auswirkungen haben. Dabei ist zu beachten, dass sich motivierende Auswirkungen einer solchen Vision auf die Beschäftigten nur dann einstellen, wenn sie durch eine (langfristige) Strategie »unterfüttert« ist. Einige Beispiele für strategische Ziele seien im Folgenden genannt.

a) Die Marktposition

Die Definition der Marktposition ist sicherlich eines der am häufigsten verbreiteten strategischen Ziele. Zwei praktischen Beispiele: Ein Unternehmensvertreter formulierte selbstironisch: »Alles was wir wollen, ist ein fairer Marketshare, d. h. 100 %« und offenbar nicht ironisch gemeint war folgendes Literaturzitat: »In Verfolgung des Grundsatzes, nicht auffallen, damit die Konkurrenz nicht wach wird, ist auch in Zukunft nur mit einem Marktanteil von 3 % zu rechnen.«

Die nachstehende beispielhafte Auflistung strategischer Zielsetzungen zur Marktposition erstreckt sich daher über die gesamte Bandbreite:

- Marktführer werden,
- einen relativen Marktanteil größer als 1,5 anstreben,
- plus 5 % Marktanteil erreichen,
- mindestens einen Marktanteil von 40 % halten,
- mindestens die dritte Marktposition einnehmen,
- mindestens einen Marktanteil von 10 % erreichen
- und vielleicht maximal einen Marktanteil von 3 %,
- bewusst nur eine Marktnische.

b) Wachstumsziele

Fast ebenso verbreitet wie strategische Ziele betreffend der Marktposition sind Wachstumsziele, wobei diese Wachstumsziele für das Gesamtunternehmen, für einzelne Sparten, für einzelne Märkte, auch regional, national und international definiert sein können. Im Rahmen multipler Zielsetzungen kann durchaus ein Wachstumsziel in Kombination mit einem Marktanteilsziel formuliert werden. Dass hochgesteckte Wachstumsziele unter Umständen mit dem Streben nach Erhaltung der Selbständigkeit kollidieren, wurde bereits erwähnt.

Wachstumsstrategien können durchaus kritisch gesehen werden, wie folgende Aussagen belegen:

- Es scheint die Unternehmensphilosophie vorzuherrschen, dass ein Unternehmen nicht gesund sein kann, wenn es nicht wächst.
- Ein verselbständigtes Wachstumsziel ohne den eindeutigen und konkreten Bezug zu gegenwärtigen oder künftigen Erträgen hat im Unternehmen keine rationale Basis und ist wirtschaftlich sinnlos, auch wenn dabei noch so viel von strategischen Notwendigkeiten geredet wird.
- Ein Unternehmen (mag sich) dafür entscheiden, sehr schnell zu wachsen, mit der Vorstellung, dass sich Gewinne dann von selbst einstellen.

Doch mit der Formulierung eines Wachstumszieles sind noch nicht die Wege aufgezeigt, wie man dieses auch erreichen kann. Eine Auflistung derartiger Wachstumsziele wie:

- Ein Unternehmenswachstum von 5 %/Jahr
- Ein Wachstum in Sparte A um 6 %/Jahr
- Ein Wachstum in der Region B um 7 %/Jahr
- Ein Wachstum in den Exportmärkten um 10 %/Jahr muss mit entsprechenden Strategien konkretisiert werden.

Eine Kombination mehrerer Ziele stellt sich wie folgt dar: Hier ist zu prüfen, ob z. B. im Umsatzwachstum von 15 % bei einem Wachstum des Marktvolumens von 10 % die gleichzeitig angestrebte lineare Steigerung des Marktanteils von 10 % auf 20 % im Planungszeitraum erreichbar ist und ob das Gewinnziel von 10 % des Umsatzes die kapitalmäßige Unabhängigkeit gewährleistet.

c) Vermögens-„ Rentabilitäts- und Liquiditätsziele

Natürlich tauchen auch bei strategischen Zielen immer wieder Ziele aus den Bereichen Vermögen, Rentabilität und Liquidität auf. Sie laufen letztendlich darauf hinaus, den Vermögenseinsatz zu minimieren und im erreichbaren Rahmen zu halten; z. B. die Liquidität jederzeit sicherzustellen.

d) Gewinn ist nicht alles

Auf die einzelnen Gewinnkennziffern bei den taktischen operationalen Zielen kann verwiesen werden. Zu ergänzen ist ein Kombination von Zielen, wie: Die Nettogewinne nach Abzug der Steuern müssen ausreichen, um ein normales Wachstum und akzeptable Erträge für Aktionäre sicherzustellen:

Eine überraschende Anzahl von Unternehmen setzt die Gewinnerzielung in den Unternehmenszwecken nicht an erste Stelle, und einige erwähnen Gewinne nicht einmal. Wahrscheinlich liegt dies daran, dass die Führungskräfte der Meinung sind, ein Unternehmen, das seinem Zweck Rechnung trägt, erziele zwangsläufig Gewinne.

Auf der gleichen bestätigenden Linie liegt die Bemerkung von Peters/Watermann (1982): »Unternehmen, die ausschließlich finanzielle Zwecke formulierten, (schnitten) finanziell bei weitem nicht so gut ab wie Unternehmen mit einem weiteren Wirkungsspektrum.«

Wir sollten dies allerdings etwas relativieren. Der Gewinn ist... unabdingbares Erfordernis für die nachhaltige Existenzsicherung jedes Unternehmens, auch wenn er nicht letzter Sinn und Zweck des Unternehmens ist. Aber Gewinn ist eine notwendige Voraussetzung für alles Andere. Der Gewinn ist zwar nicht alles, aber ohne ihn ist alles nichts.

e) Unternehmensphilosophie

Umso häufiger ist es, dass Vorstellungen aus dem Bereich der Unternehmensphilosophie, insbesondere des Führungsstils, auf den Zielkatalog bei generellen Zielen ausstrahlen. Zum Beispiel: »Pflege eines modernen Führungsstils durch Delegation von Aufgaben und Verantwortung, leistungsgerechte Entlohnung, Ausbau der sozialen Leistungen, Förderung der Mitarbeiter, Schulung, wachsende Lohnsteigerungen, den Mitarbeitern Geborgenheit und Sicherheit bieten.«

f) Partnerschaft gegenüber Kunden und Lieferanten

Hierunter fallen Formulierungen wie Regeln des fairen Wettbewerbs achten oder Kontinuität in der Zusammenarbeit mit Lieferanten.

Das Partnerschaftsdenken den Kunden gegenüber geht oft sogar so weit, dass sich dies in der Reihenfolge der Unternehmensziele niederschlägt nach dem Motto: Priorität: Kunden vor Mitarbeitern vor Unternehmen. »Dass zuerst der Kunde kommt, dann die Mitarbeiter, danach die Öffentlichkeit und erst an vierter und letzter Stelle die Aktionäre.« Dabei sollte man sich darüber klar sein, dass viele dieser Zielkataloge, die ja auch oft veröffentlicht werden, Window-Dressing sind, Erklärungen zum Fenster hinaus, um den Kunden zu zeigen, welche Wertschätzung er im Unternehmen genießt. Solange sich die Priorität des Kunden vor dem Unternehmen im luftleeren Raum bewegt, tut diese Erklärung nicht weh. Wenn's dann aber hart auf hart kommt, braucht man schon sehr viel Charakter, um die Unternehmensziele gegenüber der Partnerschaft mit dem Kunden hinten anzustellen.

g) Zielfindung

Verhaltensforscher, die die Motivierung bei Angestellten und Arbeitern untersucht ha¬ben, sind zu dem Schluss gekommen, dass es gut ist, wenn klare Ziele gesetzt werden und wenn die Angestellten an ihrer Spezifizierung mitwirken dürfen.

5.2.3   Die strategische Lücke

Wenn sich nun die wahrscheinlichen Ergebnisse der langfristigen Mehrjahresplanung einerseits und der strategischen Zielplanung andererseits nicht decken - was tun? Dieses Auseinanderklaffen von Zielen der strategischen Planung und der langfristigen Unternehmensplanung während des Planungshorizontes wird als Strategic Gap, als strategische Lücke bezeichnet (siehe hierzu Abbildungen 5.15 und 5.16).

Einige Autoren teilen diese beiden Elemente noch einmal in die Leistungslücke und die eigentliche strategische Lücke auf.

Die Leistungslücke ist die Differenz zwischen der möglichen Potenziallücke, wie sie sich bei einer Intensivstrategie ergibt, einerseits und der extrapolierten Potenziallinie, wie sie sich andererseits in der langfristigen Planung ohne zusätzliche Maßnahme ergeben würde. Die eigentliche strategische Lücke ist bei dieser Betrachtung die Differenz zwischen der maximalen Potenziallinie, wie sie sich bei einer Extensivstrategie ergeben würde, und einer intensiven Strategie andererseits.

Die extrapolierte Potenziallinie gibt den Verlauf der Unternehmensentwicklung an, der unter Beibehaltung der bisherigen Anstrengungen und Aktivitäten der Zukunft zu erwarten ist. Die mögliche Potenziallinie zeigt die zukünftige Unternehmensentwicklung auf, die unter Nutzung der vorhandenen, aber bisher ungenutzten Unternehmenspotenziale durch die Verfolgung einer »Intensivstrategie« möglich ist.

Intensivierungen des latenten Unternehmungspotenzials werden in erster Linie erreicht durch:

- Umfangreiche und anforderungsgerechte Maßnahmen der Rationalisierung (Schwachstellenanalyse),
- Leistungssteigerung und Motivation der Mitarbeiter (... Führungsstil),
- Aufdeckung bestehender Kapazitätsreserven und Steuerung der Produktion durch ein Fertigungssteuerungssystem.

Die **maximale Potenziallinie** bedeutet dabei:

Die strategische Lücke kann nur erfolgreich durch Entwicklungen der Unternehmung mit Hilfe einer Extensivstrategie, d. h. durch die Zuführung von zusätzlichem personellen, wirtschaftlichen oder technischen Personal - also durch umfangreiche Personal- und Sachinvestitionen - abgedeckt werden. Dieses Wachstum der Unternehmung wird z. B. erreicht durch die Schaffung

- neuer Produkte oder Verfahren für bestehende Märkte,
- neuer Märkte für vorhandene Produkte und
- neuer Produkte für neue Märkte (Diversifikation).

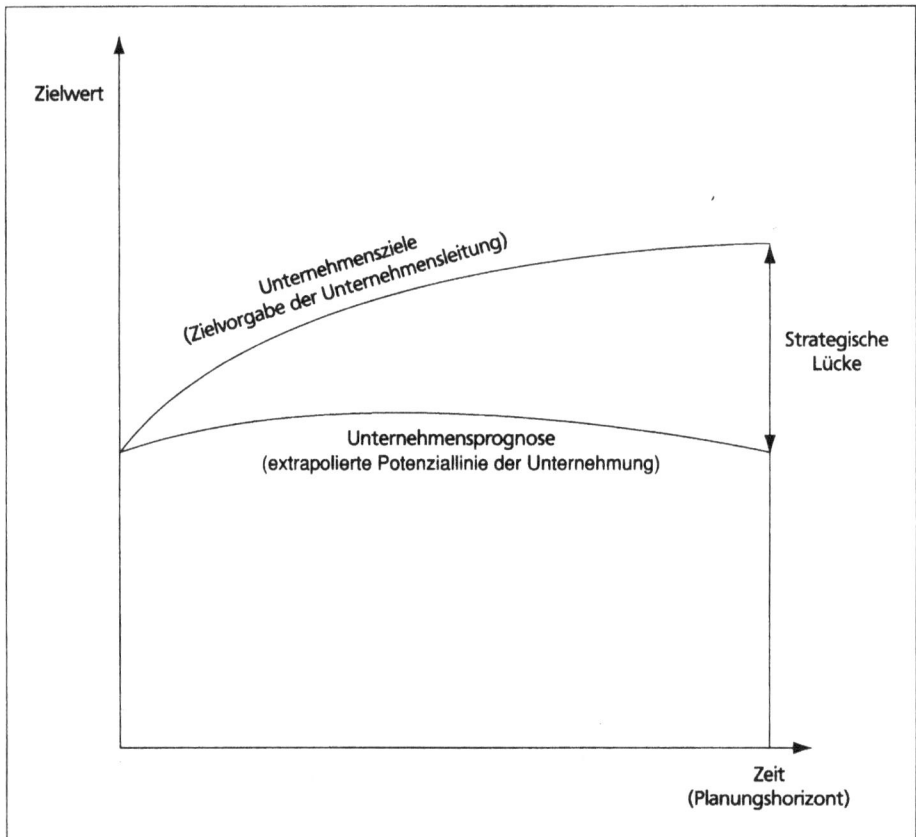

Abb. 5.15   Die strategische Lücke

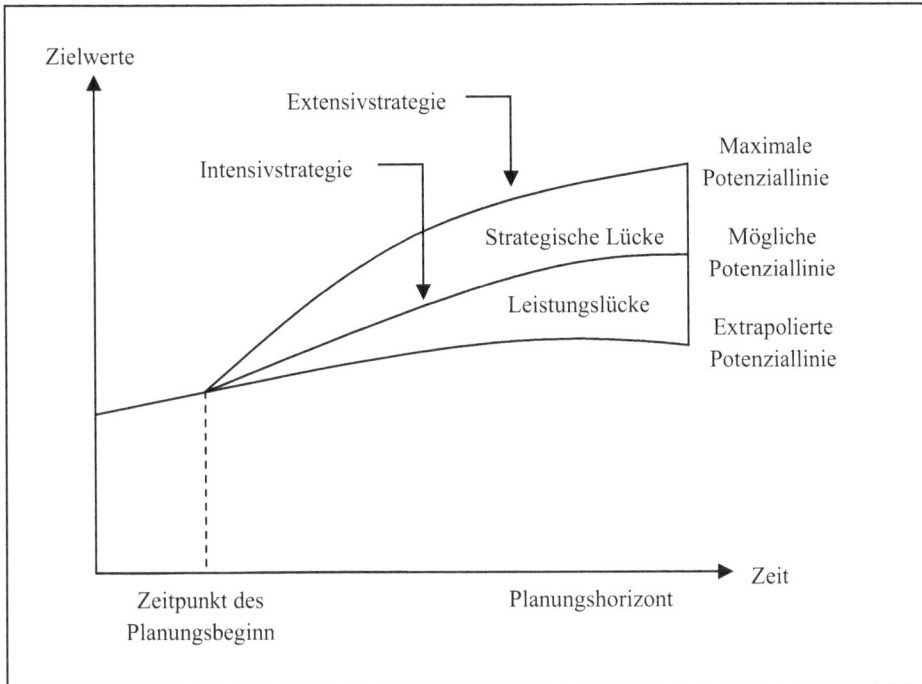

Abb. 5.16   Die strategische Lücke und Leistungslücke

Praxisbeispiel

Beispiel AG (Maschinenbau und Elektronik)   : Unternehmen

- In der bisherigen Organisationsstruktur wurden die vorhandenen   : Anlass
  Mitarbeiterpotenziale zum Teil nur wenig genutzt.
- Hoher Aufwand für Planung, Steuerung und Qualitätssicherung
  bei einer mittleren Auftragslosgröße m = 4 und einer jährlichen
  Wiederholhäufigkeit von 0-4.
- Die dominante Abhängigkeit des Leistungsentgeltes von der   : Ziele
  Mengenleistung führte über Jahre zu einem »Regelkreis des
  Misstrauens«.
- Verbesserung der Wettbewerbsfähigkeit durch Änderung der
  Organisations- und Produktionsstruktur
- Einführung von Gruppenarbeit und sukzessive Integration der
  zuarbeitenden Funktionen, entsprechend dem Qualifika-
  tionsniveau der Mitarbeiter
- Führen der Mitarbeiter mittels Zielvereinbarung
- Förderung des eigenverantwortlichen unternehmerischen Den-
  kens und Handelns der Mitarbeiter, zum Beispiel durch Kunden-
  und Kostenorientierung.

Eine ganzheitliche Betrachtung des Unternehmensprozesses setzt : Vorgehen
die Einbeziehung der Mitarbeiter bei der Gestaltung der Abläufe
und Prozesse voraus. Mitarbeiter sollen mitreden, mitgestalten aber
auch mit verantworten.

Um Interesse, Identifikation und Bereitschaft zur Mitarbeit an der
»Neuen Form der Zusammenarbeit« (NFZ) zu fördern, wurden in
einer Startveranstaltung die Mitarbeiter über Unternehmensziele,
Wesenszüge der NFZ und die Vorgehensweise bei der Einführung
durch einen Promotor informiert. In einer drei- bis viermonatigen
Vorbereitungsphase, an der die betroffenen Mitarbeiter, Führungskräfte, Fachabteilungen und der Betriebsrat beteiligt waren, wurde
der Ist-Zustand bewertet und eine ganzheitliche Organisations-
/Produktionsstruktur gemeinsam entwickelt. In dieser Phase wurden
die Mitarbeiter mit Methoden der Gesprächsführung, Ideenfindung,
Visualisierung, Konfliktlösung sowie mit Kennzahlen zur Kosten-
struktur vertraut gemacht. Dadurch wurden die Mitarbeiter nicht nur
zur Mitsprache befähigt. Es konnte ihnen damit auch der Sinn für
Wandel und Veränderung vermittelt werden, was erheblich zur
Akzeptanz des Gruppenarbeitsprozesses beitrug.

Nach Einführung der NFZ durch Abschluss einer Betriebs-
vereinbarung wurde die Entwicklung des Gruppenarbeitsprozesses
durch Workshops, begleitende Beobachtung der Gruppengespräche,
Tutoren und zielgerichtete fachliche, methodische oder soziale Qualifizierungsmaßnahmen gefördert.

Über Zielvereinbarungen in der Regel mit einer Laufzeit von drei
bis sechs Monaten, die auch situative betriebliche Zielsetzungen
enthalten können, wurde sodann die in der Vorbereitungsphase
erarbeitete Organisations-/Produktionsstruktur sukzessive realisiert.

Durch eine summarische Bewertung der Zielerfüllung entsprechend
dem Gruppenengagement partizipieren die Mitarbeiter durch eine
für alle Gruppenmitglieder gleich hohe zielorientierte Gruppenzula-
ge an der periodischen Verbesserung des jeweiligen Ist-Zustandes.

- Verbesserte Kommunikation auf allen Unternehmensebenen   : Erfolge
- Verbesserung der Termintreue und Reduzierung der Durchlauf-
  zeiten
- Reduzierung der Kapitalbindung
- Produktoptimierung im Sinne des kontinuierlichen Verbesse-
  rungsprozesses (KVP)
- Reduzierung der Stundensatzanteile für proportionale und fixe
  Leitungskosten durch Anpassung der Leitung bzw. des administ-
  rativen Aufwands für Planung, Steuerung und Quali-
  tätssicherung

- Bedarfsorientierte Flexibilisierung der Gruppenarbeitszeit zur Vermeidung von Mehrstunden
- Gestiegenes Qualifikationsniveau der Mitarbeiter

Befreit von dem Gedanken, Mengenleistung zu erbringen und Fertigungsvorteile nicht preiszugeben, wird heute in den Gruppen darüber gesprochen, wie Verschwendung vermieden und Produkte oder Fertigungsprozesse optimiert werden können. Die mit der NFZ einhergehenden organisatorischen Veränderungen führten in der Regel zu einer 40 %-igen Senkung der proportionalen und fixen Leitungskosten. Die Leistungsorientierung der NFZ-Gruppen hat deutlich zur Steigerung der Wettbewerbsfähigkeit beigetragen.

Kommentar der Geschäftsleitung

Das Erschließen der Mitarbeiterpotenziale und die erforderliche Verhaltensänderungen benötigen Zeit, oftmals mehr als uns der Markt zugesteht. Realistisch betrachtet haben heute ca. 60 % der vorhandenen NFZ-Gruppen (nach 4 Jahren) die angestrebten Ziele bereits erreicht.

Fragen und Hinweise:

1. Nennen Sie Ausprägungen der Macht von Großunternehmen.
2. Beschreiben Sie einige Merkmale, die Planung als Selektionsprozess charakterisieren.
3. Welche Zielgruppen lassen sich unterscheiden? Geben Sie einige Beispiele.
4. Was verstehen wir unter der „strategischen Lücke"?
5. Beschreiben Sie die maximale Potenziallinie.
6. Welche Anforderungen würden Sie an ein integriertes Managementsystem stellen?
7. Wodurch sind die Forschungsarbeiten an der Hochschule St. Gallen gekennzeichnet?

5.2.4   Organisation der Führungsspitze

Der Zusammenhang zwischen intaktem Kopf und funktionierendem Organismus soll mit nachfolgenden Ausführungen kurz angeschnitten werden.

Wurde bislang Management als komplexer Prozess der Planung, Entscheidung, Durchsetzung und Kontrolle gedeutet, geht es nunmehr um eine andere Sichtweise. Die Institution Management selbst als strukturbildende Kraft soll betrachtet werden, d.h. wie organisiert sich das Management?

Wie bedeutsam klare Organisationen an der Spitze sind im Hinblick auf Führung und Überzeugung, mag sich jeder durch einen Blick auf Gesellschaft [Unternehmen, Parteien, FH
usw.] oder im persönlichen Umfeld [Vereine, Kommune, WG, Familie] klarmachen.

– Struktur kann man dabei gleichsetzen mit Ordnung. Stichworte wie
– Richtlinienkompetenz der Entscheidungsträger
– Geschäftsordnung
– Regeln über Mehrheitsfindung
– Zentralisation nach
    • Funktionen [Beschaffung, Produktion, Marketing]
    • Objekt [Anlagen- und Verkehrstechnik, Bauelemente ...]
    • Regionen [Westeuropa, Nordamerika, Ostasien...]
– Präsidial- oder Basisprinzip
– u.a.m. seien in diesem Zusammenhang erwähnt.

Bei diesen knappen grundlegenden Bemerkungen zur Organisation der Führungsspitze mag
es im Rahmen der Einführung in die BWL sein Bewenden haben.

1. Als Anregung zum Nachdenken und Sensibilitätsschulung sowie im Vorgriff auf die
   LVA Unternehmensführung nachfolgend einige Begriffe zu diesem Komplex:
– Führungskultur
– Führungstechnik
– Leadership
– Visionen
– Dialogfähigkeit
– Eigentums- im Gegensatz zu Managerunternehmer.

2. Wenn Sie sich mit den oben genannten Begriffen auseinandersetzen, werden Sie schnell
   merken, dass sie größtenteils abstrakt sind und sich quantitativen Denkansätzen ver-
   schließen. Versuchen Sie dennoch einmal am Beispiel Führungskultur und -technik eine
   Prioritätsbeziehung herzuleiten und gegebenenfalls eine Problemanalyse in Form einer
   Lagebeschreibung [evtl. am Beispiel der Bundesrepublik Deutschland Ende der neunziger Jahre] zu machen.

5.2.5   Führung

Beim Begriff Führung wollen wir drei Richtungen unterscheiden. Führung
– nach außen
– nach innen
– als Vorgesetzter.

Sicherlich lässt sich nicht immer scharf trennen, dennoch macht es Sinn, sich den jeweiligen
Schwerpunkt zu verdeutlichen.

Die Führungsaufgaben des Managements liegen nach außen in der Vertretung und im Interessenausgleich mit den externen Gruppen [s. **Abschnitt 2.2.2 Systemtheorie, und 3.1 Entstehung von Unternehmenszielen, A13 Anreiz-Beitrags-Theorie].**

Nach innen sind Führungsaufgaben des Managements schwerpunktmäßig in der Durchsetzungsphase **[s. Abschnitt 8.8]** zu sehen. Das bedeutet im Einzelnen

– Menschenführung und
– Verhaltenssteuerung,

und zwar so, dass Leistungs- und Mitarbeiterziele vereinbar bleiben. Dieser Dualismus von Fach- und Personalfunktionen soll in der nachfolgenden spiralförmigen Darstellung veranschaulicht werden.

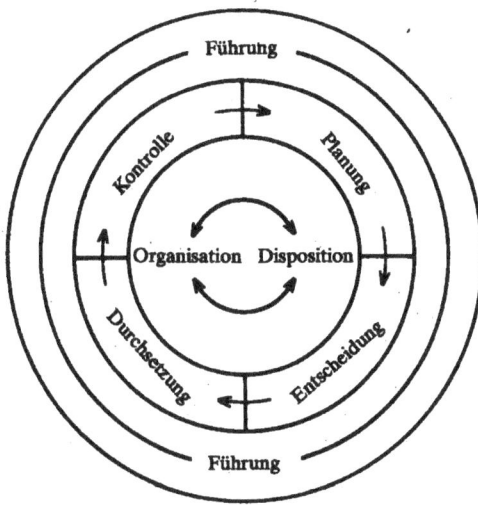

Abb. 5.17   Personal- und Fachfunktionen in der Managementspirale

Schließlich wenden wir uns der zwischenmenschlichen Arbeitsebene zu, was sich im Verhältnis Vorgesetzter - Mitarbeiter abspielt.

Die Art und Weise, in der Führung dort ausgeübt wird, nennt man Führungsstil. Seine möglichen Ausprägungen werden unter anderem durch Begriffe wie autoritär, partizipativ, demokratisch gekennzeichnet. Sie unterscheiden sich im Wesentlichen darin, in welchem Umfang Vorgesetzte die Mitarbeiter in den Willensbildungsprozess einbeziehen [siehe Abb.15].

Der in der Unternehmung oder in den Teilbereichen praktizierte Führungsstil sollte situativ an die jeweils herrschenden Rahmenbedingungen (z.B. Aufgabenstellungen) angepasst werden, um optimale Ergebnisse zu erzielen.

Die nachfolgende Abb. 5.18 zeigt beispielhaft einige Bedingungen auf, die nach einem mehr autoritären und solchen, die nach mehr partizipativen Führungsstil verlangen.

	Rahmenbedingungen für den mehr autoritären Führungsstil	Rahmenbedingungen für den mehr partizipativen Führungsstil
Person	– starkes Niveaugefälle zwischen Vorgesetzten und Mitarbeitern	– geringes Niveaugefälle zwischen Vorgesetzten und Mitarbeitern
	– Mitarbeiter mit überwiegend autoritären Wertvorstellungen ohne Eigeninitiative und stark sicherheitsmotiviert	– Mitarbeiter mit hoher Leistungsmotivation, Aufgeschlossenheit und Initiative
Situation	– Situationen, die rasche Entscheidungen verlangen	– Situationen, die ideenreiche Entscheidungen erfordern
	– stabile Umweltverhältnisse mit geringer Komplexität und Dynamik	– hohe Umweltkomplexität und -dynamik mit starkem Innovationszwängen
Aufgabe	– Aufgaben, die wenig Eigeninitiative erfordern, sondern schlicht Pflichtbewusstsein und Zuverlässigkeit	– Aufgaben, die schöpferische Eigengestaltung, Flexibilität und unkonventionelles Vorgehen erfordern
	– Aufgaben mit hohem Routinegehalt (repetitive und programmierbare Tätigkeiten)	– nicht standardisierte Aufgaben, deren Schwerpunkt in der Lösung innovativer Probleme liegt
Organisationsstruktur	– strenge Hierarchie (Direktorialprinzip) mit Betonung vertikaler Informationskanäle (Befehle und Meldungen)	– aufgelockerte Hierarchie (Tendenz zum Kollegialprinzip) mit freier Kommunikation
	– hoher Organisationsgrad (geringer Dispositionsspielraum)	– geringer Organisationsgrad (Beschränkung auf Rahmenregelungen)

Abb. 5.18   Rahmenbedingungen autoritärer und partizipativer Führung

Fassen wir zusammen, was für alle drei Führungsrichtungen gleichermaßen zutrifft:

–   Verhaltenssteuerung von Individuen und Gruppen in der Weise, dass ein gemeinsames Ziel verfolgt wird.
–   Harmonisierung von Leistungszielen [Aufgaben] und Mitarbeiterzielen [Erwartungen] durch

- Fachautorität [Argumente]
- Persönlichkeit [Ausstrahlung]
- Rollenautorität [Sanktionen].

- Führungsstile sind Instrumente zur Erreichung und Durchsetzung der gemeinsamen Ziele. Sie müssen situativ angepasst werden.
- Die Wirksamkeit hängt davon ab, ob Vorgesetzte
  - Sensibilität [Gespür]
  - Wille und Fähigkeit zur Flexibilität
  besitzen.

Fragen und Hinweise:

1. Zur Vertiefung siehe auch Anhang Abb. 8: Management -by- Konzepte. Versuchen Sie die Aufstellung im Anhang mit Pro und Kontra zu ergänzen.
2. Welche Eigenschaften muss eine Führungskraft besitzen, um für Sie Vorbild zu sein?
3. Lassen Sie sich den Begriff Leitungsspanne [Kontrollspanne] erklären, und analysieren Sie ihn im Zusammenhang mit den heutzutage geforderten flachen Hierarchien.
4. Fallen Ihnen noch weitere Techniken ein, die als Hilfsmittel der Unternehmensführung dienen können?
5. Beschreiben Sie den Zweck und das Wesen des Brainstorming. Wie läuft ein Brainstorming-Prozess ab?

Testfragen zu Kapitel 4 und Kapitel 5:

1. Nennen Sie die Hauptfunktionen (Kernaufgaben) der Unternehmensführung;
2. Erläutern Sie anhand eines Beispiels die Phasen des Planungsprozesses;
3. Welche konkreten Aufgaben der Unternehmensführung lassen sich unter dem Begriff Organisation zusammenfassen? Erläutern Sie in diesem Zusammenhang die Begriffe Aufbau- und Ablauforganisation;
4. Worin besteht die Führungsaufgabe des Managements?
5. Beschreiben Sie kurz die grundsätzlichen Führungsstile; Erläutern Sie dabei, unter welchen Rahmenbedingungen der jeweilige Führungsstil der geeignete ist.

6   Führungskonzepte/-modelle

Die Situation im Führungsbereich ist gekennzeichnet durch eine nur sehr geringe Arbeitsteilung, die einhergeht mit einer geringen Delegationsbereitschaft und damit in aller Regel zu einer Überlastung der Führungskräfte führt. In diesem Zusammenhang stellt sich auch die Frage, welcher Führungsstil der richtige ist.

Die Antwort auf diese Frage ist schwierig, da Führungsprobleme in unterschiedlichen Situationen auftauchen und dementsprechend differenziert angegangen werden müssen. Auch ist gerade dieses Feld der Führungsmodelle nicht unerheblichen Modewellen unterworfen. In den letzten Jahren wird die Frage zunehmend erweitert gestellt: »Welcher Führungsstil ist in welcher Situation richtig? Man geht dabei von folgenden Überlegungen aus: Jeder Führungsstil hat eine bestimmte Funktion und dient somit einem anderen Ziel. Ebenso dienen einzelne Führungshandlungen unterschiedlichen Zielen. Es muss daher versucht werden, für jede Führungshandlung bzw. -Situation den richtigen Führungsstil zu finden. Führungsmodelle, Führungswissen und -methoden sind über theoretische Vorstellungen und eigene Erfahrungen so zu entwickeln, dass daraus der jeweilige »Maßanzug« im Hinblick auf Führungsstil und Führungstechnik entsteht. Patentrezepte gibt es nicht, jedoch bestimmte Kriterien, die beachtet werden sollten. Grundsätzlich kann sicher gesagt werden, dass der autoritäre Führungsstil im Sinne von Zielsetzen und Einzelanweisungen nicht mehr in allen Situationen zum gewünschten Erfolg führt. Autoritäre Führung wird abgelöst durch kooperative Zusammenarbeit.

Unter Führung versteht man die persönliche Einflussnahme auf das Verhalten anderer zur Erreichung bestimmter Ziele, die in der Regel im Finden, Treffen, Durchsetzen und Durchführen von Entscheidungen und im Kontrollieren von deren Auswirkungen liegen.

Demnach stellt sich die Führung in zwei Teilfunktionen dar:

1. Jede Führungskraft hat aufgabenorientiert zu handeln was bedeutet, dass die Ziele, die ihr gesetzt sind, verfolgt werden müssen und alles getan werden muss, um mit Hilfe der entsprechenden Mitarbeiter und den zur Verfügung stehenden Ressourcen rechtzeitig zu den richtigen Entscheidungen zu kommen. Man nennt dies die Lokomotionsfunktion der Führung.
2. Darüber hinaus muss jede Führungskraft aber auch personenorientiert handeln. Sie hat dafür zu sorgen, dass die Mitarbeiter soweit wie möglich ihre persönlichen Ziele erreichen können, insbesondere, dass sie Befriedigung in ihrer Aufgabe finden. Selbstbestätigung und Selbstentfaltung der Mitarbeiter sind also Ziele, die angesteuert werden müssen. Hier ist insbesondere die soziale Kompetenz der Führungskraft gefragt. Führung

wird hier zur Gemeinschaftsaufgabe; ein Denken in partnerschaftlichen Kategorien ist erfolgreicher.

Die Anforderungen an Führungskräfte lassen sich an einigen Beispielen auflisten:

- Pragmatismus, gesunder Menschenverstand, Selbstdisziplin;
- soziale Intelligenz und die Fähigkeit wahrzunehmen, zu verstehen und mitzuteilen;
- Belastbarkeit - psychisch und physisch;
- ständiger Einfallsreichtum bei der Entwicklung von Märkten und Produkten sowie Kostenreduzierung und Finanzierung;
- Erfolgsorientierung (nicht nur planen, sondern auch vollenden);
- bejahend-optimistische Grundeinstellung mit der Fähigkeit, diese auch weiterzuvermitteln.

Einstellung zur Arbeit

Die Gestaltung der Führung auf allen betrieblichen Ebenen muss in besonderer Weise die vorhandene Einstellung der Mitarbeiter zur Arbeit berücksichtigen. Das Wissen um diese Einstellung stellt damit eine Grundvoraussetzung für jegliche Form der Führung dar. Dies nicht zuletzt deswegen, weil wir in den vergangenen Jahren einen Wertewandel gerade in der jüngeren Generation feststellen können. »Spaß an der Aufgabe« ist das Motto dieser Generation.

Gerade in kleinen und mittleren Unternehmen können die begehrten »5S« der Freizeitkultur umgesetzt werden:

- Selbermachen und selbst aktiv sein;
- Spontaneität und Risikofreudigkeit;
- Selbstentfaltung und persönliche Entwicklung;
- Sozialkontakt und Gemeinsamkeit und
- sich entspannen und wohlfühlen.

Solche Möglichkeiten bietet Arbeit aber auch in kleineren Unternehmen nur, wenn die Arbeitsinhalte nicht zu sehr aufgesplittet sind, die Möglichkeiten des Einbringens eigener Ideen besteht und die Bewältigung der Aufgaben im Team angegangen wird. Hier liegen die Chancen für weniger Bürokratie und damit für schnellere Anpassungsfähigkeit an sich veränderte Marktbedingungen.

Die Grundbedürfnisse in der bekannten Maslow-Pyramide (vgl. Abb. 11) sind heute befriedigt; es gilt vorwiegend die höher gelagerten Bedürfnisse im Auge zu behalten. Gerade die sozialen Bedürfnisse können von Klein- und Mittelbetrieben in besonderem Maße befriedigt werden. Führung, Aufgabe und Entgelt stellen daher die Eckpfeiler für die Einstellung zur Arbeit und letztlich zur Motivation dar.

Aufgaben und Entlohnung

Im Vergleich zu den Großunternehmen zeigen zahlreiche Untersuchungen, dass Vergütungen und Nebenleistungen in den Klein- und Mittelbetrieben meist geringer ausfallen. Die reizvollen Vorteile liegen aber wie oben ausgeführt in den vielschichtigeren Aufgabenstellungen und Entfaltungsmöglichkeiten, die kleinere und mittlere Betriebe bieten können. In Verbindung mit spezifischen Nebenleistungen werden dann die Nachteile, die sich am Arbeitsmarkt oft ergeben ausgeglichen.

Wenn die Arbeitnehmer dem Mittel- und Kleinbetrieb den Vorzug geben, erwarten sie selbstverständlich eine gerechte und verständnisvolle Führung sowie eine als gerecht empfundene Entlohnung. Eine brauchbare Ausgangsbasis stellen Lohn-, Ein-stufungs- und Gehaltspläne in Verbindung mit Arbeits- und Leistungsbewertungsverfahren dar. Werden sie konsequent und sinnvoll angewendet, sind Fehlentscheidungen kaum möglich. So entsteht eine sinnvolle Lohn- und Gehaltsordnung, mit deren Hilfe sich eine Fülle innerbetrieblicher Reibungsmöglichkeiten vermeiden lässt.

Leistungsbeurteilung und Mitarbeitergespräch als Führungsmittel

Leistungsbeurteilung, Mitarbeitergespräch sowie Leitlinien für Führung und Zusammenarbeit sind vieldiskutierte Führungsmittel. Die Mitarbeiter stehen aufgrund zahlreicher Untersuchungen einer Beurteilung relativ aufgeschlossen gegenüber. Führung ist demnach ohne Beurteilung nicht denkbar. Einsatz und Förderung der Mitarbeiter setzen die Meinungsbildung über Leistung und Verhalten der Mitarbeiter voraus. Eine unsystematische Bewertung ist wenig geeignet, um Gerechtigkeit und Vergleichbarkeit im Betrieb zu erreichen. Ein Führungsstil, der neben dem Erreichen unmittelbarer Unternehmensziele auch die Wünsche und Bedürfnisse der Mitarbeiter berücksichtigen soll, ist ohne Mitarbeiterbeurteilung nicht denkbar. Sie ist daher eines der wichtigsten Führungsmittel.

In der konkreten Umsetzung ergeben sich jedoch häufig Probleme. Die Beurteilungsmerkmale müssen zunächst so gewählt werden, dass sie alle für die betriebliche Aufgabe wichtigen Bereiche umfassen. Ferner führt ein systematisches Beurteilungswesen jedem, der beurteilt, eine besondere Verantwortung für die Mitarbeiter und das Unternehmen vor Augen. Gerade für kleine und mittlere Unternehmen gilt dies besonders, da hier der persönliche Kontakt oft ausgeprägter ist.

Durch die systematische Bewertung wird der Vorgesetzte veranlasst, sich intensiv mit der Persönlichkeit der Mitarbeiter zu befassen und zu prüfen, ob sie den Anforderungen des Arbeitsplatzes genügen, unterfordert oder überfordert sind. Die Beurteilung ist damit Grundlage für alle Entscheidungen in Fragen des Personaleinsatzes, der Personalentwicklung und der gehaltlichen Entwicklung des Mitarbeiters. In dem der Beurteilung vorausgehenden Mitarbeitergespräch, erfährt der Mitarbeiter, worin er besonders gute Leistungen zeigt, aber auch, wo seine Schwächen liegen und wie diese z. B. durch Weiterbildungsmaßnahmen beseitigt werden können. Beurteilungsanlässe können sein:

- Auslese und Einweisung von auf Probe eingestellten Mitarbeitern;
- Kontrolle der Erfüllung der Arbeitsaufgabe;

- Förderung des Mitarbeiters;
- Kündigung;
- Versetzung;
- Lohn- und Gehaltsfestsetzung;
- Auslese bei Unterbeschäftigung.

Wichtig ist, dass die Beurteilung schriftlich und der Vergleichbarkeit wegen standardisiert festgehalten wird. So ist sie in Konfliktfällen jederzeit nachvollziehbar. Personalführung kann darüber hinaus erleichtert werden, wenn zusätzlich zu diesen Instrumenten ein verbindlicher Handlungsrahmen existiert, der die Maximen der Zusammenarbeit beschreibt. In diesem Zusammenhang sind Führungsleitlinien sehr nützlich.

Information als Führungsmittel

Mitarbeiter und Führungskräfte werden nur dann bereit sein, sich für ihre Firma voll einzusetzen, wenn sie wissen, warum und wozu etwas geschieht und wenn sie dabei die Möglichkeit haben, angehört zu werden. Die Bereitschaft, das eigene Unternehmen und dessen Vorhaben zu verstehen, ist dann umso größer, wenn darüber objektiv informiert wird. Das Vertrauen, das seitens der Unternehmensleitung dem Mitarbeiter entgegengebracht wird, muss dem Verantwortungsbewusstsein bei der Verwertung der Informationen entsprechen. Nur so kann auf Dauer die Kommunikation für beide Teile erfolgreich sein. Die innerbetriebliche Information der Mitarbeiter und deren gewählter Vertreter wird auch in Zukunft eine besondere Rolle spielen und viele Unternehmen veranlassen, ihre Informationspolitik zu überdenken. Dies gilt insbesondere auch für die Strategie und wirtschaftliche Situation des Unternehmens - die im Allgemeinen die Mitarbeiter viel stärker interessiert als angenommen.

Zu einer effizienten Führung gehört auch, dass die Führungskräfte, die ja ein hohes Maß an unternehmerischer Eigenständigkeit und Dispositionsfreiheit haben, mit den wichtigsten Informationen für unternehmerisches Verhalten ausgestattet sind. In dieser Hinsicht müssen Unternehmer noch sehr viel tun; denn nur ausreichende Transparenz der Wirtschaftlichkeit und der Rentabilität bei Führungskräften und Mitarbeitern führt zu dem gewünschten Maß an Motivation, das für eine optimale Leistung erforderlich ist.

Zukünftige Entwicklungen

Die Schwerpunkte in der näheren Zukunft sind sicher geprägt durch die zunehmende Globalisierung der Märkte, welche insbesondere die Bereiche Mitarbeiterführung und Personalarbeit allgemein nachhaltig tangieren.
EG-Richtlinien werden zunehmend in nationales Recht umgesetzt und bedeuten heute schon zunehmende Reglementierung durch bürokratische Einengung des Handlungsspielraums.

Um dem sicherlich zunehmenden Wettbewerbsdruck standhalten zu können, sollten die Unternehmen ihren Größenvorteil nutzen, der sie in die Lage versetzt, beweglich und innovativ zu agieren.

Der Pflege des Faktors Humankapital wird in zweifacher Weise Aufmerksamkeit geschenkt werden müssen. Einmal in verstärkten Weiterbildungsaktivitäten um den neuen Aufgaben gerecht werden zu können und im Hinblick auf die Rekrutierung neuer Mitarbeiter, die dann die Attribute des vielzitierten Euromanagers besitzen sollten.

6.1 Welcher Führungsstil ist richtig?

Immer wieder wird in Veröffentlichungen versucht, das richtige Führungsverhalten darzustellen. Doch besteht die Schwierigkeit darin, für die unzähligen Führungsprobleme in den Unternehmen jeweils das richtige Verhalten zu beschreiben. Da helfen auch alle modischen Schlagworte wie:

»Demokratisierung der Führung«, »Chefs müssen wieder führen«, » Mitarbeiter entscheiden lassen« wenig. Sie werden uns - übrigens auch in anderen Ländern - mit wechselnden Tendenzen präsentiert.

Die gestellte Frage: »Welcher Führungsstil ist richtig?« wird in den letzten Jahren immer mehr zu der Frage: »Welcher Führungsstil ist in welcher Situation richtig?«

Man geht dabei von folgender grundsätzlicher Überlegung aus: Jeder Führungsstil hat eine bestimmte Funktion und dient somit einem anderen Ziel. Ebenso dienen einzelne Führungshandlungen unterschiedlichen Zielen. Es muss daher versucht werden, für jede Führungshandlung bzw. -Situation den richtigen Führungsstil zu finden.

6.1.1 Aufgabenorientierte und personenorientierte Führungsstile

Führung stellt sich demnach in zwei Teilfunktionen dar (vgl. obige Ausführungen):

Jede Führungskraft hat aufgabenorientiert zu handeln. Sie muss die Ziele, die ihr gesetzt sind, verfolgen und alles tun, mit Hilfe der ihr zugeordneten Mitarbeiter und unter Einsatz der erforderlichen Ressourcen rechtzeitig zu den richtigen Entscheidungen zu kommen. Man nennt dies die Lokomotionsfunktion zur Erreichung von Zielen.

Jede Führungskraft muss aber auch personenorientiert handeln. Sie hat dafür zu sorgen, dass die Mitarbeiter soweit wie möglich ihre persönlichen Ziele erreichen können, insbesondere, dass sie Befriedigung in ihrer Aufgabe finden. Selbstbestätigung und Selbstentfaltung der Mitarbeiter sind also Ziele, die angesteuert werden müssen.

Darüber hinaus gehört zur personenorientierten Aufgabe der Führungskraft auch, die Mitarbeiter zu fördern, sie in ihrer Entwicklung voranzubringen. Mitarbeiter sollen sich zu Mitdenkern, zu Problemlosem entwickeln. Die Aktionsfähigkeit des einzelnen und der Gruppe soll erhalten und möglichst erweitert werden. Diese personenorientierten Aufgaben der Führungskraft werden in der Regel unter dem Begriff der Kohäsionsfunktion zusammengefasst, die den Gruppenerhalt bzw. die Gruppenstärkung zum Ziel hat.

Diese Überlegungen sind in der Abb. 6.1 zusammengefasst.

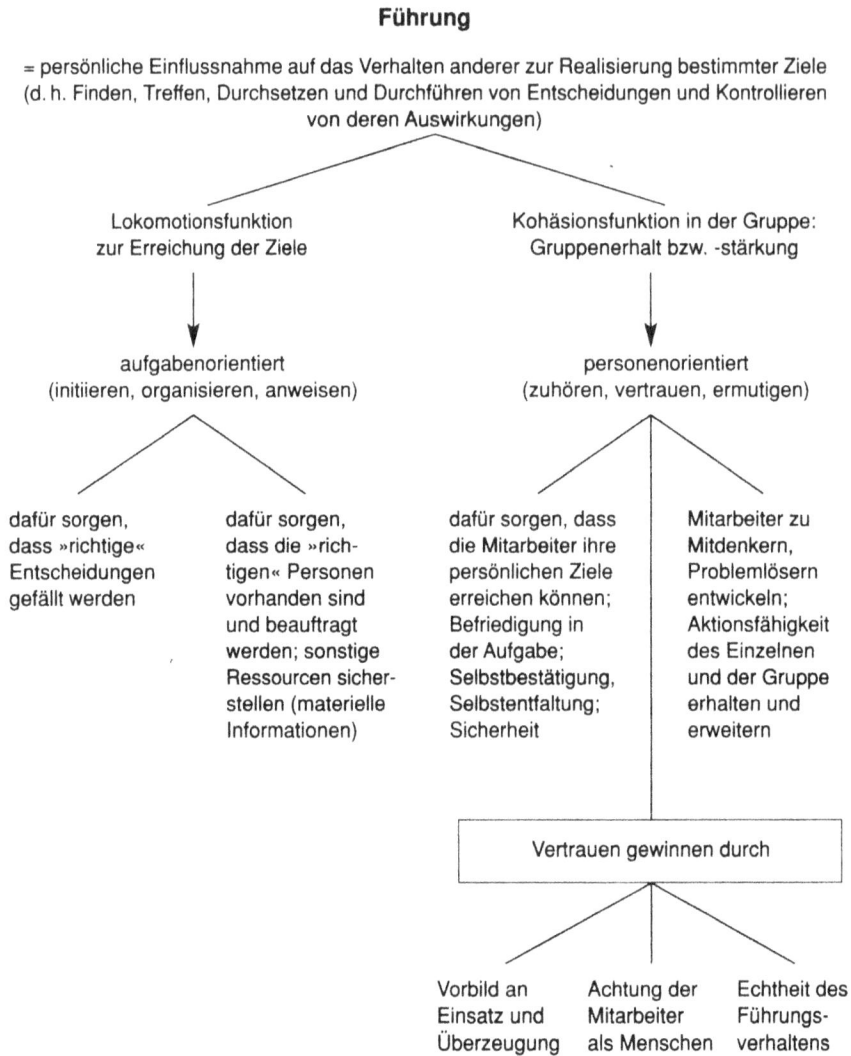

Führung

= persönliche Einflussnahme auf das Verhalten anderer zur Realisierung bestimmter Ziele (d. h. Finden, Treffen, Durchsetzen und Durchführen von Entscheidungen und Kontrollieren von deren Auswirkungen)

Lokomotionsfunktion zur Erreichung der Ziele

Kohäsionsfunktion in der Gruppe: Gruppenerhalt bzw. -stärkung

aufgabenorientiert (initiieren, organisieren, anweisen)

personenorientiert (zuhören, vertrauen, ermutigen)

dafür sorgen, dass »richtige« Entscheidungen gefällt werden

dafür sorgen, dass die »richtigen« Personen vorhanden sind und beauftragt werden; sonstige Ressourcen sicherstellen (materielle Informationen)

dafür sorgen, dass die Mitarbeiter ihre persönlichen Ziele erreichen können; Befriedigung in der Aufgabe; Selbstbestätigung, Selbstentfaltung; Sicherheit

Mitarbeiter zu Mitdenkern, Problemlösern entwickeln; Aktionsfähigkeit des Einzelnen und der Gruppe erhalten und erweitern

Vertrauen gewinnen durch

Vorbild an Einsatz und Überzeugung

Achtung der Mitarbeiter als Menschen

Echtheit des Führungsverhaltens

Abb. 6.1   Führungsfunktionen

Der aufgabenorientierte und personenorientierte Führungsstil können getrennt, kombiniert und in unterschiedlichen Ausprägungsgraden (hoch-niedrig) angewendet werden. In den meisten Führungsmodellen werden vier Führungsstile unterschieden (Abb. 6.2):

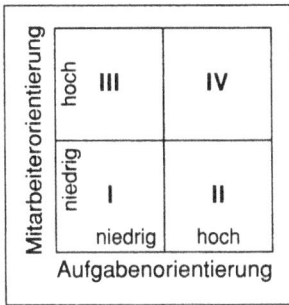

Abb. 6.2   Führungsstile

1. Niedrige Aufgaben- und Mitarbeiterorientierung (Quadrant I)

Dieser Führungsstil wird auch als Laissez-faire-Führungsstil bezeichnet. Nach dem Schlagwort des Wirtschaftsliberalismus, wonach die Wirtschaft am besten gedeiht, wenn der Staat sich nicht einmischt, wird oft in Betrieben geführt, die sich überwiegend mit Forschungsarbeiten befassen. Die nach dem Laissez-faire »geführte« Gruppe wird eigentlich überhaupt nicht geführt. Ihre Mitglieder verfolgen schnell unkoordinierte Einzelinteressen und bleiben deshalb auch nur bedingt leistungsfähig. In reiner Form dürfte deshalb der Laissez-faire-Stil in der Betriebspraxis nur selten vorkommen. Der organisatorische Arbeitsablauf erfordert eben bestimmte Anordnungen.

2. Hohe Aufgabenorientierung - niedrige Mitarbeiterorientierung (Quadrant II)

Dieser Stil entspricht dem klassisch als autoritär bezeichneten Stil.

Der autoritäre Stil ist gekennzeichnet durch eine machtgebietende und einheitliche Leitung. Entscheidungen werden ohne Anhören der Mitarbeiter gefällt. Aufgaben werden angeordnet, ohne sie zu begründen. Der Vorgesetzte steht über den »Untergebenen«. Sein Führungsstil besteht aus Befehl und Gehorsam. Er gibt Anweisungen, die Untergebenen führen aus.

Aufgaben werden zwar übertragen, Verantwortung und Kompetenz bleiben jedoch beim Vorgesetzten.

Bei dieser Form der Führung sind fundierte Fachkenntnisse nicht unbedingt die Grundlage der Autorität des Vorgesetzten. Schon in älteren Publikationen wird darauf hingewiesen, dass der – wie ein Handwerksmeister – selbstherrlich führende Unternehmer als Prototyp des autoritären Führens anzusehen ist: Er ist kreativ und hat den Kopf voller Ideen. Der Anknüpfungspunkt für seine Geschäftsbeziehungen sind seine Freunde, welche er für seine Ideen zu begeistern sucht. Er selbst ist auch leicht begeisterungsfähig und saugt neue Ideen geradezu auf. Er braucht keine festgeschriebenen Ziele, keine Organisation; diese Dinge würden ihn nur beengen.

Er ist ein kühler, klarer Rechner, immer kurz angebunden und ungeduldig. Er hasst das Palavern in Besprechungen. Dank seiner misstrauischen Grundhaltung zum Untergebenen bewahrt er sich die Verantwortung und Kompetenzen und lässt damit häufig die Organisation erstarren. Er ist der einsame Mann an der Spitze.

Insbesondere charismatische Persönlichkeiten pflegen einen autoritären Führungsstil. Dabei beeinflusst der Führer andere Menschen durch seine Ausstrahlungskraft, begeistert sie, reißt sie mit. Die Führung des mit Charisma ausgestatteten Führers beruht hauptsächlich auf diesem Charisma. Seine Einmaligkeit zeigt sich auch darin, dass er höchstens einen Urlaubsvertreter hat, wenn es überhaupt einen Stellvertreter gibt. Über die Nachfolgefrage wird grundsätzlich nicht diskutiert. Es ergibt sich von selbst, dass sich neben einer solchen Führungskraft kaum eine andere Führungspersönlichkeit entwickeln kann.

Natürlich hat ein Charisma auch Vorteile. Der »Führer« versteht es, Unternehmen zu gründen oder Betriebe in Notsituationen zu retten bzw. wieder in Schwung zu bringen. Auf Dauer werden aber keine Erfolge erzielt werden, da dieser Führungsstil zusätzlich gekennzeichnet ist durch Rastlosigkeit und Explosivität. Solche Erscheinungen kann sich eine Organisation langfristig kaum leisten. Charismatisch Führende werden daher oft wechseln.

Die Nachteile der auf eine einzelne Person bezogenen Führung sind erheblich. Die rasch wachsende Technologie, die man als einzelner nicht mehr überschauen kann, braucht an der Spitze eines mittleren Unternehmens eine Führungsmannschaft, die mit genügend Entscheidungsbefugnis ausgestattet sein muss, um sachgerechte Entscheidungen treffen zu können. Der mit Charisma ausgestattete Geschäftsführer oder Vorgesetzte kann zwar die Dinge in Schwung bringen, und verhilft oft auch zum Durchbruch, für den Betriebsalltag ist er aber nicht geeignet.

Fatal wird es, wenn der Führer das Unternehmen verlässt, da es auf seine Persönlichkeit zugeschnitten war, denn dann fehlt es an einem Nachfolger, andere Führungskräfte ließ er neben sich nämlich nicht aufkommen. Dieser Führungsstil ist glaubhaften Untersuchungen zufolge insbesondere in Klein- und Mittelbetrieben anzutreffen.

3.   Hohe Mitarbeiterorientierung - niedrige Aufgabenorientierung (Quadrant III)
Bei diesem Führungsstil, der insbesondere durch die Anhänger des »Human Relations«-Ansatzes propagiert wurde, steht die Pflege der zwischenmenschlichen Beziehungen im Vordergrund des Führungsverhaltens. Hierbei wird von folgender Wirkungskette ausgegangen:

Gute zwischenmenschliche Beziehungen führen zur Zufriedenheit des Mitarbeiters, und ein zufriedener Mitarbeiter bringt auch die höchste Leistung.

In der Forschung ist dieser Zusammenhang teilweise bestätigt, vielfach aber auch widerlegt worden. Einige Studien zeigen z.B., dass dieses Führungsverhalten zunächst zu einer hohen Leistung führen müsse. Diese hohe Leistung habe dann die Zufriedenheit der Mitarbeiter mit ihrer Arbeit zur Folge.

Insgesamt ist die Konzentration auf die zwischenmenschlichen Beziehungen dort wenig erfolgversprechend, wo die Erledigung vielfältiger Aufgaben die Voraussetzung für die Zielerreichung ist.

4. Hohe Mitarbeiter- und hohe Aufgabenorientierung (Quadrant IV)

Dieser Stil wird in der Literatur zur Führung als Integrationsstil bezeichnet, da der Vorgesetzte eine hohe Mitarbeiterorientierung und eine hohe Aufgabenorientierung zu einem Führungsstil vereint.

Der Integrationsstil ähnelt dem kooperativen Führungsstil. In der Regel können Aufgaben auch in Klein- und Mittelbetrieben nur in Zusammenarbeit von mehreren Spezialisten erfolgreich bewältigt werden. Hier dient ein kooperativer Führungsstil dazu, alle relevanten Kenntnisse und Informationen der Mitarbeiter bei der Entscheidungsfindung zu berücksichtigen und das Prinzip der Delegation von Entscheidungsbefugnissen.

Hauptmerkmale des kooperativen Führungsstils, der selbstverständlich auch der persönlichen Autorität der Führungskräfte bedarf, sind

- eine vertrauensvolle Zusammenarbeit zwischen allen Mitarbeitern und die Respektierung ihrer betrieblichen Interessenvertretung,
- die Delegation von Aufgaben und Entscheidungsbefugnissen,
- die Übernahme von Verantwortung für den delegierten Aufgabenbereich,
- die Pflicht der Mitarbeiter, im Rahmen ihrer festgelegten Aufgabenbereiche selbstständig mitzudenken, zu handeln und zu entscheiden,
- die Notwendigkeit der Information und Kontrolle,
- die Möglichkeit zur Entfaltung der Persönlichkeit jedes einzelnen,
- der Einsatz von Anerkennung von Kritik als Führungsmittel.

Fazit

Heute hat sich das Prinzip der kooperativen Führung weitgehend durchgesetzt. Gerade in Klein- und Mittelbetrieben, wo eine direkte Beziehung zwischen den Führungskräften und ihren Mitarbeitern besteht, ist kooperative Führung leichter zu praktizieren als in Großunternehmen mit naturgemäß stärkeren Bürokratisierungstendenzen.

Der kooperative Führungsstil kann jedoch nicht jeder Situation gerecht werden. Dies gilt nicht nur für den viel zitierten Fall eines Brandes mit der nachfolgenden Diskussion darüber, ob und wer die Feuerwehr rufen soll.

Auch im betrieblichen Alltag gibt es Aufgaben und Mitarbeiter, bei denen unterschiedliche Führungsstile effektiv sind.

6.1.2   Führungsmodelle aus den USA

Von amerikanischen Führungsforschern sind Führungsmodelle entwickelt worden, die eine Antwort auf die Frage geben: Welcher Führungsstil ist in welcher Situation erfolgreich?

Die 3-D-Theorie von Reddin

Reddin (Abb. 6.3) berücksichtigt in seinem Führungsmodell drei Dimensionen: Führungsstil + Situation + Erfolg. Er unterscheidet - ausgehend von der Aufgabenorientierung (Ao) bzw. Mitarbeiterorientierung (Mo) - vier Grundstile:

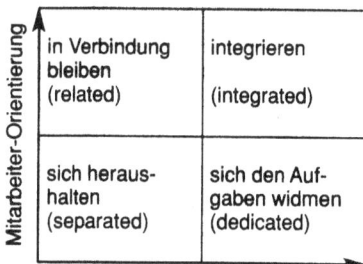

in Verbindung bleiben (related)	integrieren (integrated)
sich heraushalten (separated)	sich den Aufgaben widmen (dedicated)

Abb. 6.3   Die vier Grundstiele bei Reddin

Jeder dieser vier Grundstile kann in unterschiedlichen Führungssituationen effektivsein. Die wichtigsten situativen Bedingungen sind:

1. Anforderungen der Arbeitsaufgabe, die bestimmt werden durch den Schwierigkeitsgrad der Aufgabe, die notwendigen Fachkenntnisse, die allgemeine Arbeitsweise im Unternehmen sowie die Organisations- und Entscheidungsablaufe.
2. Organisation wird verstanden als Organisationsphilosophie, d. h. als Wertvorstellungen über die Art der Mitarbeiterführung und das Betriebsklima im Unternehmen.
3. Führungsstil des nächsthöheren Vorgesetzten.
4. Die Zusammenarbeit mit den Kollegen, die insbesondere bei enger Verzahnung der Aufgaben wichtig ist.
5. Unterstellte Mitarbeiter.

Je nach Ausprägung der einzelnen Situationselemente ergeben sich unterschiedliche Führungssituationen.

Handelt es sich z. B. um die Führung von Mitarbeitern,

*   deren Aufgabe einfach und klar strukturiert ist,
*   die Fähigkeiten zur Bewältigung der Aufgabe besitzen und
*   die von der Arbeit ihrer Kollegen unabhängig sind,

dann ist der Verfahrensstil angebracht. Der Vorgesetzte kann sich auf die Überwachung der Einhaltung der Regeln und der Qualitätsstandards beschränken. Effektiv ist hier der Führungsstil des Bürokraten, der also in bestimmten Situationen durchaus erfolgreich sein kann.

Beschränkt sich der Vorgesetzte in einer Situation, die durch

- eine schwierige und schlecht strukturierte Aufgabe,
- eine starke Verzahnung der Aufgaben und somit
- eine enge Zusammenarbeit zwischen den Kollegen und dem Vorgesetzten der Arbeitsgruppe

gekennzeichnet ist, so würde der Verfahrensstil zu einer niedrigen Effektivität führen. Reddin bezeichnet diesen ineffektiven Führer als »Deserteur« oder »Kneifer«, da der Vorgesetzte vor seinen Führungsaufgaben davonläuft.

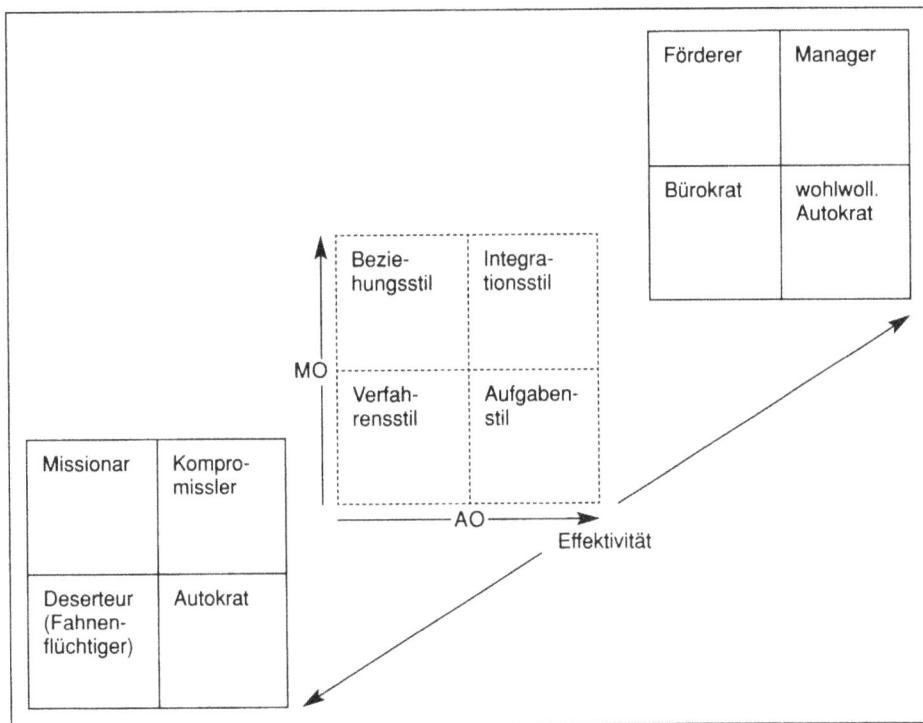

			Förderer	Manager
			Bürokrat	wohlwoll. Autokrat

	Bezie-hungsstil	Integra-tionsstil
MO	Verfah-rensstil	Aufgaben-stil

AO → Effektivität

Missionar	Kompro-missler
Deserteur (Fahnen-flüchtiger)	Autokrat

Abb. 6.4 Das 3-D-Modell von Reddin

Da viele Führungskräfte mit ständig wechselnden Führungssituationen konfrontiert werden, benötigen sie eine ausreichende Stilflexibilität, d.h., Führungskräfte sollten sowohl aufgabenorientiert als auch mitarbeiterorientiert führen können.

Insgesamt handelt es sich bei dem 3-D-Modell um eine Führungstheorie, die dem Praktiker eine ganze Reihe von Hinweisen über sein Führungsverhalten und dessen Auswirkungen in unterschiedlichen Situationen geben kann (Abb. 6.4).

Es ist jedoch davor zu warnen - wie bei anderen Führungsmodellen auch - die Empfehlungen schematisch anzuwenden oder wie eine Rezeptsammlung zu benutzen. Das gleiche gilt für eine vierdimensionale Weiterentwicklung, wie sie in Seminaren angewandt wird.

Die Situationstheorie der Führung von Hersey/Blanchard

Hersey/Blanchard unterscheiden ebenso wie Reddin vier Grundstile der Führung.

Stil l: Unterweisen (»telling«)

Der Vorgesetzte legt die Rollen der Untergebenen fest und schreibt ihnen vor, was, wie, wann und wo zu tun ist. Es herrscht die Ein-Weg-Kommunikation vom Vorgesetzten zum Untergebenen vor.

Stil 2: Verkaufen (»selling«)

Der Vorgesetzte versucht, die Mitarbeiter durch rationale Argumentation und durch emotionale Unterstützung von der Aufgabenstellung zu überzeugen.

Stil 3: Beteiligen (»participating«)

Der Vorgesetzte und die Mitarbeiter entscheiden gemeinsam, wobei sich der Vorgesetzte auf einen mitarbeiterorientierten Führungsstil beschränkt.

Stil 4: Delegieren (»delegating«)

Der Vorgesetzte führt nicht mehr, sondern kontrolliert nur die Effektivität der Aufgabenerledigung durch die Mitarbeiter.

Hersey/Blanchard betrachten im Wesentlichen die gleichen Situationselemente wie Reddin:

- Führungsverhalten des nächsthöheren Vorgesetzten,
- Arbeitsklima in der Gruppe.

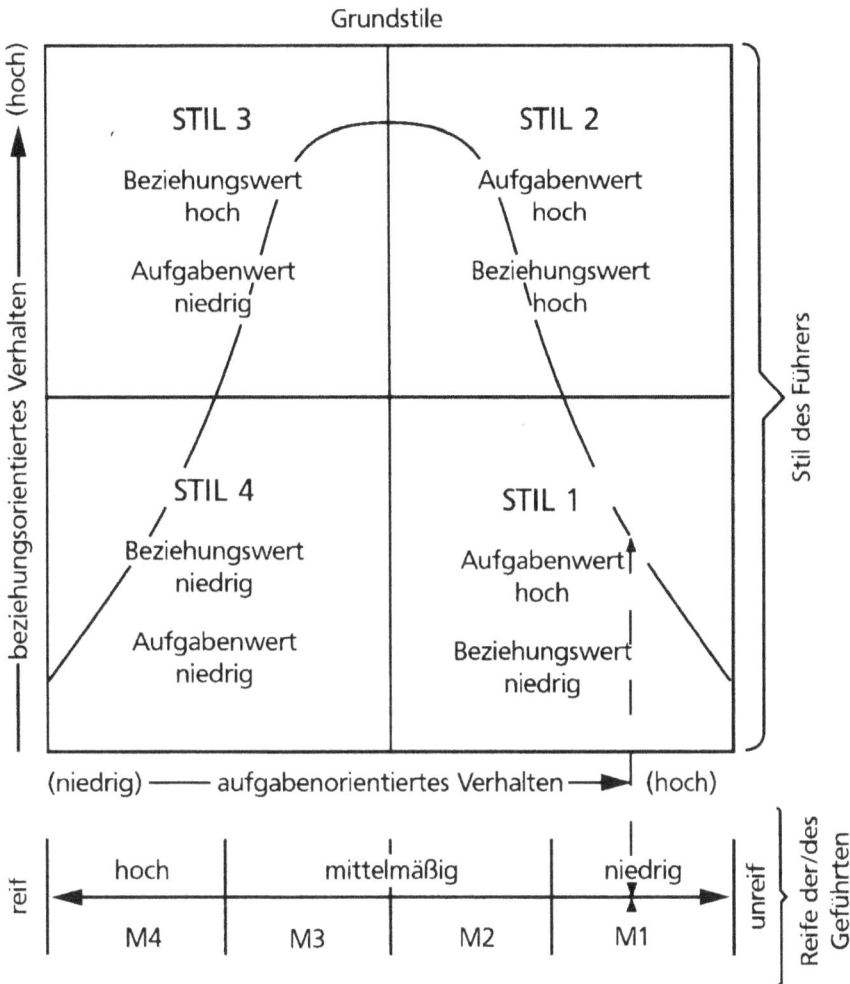

Abb. 6.5   Das Grundmodell der situativen Führungstheorie von Hersey und Blanchard

Der Vorgesetzte vermerkt den Gesamtreifegrad des Mitarbeiters auf der unteren Skala und zieht von diesem Punkt eine senkrechte Linie nach oben. Der Schnittpunkt mit der eingezeichneten Kurve markiert den vom Vorgesetzten einzusetzenden Führungsstil (d. h. diejenige Kombination aus aufgaben- und mitarbeiterorientiertem Führungsverhalten), der in dieser Situation am erfolgversprechendsten ist.

Die Grundzüge des Modells lassen sich durch folgende Aussage charakterisieren:

1. Besitzt ein Mitarbeiter (oder eine Gruppe) weder die Fähigkeit noch die Motivation zur Erfüllung einer bestimmten Aufgabe, so ist ein Führungsstil anzuwenden, der durch eine

hohe Aufgabenorientierung und eine niedrige Mitarbeiterorientierung gekennzeichnet ist. Dieser Führungsstil wird mit dem Begriff des »Unterweisens« beschrieben. Von ausschlaggebender Bedeutung für die Wahl des richtigen Führungsstils durch den Vorgesetzten ist jedoch die »Reife« des Mitarbeiters. Der Reifegrad wird hierbei nicht global bestimmt, sondern bezogen auf die jeweilige (Teil-)Aufgabe des Mitarbeiters.

So kann z. B. ein Produktleiter einen hohen Reifegrad hinsichtlich seiner kreativen Entwicklungsaufgaben, aber einen niedrigen Reifegrad bei den Planungs- und Organisationsaufgaben für seinen Bereich haben. Der Reifegrad wird durch zwei Merkmalsgruppen definiert:

2. Merkmale der aufgabenbezogenen Reife (»Job maturity«)
   Hier wird danach gefragt, welche aufgabenbezogenen Kenntnisse, Fähigkeiten und Erfahrungen der Mitarbeiter besitzt und wie hoch seine Planungs- und Entscheidungsfähigkeiten sind;

3. Merkmale der psychologischen Reife
   Diese wird u. a. beurteilt anhand
   des Interesses an der jeweiligen Aufgabenstellung,
   der Initiative,
   der Ausdauer,
   der Einstellung zur Arbeit (Leistungsbereitschaft).

Aus den genannten Einzelmerkmalen wird ein Gesamtreifegrad (bezogen auf die jeweilige Aufgabe) gebildet. Dieser stellt die Grundlage für die Wahl des den größten Erfolg-versprechenden Führungsstils dar (Abb. 6.5).

Steigt der aufgabenrelevante Reifegrad, so ist das aufgabenorientierte Verhalten zu reduzieren und das mitarbeiterorientierte Verhalten zu verstärken, um die Eigeninitiative des Mitarbeiters anzuregen.

Erhöht sich der Reifegrad weiter, sollte der Führer sowohl sein Mitarbeiter- als auch sein aufgabenbezogenes Verhalten reduzieren, um die Selbständigkeit des Mitarbeiters weiterzuentwickeln.

Es handelt sich hierbei um einen partizipativen Führungsstil.

4. Besitzt ein Mitarbeiter sowohl die Fähigkeit als auch die Motivation zur Erfüllung der gestellten Aufgabe, ist ein Führungsverhalten angemessen, das sich sowohl durch geringe Mitarbeiter- als auch Aufgabenorientierung auszeichnet. Die Aufgaben werden somit an die Geführten delegiert.

Das Führungsmodell von Hersey/Blanchard stellt sehr stark auf die Fähigkeiten und die Leistungsbereitschaft des einzelnen Mitarbeiters ab. Demgegenüber wird die Organisation und damit die Zentralisierung bzw. Dezentralisierung der Entscheidungsbefugnisse nur am Rande betrachtet. Ein ausgewogenes Verhältnis von Zentralisation und Dezentralisation bzw. Kompetenz und Verantwortung ist jedoch für die Führung von Unternehmen von ausschlaggebender Bedeutung.

6.2   Welches Verhältnis von Zentralisation und Dezentralisation ist richtig?

In der Diskussion der letzten Jahre zum Thema »Führung« tauchen beide Begriffe häufig auf. Doch müssen sie nicht immer als gegensätzlich gesehen werden; denn gute Führung basiert auf einer Harmonie von Zentralisation und Dezentralisation, d. h. relativ weitgehender Dezentralisation verbunden mit koordinierender Kontrolle (vgl. Abb. 6.6). Dabei werden je nach Aufgabenstellung und Mitarbeiterzahl unterschiedliche Formen vorkommen. Der organisatorische Aufbau des Unternehmens beeinflusst die Art des Führungsstils entscheidend. So ist unverkennbar, dass die im Regelfall funktionale Organisationsstruktur der Klein- und Mittelbetriebe den patriarchalischen Führungsstil begünstigt. Deshalb ist von Seiten des Betriebsinhabers und Chefs stets selbstkritisch zu fragen, ob den Mitarbeitern ausreichende Ermessensspielräume eingeräumt werden.

Die Tendenz, dass die Führungsstruktur durchlässiger wird und die Hierarchie-Stufen vermindert werden, scheint sich allerdings durchzusetzen. Damit soll verhindert werden, dass Unternehmen durch zu starke Reglementierung mehr verwaltenden Charakter erhalten, der für sie am Markt nachteilig wäre.

Zusätzlich wird auch politisch – nicht zuletzt durch das Mitbestimmungsgesetz 1976 – eine stärkere Zentralisation z.B. der Personalarbeit auf die Unternehmensspitze bewirkt und dadurch die Dezentralisation manchmal erschwert. Klein- und Mittelbetriebe haben in diesem Bereich jedoch noch größere Handlungsspielräume.

6.3   Kompetenz und Verantwortung

Zunächst einmal ist wichtig, dass Klarheit über die Aufgabenverteilung besteht. Die betriebliche Gesamtaufgabe ist in der Regel umfangreich und komplex. Sie muss auf verschiedene Bereiche aufgeteilt werden (vgl. Abb. 6.7). Diese Bereiche werden meist unter funktionalen Gesichtspunkten gebildet, so dass man vom Verkauf, von der Produktion und der Verwaltung spricht. Natürlich bestehen zwischen diesen Bereichen Schnittstellen, an denen besonders eng zusammengearbeitet werden muss; gerade deswegen ist es notwendig, die Aufgaben exakt aufzuteilen und festzulegen, wer welche Aufgaben zu erledigen hat.

Die konsequente Aufgabenteilung muss sich innerhalb der Bereiche fortsetzen. Dabei ist es gleich, ob sich wegen der Größe des Bereichs z. B. innerhalb des Verkaufs oder der Verwaltung noch weitere organisatorische Untereinheiten wie Abteilungen oder Gruppen als notwendig herausstellen oder ob man mit einzelnen, direkt unterstellten Mitarbeitern auskommt. Denn sonst tritt das ein, was unbedingt vermieden werden sollte: Doppelarbeit, Unsicherheit über Zuständigkeit und Absicherungstaktiken.

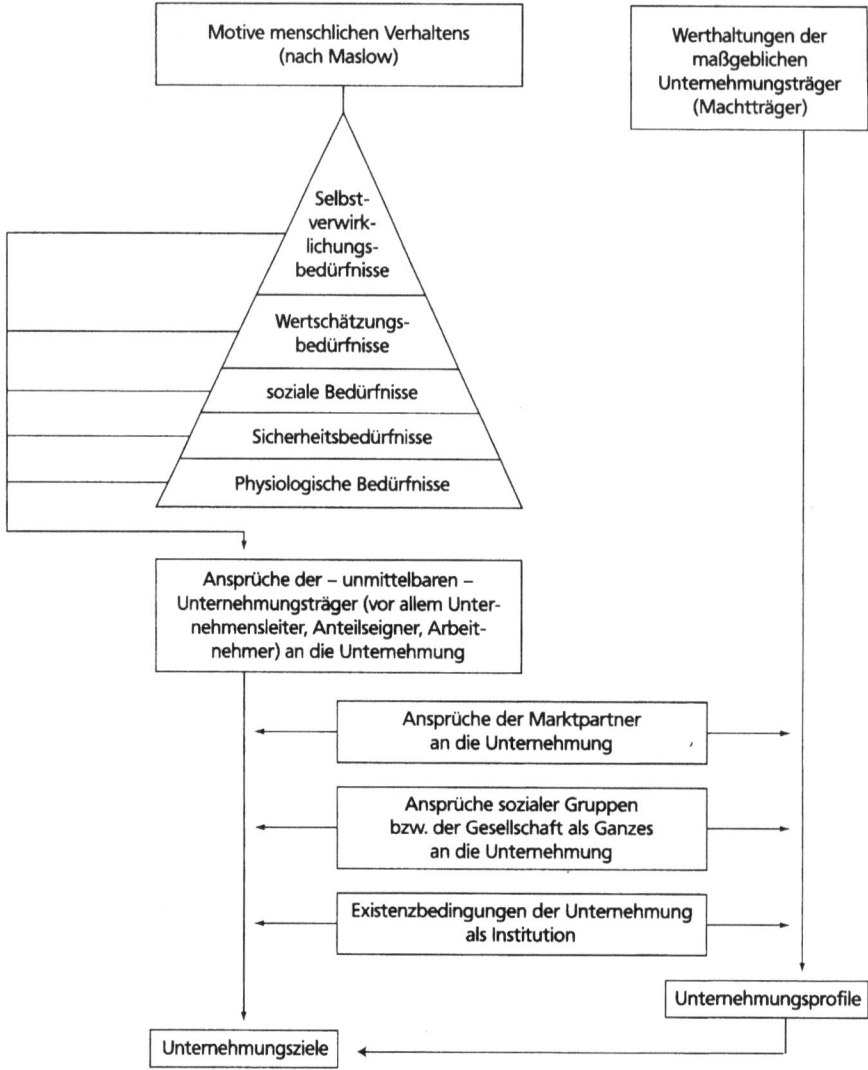

Abb. 6.6   Entstehung von Unternehmenszielen aus den Bestimmungsgrößen menschlichen Verhaltens und den Existenzbedingungen

Natürlich ist es denkbar, diese Aufgabenaufteilung innerhalb der Bereiche von Fall zu Fall vorzunehmen; dies hat sich jedoch als wenig zweckmäßig erwiesen, weil eine vernünftige Aufgabenplanung nicht stattfinden kann und die Erledigung von Aufgaben dort geschieht, wo ein Mitarbeiter zufällig über freie Arbeitskapazität verfügt. Dieser muss jedoch nicht immer derjenige sein, der für die Aufgabenerledigung am besten geeignet ist.

Die einzelnen Mitarbeiter müssen wissen, wer welche Aufgaben zu erfüllen hat. Die Ansprechpartner bei auftauchenden Fragen sind klar festzulegen. Darüber hinaus besteht die Möglichkeit, eine Zeit- und Aufgabenplanung vorzunehmen, was bei fallweiser Aufgabenzuordnung kaum gelingen kann. Dass natürlich auch bei fester Aufgabenverteilung Sonderfälle flexibel gehandhabt werden müssen, versteht sich von selbst.

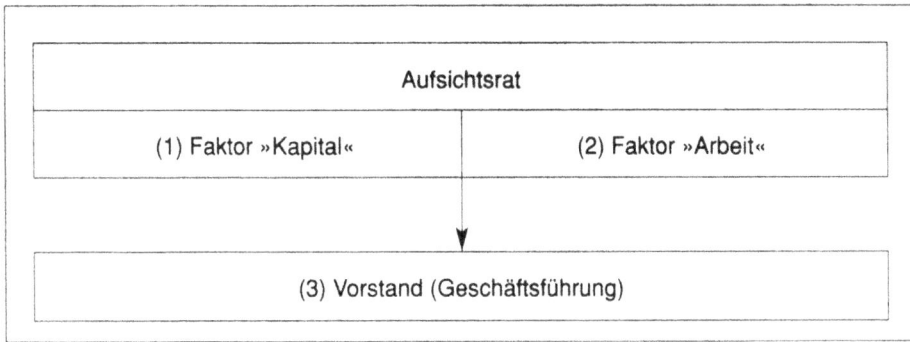

```
┌──────────────────────────────────────────────────────────┐
│  ┌────────────────────────────────────────────────────┐  │
│  │                   Aufsichtsrat                      │  │
│  ├─────────────────────────┬──────────────────────────┤  │
│  │  (1) Faktor »Kapital«   │   (2) Faktor »Arbeit«     │  │
│  └─────────────────────────┴──────────────────────────┘  │
│                            │                             │
│                            ▼                             │
│  ┌────────────────────────────────────────────────────┐  │
│  │        (3) Vorstand (Geschäftsführung)             │  │
│  └────────────────────────────────────────────────────┘  │
└──────────────────────────────────────────────────────────┘
```

Abb. 6.7   Die drei Zentren der betrieblichen Willensbildung

Es bietet sich der größeren organisatorischen Klarheit wegen an, die den einzelnen Stellen zugewiesenen Aufgaben möglichst schriftlich zu fixieren. Hierfür steht als Instrument die Stellenbeschreibung zur Verfügung.

Eine klare und eindeutige Aufgabenverteilung allein reicht jedoch nicht aus. Derjenige, dem bestimmte Aufgaben übertragen worden sind, muss auch die Möglichkeit haben, diese Aufgaben sachgerecht ausführen zu können. Dass er hierfür in der Regel über ein bestimmtes Können und Sachkenntnisse und ein gewisses Maß an Erfahrung verfügen muss, versteht sich von selbst. Ihm müssen jedoch zusätzlich die Befugnisse eingeräumt werden, um bestimmte Entscheidungen, die für die Lösung der ihm übertragenen Aufgaben erforderlich sind, treffen zu können. Was nützt es, einen Einkäufer zu beauftragen, selbständig bestimmte Materialien einzukaufen, wenn er die für die Bestellung erforderliche, rechtsverbindliche Unterschrift nicht leisten darf? Mit der Übertragung von Aufgaben muss also auch die Einräumung von Kompetenzen und Entscheidungsbefugnissen einhergehen. Hier darf es keine Diskrepanzen geben.

Man kann einen Mitarbeiter nicht an der Erledigung von Aufgaben, an seinen Arbeitsergebnissen messen wollen, wenn ihm zugleich die Möglichkeiten, selbständig zu entscheiden, nicht eingeräumt werden. Die übertragenen Aufgaben und das Ausmaß der eingeräumten Befugnisse dürfen nicht zu gering sein, weil dann die Aufgaben nicht voll abgewickelt werden können; sie dürfen jedoch auch nicht zu weit gehen, weil Mitarbeiter damit möglicherweise überfordert werden.

Wenn die Aufgabenzuordnung auf einzelne Mitarbeiter und die Ausstattung mit den erforderlichen Befugnissen sachgerecht vorgenommen worden sind, sind die Voraussetzungen geschaffen, um auch die Verantwortlichkeiten klar und deutlich voneinander abzugrenzen.

In der Realität besteht darüber jedoch häufig Unklarheit. Allgemein wird akzeptiert, dass die Delegation von Aufgaben und Kompetenzen dazu dient (vgl. die Abbildungen 6.8 und 6.9),

- die Vorgesetzten zu entlasten;
- die Mitarbeiter durch anspruchsvolle Aufgaben zu motivieren;
- das Selbstwertgefühl der Mitarbeiter durch selbständige Aufgabenerledigung zusteigern.

Was heißt jedoch Delegation von Verantwortung?

Zunächst einmal wird mit der Übertragung der Verantwortung auf einen Mitarbeiter diesem eine Verpflichtung zu besonderer Umsicht und Sorgfalt auferlegt, um die delegierte Aufgabe möglichst gut zu erfüllen. Dies ist – wenn man so will – eine Art ethischer Verpflichtung, die der Mitarbeiter auf sich nimmt.

Darüber hinaus übernimmt er auch eine Berichtspflicht. Demjenigen, der eine Aufgabe übertragen hat, muss über die Ergebnisse, die bei der Bearbeitung der übertragenen Aufgaben erzielt worden sind, Bericht erstattet werden. Dies gilt vor allem in den Fällen, in denen ein Auftrag nicht programmgemäß abgewickelt werden konnte, sondern irgendwelche Ereignisse zu einer Abweichung vom geplanten Sollzustand führten. Dies könnte man als Informationspflicht bezeichnen, die mit der Übertragung von Aufgaben zugleich auferlegt wird.

Schließlich muss der Mitarbeiter für die Ergebnisse, die er mit den ihm übertragenen Aufgaben erzielt, einstehen. Er muss es sich gefallen lassen, wenn er die übertragenen Aufgaben ohne Einschränkung akzeptiert hat, für die Resultate seiner Tätigkeiten mit allen Konsequenzen zur Rechenschaft gezogen zu werden. Er trägt daher die Verantwortung für die Durchführung der ihm übertragenen Aufgaben, die so genannte Handlungsverantwortung.

Wenn man dies akzeptiert, hat die Übertragung der Verantwortung für die Durchführung einer Aufgabe die Konsequenz, dass derjenige, der diese Aufgabe überträgt, selbst von der entsprechenden Handlungsverantwortung entlastet wird.

Dieses eindeutige Prinzip ist zwar im Grundsatz richtig, muss jedoch noch relativiert werden. Dadurch, dass ein Vorgesetzter eine Aufgabe und damit die Handlungsverantwortung auf einen Mitarbeiter delegiert, nimmt er Führungsaufgaben wahr. Auch für diese Führungsaufgaben besteht eine Verantwortung. Diese Verantwortung ist jedoch nicht delegierbar. Sie verbleibt vollständig bei demjenigen, der andere Mitarbeiter führt, ihnen Aufgaben zuweist. Statt Handlungsverantwortung für bestimmte jetzt delegierte Aufgaben wächst ihm die Führungsverantwortung für die von ihm zu steuernden Mitarbeiter zu. Es tritt damit die Frage auf, was diese Führungsverantwortung beinhaltet?

Zunächst muss der delegierende Vorgesetzte sich davon überzeugen, dass der Mitarbeiter von seiner Ausbildung, seinem Können, seiner Erfahrung her dieser Aufgabe überhaupt gewachsen ist. Der Vorgesetzte nimmt seine Aufgabe sicherlich nicht richtig wahr, wenn er z. B. einem ungelernten Arbeiter - um ein extremes Beispiel zu geben - eine komplexe Planungsaufgabe im Sektor der Datenverarbeitung überträgt.

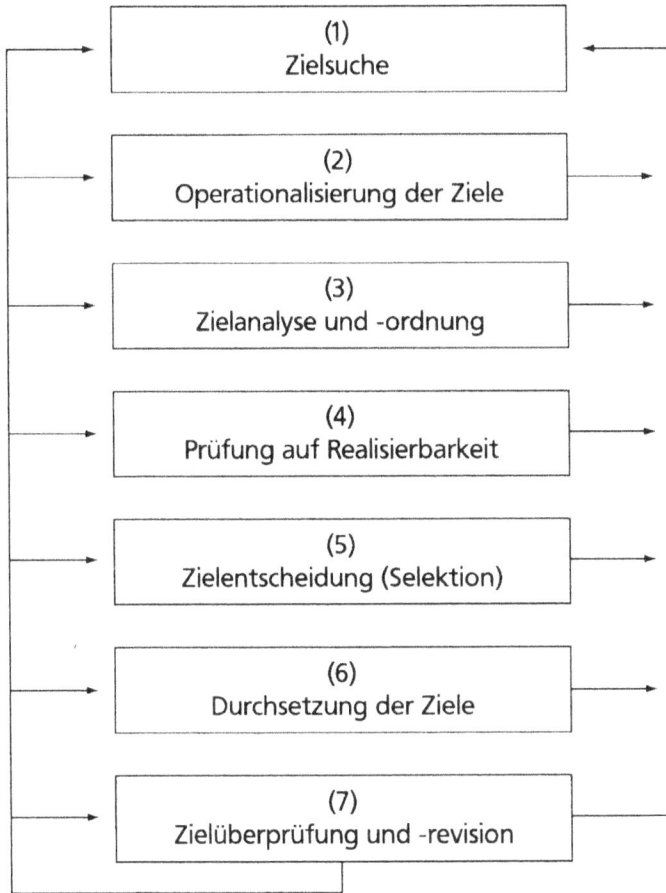

Abb. 6.8   Prozessstufen zur Zielplanung

Selbst wenn der Vorgesetzte diese Aufgabe überträgt, kann er sich damit der Verantwortung für das Ergebnis nicht entziehen. Er steht dafür ein, dass sein Mitarbeiter in der Lage ist, die Aufgabe zu bewältigen. Um sich dessen zu vergewissern, muss er ihn sorgfältig und angemessen kontrollieren.

Aber nicht allein in der richtigen Auswahl des Mitarbeiters oder in der richtigen Bemessung der Aufgabe liegt die Führungsverantwortung. Der Vorgesetzte muss auch die notwendigen Informationen sicherstellen, damit seine Mitarbeiter die ihnen gestellten Aufgaben bearbeiten können.

Neben der Informationspflicht haben die Vorgesetzten ihre Kontrollpflichten wahrzunehmen und sich davon zu überzeugen, dass ihre Mitarbeiter »auf dem richtigen Wege« bei der Aufgabenerfüllung sind.

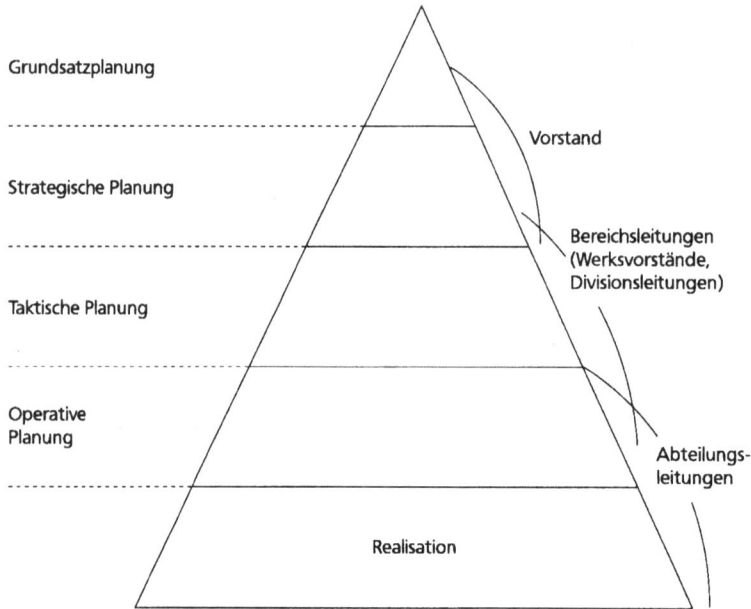

Abb. 6.9   Das System der hierarchischen Unternehmensplanung

Weiterhin müssen Vorgesetzte ihre Mitarbeiter beurteilen und sie vor allem dort, wo sie Stärken haben, fördern und Schwächen in ihrem Wissen und in ihren Erfahrungen beseitigen.

Erst wenn diese Führungsaufgaben von den Vorgesetzten voll und verantwortlich wahrgenommen worden sind, können sie angemessene Aufgaben an ihre Mitarbeiter delegieren. Nur dann trägt der Mitarbeiter allein die volle Verantwortung dafür, wenn sich Abweichungen zwischen dem angestrebten Soll und dem tatsächlichen Ergebnis bei einer übertragenen Aufgabe einstellen.

Diese Ausführungen zeigen, dass die häufig anzutreffende Aussage, es müssten im gleichen Umfang Aufgaben, Kompetenzen und Verantwortung übertragen werden, im Grundsatz zwar richtig ist; es zeigt sich aber, dass bei einer sorgfältigen Analyse die Zusammenhänge komplexer sind, als zunächst zu vermuten ist. Es lohnt jedoch, sich diese Zusammenhänge klarzumachen, weil damit zumindest die Möglichkeiten geschaffen werden, in der betrieblichen Wirklichkeit häufig auftretende Schwierigkeiten besser erkennen zu können.

Dieses verbesserte Verständnis ist Voraussetzung, um die Situation im Betrieb positiv verändern zu können. Insofern tragen eindeutige Festlegungen der Verteilung der Aufgaben, Befugnisse und Verantwortlichkeiten dazu bei, das zu beseitigen, was Ausgangspunkt unserer Überlegungen war, nämlich Absicherungstaktiken, Lethargie und mangelndes Initiativverhalten. Diese Zustände müssen beseitigt werden, wenn Unternehmen langfristig Bestand haben sollen.

6.4 Schlanke Organisation und Auswirkung auf die Führung

Belegt wird diese Entwicklung durch die uns begegnende Diskussion um die Begriffe »lean management« und »lean production« - also schlanke Fertigungs- und Managementkonzepte. Nun sind sicherlich Klein- und Mittelbetriebe von Hause aus nicht sonderlich »tief« strukturiert; gleichwohl können auch sie sich die Vorteile eines richtig verstandenen »schlanken« Managements nutzbar machen.

Richtig verstanden und angewandt bedeutet dieses Konzept, dessen Gedanken im Wesentlichen aus der japanischen Automobilindustrie nach Deutschland gelangt sind, dass nicht nur ein funktionaler Teilbereich z.B. die Produktion optimiert werden soll, sondern im Sinne einer ganzheitlichen Organisationsentwicklung parallel eine möglichst optimale Integration von Aufgabe, Mitarbeiter, Struktur und Technik des jeweiligen Unternehmens, abgestimmt auf die jeweiligen Umwelt- und Konkurrenzerfordernisse. Oder: »Vom Denken in Funktionen zum Denken in Prozessen«.

Welche Auswirkungen auf die Führungsstrukturen bzw. welche Veränderungen der Führungsrolle bringen nun diese neuen Strukturierungsgedanken?

Zusammengefasst kann man formulieren: Lean Management erfordert teamfähige Personalstrukturen. Dies bedeutet eine Verringerung der Führungs-/Leitungsspannen durch Einrichtung kleiner Teams. Die zukünftige Hauptaufgabe der Führungskraft wird darin bestehen, dass sie sich mit der Erarbeitung, Umsetzung und Kommunikation von Zielen beschäftigt und die Mitarbeiter in die Zieldiskussion mit einbindet. Lean Management muss in den Köpfen der Manager beginnen.

Der Bundesverband der Deutschen Industrie (BDI) kommt allerdings in einer ersten Stellungnahme, in der deutsche Unternehmen aufgefordert werden, Lean Management verstärkt einzusetzen zu folgender Feststellung. Bei der Umsetzung derartiger Konzepte der »verschlankten« Führungsprinzipien, mit flachen Hierarchien, Gruppenarbeit und engem Kontakt zwischen Management und Produktion stoßen wir häufig auf verkrustete Strukturen. Hierzu gehört z. B. der Abschied vom Besitzstandsdenken und die Überprüfung überkommenen Rollenverhaltens. So sollen aus reinen Mitarbeitern »Mitdenker und Mitgestalter« werden, mit dem Ziel der Verbesserung von Produktqualität und Produktabläufen. Die Klein- und Mittelunternehmen haben allerdings gute Möglichkeiten - wegen der Unternehmensgröße - sich mit den neuen Konzepten der Unternehmensführung eine noch deutlichere Flexibilität zu sichern. Insgesamt stellt jedoch die Umstellung auf eine neue Unternehmensphilosophie-/kultur für viele Unternehmen mit oft verkrusteten Hierarchien, engen Kompetenzabgrenzungen und individualistischen Alleingängen ein schwieriges Unterfangen dar. Es überrascht daher nicht, dass bereits umfangreiche

Schulungsprogramme von privaten Weiterbildungsträgern entwickelt worden sind und dass vom Fraunhofer-Institut für Arbeitswirtschaft und Organisation ein Projektkonzept eines »Lean-Management-Centrum« aufgebaut wird, mit dem Ziel eines Erfahrungsaustausches zwischen mehreren beteiligten Unternehmen.

Folgende Maßnahmen bieten sich an, um die richtigen Signale für ein erfolgreiches Lean Management zu setzen.

Lean-Management-Signale

Die vertikale Organisation ist ausgereizt und mit ihr der traditionelle Führungsstil Das Management braucht ein aufgeschlossenes, experimentierfreudiges Selbstverständnis, mehr Kompetenz in unterschiedlichen Aktionsfeldern und ein situationsgerechtes Rollenverhalten. Damit dies nicht ein frommer Wunsch bleibt, kann eine Auswahl der folgenden Maßnahmen einen ersten Schritt in die richtige Richtung weisen:

- Spielregeln der Aktionsfelder: Networking, Fachmanagement, Projektmanagement und Prozessmanagement skizzieren; weniger auf Stellenbeschreibung abstellen.
- Karriereweg an der erfolgreichen Praxis in den Aktionsfeldern orientieren, weniger an der Hierarchieleiter.
- Dem Management situatives Rollenverständnis vermitteln; weniger abstrakte Führungsfähigkeiten trainieren.
- Das Management am zukünftigen Erfolg beteiligen; weniger Anwesenheit bezahlen.
- Die Job-Rotation (besonders in Richtung Ausland) auch im Management praktizieren; weniger lineare, fachspezifische Entwicklung.
- Zielvereinbarung im Rahmen von Projekten verankern; weniger an Einzelmaßnahmen festmachen.
- Das obere Management in ein »Learning by doing« einbinden; die Management-Entwicklung nicht auf untere Ebenen begrenzen.
- Management-Teamarbeit fördern, Teamanreize geben; weniger den Einzelkämpferfeiern.
- Managementpositionen mit Pilot und Kopilot besetzen; weniger Stellvertreterregelungen praktizieren.
- Maßnahmenprogramme ergebnisgesteuert auslegen; weniger aktionsorientierte Vereinbarungen treffen.
- Den vorausschauenden, Prophylaxisorientierten Manager zum Helden machen; weniger den Krisenmanager hochstilisieren.

Praxisbeispiel 1: Neugestaltung der Fertigung durch KVP Gruppen

Unternehmen: Beispiel AG

Anlass: Die Produktion der Röntgenanalysegeräte, mit der 32 Mitarbeiter beschäftigt sind (1 Werkstattführer, 2 Prüftechniker, 22 Facharbeiter und 7 angelernte Mitarbeiter) war entsprechend dem Prinzip der Werkstattfertigung gestaltet. Dies führte zu hohen Beständen mit großen Lagerflächen und zur Unübersichtlichkeit. Voraussetzungen für eine wirtschaftliche Produktion mit ausreichender Flexibilität waren nicht mehr gegeben.

Ziele: Abbau der Bestände, Verringerung der Anzahl der Lagerkonten und
              Verkleinerung der Flächen

              Verringerung der Gemeinkosten

              Leistungssteigerung

              Verkürzung der Durchlaufzeit

              Erhöhung der Fertigungsqualität

              Verbesserung der Liefertreue

              Erhöhung der Flexibilität

              Erhöhung der Motivation

Vorgehen...   Im Juni wurde allen Mitarbeitern

              von der Leitung die aktuelle Situation geschildert und die zu erreichen-
              den Ziele genannt. Daraufhin haben einzelne Mitarbeiter kleine, auf den
              persönlichen Arbeitsplatz bezogene Verbesserungen erarbeitet und
              umgesetzt. Diese Initiativen waren zwar der Weg in die richtige Rich-
              tung, jedoch im betriebenen Umfang nicht ausreichend. Deshalb be-
              schloss die Geschäftsfeldleitung im Oktober zur besseren Nutzung des
              Gestaltungswissens der Mitarbeiter und zur Kanalisierung der unter-
              schiedlichen Einzelaktivitäten KVP-Gruppen einzuführen.

              Jeder Mitarbeiter wurde entsprechend seiner Arbeitsaufgabe einer von
              drei Gruppen zugeordnet. Allen Gruppenmitgliedern wurden in zwei-
              wöchigen Schulungen die Inhalte und Ziele des Kontinuierlichen Ver-
              besserungsprozesses, Moderations- und Problemlösungstechniken, An-
              forderungen an die Gruppenarbeit sowie aufgabenbezogene Fallstudien
              aus den eigenen Arbeitsbereichen vermittelt.

              Im Anschluss daran begann die Gruppenarbeit. Gemäß ihrem Motto
              »Alles komplizierte Tun ist Verschwendung« bezeichneten sich die
              Gruppen als AKTIV-Gruppen. Die Bearbeitung von Praxisbeispielen
              aus dem eigenen Arbeitsgebiet erwies sich als sehr vorteilhaft. Es för-
              derte das Funktionieren der AKTIV-Gruppen im betrieblichen Echtlauf
              ohne Startschwierigkeiten.

              Zur Verbesserung ihres direkten Arbeitsbereiches treffen sich alle Mit-
              arbeiter regelmäßig einmal in der Woche zu einem ein- bis zweistündi-
              gen Gruppengespräch. Das Ziel ist, die Wirksamkeit bisheriger Verän-
              derungen zu prüfen und systematisch an der Erreichung der gesetzten
              Ziele zu arbeiten. In Gesprächsrunden mit der Produktions- und der
              Werkstattleitung werden sowohl die erreichten Ergebnisse als auch
              Veränderungsüberlegungen vorgestellt.

Im März des darauffolgenden Jahres beauftragte die Produktionsleitung die AK-TIV-Gruppe mit der Neugestaltung des Fertigungsablaufs. Ziel war es, von der bisherigen Werkstattfertigung Abschied zu nehmen und künftig in einer produktspezifischen Fließfertigung zu produzieren. Unter Einbindung der Fertigungsplaner und der Disponenten erarbeiteten die Gruppen Lösungsalternativen und stimmten gemeinsam die räumlichen, logistischen und wirtschaftlichen Kriterien ab. Innerhalb von nur drei Monaten entstand ein Produktionslayout, das den Vorstellungen der Gruppenmitglieder und den Zielvorstellung der Produktionsleitung entsprach.

Der Leistungslohn wurde entsprechend der geänderten Arbeitsorganisation umgestaltet. Statt Einzelakkord wird eine gemeinsame, erfolgsorientierte Entgeltkomponente dem Grundentgelt zugeschlagen. Der Nutzen kleinerer Verbesserungen wird unbürokratisch ermittelt und mit dem Monatslohn ausgezahlt.

Der Betriebsrat war in den Gestaltungsprozess einbezogen.

Die notwendigen Umzüge zum Aufbau der produktspezifischen Fließfertigung erledigten die Mitarbeiter in Eigenregie. Während der Zeit des Umzugs wurde die Produktion fortgesetzt. Um Störungen in der Produktion möglichst gering zu halten, führten die Mitarbeiter freiwillig Umzugsarbeiten auch an Samstagen durch.

Zeitpunkt der Einführung: Zur Anerkennung der Gesamtleistung durch die Geschäftsfeldleitung wurde im August des Folgejahres eine gemeinsame Einweihungsfeier veranstaltet.

Einführung der KVP-Gruppen: Oktober

Einführung der prozessorientierten Arbeitsorganisation: August 1994

Erfolge:
- Senkung der Bestände um ca. 10 %
- Verkleinerung der Werkstattfläche um ca. 15%
- Senkung der Anzahl der Lagerkonten; Einsparung ca. 5.000 €
- Senkung der Gemeinkosten durch reduzierte Materialbewegungen; Einsparungen ca. 12.000 €
- Reduzierung der Durchlaufzeiten um ca. 30 %
- Erhöhung der fehlerfrei montierten Geräte von 70 auf 90 Stück pro 100 Einheiten
- Verbesserung der Liefertreue
- Erhöhung der Flexibilität
- Erhöhung der Motivation

Planung und Umsetzung der prozessorientierten Arbeitsorganisation wurden in 5 Monaten erreicht.

Die Mitarbeiter sehen die ständige Optimierung ihres komplexen Arbeitsbereiches mittlerweile als selbstverständlich und zu ihren Aufgaben gehörend an. Ungereimtheiten werden ohne großen Aufwand beseitigt. Früher führte dies zu Diskussionen zwischen Planungsabteilung und Werkstatt, was eine Vergeudung der ohne knappen Betriebszeit bedeutete.

Kommentar der
Geschäftsleitung

Das »Verlassen müssen« des konventionellen Planungsablaufs erweckte bei den Fertigungsplanern Zweifel. Die AKTIV-Gruppen hingegen waren überrascht, dass ihnen diese Aufgabe zugetraut wurde. Im Laufe der Planungszeit wuchs das gegenseitige Verständnis.

Nach abgeschlossenem Umzug ist festzustellen, dass die Mitarbeiter stolz auf ihre Planungsergebnisse sind. Die Akzeptanz der prozessorientierten Arbeitsorganisation ist sehr hoch und auch die Bereitschaft zur laufenden Optimierung ist gestiegen. Im Rahmen der Einführung von AKTIV-Gruppen ist es wichtig, folgende Punkte zu beachten:

Jedes Gruppenmitglied muss vorab qualifiziert werden

Moderate Einführung (nicht zu viel auf einmal)

Enge und frühzeitige Einbindung aller Beteiligten (Führungskräfte, Mitarbeiter, Betriebsrat)

Klare Zielableitung (top down)

Regelmäßige Rückkopplung

Enge Verzahnung von Gruppenarbeit und Tagesarbeit

Visualisierung der Ergebnisse

Honorierung der Erfolge

Praxisbeispiel 2: Entwicklung eines neuen Organisations- und Führungskonzepts

Unternehmen: Beispiel AG

Anlass: Umsetzung eines Restrukturierungskonzeptes mit

- Konzentration auf Kernkompetenzen
- organisatorischer bzw. rechtlicher Verselbständigung der Geschäftseinheiten in Geschäftsbereiche oder Tochtergesellschaften
- Stilllegung der eigenen Stahlbaufertigung
- Dezentralisierung der Zentralfunktionen
- Abbau von Hierarchieebenen.

Ziele:	Akzeptanz der Organisations- und Führungsstruktur durch Mitarbeiter und Führungskräfte
	Befähigung der selbständigen Geschäftseinheiten, auf Marktveränderungen schnell und zielsicher zu reagieren und Leistungen auf der Basis einer optimierten Kostenstruktur anbieten zu können.
Vorgehen…	Um zu optimalen, von innen gestützten statt von außen oktroyierten Lösungen zu kommen, wurden die betroffenen Führungskräfte in allen 3 Konzeptions- und Realisierungsphasen unmittelbar beteiligt. Nur Phase 3 wurde durch externe Beratung unterstützt und begleitet. Drei Phasen erwiesen sich als erforderlich, um einen weitgehend akzeptierten und mitgetragenen Übergang von einem ursprünglich stark zentralistisch geführten Gesamtunternehmen auf schlanke, auf Markt und Kunden ausgerichtete, weitgehend selbständig operierende Unternehmenseinheiten zu erreichen.
	Im Zuge dieser Neustrukturierung wurden die Führungsfunktionen in drei Berichtsebenen geordnet. Die Gliederung des außertariflichen Bereichs in 6 bis 8 Rangebenen mit den üblichen Titeln wurde aufgegeben. Die einzelnen Stellen wurden entsprechend ihrer Bedeutung in der Geschäftsprozesskette neu bewertet und vier sogenannten Leitungskreisen zugeordnet. An die Stelle der Titel sind Funktionsbezeichnungen getreten. Vollmachten, wie ppa. und HV, haben rein instrumentelle Bedeutung.
Zeitpunkt der Einführung:	Alle Konzepte wurden in fachlich qualifizierten Arbeitsgruppen diskutiert. In den entscheidenden Punkten haben die Führungskräfte unter der Moderation von externen Beratern das neue Organisations- und Führungskonzept selbst erarbeitet. Die Umsetzung des neuen Organisations- und Führungskonzepts wird begleitet durch eine Reihe von Teamentwicklungsseminaren, Führungstrainings und Mitarbeiterworkshops.
Kommentar der Geschäftsleitung:	Die neue Organisations- und Führungsstruktur trat am 1. 7.2005 in Kraft.
	Es muss mit einer Übergangsphase von 6 bis 12 Monaten gerechnet werden, bis alle Mitarbeiter voll in die neuen Organisationseinheiten und Aufgabenstellungen eingearbeitet und integriert sein werden.
	Alle Führungskräfte sind durch die gewählte Art des Vorgehens selbst Träger der Veränderungen. Trotzdem wird erkennbar, dass derart tiefgreifende Einschnitte in gewachsene Strukturen nicht ohne Brüche und persönliche Betroffenheit erfolgen können. Deshalb sind in der Folgezeit Begleitmaßnahmen im Sinne einer umfassenden Organisa-

tionsentwicklung notwendig, um die Zukunft des Unternehmens im Sinne einer strategischen Allianz zwischen Mitarbeitern und Management erfolgreich zu gestalten.

Fragen und Hinweise:

1. Nennen Sie die wesentliche Voraussetzung für die personelle Komponente der Unternehmensführung;
2. Was versteht man unter Delegation und welche Voraussetzungen sind daran geknüpft?
3. Worin sieht die klassische Managementlehre den Anreiz für den Menschen, in einer Unternehmung zu arbeiten?
4. Skizzieren Sie die Grundgedanken der Anreiz-Beitrags-Theorie.
5. Was versteht man unter der Human-Relations-Bewegung?

7 Leistungsbeurteilung und Mitarbeitergespräche als Führungsmittel

7.1 Leistungsbeurteilung als Führungsmittel

Eines der vieldiskutierten Führungsmittel ist die Leistungsbeurteilung. Obwohl uns schon aus dem alten Ägypten Leistungsbeurteilungssysteme, z. B. für Lehrer, bekannt sind, die manche Fehlentwicklung im heutigen Bildungswesen hätten verhindern können, fürchten manche - meist führungsschwache - Vorgesetzte eine Leistungsbeurteilung. Mitarbeiter stehen aufgrund zahlreicher Umfragen einer Beurteilung relativ positiv gegenüber.

	USA	Japan	Deutschland
möglichst keine Leistungsvergleiche	11 %	32 %	12 %
Leistungsvergleiche, aber keine Eröffnung der Ergebnisse	5 %	17 %	3 %
Eröffnung der nur positiven Ergebnisse	6 %	12 %	1 %
Unterrichtung jedes Einzelnen über seine Stärken und Schwächen	78 %	39 %	84 %

Abb. 7.1   Die folgende Übersicht von je 1000 Befragten gibt darüber einen Überblick

Einzelne Vorgesetzte sehen eine Beurteilung qualifizierter Mitarbeiter und erst recht eine daran orientierte Vergütung als nicht sinnvoll an. Dazu sei auf eine Äußerung von Goethe über die Bezahlung von Theaterdirektoren hingewiesen:

»Nichts ist für das Wohl eines Theaters gefährlicher, als wenn die Direktion so gestellt ist, dass eine größere oder geringere Einnahme der Kasse sie persönlich nicht weiter berührt und sie in der sorglosen Gewissheit hinleben kann, dass dasjenige, was im Laufe des Jahres an der Einnahme der Theaterkasse gefehlt hat, am Ende desselben aus irgendeiner anderen

Quelle ersetzt wird. Es liegt einmal in der menschlichen Natur, dass sie leicht erschlafft, wenn persönliche Vorteile oder Nachteile sie nicht nötigen. Nun ist zwar nicht zu verlangen, dass ein Theater in einer Stadt wie Weimar sich selbst erhalten solle und dass kein jährlicher Zuschuss aus der fürstlichen Kasse nötig sei. Allein es hat doch alles sein Ziel und seine Grenze, und einige tausend Taler jährlich mehr oder weniger sind doch keineswegs eine gleichgültige Sache, besonders da die geringere Einnahme und das Schlechter werden des Theaters natürliche Gefährten sind, und also nicht bloß das Geld verloren geht, sondern die Ehre zugleich.«

7.2   Warum beurteilen?

Menschenführung ist ohne Beurteilung nicht denkbar, denn Einsatz und Förderung der Mitarbeiter setzen Meinungsbildung über Leistung und Verhalten der Mitarbeiter voraus. Eine freie Bewertung ist wenig geeignet, um Gerechtigkeit und Vergleichbarkeit im Betrieb zu erreichen.

Ein Führungsstil, der neben dem Erreichen der unmittelbaren Unternehmensziele auch die Wünsche und Bedürfnisse der Mitarbeiter berücksichtigen soll, ist ohne Mitarbeiterbeurteilung nicht denkbar. Sie ist darum eines der wichtigsten Führungsmittel. Urteilen und bewerten gehört zu den Selbstverständlichkeiten des täglichen Lebens. Ein systematisches Beurteilungssystem bringt aber schon in der Konzeption und erst recht in der Durchführung viele Probleme mit sich.

Die Beurteilungsmerkmale müssen zunächst so gewählt sein, dass sie alle für die betriebliche Arbeit wichtigen Bereiche umfassen, um ein für das Unternehmen gültiges Bild der einzelnen Mitarbeiter zu gewinnen. In einem Unternehmen, in dem regelmäßig beurteilt wird, sind die Mitarbeiter sicher, dass bei einem zeitweiligen Nachlassen der Leistungen - sei es nun durch Krankheiten oder familiäre Sorgen -die früheren Leistungen nicht unberücksichtigt bleiben. Ein systematisches Beurteilungswesen führt jedem, der beurteilt, eine besondere Verantwortung für den Mitarbeiter und das Unternehmen vor Augen - das gilt auch für mittlere und kleinere Unternehmen, in denen der persönliche Kontakt oft enger ist.

Ein Mitarbeiter verlangt von seinem Vorgesetzten und seinem Unternehmen in erster Linie Gerechtigkeit. Untersuchungen haben gezeigt, wie oft Mitarbeiter aus dem Gefühl heraus gekündigt haben, ungerecht behandelt und beurteilt worden zu sein. Natürlich wird es eine absolute Gerechtigkeit nie geben. Diese Tatsache befreit uns aber nicht von der Notwendigkeit, sie unaufhörlich anzustreben und soweit wie möglich zu realisieren. Mit einem systematischen Beurteilungswesen kommt man diesem Ziel näher.

Durch eine systematische Beurteilung, die sich nicht auf die Betrachtung von Einzelfällen beschränkt, wird der Vorgesetzte veranlasst, intensiv über die Persönlichkeit seiner Mitarbeiter nachzudenken. Damit ist die Beurteilung als Grundlage für alle Entscheidungen in Fragen des Personaleinsatzes, der Förderung und der gehaltlichen Entwicklung des Mitarbeiters gegeben.

Bei der Eröffnung der Beurteilung, in dem so genannten Kritikgespräch, erfährt der Mitarbeiter, worin er besonders gute Leistungen zeigt, aber auch, wo er Schwächen hat und wie diese zu beseitigen sind. Der Mitarbeiter weiß also, woran er ist, und macht sich keine falschen Vorstellungen. In seinem und im Interesse des Unternehmens kann er sich jetzt leichter selbst beurteilen und dementsprechend seine Kenntnisse und sein Können verbessern.

Die Beurteilungsanlässe können sehr vielfältig sein. Aus der Praxis zahlreicher Firmen seien folgende Gesichtspunkte aufgeführt:

1. Auslese und Einweisung zur Probe eingestellter Mitarbeiter,
2. Kontrolle der Erfüllung der Arbeitsaufgabe,
3. Förderung des Mitarbeiters,
4. Kündigung,
5. Versetzung,
6. Lohn- und Gehaltsfestsetzung,
7. Auslese bei Unterbeschäftigung.

Allein daraus ist schon ersichtlich, dass die Personalbeurteilung auch für den Mitarbeiter günstig sein kann.

Im Einzelnen lassen sich die Vorteile wie folgt zusammenfassen:

Für den Mitarbeiter

- Falsche Hoffnungen entstehen nicht, also auch keine Enttäuschungen.
- Die Personalbeurteilung gibt Gelegenheit zum persönlichen Gespräch, das sich auch vom Beurteilungsgegenstand lösen kann (z. B. Organisationsgespräch).
- Richtig gehandhabt, stellt die Personalbeurteilung eine Hilfe zur Selbsthilfe dar (Hilfe zur Korrektur des eigenen Verhaltens, Ansporn zur eigenen Weiterbildung).
- Schutz vor Willkür (u. U. Schutz vor sofortiger Entlassung, vor ungerechten - disziplinarischen - Maßnahmen).

Für den Vorgesetzten

- Der Vorgesetzte muss sich Zeit nehmen, über die Qualität der Mitarbeiter – vergleichend – nachzudenken, was sonst oft unterbleibt. Dadurch werden auch andere Personalentscheidungen (Personalauslese, Gehaltsentscheidung) besser.
- In einem ausführlichen Beurteilungsgespräch kann der Vorgesetzte auch die Meinung des Mitarbeiters erfahren.

Für das Unternehmen

- Ein Klima der Offenheit »reinigt die Luft« (Offenheit im Einzelfall ist nicht leicht, langfristig auf jeden Fall aber vorteilhaft für das Vorgesetzten-Mitarbeiter-Verhältnis).
- Aus den Beurteilungen lässt sich auch die Qualität der Beurteiler (Vorgesetzteneignung) erkennen.

- Eine Bestandsaufnahme der Förderungswürdigen führt näher zum Ziel »Jeder am richtigen Platz«.
- Schriftliche Beurteilungen schränken das »Hochloben« und das »Runterdrücken« ein. Der Ressortegoismus bei Versetzungsaktionen tritt zurück (denn: bewusst falsche Beurteilungen werden bei Versetzung leicht offenbar).
- Arbeitsabläufe werden optimiert, Störungen vermindert und die »Spielregeln« zwischen Vorgesetzten und Mitarbeitern beurteilungsfähig gemacht.

Vieles spricht also für eine systematische Beurteilung, aber was muss sich nun ändern? Statt der bisher oft farblosen Beurteilungen sollen zusätzliche Leistungen, besondere Interessen sowie die Eigenheiten der Mitarbeiter schriftlich festgehalten werden, um so bestimmte, für die Leistungsfähigkeit des Mitarbeiters wichtige Fähigkeiten und Begabungen aufzuspüren.

Außerdem sollen Willkür und Zufall ausgeschaltet und der Mitarbeiter vor allzu einseitigen, meistens nachteiligen Beurteilungen seiner Vorgesetzten geschützt werden. Die Beurteilung muss daher nach einheitlichen Maßstäben erfolgen, die nach den für die betriebliche Arbeit wesentlichen Merkmalen aufgegliedert sind. Während ein Vorgesetzter ein Pauschalurteil leicht abgeben kann, veranlasst ihn eine systematische und gewissenhafte Beurteilung, über die Persönlichkeit des Mitarbeiters nachzudenken und seine Menschenkenntnis zu prüfen und zu erweitern. Er wird untersuchen, ob der Mitarbeiter den Anforderungen des Arbeitsplatzes genügt, ob er überfordert ist oder an einer anderen Stelle mehr zu leisten vermag. Da er nur so die Schwächen und Vorzüge seiner Mitarbeiter erkennt, vermag er die ihm anvertrauten Betriebsangehörigen auch in ihrem eigenen Interesse besser zu leiten und einzusetzen. Eine aussagefähige Beurteilung ist damit Grundlage für alle Entscheidungen im Rahmen des Personaleinsatzes, der Eingruppierung und der Gehaltsfestsetzung. Es gibt keine Gründe, die gegen eine solche systematische Mitarbeiterbeurteilung sprechen. Sicher wehren sich manche Vorgesetzte dagegen, weil sie einmal ihre Meinung über einen Untergebenen schriftlich fixieren müssen, zum anderen aber, weil sie sich scheuen, dem Mitarbeiter eine negative Beurteilung zu eröffnen. Auf der anderen Seite stehen auch manche Mitarbeiter und Betriebsräte der Beurteilung kritisch gegenüber. Sie sehen nicht, dass überall geurteilt, beurteilt und bewertet wird, und dass es für sie nur von Vorteil ist, wenn dies bei einer für sie so wichtigen Frage, wie der Gehaltsbemessung, nach festgesetzten Maßstäben erfolgt. Aus den Erwartungen an die Beurteilung wird deutlich, dass eine faire Beurteilung zum Vorteil aller Beteiligten sein kann.

Wie wichtig der Zusammenhang zwischen Motivation und Leistung von allen Seiten gesehen wird, zeigten die jährlichen Vorträge und Diskussionen während des bundesweit größten Personalleiter Kongresses »Analytik« in Hamburg, an dem sich alljährlich neben Gewerkschaftlern und Betriebsräten auch Vertreter der mittelständischen Wirtschaft beteiligen.

7.3 Welche Systeme sind sinnvoll?

Die Vielfalt bewährter Systeme ist groß. Bei Behörden und manchen Großunternehmen werden häufig umfangreiche und komplizierte Systeme angewandt. Mittlere und kleinere Unternehmen bevorzugen einfachere Verfahren, die nicht zwischen Eignungs- und Leistungsbeurteilung unterscheiden.

In der betrieblichen Praxis haben sich die analytischen Verfahren durchgesetzt. Sie werden auf bestimmte Mitarbeitergruppen bezogen.

Während mit der Eignungsbeurteilung die Befähigung des Menschen und seine mögliche Entwicklung beurteilt wird, soll die Leistungsbeurteilung Aussagen über konkret erbrachte oder zumindest beobachtete Arbeitsergebnisse machen. Darum stehen Qualität und Quantität der Leistung im Vordergrund. Ziel der Leistungsbeurteilung ist die Steigerung der Leistungsfähigkeit und der Leistungsergebnisse. Verwandt wird die Leistungsbeurteilung u. a. zur Verbesserung der Entlohnungsgerechtigkeit, zur Stärkung der Führungsverantwortung der Vorgesetzten sowie als Kontrollmittel und um Hinweise auf eine notwendige Weiterbildung und zur Erzielung größerer Zufriedenheit am Arbeitsplatz zu erhalten. Während Merkmale wie Fertigkeit, Umsicht und Zuverlässigkeit vor allem in Eignungsbeurteilungssystemen zu finden sind, ist der Schwerpunkt beim Leistungsbeurteilungssystem Arbeitsmenge, Arbeitsqualität, Termineinhaltung usw. Da die Leistungsbeurteilung auch als Führungsinstrument dienen soll, muss die Beurteilung an den Anforderungen ausgerichtet sein. Ein praktizierter Beurteilungsbogen ist im Folgenden wiedergegeben:

1. Fachliche Kenntnisse
   (Markt. Handel, Wettbewerb, Preise und Konditionen, Weiterbildung)
2. Einfluss auf Kunden
   (Auftreten, Kontaktstärke, Argumentationstechnik, Durchsetzungsvermögen)
3. Arbeitsmenge
   (Aktivitäten und deren Ergebnisse)
4. Qualität der Arbeit
   (Wertigkeit der Ergebnisse, z. B. Distribution, Präsentation, ökonomische Planung)
5. Arbeitsbereitschaft
   (Engagement bei Aufgabenerfüllung Bereitschaft zur Übernahme von Sonderaufgaben)
6. Zusammenarbeit
   (Kooperation mit VL Team und GH-Reisenden)
7. Administrative Aufgaben, Termineinhaltung
8. Marktbeobachtung
   (Klares Erkennen und Berichten)
9. Kostenbewusstsein, Pflege, Arbeitsmittel

7.4   Welche Auswirkungen sind zu erwarten?

Für Mitarbeiter und Führungskräfte können die Auswirkungen sehr unterschiedlich sein. Die Formulierung von Beurteilungskriterien, individuelle Leistungs- und Befähigungseinstufungen, die Besprechung der Beurteilungen und ihrer Auswirkungen auf Bezahlung und berufliche Entwicklung können beim Beurteilten weitgehende Veränderungen seiner Einstellung zur Leistung bewirken.

So hat jeder Mitarbeiter Vorstellungen darüber entwickelt, was ihm für seine Leistung sowohl an materiellen Bestätigungen, wie Bezahlung und Aufstieg, als auch an ideellen Belohnungen, wie Anerkennung und Möglichkeit zur Selbstverwirklichung, zustehe. Zufriedenheit und Leistungsstand in seinem Beruf hängen davon ab, wie durch die Beurteilung diesen Erwartungen entsprochen wird. Werden sie nicht bestätigt, können daraus verstärkte Abwehr jeder Kritik, abfallende Leistungen und Resignation resultieren.

Anerkennung individueller Leistungen übt in der Regel einen positiven Einfluss auf die Leistungsbereitschaft und Arbeitszufriedenheit der Mitarbeiter aus. Dies ist jedoch nur dann der Fall, wenn die Verfahren kritisch und glaubwürdig gehandhabt werden. Werden auch schwächere Leistungen positiv bewertet - eine Neigung mancher Vorgesetzter - verliert die Leistungsbewertung den angestrebten Einfluss auf die Arbeitsmotivation.

Die Arbeitsbereitschaft des Einzelnen wird gestärkt, wenn er die Möglichkeiten, Anreize und Hilfen zur Steigerung seiner Leistungen, zur Übernahme anderer, auch

höherwertiger Funktionen und zur Verbesserung seiner Bezahlung sieht. Die Arbeitsbereitschaft wird dagegen geschwächt, wenn der Mitarbeiter erkennt, dass seine Möglichkeiten zur Leistungssteigerung und Verbesserung seiner Position gering sind, weil er zu überdurchschnittlichen Leistungen nicht fähig ist. Jedes Verfahren der Beurteilung - insbesondere bei finanziellen Konsequenzen - führt zu einer Verstärkung des Wettbewerbs unter den Mitarbeitern und lässt auch Leistungsdruck entstehen. Erhöhter Leistungsdruck muss nicht in allen Fällen verbesserte Leistung bewirken (Überbeanspruchung). Auch Konkurrenzhaltung und Kommunikationsschwierigkeiten können als Folge eines überbetonten Karrieredenkens auftreten und zu einer Beeinträchtigung der Arbeitsergebnisse führen. Notwendig ist, die Leistungskriterien gleichzustellen und die Beurteilung individueller Leistungen offen zu besprechen. Von der Sachlichkeit und Gültigkeit der Vorgesetztenbeurteilungen hängt es dann ab, ob diese Strategien Vertrauen und Anerkennung finden.

Systematische Eignungs- und Leistungsbeurteilungen zwingen andererseits Führungskräfte zu einer intensiveren Auseinandersetzung mit den Leistungspotenzialen ihrer Mitarbeiter.

Die Notwendigkeit, Urteile über Befähigung und Leistung schriftlich zu fixieren, sie mit anderen Führungsebenen abzustimmen und mit den Mitarbeitern zu besprechen, lässt Führungskräfte bzw. Vorgesetzte ihre subjektiven Bewertungsmaßstäbe vergleichen und vereinheitlichen. Dies ist wesentliche Voraussetzung für Personalentscheidungen und Planungsmaßnahmen wie Versetzungen, Beförderungen, Kündigungen, Bedarfs- und Weiterbildungsplanung. Die Aufgabe eines Vorgesetzten, Leistungen und Befähigungen seiner Mitarbeiter möglichst objektiv zu beurteilen, kann im Widerspruch zu anderen Interessen stehen. Der

Vorgesetzte will ein vertrauensvolles Verhältnis zu Mitarbeitern aufrechterhalten und die Arbeitsbereitschaft und Leistungsmotivation dieser Mitarbeiter nicht gefährden. Er will hochqualifizierte und gut zu bewertende Mitarbeiter nicht durch Verbesserung ihrer Beförderungschancen verlieren, aber andererseits möglicherweise weniger qualifizierte Mitarbeiter an andere Abteilungen abgeben (»wegloben«) können und den eigenen Entscheidungsspielraum in Personalfragen nicht durch Fixierung und Darlegung des eigenen Urteils einengen. Schwache Vorgesetzte versuchen häufig, diesen Widerspruch durch positive Gefälligkeitsbeurteilungen oder durch nichtssagende Formulierungen zu entschärfen. Dem kann mit klaren Verfahrensregeln entgegengewirkt werden. Daneben müssen aber auch viele Führungskräfte mehr als bisher durch Aus- und Weiterbildung auf Menschenbeurteilung und psychologische Gesprächsführung systematisch vorbereitet werden. Ganz allgemein können Konflikte zwischen Vorgesetzten und Mitarbeitern, die aus unterschiedlichen Leistungserwartungen herrühren, durch die Beurteilung erheblich versachlicht und reduziert werden. Die Verfahren ermöglichen bessere Kommunikation zwischen Vorgesetzten und Mitarbeitern, wenn Unterschiede zwischen Selbsteinschätzung und Vorgesetztenurteil in einem offenen Gespräch abgebaut werden.

Zukünftig wird die Personalpolitik stärker als bisher eignungs- und leistungsgerecht erfolgen, d. h. dass Mitarbeiter nach ihren Leistungen und ihren Fähigkeiten, Fertigkeiten und Kenntnissen, Interessen und Motivationen solche Funktionen wahrnehmen werden, deren Anforderungen ihrer Befähigung entsprechen. Leistungen, die sie in diesen Funktionen erbringen, werden die wesentliche Grundlage für Anerkennung und zugleich für ihren weiteren Einsatz sein.

Schließlich sei noch darauf hingewiesen, dass Beurteilungen geeignete Grundlagen für ein qualifiziertes Zeugnis sein können, auf das der Mitarbeiter einen Anspruch hat.

7.5 Welche rechtlichen Gesichtspunkte sind zu beachten?

Das Betriebsverfassungsgesetz hat eine ganze Reihe rechtlicher Aspekte der Leistungsbeurteilung geregelt. Allerdings entfällt danach auch eine Beteiligung des Betriebsrates bei der Beurteilung, wenn ohne eigentliches System, also ohne fixierte Grundsätze, nur von Fall zu Fall beurteilt wird.

Das Gesetz mag den einen oder anderen zu dieser über lange Zeit von vielen Seiten kritisierten Verfahrensweise geradezu ermuntern, weil die »systemlose« Beurteilung mitbestimmungsfrei vorgenommen werden kann. Es bedarf keines besonderen Hinweises, dass ein solches Ergebnis weder im Sinne einer zeitgemäßen Personalpolitik ist noch den Intentionen des Gesetzgebers entspricht.

Allgemeine Beurteilungsgrundsätze unterliegen der Mitbestimmung des Betriebsrates, soweit sie eingeführt werden. Da die sachgerechte Ausgestaltung der Beurteilungsgrundsätze von erheblicher Bedeutung ist, gilt auch hier das notfalls über die Eignungsstelle durchsetzbare Mitbestimmungsrecht des Betriebsrates. Der Betriebsrat besitzt jedoch kein Initiativrecht zur Einführung einer systematischen Mitarbeiterbeurteilung, er kann also nur die Einführung eines von ihm nicht akzeptierten Beurteilungssystems verhindern, und zwar auch nur dann, wenn er hierfür sachgerechte Gründe hat.

Beurteilungssysteme mit finanziellen Auswirkungen sind - wie z. B. in der Metallindustrie, in der Brauwirtschaft - zumeist tarifvertraglich vereinbart. Durch den Tarifvertrag kann dann entweder ein Mitbestimmungsrecht des Betriebsrats bei der Leistungsbeurteilung begründet oder dieses Recht durch eine Öffnungsklausel an den Betriebsrat delegiert werden. In diesen Fällen bestimmt der Betriebsrat gemäß § 87 Abs. 1 Ziff. 11 BetrVG regelmäßig bei der Ermittlung der Leistungsstufen und deren Punktwert mit.

Kein Mitbestimmungsrecht hat dagegen der Betriebsrat bei der für den einzelnen Mitarbeiter abgegebenen konkreten Beurteilung. Die individuelle Beurteilung ist nämlich allein Sache des Arbeitgebers bzw. seines Vertreters und des Mitarbeiters. Der Mitarbeiter allerdings hat einen persönlichen Anspruch auf Beurteilung seiner Leistung sowie auf Erörterung seiner beruflichen Entwicklung im Betrieb. Allerdings kann er nicht verlangen, nach einem bestimmten System oder überhaupt nach einem System beurteilt zu werden. Vielmehr muss er sich gegebenenfalls damit begnügen, nur mündlich und vielleicht ausschließlich nach den Fähigkeiten seines Vorgesetzten entsprechend beurteilt zu werden. Seinem Anspruch ist ferner Genüge getan, wenn das Beurteilungsgespräch in angemessenen Zeitabständen stattfindet.

Wenn das Gesetz dem Mitarbeiter in § 82 Abs. 2 Satz 2 BetrVG das Recht einräumt, ein Mitglied des Betriebsrats zu diesem Gespräch hinzuzuziehen, so verleiht es dem Betriebsratsmitglied gleichsam den Status eines Beraters und Fürsprechers; er handelt dann gewissermaßen im Auftrage des Mitarbeiters, jedoch nicht als autonomes Betriebsverfassungsorgan. Deshalb darf der Betriebsrat dem Mitarbeiter nicht vorschreiben, welches seiner Mitglieder die Aufgabe übernimmt. Das Bestimmungsrecht steht ausschließlich dem Mitarbeiter zu. Das Betriebsratsmitglied hat über den Inhalt der Verhandlungen absolutes Stillschweigen zu bewahren, es sei denn, es ist vom Arbeitnehmer im Einzelfall ausdrücklich von dieser Verpflichtung entbunden worden. Dieses Gebot gilt - abweichend von § 79 - auch gegenüber den anderen Betriebsratsmitgliedern. Selbstverständlich ist der Mitarbeiter aber auch berechtigt, das Beurteilungsgespräch unter vier Augen zu führen. In der Praxis ist dies sogar die Regel.

Die vorstehenden Grundsätze gelten entsprechend, wenn die Beurteilung schriftlich abgegeben wird. Auch in diesem Falle steht dem Betriebsrat weder ein Recht auf Mitwirkung noch auf Kenntnisnahme und auch nicht auf Gegenzeichnung zu. Der Mitarbeiter kann den Betriebsrat also in jeder Weise von der Information über seine Beurteilung ausschließen, und der Arbeitgeber ist verpflichtet, sich hieran zu halten. Gesichert wird diese Privatheit der Einzelbeurteilung von den ansonsten mit autonomen Rechten ausgestatteten Betriebsvertretungen im Übrigen auch dadurch, dass der Betriebsrat die in der Personalakte des Mitarbeiters abgelegte Beurteilung ohne Willen und Wissen des Mitarbeiters nicht einsehen darf. Zusammenfassend sei festgestellt:

- Es entspricht modernen Prinzipien der Personalführung, einheitliche Rahmensysteme zur Beurteilung von Arbeitern und Angestellten zu entwickeln. Das schließt Unterschiede nicht aus, wie sie sich z. B. aus den Besonderheiten einer Mitarbeitergruppe (AT-Angestellte, Auszubildende, Außendienstmitarbeiter) oder aus der Art des Arbeitsverhältnisses ergeben (Probezeitbeurteilungen).
- An der Aufstellung von Leistungsbeurteilungssystemen sollen Tarif- und Betriebspartner mitwirken. Ohne den Betriebsrat geht es ohnehin nicht; das ergibt sich, wie bereits erwähnt, aus § 94 Abs. 2 BetrVG. Die Arbeitnehmervertretungen werden den Interessen der Mitarbeiter am besten gerecht, wenn sie die Einführung solcher Systeme tatkräftig fördern.
- Analytische Systeme sind summarischen Regelungen vorzuziehen.
- Denn eine freie und damit oft auch recht pauschale Beurteilung ist zu sehr von der subjektiven Formulierungskunst des Beurteilers abhängig. Analytische Leistungsbeurteilungen zwingen dagegen dazu, konkrete und differenzierte Leistungsvergleiche in der maßgebenden Mitarbeitergruppe anzustellen.
- Grundlage jeder aussagefähigen Leistungsbeurteilung ist ein anerkanntes und möglichst objektives Bezugssystem. Hierfür eignet sich z. B. eine Arbeitsbewertung. Sie garantiert am ehesten die Berücksichtigung unterschiedlicher Anforderungen an die Mitarbeiter auf den verschiedenen Arbeitsplätzen.
- Die Leistungsbeurteilung ist in periodischen Abständen zu wiederholen. Denn die Leistung des Mitarbeiters und die Anforderungen an ihn unterliegen Wandlungen.
- Für die Leistungsbeurteilung ist in erster Linie der unmittelbare Vorgesetzte zuständig, denn er verfügt über die erforderlichen objektiven Informationen; erkennt die Leistung seines Mitarbeiters am besten!

Außerdem: Entzieht man dem unmittelbaren Vorgesetzten die Beurteilung, so wird er auch seine sonstigen Führungsaufgaben kaum ernst nehmen.

- Selbstverständlich müssen Beurteilungen mit den Beurteilten besprochen werden. Das Zeitalter von Geheim-Beurteilungen ist vorbei.
- Der Beurteilte muss die Beurteilung verstehen. Das System sollte daher möglichst einfach und einsehbar sein, denn überschaubare Systeme fördern Vertrauen. Schon manches Unternehmen musste die Erfahrung machen, dass die Erhöhung der Zahl der Beurteilungsmerkmale keineswegs die Treffsicherheit steigert, sondern lediglich zu Doppelbewertungen führt. Auch zu komplizierte Gewichtungen mindern die Überschaubarkeit.
- Leistungsbeurteilungssysteme sind ergebnisbezogen. Es geht nicht um die Persönlichkeit des Mitarbeiters und um seine Motive, sondern um die Bewertung des von ihm in einem bestimmten Zeitraum erzielten Arbeitsergebnisses.

- Ein Beurteilungssystem ist so gut wie die Informationen über dieses System. Eine systematische und regelmäßig wiederholte Schulung der Beurteiler ist daher unerlässlich. Nur so sind die bei jedem System auftretenden Beurteilungsfehler zu minimieren.
- Mit einer Leistungsbeurteilung verknüpfte Leistungsanreize sollten nicht überzogen werden. Denn ein übersteigerter Leistungsdruck und der Wettbewerb um jeden Preis können und dürfen nicht Ziel einer Leistungsbeurteilung sein. Längst ist bekannt, dass hoher Leistungsdruck keineswegs zu besseren Arbeitsergebnissen führt. Bereichsegoismus und ungesunde Konkurrenzhaltung können die Folge sein. Leistungsanreize sollten daher wohldosiert sein.

7.6   Mitarbeitergespräche als Führungsmittel

Führung ist eine wechselseitige Beziehung und besteht aus einer zielgerichteten Beeinflussung von Sachaufgaben, Personenaufgabe, Fehlzeiten, Effizienz, Zufriedenheit und Fluktuation.

Wechselseitige Beziehung heißt, es kommt auf beide an: auf den Vorgesetzten und seine Mitarbeiter. Die beste Definition für Führung ist »Beeinflussung«. In jedem Unternehmen geht es um eine zielgerichtete Beeinflussung. Für fast alle Vorgesetzten gilt, dass sie bestimmte Zielvorgaben haben. Es ist ihre Sachaufgabe, diese Zielvorgaben gemeinsam mit ihren Mitarbeitern zu erfüllen. Die Qualität der Sachaufgabe eines Vorgesetzten entscheidet dann unter anderem über die Effizienz seines Führungsbereiches. Neben dieser Erfüllung der Sachaufgaben hat jeder Vorgesetzte seine Mitarbeiter zu führen. Dieser Bereich der Führung wird als Personenaufgabe bezeichnet.

Wenn man sich die Auswirkungen der Personenaufgabe auf die Zufriedenheit der Mitarbeiter und damit auch auf die Effizienz und auf Phänomene wie »innere Kündigung«, »Fehlzeiten« und »Fluktuation« vor Augen hält, dann ist es auch unter ökonomischen Aspekten negativ, dass Vorgesetzte so wenig führen.

Genauso wie Vorgesetzte für die Effizienz ihres Führungsbereiches verantwortlich sind, genauso sind sie für die Arbeitszufriedenheit der ihnen direkt unterstellten

Mitarbeiter verantwortlich. Jeder Vorgesetzte ist – im Rahmen seiner Möglichkeiten - zuständig für die Arbeitszufriedenheit seiner Mitarbeiter.

Das ist eine Aussage, der Vorgesetzte häufig (z. B. in Führungsseminaren) verbal zustimmen. Wenn es dann um die Realisierung dieses Anspruchs geht, sehen die Verhaltenskonsequenzen eher dürftig aus. Viele Befragungen, die den Vorgesetzten getrennt von seinen Mitarbeitern befragen, zeigen häufig große Diskrepanzen auf (z. B. die Frage nach dem Ausmaß an Kontakten: Das Selbstbild des Vorgesetzten sieht häufig so aus - ich bin immer für meine Mitarbeiter da. Das Fremdbild durch die Mitarbeiter wird häufig so formuliert - wir sehen ihn praktisch nie). Das Problem bei solchen Ergebnissen liegt auch darin, dass keine der befragten Parteien »lügt«. Beide sehen eine identische Situation »Ausmaß an Kontakten«

extrem unterschiedlich. Da es bei diesen Fragen um die Mitarbeiterführung durch den Vorgesetzten geht, ist der Mitarbeiter - im wahrsten Sinne des Wortes - die entscheidende Instanz. Es kommt weniger darauf an, wie der Vorgesetzte sein Verhalten sieht, viel wichtiger ist, wie das Verhalten des Vorgesetzten durch die Mitarbeiter beurteilt wird.

Das ist die paradoxe Situation: Vorgesetzte sollen führen, wenn man genauer hinsieht, betreiben sie aber vor allem Sachaufgabe. Von daher ist jedem Vorgesetzten nur zu empfehlen, einmal über einen bestimmten Zeitraum ein kleines Tagebuch zu führen und sich selbst ehrlich die Frage zu beantworten: Wie viel Zeit habe ich heute für die Personenaufgabe eingesetzt? Wenn man - egal, wie lange ein Vorgesetzter täglich arbeitet - die tägliche Arbeitszeit als 100% ansetzt, dann sollte der Anteil für die Personenaufgabe im Durchschnitt wenigstens bei 10 % liegen (noch einmal: für diese Zeit ist es entscheidend, dass sie beim Mitarbeiter auch tatsächlich ankommt).

Regeln für das Gespräch mit Mitarbeitern

Die Basis für die notwendigen Schulungsmaßnahmen ist die Erkenntnis, dass das Gespräch das wichtigste Führungsinstrument ist. Hinter vielen Aktivitäten eines Vorgesetzten steht im Kern das Gespräch mit dem Mitarbeiter (z. B. Delegation, Motivation usw.). Dieses Gespräch kann gelernt werden. Ein solches Seminarprogramm muss zunächst das Missverständnis aufklären, dass Gesprächsführung durch Vorgesetzte nicht bedeutet, dass der Vorgesetzte immer selbst sehr viel spricht: Wie viele Vorgesetzte gibt es, die eine Besprechung mit ihren Mitarbeitern ansetzen mit der Eröffnung, sie möchten von ihren Mitarbeitern Informationen über ein bestimmtes Thema bekommen. Dann läuft aber die gesamte Besprechungszeit so ab, dass der Vorgesetzte 98 % dieser Besprechungszeit selbst redet. Wie will er dann von seinen Mitarbeitern Informationen bekommen? In diesen Seminaren ist daher Sprechen und Zuhören zu trainieren. Jedes lange Gespräch besteht aus drei Phasen: Gesprächseröffnung, Gesprächsmitte und Gesprächsergebnis. Viele Gespräche sind bereits durch die Gesprächseröffnung (»Passen Sie einmal auf!«) zum Scheitern verurteilt. Von daher ist vor allem die richtige Gesprächseröffnung einzuüben.

Die nachfolgenden Punkte sollen die systematische Vorbereitung des Mitarbeitergespräches erleichtern:

- Was sollen die Hauptthemen des Gesprächs sein?
- Was sind dabei die Gesprächsziele?
- Welche Unterlagen bzw. Informationen benötige ich noch?
- Was ist hinsichtlich der Person des Mitarbeiters wichtig? (Wie kann ich ihn dabei einbeziehen? Was für einem Menschen sitze ich eigentlich gegenüber?)
- Wie schaffe ich günstige Rahmenbedingungen für das Mitarbeitergespräch?

Im betrieblichen Alltag passiert es auch häufiger, dass Vorgesetzte und Mitarbeiter intensiv miteinander reden und glauben, ein gemeinsames Gesprächsergebnis erzielt zu haben und auseinander gehen. Später stellt sich dann manchmal per Zufall heraus, dass in den Köpfen der Beteiligten jeder hört das, was er hören will) ein unterschiedliches Ergebnis hängen geblieben ist. Von daher ist es die Aufgabe des Vorgesetzten, am Ende das Gesprächsergebnis zu fixieren. Dann kann man gelegentlich feststellen, dass das Gespräch von vorne beginnt, weil das gemeinsame Gesprächsergebnis noch nicht erzielt wurde.

Eine solche Weiterbildung der Vorgesetzten - auch mit der Einübung sehr schwieriger Mitarbeitergespräche (wie Kritikgespräche) - führt dazu, dass sich Vorgesetzte auch in dem Bereich ihrer Personenaufgabe sicherer fühlen und damit dann ihre Arbeitszeit auf die Bereiche »Sachaufgabe« und »Personenaufgabe« im Sinne einer besseren Mitarbeiterführung anders verteilen. Wenn in den Unternehmen vor Ort versucht wird, entsprechend die Führungssituation und die Qualifikation der Vorgesetzten positiv zu beeinflussen, dann könnten sich viele Vorgesetzte von einem »Sachbearbeiter« zu einem aus der Sicht der Mitarbeiter tatsächlich führenden Vorgesetzten entwickeln.

Sucht ein Mitarbeiter das Gespräch und betritt den Raum, so sollte der Vorgesetzte aufschauen, den Mitarbeiter freundlich begrüßen, ihn dabei anschauen, im Platz anbieten und ihm volle Aufmerksamkeit widmen. Hat der Mitarbeiter Schwierigkeiten, die er bewegt vorträgt, so sollte man seine Äußerungen nicht schroff abtun, sondern aufmerksam zuhören, sachliche Ausführungen hinterfragen und Hilfen oder Kompromisslösungen anbieten.

Mit zugewandter Körperhaltung sollte der Vorgesetzte eine positive Gesprächsatmosphäre aufbauen. Wichtig ist eine gute Beziehungsebene bereits zu Beginn des Gesprächs, »Killerphrasen« wie »Das geht nicht« oder »Kommen Sie endlich zur Sache« sind unbedingt zu vermeiden. Ebenso sollte man dem Gesprächspartner nicht ins Wort fallen oder Vorurteile von sich geben. Zum Schluss ist ein Gespräch niemals abrupt, sondern versöhnlich zu beenden. Befindet sich der Vorgesetzte in Zeitdruck, so sollte er das dem Mitarbeiter mitteilen und einen späteren Termin mit ihm vereinbaren. Auf jeden Fall ist es äußerst unhöflich, ständig auf die Uhr zu schauen, um damit dem Gesprächspartner zu signalisieren: »Fasse dich kurz, und komme endlich zur Sache!.

Das Gespräch mit dem Mitarbeiter bildet eine bedeutende Schwerpunktaufgabe jeder Führung. Alle anderen Funktionen der betrieblichen Führung, wie Ziele setzen, Planen, Entscheiden usw., sind ohne Kommunikation mit dem Mitarbeiter nicht möglich. Und gerade dieser Bereich fällt vielen Führungskräften schwer. Es wird zwar oft betont, dass der Mensch im Mittelpunkt stehe, aber leider sehen viele ihren Mitarbeiter als Hindernis »in der Mitte«.

Unternehmensziele können nun einmal nur mit dem Mitarbeiter erreicht werden. Ist dieser frustriert oder fühlt er sich nicht als Partner behandelt und akzeptiert, so ist schließlich die Kündigung die Folge. Am Anfang eines jeden Gesprächs steht die gute Vorbereitung in thematischer, personeller und organisatorischer Hinsicht. Der Umgang mit dem Gesprächspartner wird sehr durch das bestehende Beziehungsfeld zu ihm beeinflusst. Daher gilt es, Wahrnehmungsfehlern, wie z. B. Vorurteilen, vorzubeugen, offen in das Gespräch zu gehen und nach kooperativen Lösungen zu streben. Wichtig ist es, sich in den anderen hineinzuversetzen, seine augenblickliche Stimmungslage, Gesprächsebene zu erfassen, auch auf körpersprachliche Signale zu achten und das Gespräch aus dem Blickwinkel seines Gegenübers zu führen. Jede Führungskraft sollte die gesprächsfördernden Aspekte wie Echtheit, einfühlsames Verstehen und Wertschätzung sowie die Störquellen und gewisse Techniken wie das aktive Zuhören, die Bedeutung von Ich-Aussagen, die offene Gesprächsführung, vornehmlich auf der Sachebene, kennen.

Vorgesetzte haben ständig Mitarbeitergespräche zu führen, was ihnen oft sehr schwer fällt. Sie haben zwar gelernt, erfolgreich über Fachfragen zu argumentieren, nicht aber, wie man Menschen mit unterschiedlichen Eigenschaften überzeugt. Neben den üblichen Aufgaben einer Führungskraft, wie Ziele setzen, planen, entscheiden, organisieren, delegieren, motivieren oder Schwierigkeiten lösen, müssen Manager auch sozusagen als »Flaschenhals« fungieren. Ohne das Gespräch mit dem Mitarbeiter können die Gedanken und Ziele der Unternehmung nicht verwirklicht werden. Das Mitarbeitergespräch dient der Verbesserung oder Erhaltung des bisher guten Betriebsklimas.

Erst einmal geht es darum, das Gespräch vorzubereiten, also richtig zu planen. Die Gesprächsvorbereitung muss thematisch, personell und organisatorisch erfolgen.

Thematisch bezieht sich entweder auf die schriftliche Ausarbeitung oder auf die rein gedankliche Vorbereitung. Der hierbei manchmal zu hörende Einwand, die Vorbereitung sei zu aufwendig, übersieht, dass ein Gespräch zielstrebig und effektiv zu führen ist. Bei allen Gesprächen ist als erster Vorbereitungsschritt eine Situationsanalyse vorzunehmen und die Fragen richtig zu definieren. Durch diese Vorgehensweise kann derjenige, der um das Gespräch bittet, sich über die Beziehung zu dem Gesprächspartner bewusst werden. Er kann sich überlegen, wer sinnvollerweise noch an diesem Gespräch teilnehmen und zur Lösung beitragen könnte. Er muss die zum Gespräch nötigen Informationen sammeln, verarbeiten und systematisieren. Damit sich der Gesprächspartner ebenfalls vorbereiten kann, soll dieser nach Möglichkeit rechtzeitig um das Gespräch gebeten werden.

Organisatorisch sollte ein Gespräch so weit vorbereitet sein, dass genügend Zeit vorhanden ist und keine anderen Termine das Gespräch stören können. Wichtig ist es auch, sich um entsprechende Räumlichkeiten zu bemühen. Wenn ein Vorgesetzter am Gespräch beteiligt ist, sollte es, wenn möglich, nicht in seinem Zimmer stattfinden, da dies psychologische Barrieren aufbauen könnte und der Vorgesetzte »Heimvorteil« hätte. Am besten eignen sich ungestörte Besprechungszimmer. Auch wenn Kollegen untereinander über ihre Schwierigkeiten oder einen Konflikt, in dem sie sich befinden, miteinander reden wollen, ist ein ungestörter Raum wichtig.

Als Nächstes stellt sich die Frage nach dem Umgang mit dem Gesprächspartner. Der Umgang mit dem Gesprächspartner wird stark durch die Beziehung zu diesem beeinflusst sowie durch das Gesprächsziel. Vorurteile führen zum Beispiel zu Wahrnehmungsfehlern. Die Gesprächspartner sollten sich aufrichtig, mit Wohlwollen und Rücksicht begegnen. Voraussetzung für eine kooperative Lösung ist glaubwürdiges, transparentes und nicht aufgesetztes Verhalten. Die Gesprächspartner sollen zeigen, dass sie an einer gemeinsamen Problemlösung interessiert sind. Beide sollten versuchen, das Verhalten und die Gedanken des anderen zu verstehen, auch wenn sie sie nicht akzeptieren können. Dem Gesprächspartner muss vermittelt werden, dass man ihn achtet, auch wenn man verschiedener Meinung ist. Dies ist eine Anforderung, die nicht einfach zu erreichen ist. Sie fordert eigene Disziplin, Befreiung von Vorurteilen, Sensibilität und soziales Gespür. Eine hilfreiche Einstellung ist es, stets sich

selbst zu fragen, ob man dem Gesprächspartner die gleichen Formulierungen gestatten würde, die man selbst gebraucht.

Weiterhin gilt es, die Gesprächsebenen zu beachten. Jedes Gespräch hat eine rationale und
eine emotionale Ebene. Beide Ebenen müssen beachtet werden. Stimmen die Gesprächspartner auf der emotionalen Ebene nicht überein oder stehen sich zumindest neutral gegenüber,
so ist nicht zu erwarten, dass eine Einigung im sachlichen Bereich erfolgt.

Eine wichtige Technik der Gesprächsführung für das Management besteht in den sogenannten »Ich-Aussagen«. Hierbei werden die Aussagen des Gesprächspartners in der Ich-Form
formuliert, denn die sprachliche Verwendung von Ich-Botschaften ist die effizienteste Art,
sich im Führungsbereich zu verständigen.

Dadurch kommt ein wirkliches Gespräch zwischen zwei Menschen zustande, das wirkliche
Aussagen über sich selbst, über das eigene Erleben und Empfinden sowie die eigene Meinung zulässt, ohne dass der andere Gesprächspartner widersprechen kann.

Beispiel: Statt zu sagen: »Ihr Bericht ist schlampig geschrieben, außerdem falsch...«, könnte
der Vorgesetzte folgende Ich-Botschaft aussenden: »Ich bin über diesen Bericht tief ent-
täuscht...«

Bei der ersten Aussage wird der Schreiber in eine Verteidigungshaltung gedrängt, es erfolgen
Schuldzuweisungen, die meistens eine unerfreuliche Gesprächsfortführung zur Folge haben,
mit bestimmt nicht gewollten Konsequenzen für das Betriebsklima. Im zweiten Fall fühlt
sich der Angesprochene nicht beleidigt oder verletzt. Die Wirkung ist jedoch größer, da die
persönliche Betroffenheit des Vorgesetzten sehr tief beim Mitarbeiter sitzt, der sich nunmehr
bemühen wird, alles recht zu machen. Das Gespräch sollte ferner offen geführt werden.
Hiermit ist gemeint, sich anderen gegenüber offen und vertrauenerweckend zu verhalten, um
so gegenseitiger Beachtung beizutragen.

Vorgesetzter und Mitarbeiter sollten sich gegenseitig im Gespräch Rückkopplung geben; das
bedeutet, die Kommunikation muss offen sein, damit jeder den anderen auch versteht. Die so
genannten »blinden Flecken« beim Gesprächspartner werden dadurch aufgehellt, beide Partner geben Teile ihrer Privatperson preis.

Das Gespräch sollte vorwiegend auf der sachlichen Ebene geführt werden und nicht unkontrolliert, emotional unbeherrscht oder von oben herab besserwissend, zynisch, ironisch. Ist
der Mitarbeiter zu Beginn des Gesprächs emotional aufgeladen, so wäre es falsch, wenn der
Vorgesetzte sofort mit sachlichen Argumenten diesem Gesprächsbeginn entgegenträte. Hier
muss zuerst der Mitarbeiter im emotionalen

Bereich »aufgefangen« werden, bevor dann sachlich, vernünftig über die eigentlichen Fragen
weiterdiskutiert werden kann. Dieses Auffangen geschieht dadurch, dass der Vorgesetzte
Verständnis für die Situation des Mitarbeiters zeigt und gemeinsam mit ihm überlegt, wie es
weitergehen soll.

Ein Gespräch kann – wie dargestellt – aus den verschiedensten Gründen nicht in der gewollten Art und Weise verlaufen. Der Vorgesetzte hat durch die geschilderten Gesprächsführungstechniken die Möglichkeit, gezielt einzugreifen, um das Gespräch effizient zu führen.

Bisher wurde vorausgesetzt, dass der Vorgesetzte an einem konstruktiven Gesprächsablauf interessiert ist, zielgerichtet mit dem Mitarbeiter kommuniziert und ein Gespräch nicht abrupt beendet.

Im betrieblichen Alltag ergeben sich durch die tägliche Konkurrenzsituation und den Zeitdruck häufig Situationen, in denen der Vorgesetzte schnell handeln muss und sich oft nicht die Zeit für ein ausführliches Gespräch nehmen kann. Er verhält sich dabei nicht so, wie sich ein guter Vorgesetzter eigentlich verhalten sollte.

Das führt dazu, dass Vorgesetzte Formulierungen benutzen, die ein Gespräch abtöten (sogenannte »Killerphrasen«). Dieses Verhalten resultiert aus dem von Vorgesetzten häufig angewandten »kritischen Eltern-Ich«. Sie spielen sich als Besserwisser auf, sie behandeln den anderen von oben herab.

Wenn zwei miteinander sprechen, entsteht ein bestimmtes Gesprächsklima. Dieses kann für den weiteren Verlauf förderlich sein, manchmal stellen sich jedoch auch Störungen ein, die zum Teil darauf beruhen, dass sich die Gesprächspartner gleichsam auf unterschiedlichen Ebenen der Wahrnehmungen befinden, das heißt: der Vorgesetzte nimmt den Sachverhalt anders wahr als der Mitarbeiter.

Es tauchen Missverständnisse auf. Diese sollten durch aktives Zuhören (nachfragen, eventuell mit eigenen Worten neu formulieren) ausgeräumt werden. Grundsätzlich sollte bei einem Gespräch jeder Gesprächspartner etwa die Hälfte der Zeit mit aktivem Zuhören verbringen. Nur so erfahren die Partner, was in dem anderen vorgeht.

Wahrnehmungstrübungen können viele Ursachen haben. Bekannt sind solche durch Vorurteile, Überbewertungen von Einzelmerkmalen, falsche Rückschlüsse (Andorra-Phänomen) oder Projektionen. Im letzteren Fall werden eigene Fehler und Unzulänglichkeiten auf andere übertragen. So wird z.B. eine missglückte Beförderung mit der Ungerechtigkeit des Vorgesetzten und der Kollegen ausgelegt.

Außer den gesprächsfördernden und gesprächsstörenden Aspekten sind bei der Gesprächsführung gewisse Techniken zu beachten. Genannt wurde bereits das aktive, geduldige Zuhören. Dieses läuft in folgenden Stufen ab, die logisch aufgebaut sind:

1. Stufe: Wahrnehmung

2. Stufe: Information

3. Stufe: Beurteilung/Bewertung

4. Stufe: Reaktion

Um zu einem gerechten Urteil zu kommen, müssen alle Stufen der Reihe nach durchlaufen werden. Eine sachgerechte Entscheidung ist nur dann möglich, wenn erst zum Schluss des Gesprächs reagiert wird, die Sachverhalte zuvor verstanden und bewertet wurden. Leider haben die meisten Vorgesetzten in der heutigen, hektischen Zeit keine Geduld, diese Stufen aufmerksam durchzugehen. Man will schnell »zur Sache kommen«.

Der Preis, den man dafür zahlt, ist oft sehr hoch: Missverständnisse, Fehlhandlungen, zusätzliche Kosten, Frust beim Partner.

Da jedes Gespräch auf der sachlichen und emotionalen Ebene stattfindet, muss der Vorgesetzte den Inhalt der Aussage vollständig und im Sinne des Gesprächspartners aufnehmen. Doch die Schwierigkeit besteht darin, dass allein durch geduldiges Zuhören der sachliche und emotionale Inhalt der Aussage häufig nicht verstanden wird. Deswegen bedarf es Gesprächsführungstechniken, die durch Nachfragen den sachlichen (Paraphrasieren) und emotionalen (Verbalisieren) Inhalt einer Aussage erfassen.

Mit Paraphrasieren ist gemeint, der Vorgesetzte wiederholt den sachlichen Gehalt einer Aussage mit eigenen Worten, um sich bei seinem Mitarbeiter zu versichern, dass er den Inhalt der Aussage auf der Sachebene vollständig im Sinne des Sprechers erfasst hat.

Verbalisieren meint, den emotionalen Gehalt einer Aussage mit eigenen Worten zu wiederholen, um durch die Rückkopplung des Gesprächspartners sicherzustellen, dass der Inhalt auf der Beziehungsebene in der vom Mitarbeiter gewünschten Art und Weise erfasst wurde.

Das Nachfragen beim Verbalisieren und Paraphrasieren wird häufig als Nachteil angesehen, da das Nachfragen viel Zeit kostet, aber die aus dem Weg geräumten Missverständnisse und Gesprächsstörungen durch falsches Zuhören heben diesen Nachteil wieder auf. Zwischen Vorgesetztem und Mitarbeiter herrscht Klarheit über die Aussage des Mitarbeiters, und zusätzlich wird durch die Technik Paraphrasieren und Verbalisieren das Anerkennungsbedürfnis des Mitarbeiters gestillt, da der Vorgesetzte die Gedankengänge des Mitarbeiters im Gespräch einschließt.

Das Mitarbeitergespräch wird zunehmend in den Unternehmen als alternatives Instrument für streng formalisierte Leistungsbeurteilungen durch »Ankreuzen« eingesetzt.

In aller Regel bestehen keine grundsätzlichen Meinungsverschiedenheiten über die Notwendigkeit derartiger leistungsorientierter Mitarbeitergespräche. Die Mitarbeiter haben Anspruch auf Beurteilung. Sie wollen gemessen werden am Ergebnis und Antworten finden auf Maßnahmen zum Ausbau der Stärken und Abbau von Schwächen, wie es der Leiter Bildung und Organisationsentwicklung der Drägerwerke AG formuliert. Der Erfolg derartiger Maßnahmen setzt demnach allerdings voraus, dass der Beurteilende sich selbst dem notwendigen »Ritual« stellt und auch das Management sich im gleichen Kontext »messen« lässt; nur dann ist Akzeptanz gegeben und Fortschritt möglich.

Natürlich stehen in einem wirtschaftlich orientierten Unternehmen die Arbeitsziele, der Zielerreichungsgrad, die Zusammenarbeit und die Entwicklungsmöglichkeiten im Vordergrund. Die harten Daten über vereinbarte Ziele und Arbeitsergebnisse müssen in diesem Gespräch »auf den Tisch«.

Um eine für beide Seiten nachvollziehbare Dokumentation des Gesprächs zu haben, empfiehlt sich die schriftliche Fixierung in Form eines Berichts. Er ist gleichzeitig Einstieg in das nächste Gespräch und ermöglicht so den Soll-Ist-Vergleich. Im Folgenden haben wir ein Muster zusammengestellt (vgl. Abb. 7.2).

BEURTEILUNGSGESPRÄCH-PROTOKOLL

Name des Mitarbeiters	Personalnummer

Tätigkeitsbezeichnung	Abteilung

Hauptaufgaben

_____

_____

_____

I Aussagen des Vorgesetzten
Wie sehen Sie die Arbeitssituation Ihres Mitarbeiters

1. Leistungsverhalten

	bei weitem nicht erfüllt			übertrifft bei weitem die Anforderungen		
	1	2	3	4	5	6
a) Fachwissen	O	O	O	O	O	O
b) Einsatz	O	O	O	O	O	O
c) Arbeitsmenge	O	O	O	O	O	O
d) Zuverlässigkeit	O	O	O	O	O	O
e) Umstellungsfähigkeit	O	O	O	O	O	O
f) Zielstrebigkeit	O	O	O	O	O	O
g) Verantwortungsbereitschaft	O	O	O	O	O	O
h) Belastbarzeit	O	O	O	O	O	O
i) Eigeninitiative	O	O	O	O	O	O

2. Sozialverhalten

a) Verhalten in der Gruppe

Einzelgänger, findet schwer
Anschluss, unpersönlich, kein Interesse
an anderen Personen

stets aufgeschlossen, findet leicht
Anschluss, gewinnt schnell Vertrauen
Anderer

1	2	3	4	5	6
○	○	○	○	○	○

b) Kooperation und Kommunikation

bietet selten Mithilfe an,
nicht geeignet zur Teamarbeit, informiert
kaum oder unzureichend

rücksichtsvoll/tolerant,
sehr gut geeignet für Teamarbeit,
informiert von sich aus

1	2	3	4	5	6
○	○	○	○	○	○

3. Führungsverhalten

a) Mitarbeiterführung

wenig pädag. Fähigkeiten,
trägt kaum dazu bei, dass Sinn und
Zweck der Arbeit verstanden wird

gute pädag. Fähigkeiten,
versteht
zu erklären und zu motivieren

1	2	3	4	5	6
○	○	○	○	○	○

b) Mitarbeiterförderung

kennt nicht die Fähigkeiten seiner
Mitarbeiter, kaum Fördermaßnahmen,
lässt keinen Raum für Entfaltung

schätzt die Fähigkeiten richtig ein,
engagiert sich für Weiterbildung, fördert
selbstständiges Denken und Handeln

1	2	3	4	5	6
○	○	○	○	○	○

Wie sehen Sie die Zusammenarbeit mit Ihrem Mitarbeiter?

_____

_____

_____

II Aussagen des Mitarbeiters

1. Wie sehen Sie Ihre Arbeitssituation?

2. Was gefällt Ihnen an Ihrer Arbeit?

3. Was sollte verändert werden?

4. Möchten Sie sich verändern? In welchem Zeitraum?

   Nein ○   Ja ○

5. Welche anderen Aufgaben interessieren Sie auch?

6. Wie sehen Sie die Zusammenarbeit mit Ihrem Vorgesetzten?

III Gesprächsergebnis

1. Was macht der Mitarbeiter gut, was nicht so gut?

2. Entspricht die Eignung des Mitarbeiters den Anforderungen?
   (es können mehrere Aussagen angekreuzt werden)

   ○ Die Eignung stimmt mit den Anforderungen überein

   ○ Gelegentliche Überforderung kann durch geeignete Maßnahmen
     ausgeglichen werden

   ○ Der Mitarbeiter ist im derzeitigen Aufgabengebiet überfordert

   ○ Der Mitarbeiter ist auch für folgende Aufgaben geeignet:

3. Welche Verabredungen treffen Sie?
   (z. B. aufgabenbezogene/mitarbeiterbezogene Maßnahmen)

   _____

   _____

   _____

Vorschlag des Vorgesetzten bei Probezeitbeurteilung

  ○ Festeinstellung

  ○ Verlängerung der Probezeit um .... Monate
     (die Probezeit darf insgesamt 6 Monate nicht überschreiten)

  ○ Entlassung

Der Mitarbeiter kann den Gesprächsbogen vor Unterschrift 2 Tage zur
Einsichtnahme behalten.

Ich bin mit dem Gesprächsergebnis

  ○ einverstanden
  ○ nicht einverstanden
     (Begründung kann auch nachgereicht werden):

   _____

   _____

   _____

  ○ nicht einverstanden und möchte, dass ein weiteres Gespräch unter
     Hinzuziehung des nächsthöheren Vorgesetzten stattfindet.

_____   _____
        Mitarbeiter   Vorgesetzter

_____   _____
   Datum und Unterschrift   Unterschrift

Abb. 7.2   Protokoll eines Beurteilungsgesprächs

Praxisbeispiel: Senkung von Fehlzeiten durch Zielvereinbarung

Unternehmen: Beispiel AG

Anlass: Nachdem in der Fertigung flächendeckend Gruppenarbeit eingeführt wurde, musste sich auch das bisherige Führungsverhalten ändern. Verantwortung und Kompetenzen werden auf die Mitarbeiter übertragen. Das bedeutet, dass sie auch in Entscheidungen und damit in die Zielfindung, die ihr Aufgabengebiet betrifft, einbezogen werden sollten. Am Thema »Fehlzeiten« sollte gezeigt werden, dass auch bei komplizierten Zusammenhängen Zielvereinbarungen möglich und hilfreich sind.

Ziele: Es wurde ein standardisiertes Verfahren »Zielvereinbarungen zur Vermeidung von Fehlzeiten« eingeführt. Dabei wurde das allgemeine Ziel verfolgt, die Entwicklung neuer Formen der Führung und Zusammenarbeit zu fördern.

Die spezielle Zielsetzung des Projektes war die nachhaltige Senkung des Krankenstandes von rund 8% im gewerblichen Bereich in den Jahren 2001 bis 2003 auf weniger als 6% ab 2005.

Vorgehen: Das Konzept wurde im Rahmen einer hierarchie- und geschäftsbereichübergreifenden Projektarbeit entwickelt. In Workshops und Gesprächsrunden mit den Personalreferaten, Vertretern der Führungskräfte, betrieblichen Vorgesetzten, Gruppensprechern und Mitarbeitern wurde die Praktikabilität des Verfahrens sichergestellt. Mit Beauftragten des Betriebsrates und den Betriebsausschüssen wurden Abstimmungsgespräche geführt.

Nach der Verabschiedung der Maßnahmen »Vermeidung von Fehlzeiten« (z.B. Zielvereinbarungen, Mitarbeitergespräche) in der überörtlichen Personalkommission erfolgte die Umsetzung. Betriebsräte und Vertrauensleute sowie alle Führungskräfte wurden auf speziellen Veranstaltungen informiert.

Für alle Führungskräfte wurde ein Handbuch »Vermeiden von Fehlzeiten« erarbeitet. Die betrieblichen Vorgesetzten wurden durch Qualifizierungsmaßnahmen, insbesondere Trainings zum Thema »Führen schwieriger Mitarbeitergespräche«, vorbereitet, während die Gruppensprecher u. a. für die Moderation von Gruppengesprächen, die Visualisierung etc. qualifiziert wurden. Die Mitarbeiter wurden durch ihre Vorgesetzten und zusätzlich durch die Mitarbeiterzeitung informiert.

Die Ziele werden nicht mehr hierarchisch vorgegeben – mit der Folge mangelnder Akzeptanz beim Umsetzer –, sondern zwischen Vorgesetztem und Mitarbeiter vereinbart. Dabei wird nicht nur das

WAS, also das Ziel bzw. die Zielwerte, die erreicht werden wollen, vereinbart, sondern auch WIE die Ziele erreicht werden können.

Die Zielvereinbarungen erfolgen auf jeder Führungsebene in einem wechselseitigen Prozess, in dem durch Vereinbarung von Teilzielen und Maßnahmen je Organisationseinheit die Unternehmensziele insgesamt abgesichert werden.

Die Gruppen sind einbezogen in die Zielfindung sowie in die Planung und Umsetzung von Maßnahmen zur Erreichung dieser Ziele. Ihre Aufgaben dabei sind:

- An- und Abwesenheiten der Gruppenmitglieder im Rahmen bestehender Vereinbarungen gemeinsam planen,
- An- und Abwesenheiten für die Gruppe und den Vorgesetzten transparent machen,
- jährlich das Gruppenziel »Vermeiden von Fehlzeiten« mit dem Vorgesetzten vereinbaren,
- Entwicklung der Fehlzeiten und Zielerreichung verfolgen und bewerten,
- bei Zielabweichungen Ursachen ermitteln,
- Maßnahmen zur Vermeidung von Fehlzeiten entwickeln und umsetzen.

Die anonymisierte Darstellung der Fehlzeiten in Form von Diagrammen auf der Gruppenarbeitstafel bzw. im Gruppenbuch wurde ebenso mit dem Betriebsrat vereinbart wie die Möglichkeit, personenbezogene Daten durch den betrieblichen Vorgesetzten und den Gruppensprecher zu führen.

Zeitpunkt der Einführung:	Die Umsetzung des Konzeptes erfolgte im zweiten Halbjahr 2004 flächendeckend sowohl für Arbeiter als auch für Angestellte durch Zielvereinbarungen für 2005.
Kommentar der Geschäftsleitung:	Die Zielvereinbarung erfolgte vor dem Hintergrund der 2004 konjunkturell bedingt rückläufigen Fehlzeiten und ergab für 2005 einen Zielwert von unter 5%. Trotz des Wiederanstiegs der Konjunktur wurde dieser Zielwert im Jahresdurchschnitt im Wesentlichen erreicht. Mit der Zielvereinbarungsrunde für das Jahr 2006 (durchgeführt im Oktober 2005) wurde das Verfahren bestätigt.

Fragen und Hinweise:

1. Weshalb sind Mitarbeitergespräche als Feedback einer Zielvereinbarung wichtig?
2. Diskutieren Sie am Praxisbeispiel die Bedeutung des 360-Grad-Feedback.
3. Nehmen Sie Stellung zu der Aussage »formalisierte Leistungsbeurteilungsverfahren können das persönliche Gespräch nicht ersetzen«.

8 Führung und Personalentwicklung

Speziell die Führungssituation ist in den meisten Unternehmen durch größenspezifische Merkmale gekennzeichnet, die nachfolgend kurz gekennzeichnet werden. Vor allem das Verhältnis zu Großunternehmen auf diesen Gebieten soll hervorgehoben werden. Die hier nur überblickartig dargestellten Besonderheiten werden in den einzelnen Abschnitten des vorliegenden Kapitels ausführlicher behandelt.

Kleine und mittlere Unternehmen (KUM) zeigen allerdings auch Schwachstellen, und dies insbesondere im Verhältnis zu den Großunternehmen. Die haben nämlich mittlerweile auch gelernt, die Stärken der KUM zu übernehmen. Eine Studie „Strategische Unternehmensführung und Perspektiven zur Zukunftssicherung mittelständischer Unternehmen", die unter 1200 Unternehmen durchgeführt wurde, belegt dies. Als Hauptmanko der Mittelständler wird das Unterschätzen der Konkurrenzfähigkeit ausländischer Unternehmen auf dem deutschen Markt angesehen. Nur etwa ein Fünftel der Unternehmen wird als für die Zukunft bestens gerüstet eingeschätzt. So zeigen denn auch neuere Insolvenzuntersuchungen, dass die Unternehmensführung bei Insolvenzursachen eine Sonderstellung einnimmt. Eine Überbelastung des Managements aufgrund unzureichender Delegation lässt sich dabei allgemein feststellen. Diese Feststellung deckt sich auch mit Ergebnissen empirischer Untersuchungen des Mittelstandsinstituts Niedersachsen, nach denen Führungsfehler eine der Hauptursachen für den Zusammenbruch von KU darstellen. Darüber hinaus zeigen sie folgende Schwachstellen: Der Generationswechsel im Personalbereich sowie der Umstand, dass häufig die Inhaberpersönlichkeiten den Aufstieg, aber auch den Abstieg des Unternehmens bestimmen. In den einzelnen Funktionsbereichen wie z.B. dem Rechnungswesen wird nur eine unzureichende Zurechnung der Kosten auf die Kostenstellen und die Kostenträger vorgenommen, im Marketingbereich die unzureichende Marktforschung und im Informations- und Kommunikationsbereich das wenig zielgerichtete Informationsverhalten, das am Ende zu einem mangelnden Informationsstand der Mitarbeiter führt. Interessant sind auch die höhere Krankheitsquote und die geringere Fluktuation bei zunehmender Betriebsgröße.

8.1   Personenbezogene Führung

Die Situation im Führungsbereich ist gekennzeichnet durch eine nur sehr geringe Arbeitsteilung, die einher geht mit einer geringen Delegationsbereitschaft und damit in aller Regel zu
einer Überlastung der Führungskräfte führt. In diesem Zusammenhang stellt sich auch die
Frage, welcher Führungsstil der richtige ist. Die Antwort auf diese Frage ist schwierig, da
Führungsprobleme in unterschiedlichen Situationen auftauchen und dementsprechend differenziert angegangen werden müssen. Auch ist gerade dieses Feld der Führungsmodelle nicht
unerheblichen Modewellen unterworfen. In den letzten Jahren wird die Frage zunehmend
erweitert gestellt „Welcher Führungsstil ist in welcher Situation richtig?". Man geht dabei
von folgenden Überlegungen aus: Jeder Führungsstil hat eine bestimmte Funktion und dient
somit einem anderen Ziel. Ebenso dienen einzelne Führungshandlungen unterschiedlichen
Zielen. Es muss daher versucht werden, für jede Führungshandlung bzw. -Situation den
richtigen Führungsstil zu finden. Führungsmodelle, Führungswissen und -methoden sind
über theoretische Vorstellungen und eigene Erfahrungen so zu entwickeln, dass daraus der
jeweilige „Maßanzug" im Hinblick auf Führungsstil und Führungstechnik entsteht. Patentrezepte gibt es nicht, jedoch bestimmte Kriterien, die beachtet werden sollten. Grundsätzlich
kann sicher gesagt werden, dass der autoritäre Führungsstil im Sinne von Zielsetzen und
Einzelanweisungen nicht mehr in allen Situationen zum gewünschten Erfolg führt. Autoritäre
Führung wird abgelöst durch kooperative Zusammenarbeit.

Unter Führung versteht man die persönliche Einflussnahme auf das Verhalten anderer zur
Erreichung bestimmter Ziele, die in der Regel im Finden, Treffen, Durchsetzen und Durchführen von Entscheidungen und im Kontrollieren von deren Auswirkungen liegen.

Demnach stellt sich Führung in zwei Teilfunktionen dar: 1. Jede Führungskraft hat aufgabenorientiert zu handeln, was bedeutet, dass die Ziele, die ihr gesetzt sind, verfolgt werden
müssen und alles getan werden muss, mit Hilfe der entsprechenden Mitarbeiter und den zur
Verfügung stehenden Ressourcen rechtzeitig zu den richtigen Entscheidungen zu kommen.
Man nennt dies die Lokomotionsfunktion der Führung. 2. Darüber hinaus muss jede Führungskraft aber auch personenorientiert handeln. Sie hat dafür zu sorgen, dass die Mitarbeiter
soweit wie möglich ihre persönlichen Ziele erreichen können, insbesondere, dass sie Befriedigung in ihrer Aufgabe finden. Selbstbestätigung und Selbstentfaltung der Mitarbeiter sind
also Ziele, die angesteuert werden müssen. Hier ist insbesondere die soziale Kompetenz der
Führungskraft gefragt. Führung wird hier zur Gemeinschaftsaufgabe; ein Denken in partnerschaftlichen Kategorien ist erfolgreicher. Die Anforderungen an Führungskräften lassen sich
an einigen Beispielen auflisten:

*   Pragmatismus, gesunder Menschenverstand, Selbstdisziplin;
*   soziale Intelligenz und die Fähigkeit wahrzunehmen, zu verstehen und mitzuteilen;
*   Belastbarkeit – psychisch und physisch;
*   ständiger Einfallsreichtum bei der Entwicklung von Märkten und Produkten sowie Kos-
    tenreduzierung und Finanzierung;
*   Erfolgsorientierung (nicht nur planen, sondern auch vollenden);
*   bejahend-optimistische Grundeinstellung mit der Fähigkeit, sie weiterzuvermitteln.

8.2 Einstellung zur Arbeit

Die Gestaltung der Führung auf allen betrieblichen Ebenen muss in besonderer Weise die vorhandene Einstellung der Mitarbeiter zur Arbeit berücksichtigen. Das Wissen um diese Einstellung stellt damit eine Grundvoraussetzung für jegliche Form der Führung dar. Dies nicht zuletzt deswegen, weil wir in den vergangenen Jahren einen Wertewandel gerade in der jüngeren Generation feststellen können. „Spaß an der Aufgabe" ist das Motto dieser Generation. Gerade in KUM können die begehrten „5S" der Freizeitkultur umgesetzt werden:

- Selbermachen und selbst aktiv sein;
- Spontaneität und Risikofreudigkeit;
- Selbstentfaltung und persönliche Entwicklung;
- Sozialkontakt und Gemeinsamkeit und
- sich entspannen und wohlfühlen

Solche Möglichkeiten bietet Arbeit aber auch in diesen Unternehmen nur, wenn die Arbeitsinhalte nicht zu sehr aufgesplittet sind, die Möglichkeiten des Einbringens eigener Ideen besteht und die Bewältigung der Aufgaben im Team angegangen wird. Hier liegen die Chancen für weniger Bürokratie und damit für schnellere Anpassungsfähigkeit an sich veränderte Marktbedingungen. Die Grundbedürfnisse in der bekannten Maslow-Pyramide sind heute befriedigt; es gilt, vorwiegend die höher gelagerten Bedürfnisse im Auge zu behalten. Gerade die sozialen Bedürfnisse können von KUM in besonderem Maße befriedigt werden. Führung, Aufgabe und Entgelt stellen daher die Eckpfeiler für die Einstellung zur Arbeit und letztlich zur Motivation dar.

8.3 Aufgaben und Entlohnung

Im Vergleich zu den Großunternehmen zeigen zahlreiche Untersuchungen, dass Vergütungen und Nebenleistungen in den KUM meist geringer ausfallen. Die reizvollen Vorteile liegen aber wie oben ausgeführt in den vielschichtigeren Aufgabenstellungen und Entfaltungsmöglichkeiten, die KUM bieten können. In Verbindung mit spezifischen Nebenleistungen werden dann die Nachteile, die sich am Arbeitsmarkt oft ergeben, ausgeglichen. Wenn die Arbeitnehmer dem KUM den Vorzug geben, erwarten sie selbstverständlich eine gerechte und verständnisvolle Führung sowie eine als gerecht empfundene Entlohnung. Eine brauchbare Ausgangsbasis stellen Lohn-, Einstufungs- und Gehaltspläne in Verbindung mit Arbeits- und Leistungsbewertungsverfahren dar. Werden sie konsequent und sinnvoll angewendet, sind Fehlentscheidungen kaum möglich. So entsteht eine sinnvolle Lohn- und Gehaltsordnung, mit deren Hilfe sich eine Fülle innerbetrieblicher Reibungsmöglichkeiten vermeiden lässt.

8.4   Mitarbeiterbeurteilung

Leistungsbeurteilung, Mitarbeitergespräch sowie Leitlinien für Führung und Zusammenarbeit sind vieldiskutierte Führungsmittel. Die Mitarbeiter stehen aufgrund zahlreicher Untersuchungen einer Beurteilung relativ aufgeschlossen gegenüber. Führung ist demnach ohne Beurteilung nicht denkbar. Einsatz und Förderung der Mitarbeiter setzen die Meinungsbildung über Leistung und Verhalten der Mitarbeiter voraus. Eine unsystematische Bewertung ist wenig geeignet, um Gerechtigkeit und Vergleichbarkeit im Betrieb zu erreichen. Ein Führungsstil, der neben dem Erreichen unmittelbarer Unternehmensziele auch die Wünsche und Bedürfnisse der Mitarbeiter berücksichtigen soll, ist ohne Mitarbeiterbeurteilung nicht denkbar. Sie ist daher eines der wichtigsten Führungsmittel. In der konkreten Umsetzung ergeben sich jedoch häufig Probleme. Die Beurteilungsmerkmale müssen zunächst so gewählt werden, dass sie alle für die betriebliche Aufgabe wichtigen Bereiche umfassen. Ferner führt ein systematisches Beurteilungswesen jedem, der beurteilt, eine besondere Verantwortung für die Mitarbeiter und das Unternehmen vor Augen. Gerade für KUM gilt dies besonders, da hier der persönliche Kontakt oft ausgeprägter ist. Durch die systematische Bewertung wird der Vorgesetzte veranlasst, sich intensiv mit der Persönlichkeit der Mitarbeiter zu befassen und zu prüfen, ob sie den Anforderungen des Arbeitsplatzes genügen, unterfordert oder überfordert sind. Die Beurteilung ist damit Grundlage für alle Entscheidungen in Fragen des Personaleinsatzes, der Personalentwicklung und der gehaltlichen Entwicklung des Mitarbeiters. In dem der Beurteilung vorausgehenden Mitarbeitergespräch erfährt der Mitarbeiter, worin er besonders gute Leistungen zeigt, aber auch, wo seine Schwächen liegen und wie diese z. B. durch Weiterbildungsmaßnahmen beseitigt werden können.

Wichtig ist, dass die Beurteilung schriftlich und der Vergleichbarkeit wegen standardisiert festgehalten wird. So ist sie in Konfliktfällen jederzeit nachvollziehbar. Personalführung kann darüber hinaus erleichtert werden, wenn zusätzlich zu diesen Instrumenten ein verbindlicher Handlungsrahmen existiert, der die Maximen der Zusammenarbeit beschreibt. In diesem Zusammenhang sind Führungsleitlinien sehr nützlich.

8.5   Information als Führungsmittel

Mitarbeiter und Führungskräfte werden nur dann bereit sein, sich für ihre Firma voll einzusetzen, wenn sie wissen, warum und wozu etwas geschieht und wenn sie dabei die Möglichkeit haben, angehört zu werden. Die Bereitschaft, das eigene Unternehmen und dessen Vorhaben zu verstehen, ist dann umso größer, wenn darüber objektiv informiert wird. Das Vertrauen, das seitens der Unternehmensleitung dem Mitarbeiter entgegengebracht wird, muss das Verantwortungsbewusstsein bei der Verwertung der Informationen entsprechen. Nur so kann auf Dauer die Kommunikation für beide Teile erfolgreich sein. Die innerbetriebliche Information der Mitarbeiter und deren gewählter Vertreter wird auch in Zukunft eine besondere Rolle spielen und viele Unternehmer veranlassen, ihre Informationspolitik zu überdenken. Dies gilt insbesondere auch für die Strategie und wirtschaftliche Situation des Unternehmens -die im Allgemeinen die Mitarbeiter viel stärker interessiert als angenommen. Zu einer effizienten Führung gehört auch, dass die Führungskräfte, die ja ein hohes Maß an unternehmerischer Eigenständigkeit und Dispositionsfreiheit haben, mit den wichtigsten Informationen für unternehmerisches Verhalten ausgestattet sind. In dieser Hinsicht müssen Unternehmer noch sehr viel tun; denn nur ausreichende Transparenz der Wirtschaftlichkeit und der Rentabilität bei Führungskräften und Mitarbeitern führt zu dem gewünschten Maß an Motivation, das für eine optimale Leistung erforderlich ist.

Zukünftige Entwicklungen

Die Schwerpunkte in der näheren Zukunft sind sicher geprägt durch den auf mittlerweile 27 Mitglieder angewachsenen gemeinsamen Binnenmarkt. Die zunehmende Globalisierung der Märkte wird auch die KUM insbesondere in den Bereichen Mitarbeiterführung und Personalarbeit allgemein nachhaltig tangieren. EG-Richtlinien werden zunehmend in nationales Recht umgesetzt und bedeuten heute schon zunehmende Reglementierung durch bürokratische Einengung des Handlungsspielraums. Um dem sicherlich zunehmenden Wettbewerbsdruck standhalten zu können, sollten die KUM ihren Größenvorteil nutzen, der sie in die Lage zu beweglichem und innovativem Verhalten versetzt. Der Pflege des Faktors Humankapital wird in zweifacher Weise Aufmerksamkeit geschenkt werden müssen:

Einmal in verstärkten Weiterbildungsaktivitäten, um den neuen Aufgaben gerecht werden zu können, und im Hinblick auf die Rekrutierung neuer Mitarbeiter, die dann die Attribute des vielzitierten Euromanagers besitzen sollten. Eine Vogel-Strauß-Politik ist auf jeden Fall die falsche Strategie. Von rhetorischen Fragen wie „Haben die KUM den Binnenmarktfahrplan verschlafen" sollten sich diese Unternehmen nicht bange machen lassen. Im Zweifelsfall sind die Konkurrenten im In- und Ausland auch nicht besser eingestellt.

8.6   Flache Strukturen und KUM

Wir greifen hier noch einmal die bereits in Abschnitt 6.4 geäußerten Gedanken zu flachen Hierarchien auf und prüfen unsere Überlegungen in diesem Abschnitt vor dem Hintergrund der Strukturen von KUM. Wie häufig bei der kritiklosen Adaption vermeintlich leistungsfähiger ausländischer Konzepte ist auch bei der Diskussion um „lean management" Sachlichkeit geboten. Nach der ersten Phase der Euphorie befinden wir uns derzeit eher in einer Phase der Ernüchterung. In Erfahrungsberichten aus den Unternehmen zeigt sich allerdings, dass unter „lean" häufig bereits lange bekannte und erprobte „Klassische" Organisationsverfahren bis hin zum innerbetrieblichen Vorschlagswesen als lean-projekte proklamiert wurden. Hier wird offenbar in zahlreichen Unternehmen „alter Wein in neuen Schläuchen" verkauft. Verfolgt man das Thema etwas genauer, kann man feststellen, dass in Deutschland nicht nur um den Begriff Lean eine heiße Diskussion geführt wird. Es liegen weitere - häufig aus dem Zusammenhang gerissene - japanische Strategien wie Kaizen (kontinuierliche Verbesserung), Poka-Yoke (fehlerverhindernde Vorrichtungen), Total Quality Management (Qualitätsmanagement), Ringi Seido (Entscheidungsfindung), Quality Function Deployment (Kundenwunschumsetzung in Qualitätsziele) und Keiratsu (Strategische Allianzen) voll im Modetrend. So gesehen muss die eingangs getroffene Warnung erweitert werden:

– Inwieweit können überhaupt japanische Managementstrategien übernommen werden? und
– in welchem Rahmen bedürfen sie der Modifikation und Anpassung?

Wichtig ist überdies die Frage, inwiefern die einzelnen, zunächst verschieden aussehenden Strategien zusammenhängen. Um dem bereits angesprochenen zunehmenden Wettbewerbsdruck standhalten zu können, sollten KUM ihren Größenvorteil nutzen, der sie in die Lage versetzt zu beweglichem und innovativem Verhalten.

Schlank bezog sich ursprünglich darauf, dass japanische Firmen für Entwicklung, Produktion und Vertrieb ihrer Produkte zum Teil nur 50% an üblicherweise veranschlagter Zeit und an Aufwand benötigten.

Die sog. „5 S" des Lean-Management verdeutlichen dies:

– schlanker
– schneller
– schlagkräftiger
– schwerelos (und nicht schwerfällig) und
– smarter

Dieses Denken - besser gesagt Umdenken - hat auch Konsequenzen für Personalverantwortliche. Bedeutet doch „schlank" in aller Regel Abbau von Personal bis hin zu der Aussage, dass bei konsequenter Anwendung des Lean-Konzepts das gesamte Mittelmanagement überflüssig werden könnte mit dem Ergebnis drastischer Kostensenkungen. Vorsicht ist allerdings geboten, wenn dieses vermeintliche „Abspecken" in Handlungsunfähigkeit mündet. Durch schlankere Strukturen sollte das Unternehmen „fit" werden und keinesfalls „abmagern", um den Herausforderungen gewandelter Märkte gerecht werden zu können.

Tatsache ist jedenfalls, dass die Anfragen - in aller Regel an externe Berater - etwa wie folgt lauten: Wie können wir schnell lean werden?; Wir haben nur fünf Monate Zeit; Der Vorstand hat uns beauftragt, Kosten zu sparen und Lean zu werden; In einem Workshop möchten wir lernen, „Lean" zu werden; Wie viel Hierarchien müssen wir abbauen, um lean zu werden?

Derartige Anfragen berücksichtigen nicht, dass wir dieses Prozess- oder ganzheitliches Denken nicht in einem „Crash-Kurs" erreichen, geschweige denn kann es vom Vorstand verordnet werden; hierzu bedarf es eines Lernprozesses, der im gesamten Unternehmen stattfindet - Organisationslernen bzw. Organisationsentwicklung. Sowohl lean management als auch Organisationsentwicklung sehen den Menschen als zentrales Element der Unternehmung an.

Welche Auswirkungen auf die Führungsstrukturen bzw. welche Veränderungen der Führungsrolle bringen nun diese neuen Strukturierungsgedanken? Zusammengefasst kann man formulieren: Lean Management erfordert teamfähige Personalstrukturen.

Dies bedeutet eine Verringerung der Führungs-/Leitungsspannen durch Einrichtung kleiner Teams. Für die Führungskraft wird deren zukünftige Hauptaufgabe darin bestehen, dass sie sich mit der Erarbeitung, Umsetzung und Kommunikation von Zielen beschäftigen und die Mitarbeiter in die Zieldiskussion mit einbinden. Lean Management muss in den Köpfen der Manager beginnen.

Folgende Maßnahmen bieten sich an, um die richtigen Signale für ein erfolgreiches Lean Management zu setzen :

-   Spielregeln der Aktionsfelder: Networking, Fachmanagement, Projektmanagement und Prozessmanagement skizzieren; weniger auf Stellenbeschreibung abstellen.
-   Karriereweg an der erfolgreichen Praxis in den Aktionsfeldern orientieren, weniger an der Hierarchieleiter.

-   Dem Management situatives Rollenverständnis vermitteln; weniger abstrakte Führungsfähigkeiten trainieren.
-   Das Management am zukünftigen Erfolg beteiligen; weniger Anwesenheit bezahlen.
-   Die Job-Rotation (besonders in Richtung Ausland) auch im Management praktizieren; weniger lineare, fachspezifische Entwicklung.
-   Zielvereinbarung im Rahmen von Projekten verankern; weniger an Einzelmaßnahmen festmachen.
-   Das obere Management in ein „Learning by doing" einbinden; die Management-Entwicklung nicht auf untere Ebenen begrenzen.
-   Management-Teamarbeit fördern, Teamanreize geben; weniger den Einzelkämpfer feiern.
-   Managementpositionen mit Pilot und Kopilot besetzen; weniger Stellvertretungsregelungen praktizieren.
-   Maßnahmeprogramme ergebnisgesteuert auslegen; weniger aktionsorientierte Vereinbarungen treffen.
-   Den vorausschauenden, Prophylaxis-orientierten Manager zum Helden machen; weniger den Krisenmanager hochstilisieren.

Zusammenfassung:

Erste empirische Erfahrungen mit Lean Management wurden jüngst auf einem Seminar an der Universität Mannheim zum Thema „Die schlanke Unternehmung – Lean Management auf dem Prüfstand" vorgestellt (vgl. die folgende Abbildung 8.1).

Erste Erfahrungen mit Lean Management
Urteile deutscher Führungskräfte ca. 6 Monate nach
Teilnahme an einem Lean-Management Seminar

Welche Bedeutung hat Lean
Management für die Zukunft?
   hoch bis sehr hoch   94%
   eher gering   6%

Welche Probleme sehen Sie bei der
Einführung von Lean Management?
   unsere Einstellung   43%
   bestehende Strukturen   21%
   Konsequenz, Disziplin   11%
   Priorität, Zeit   11%
   fehlende Ausbildung   10%
   Zweifel am richtigen Weg 6%

Führen Sie bereits Aufgaben im
Sinn von Lean Management durch?
   begonnen-abgeschlossen 81%
   eher gering   13%
   keine Absicht   6%

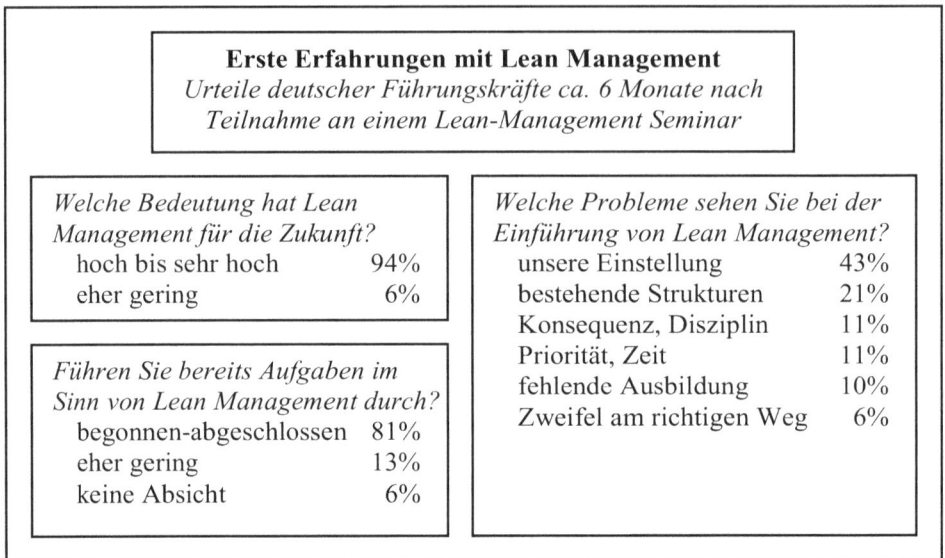

Abb. 8.1   Erfahrungen mit Lean-Management

Hervorzuheben ist die Erkenntnis, dass offensichtlich über 90 Prozent der Führungskräfte der Bedeutung von Lean Management für die Zukunft einen hohen Stellenwert beimessen. Gleichzeitig sehen rund 50 Prozent das größte Problem bei der erfolgreichen Einführung in der eigenen Verhaltensänderung.

In der Konsequenz sind demnach auch bestehende Führungsstile in Frage zu stellen: „Wir Manager müssen mehr denn je loslassen, anstatt alles an uns zu reißen. Wir müssen Vertrauen schaffen, vorausschauend führen und Entscheidungsbefugnisse delegieren. Nur so werden unsere Unternehmen erfolgreich – und dabei „das Eingemachte" nach Kräften genutzt".

Anders ausgedrückt: Wir müssen Köpfe und Herzen mobilisieren.

Manche Ablehnung des Lean-Management basiert sicherlich auch auf einem falsch verstandenen „1:1" Kopieren. Dabei gilt allerdings der Grundsatz, dass jedes Unternehmen seine eigene Konzeption – die eine grundsätzliche Einstellungs- und Verhaltensänderung zu Fragen der Führung und der gesamten Unternehmenspolitik voraussetzt – entwickeln muss, die keine Kopie zulässt.

8.7   Unternehmen und Management

Weil sich Unternehmen von Hierarchie- zu prozessgetriebenen Organisationen wandeln, gilt Lean Management jetzt auch an der Führungsspitze von Unternehmen; wir zeigen dies im Folgenden anhand einiger Praxisbeispiele auf.

Kürzere Wege

Vom Jungmanager zum Konzernvorstand in 21 Jahren: Keine Frage, Peter Smits hat bei ABB (Asea Brown Boveri) eine Bilderbuch - Karriere hingelegt. Einstieg als Exportmanager 1980, mit 29 Jahren, bei einer Tochtergesellschaft des Unternehmens. 1988 Aufstieg zum Vice-President für Schaltanlagen, nach seiner Rückkehr von einem vierjährigen Intermezzo beim Maschinenbauer Pfleiderer rückt er 1994 an die Spitze von ABB Belgien. 1998 wird Smits ABB-Präsident für den weltweiten Vertrieb von Transformatoren. Im Januar 2001 dann der Ruf in die Konzernzentrale: Smits wird Divisionschef für Energietechnik-Produkte, rückt in die Konzernleitung auf und übernimmt Ende 2002 die Verantwortung für die gesamte Energietechnik.

Die nächste Veränderung steht zum 1. Januar 2006 an: Smits steigt ab - vom Mitglied der Konzernleitung zum Deutschland-Chef von ABB und Regionalmanager für Zentraleuropa. Ob er glaube, dass Smits nach der Degradierung bei ABB bleiben wolle? Für Fred Kindle keine Frage: „Man kann nicht nur in Hierarchiestufen denken", sagt der ABB-Boss (seit Januar 2005 CEO). „Die Frage ist doch, ob die Aufgabe inhaltlich anspruchsvoll ist."

Kindles Plan: Umbau der Führungsspitze zum Jahreswechsel. Die bisherige zweite Führungsebene - Divisionschefs ohne operativen Aufgabenbereich, neben Smits noch Dinesh Paliwal, zuständig für den Bereich Automationstechnologie -wird es nicht mehr geben. An ihre Stelle hievt Kindle die Leiter der fünf operativen Geschäftsbereiche von der dritten Führungsebene direkt in die Konzernleitung. Das Ziel: Wichtige Informationen aus den Geschäftsbereichen sollen ihn ungefiltert und direkt erreichen. „Wir nehmen eine Ebene heraus", sagt Kindle. „Dadurch werden die Entscheidungswege kürzer."

Der Schritt soll nicht nur Kosten sparen, sondern ist Teil eines umfassenden Umbaus, der im Riesenreich des Anlagenbauers Entscheidungswege verkürzen, das operative Geschäft verbessern und Synergien zwischen den bislang etwa 60 weit gehend eigenständig operierenden ABB-Landesgesellschaften nutzen soll. „Bei uns", heißt es in der Zürcher Zentrale, „gibt es noch jede Menge Einsparpotenzial."

ABB ist nicht das einzige Unternehmen, das zurzeit seine Führungsriegen zurechtstutzt. Weil sich Unternehmen von starr hierarchiegläubigen zu prozessorientierten Organisationen wandeln, hält Lean Management nach der Produktion nun auch in den Chefetagen Einzug. „Der Trend, ganze Hierarchieebenen zu streichen, hat stark angezogen", sagt Schelling, Anwalt in München: „Auf die Abschussliste geraten alle Führungskräfte, die keinen ausreichenden Beitrag zur Wertschöpfung leisten." Selbst inhabergeführte Unternehmen kündigen mittlerweile Mitarbeitern, von denen alle glaubten, sie müssten selbst in einer Krise als letzte von Bord - vor allem die betroffenen Manager selbst.

Neben dem mittleren Management trifft es immer häufiger auch die Angestellten unmittelbar unterhalb des Vorstands oder der Geschäftsführung oder die Vorstände selbst. Da entlässt etwa ein mittelständischer Maschinenbauer seinen Prokuristen und verteilt dessen Arbeit auf zwei Gruppenleiter, die schon da sind und die das Unternehmen ohnehin braucht. Die beiden verdienen zusammen, was der Prokurist bislang allein nach Hause brachte und teilen sich dessen Aufgaben. . Auch auf der Ebene der Abteilungsleiter wird weiter sondiert, wer wegfallen kann. „Da wird dann ein Mitarbeiter aus der Abteilung zum Teammanager ernannt. Er übernimmt den Leitungsjob, ohne in der Hierarchie wirklich aufzusteigen", sagt Ernst Heilgenthal, Partner der Personalberatung Gemini Executive Search. Die sind oft sehr engagiert - meist sogar ohne mehr Geld zu bekommen -, weil allein die Leitungsfunktion für sie eine neue Erfahrung und damit einen Aufstieg bedeutet. Aus Unternehmenssicht ist die Verschlankung der Führungsstruktur ein sinnvoller Schritt: Entstehen doch im mittleren Management, aber auch auf der zweiten und dritten Ebene mit der Zeit häufig Scheinhierarchien, auf denen nicht wirklich mehr entschieden wird. Hoch qualifizierte Leute tragen nichts mehr zur Wertschöpfung bei, weil sie sich über die Jahre zum reinen Informationswandler entwickelt haben oder dazu gemacht wurden.

„Es gibt Führungskräfte, die unabkömmlich scheinen, bei genauer Betrachtung aber nur Flaschenhälse darstellen", sagt der Geschäftsführerin der Unternehmensberatung KF Group. „Solche Scheinhierarchien blockieren nicht nur den Informationsfluss", sie untergraben auch die Leistungsbereitschaft großer Teile der Belegschaft."

Ist der Flaschenhals beseitigt „blühen viele Mitarbeiter auf und übernehmen selbst Verantwortung", hat der Geschäftsführer der Unternehmensberatung Context in Bad Homburg, immer wieder erlebt. Er arbeitet mit seinen Beratern vor allem in der Finanzdienstleistungsbranche und unterstützt zurzeit ein Dutzend Sparkassen und Banken dabei, aus den Vertriebsmannschaften ihrer Filialen sich selbst steuernde Teams zu schmieden. Gerade im Bankensektor wurden in den vergangenen Jahren zahlreiche Hierarchien - wie zum Beispiel die der Regional- oder Gebietsleiter - wegorganisiert. Gleichzeitig funktionierten die Institute ihre Filialen weit gehend zu reinen Verkaufsstellen um. Die Filialmitarbeiter weiden deshalb vor allem am Vertriebserfolg gemessen - auch diejenigen, die früher eher Schreibtischarbeiten erledigten. Weil sich Verkaufstalent aber nicht zentral verordnen lässt, müssen die Teammitglieder selbst festlegen, wer wie und an welcher Stelle den besten Beitrag zum Gesamtergebnis leisten kann.

In der Konzentration auf das Kerngeschäft sieht denn auch der Leiter des Lean Management Instituts in Aachen, den Grund dafür, dass Flaschenhälse in der Organisation zunehmend als störend empfunden und entsprechend konsequent beseitigt werden. „Unternehmen, die sich auf die wesentlichen Prozesse konzentrieren, können ihre Abläufe auf einen Schlag viel besser standardisieren"; in solchen Organisationen braucht man Teams, die nicht von Abteilungsgrenzen blockiert werden und erst mal das Okay vom Chef abwarten müssen, sondern die den Gesamtprozess selbst überblicken und am Laufen halten."

Doch wie schaffen Unternehmen den Umbau zu einer solchen mehr prozess- als hierarchieorientierten Organisation, ohne wichtige Wissensträger, die nun mal häufig in Führungspositionen hineingewachsen sind, zu frustrieren und am Ende sogar zu verlieren? „Wichtig ist, dass der Abbau von Hierarchieebenen nicht willkürlich und als kurzfristige Sparmaßnahme erscheint, sondern dass dahinter ein System erkennbar wird, das für die Belegschaft auch nachvollziehbar ist", sagt die Geschäftsführerin der Unternehmensberatung Booz Allen Hamilton.

Vor allem müssen die betroffenen Mitarbeiter erkennen, dass sie nicht mit klangvollen, aber bedeutungslosen Titeln abgestellt werden sollen. „Das Management muss den Mitarbeitern glaubwürdig vermitteln", sagt der Deutschland-Chef der Personalberatung Heidrick & Stuggles, „dass es zwar nicht mehr viele hierarchische Posten zu vergeben hat, aber sehr wohl an der Entwicklung seiner Leute interessiert ist."

Wie das geht, hat die Gruppe Deutsche Börse vorgemacht. Zwei Drittel der 3300 Mitarbeiter sind permanent in Projekte eingebunden. Das funktioniert, weil sie neben der klassischen Führungslaufbahn auch als Experten oder Projektmanager Karriere machen. Jeder der drei Karrierepfade umfasst verschiedene Entwicklungsstufen, die mit entsprechenden Titeln gekoppelt sind. Die jeweiligen Anforderungen sind klar definiert. In diesem Koordinatensystem können die Mitarbeiter jenseits von Hierarchien für jedermann sichtbar aufsteigen. „Auch den Status des leitenden Angestellten machen wir nicht daran fest, ob jemand Mitarbeiterverantwortung hat", sagt der Leiter Recruitment and Development bei der Deutschen Börse. „Fachexperten und Projektmanager können ihn ebenso erreichen." So kann das Unternehmen die Organisation ständig neu strukturieren, ohne sein Führungspersonal vor den Kopf zu stoßen - selbst wenn Abteilungen oder Großprojekte aufgelöst werden.

Auch bei DaimlerChrysler können qualifizierte Mitarbeiter zwischen der Laufbahn als Linienmanager in einer festen Abteilung, als Projektmanager oder als Experte ohne Führungsverantwortung: wählen. Der Status der Karriere hängt nicht von der Zahl' der unterstellten Mitarbeiter ab. Aber die Linienmanagerin den Fachabteilungen haben die Hoheit über sämtliche Personalressourcen und tragen zugleich die Verantwortung dafür, dass ihre Abteilungen – was Innovation und Know-how angeht – immer auf dem neuesten Stand sind. „Gerade weil die Bedeutung des Projektgeschäfts seit Jahren zunimmt, haben wir die Position der Linienmanager damit gestärkt", erklärt der Bereichsleiter Fahrgestell in der Mercedes-Benz Lkw Entwicklung. Braucht nun ein Projektleiter einen Experten für Kühlungssysteme, muss er ihn in der Fachabteilung anfordern. Der Linienmanager entscheidet, ob er das Kühlungssystem in seiner Abteilung selbst entwickelt oder einen seiner Leute für das Projekt freistellt Für Unstimmigkeiten zwischen Linien- und Projektmanagern – jeder will die besten Leute haben – hat das Unternehmen ein Standardverfahren für das Konfliktmanagement entwickelt.

Das Ziel: Schwelende Streitigkeiten vermeiden und Diskussionen um die Ressourcenverteilung zum alltäglichen Geschäft erklären. Ist der Projektleiter etwa von der Kompetenz des freigestellten Experten nicht überzeugt, kann er sein Veto einlegen. Wird er sich mit dem Linienmanager nicht einig, greift die Stufe der positiven Eskalation. Beide müssen sich dann zumindest darauf einigen, ein gemeinsames Klärungsgespräch beim nächst höheren Vorgesetzen zu vereinbaren. Der hat die Übersicht über die Ressourcenverteilung in sämtlichen Projekten und den Entwicklungsstand der einzelnen Mitarbeiter und fällt am Ende eine für alle verbindliche Entscheidung.

Damit die Linien- und Projektmanager nicht vergessen, wie es ist, auf der jeweils anderen Seite zu stehen, wechseln sie des Öfteren ihre Funktion – vom Linienmanagement zur Projektleitung und zurück.

In dem Maße, in dem Unternehmen an Wertschöpfungstiefe verlieren, müssen sie lernen, in Netzwerken zu arbeiten. „Hierarchisch geprägte Unternehmen tun sich da schwer", meint ein Partner der Unternehmensberatung Bain. „Bei gemeinsamen Entwicklungsprojekten in der Automobilindustrie sind heute mitunter Ingenieure aus mehr als 100 verschiedenen Unternehmen beteiligt. Da muss sich der einzelne Mitarbeiter nicht nur persönlich im Team behaupten können"; er muss auch die Interessen seines Unternehmens stets aufs Neue verteidigen. Das kann er aber nur, wenn er das nötige Standing im eigenen Unternehmen hat. „Wer bei jeder kleinen Entscheidung mit seinem Abteilungsleiter Rücksprache halten muss, gibt ein schwaches Bild ab", meint er.

Der Leiter IT/Organisation bei der HSH Nordbank in Hamburg, hat deshalb seinen Spezialisten, die die Rechenzentrumsleistungen für das Bankgeschäft bei externen Dienstleistern einkaufen, weit gehende Verhandlungsfreiheit eingeräumt. „Bei der zunehmenden Arbeitsteilung im Bankgeschäft brauchen wir an der Schnittstelle zu den Dienstleistern versierte IT-Fachleute mit betriebswirtschaftlichem Know-how, die die Komplexität des Marktes überblicken, Netzwerke spinnen und Leistungen intelligent einkaufen können"; solche Leute brauchen große Entscheidungsspielräume. Die lassen sich nicht an die kurze Leine nehmen."

Um Entscheidungswege zu verkürzen und den Informationsfluss durchgängiger zu machen, müssen sich Unternehmen von der strikt funktionalen Aufteilung der Organisation verabschieden:

Dafür müssen sie Scheinhierarchien und Flaschenhälse in den Abteilungen identifizieren. Das Problem: Manager in Scheinhierarchien haben oft besonders viele Aufgaben an sich gezogen, leben in Wahrheit aber nur davon, die Fehler ihrer Mitarbeiter auszuputzen. Echte Leistungsträger zu erkennen, ist schwer. Um Know-how-Verlust vorzubeugen, müssen Unternehmen den besonderen Status ihrer Leistungsträger auch nach der Umstellung auf die prozessorientierte Organisation erkennbar machen. Da die Zahl der Mitarbeiter, die jemand führt, als Statussymbol wegfällt, müssen die Unternehmen neue Karrieremodelle entwickeln, die sich an Kompetenzen und Entwicklungsstand der Mitarbeiter orientieren. Werden Linienmanager, Projektleiter und Fachexperten weit gehend gleich gestellt, steigt die Flexibilität des Unternehmens und ermöglicht einen Wechsel zwischen den unterschiedlichen Rollen.

8.7.1   Übung

Abschließend wollen wir die Themen Führungsstile und Managementtechniken im Rahmen einer Konfliktbewältigung praktisch testen, und zwar in dem Fallbeispiel der Abb. 25. Entgegen der bisherigen Vorgehensweise, Lösungsvorschläge zu erarbeiten, ist nachfolgend das Szenarium der Arbeits- und Produktionswelt etwas ausführlicher ausgearbeitet und in ein Bündel von Vorgehensweisen eingebettet worden.

Lösungsvorschläge zur Aufgabe Abbildung 25, Führungsstil

zu 1)

Die Führungsstile in den einzelnen Abteilungen der DCC unterscheiden sich erheblich:

- In der Produktion lässt sich von einem autoritären Führungsstil sprechen. Diese Abteilung ist gekennzeichnet durch ein klares Anweisungssystem mit drei hierarchischen Ebenen. Die Kommunikationsbeziehungen verlaufen auf formalisierten Dienstwegen. Die Hilfskräfte sind ohne Einfluss auf die Gestaltung der Arbeitsprozesse.
- In der Entwicklungsabteilung ist der Führungsstil eher demokratisch. Hier wird ohne eine ersichtliche hierarchische Struktur geführt. Auftretende Probleme und neuere Entwicklungen werden gemeinsam mit dem Abteilungsleiter diskutiert.
- In der Vertriebsabteilung lässt sich der Führungsstil als kooperativ bezeichnen. Es werden auch hier erhebliche Freiräume den Mitarbeitern zugestanden. Es besteht ebenfalls die Möglichkeit, gemeinsam mit dem Abteilungsleiter Probleme zu diskutieren. Die aus dem Gespräch gewonnenen Erkenntnisse werden von Tetzlaff ausgewertet (ausgeklügeltes PKS) und mit der Entwicklungsabteilung besprochen.

zu 2)

Poletto und Tetzlaff können folgende Argumente für ihre Führungsstile anführen:

- Bei den Mitarbeitern beider Bereiche handelt es sich um hochqualifizierte Spezialisten, von denen Kreativität und Initiative gefordert wird.
- Die Umwelt eines Elektrounternehmens ist durch hohe Komplexität und Dynamik gekennzeichnet. Wettbewerbsintensität und rascher technologischer Wandel erfordern ein flexibles Reagieren auf die Veränderung der Märkte.
- Die zu lösenden Aufgaben sind - insbesondere im Bereich der Entwicklung nicht standardisierbar; es sind vielmehr äußerst kreative Problemlösungen zu entwickeln. Die Vertriebsmitarbeiter müssen ihre Beratungstätigkeiten flexibel und kundenindividuell gestalten.
- Durch die geringe hierarchische Strukturierung beider Bereiche entsteht ein kommunikationsfreundliches Arbeitsklima, das den einzelnen Mitarbeitern Freiräume lässt und den Austausch von Erfahrungen und Erkenntnissen begünstigt.

Demgegenüber lassen sich folgende Argumente für den in der Produktion angewandten Führungsstil finden:

- Die Hilfskräfte müssen durch entsprechende Weisungen gesteuert werden, ihre Motivation und Entscheidungsfreudigkeit sind nur im geringem Maße vorhanden und auch nicht in dem Maße erforderlich.
- Der häufige Serienwechsel erfordert rasche Entscheidungen. Es besteht ein hoher Koordinationsbedarf, der durch die Anweisungen der Meister schnell befriedigt werden kann.
- In der Produktion handelt es sich um Aufgaben, die weitgehend standardisierbar sind; sie wiederholen sich. Somit lassen sich Spezialisierungseffekte nur durch eine starke Zergliederung der Produktionsprozesse gewinnen.

– Die Führung eines größeren Bereiches lässt sich nur durch eine hierarchische Organisationsstruktur gewährleisten (Problem der Leitungsspanne).

Die Einstellungen der Führungskräfte und die von ihnen praktizierten Führungsstile betonen jeweils unterschiedliche Aspekte der Führung:

– Werner Wendig und der Geschäftsführer versuchen, eine möglichst effiziente, d.h. wirtschaftliche Produktion zu gewährleisten. Zu diesem Zwecke werden alle Rationalisierungsmöglichkeiten ausgeschöpft. Die Steuerung des Produktionsbereiches erfolgt über ein schnell wirksames Befehlssystem.

– Demgegenüber beachten Poletto und Tetzlaff auch die Bedürfnisse ihrer Mitarbeiter. Sie wissen, dass ein Zusammenhang zwischen Motivation ihrer Mitarbeiter und den notwendigen, kreativen Arbeitsergebnissen besteht. Poletto stellt dabei den Zufriedenheitsaspekt in den Vordergrund. Tetzlaff will durch die Anwendung von Planungs- und Kontrollsystemen auch die Erreichung der Unternehmensziele gewährleisten.

Zur Steuerung seines Bereiches werden bei Tetzlaff insbesondere zwei Managementinstrumente eingesetzt:

– Zum einen erfolgt die zielorientierte Steuerung der Vertriebsmitarbeiter über ein Planungs- und Kontrollsystem, mit dem für die verschiedenen Verkaufsbereiche Ziele formuliert werden und der Zielerreichungsgrad permanent durch Soll-Ist-Vergleich ermittelt wird. In engem Zusammenhang damit steht die Anwendung des Management by Objectives, indem einzelnen Mitarbeitern Ziele vorgegeben werden, die sie zu erreichen haben. Wie diese Ziele erreicht werden sollen, hängt im Wesentlichen von ihrer eigenen Entscheidung ab (Häufigkeit der Besuche, Dauer und Intensität der Kundenkontakte).

– Wenn man in der Entwicklungsabteilung von einer Managementtechnik sprechen will, so ließe sich Management by Exception anführen.

– Management by Order, wenn man es so bezeichnen will, herrscht in der Produktion vor.

zu 3)

Die bisher erarbeitete Lösung hat gezeigt, dass die von Poletto und Tetzlaff verfolgten Führungsstile für die Probleme dieser beiden Abteilungen durchaus gerechtfertigt erscheinen. Die schnellen Veränderungen auf dem Elektroniksektor und die erhebliche Konkurrenz verlangen, dass neue, kreative Lösungen im Entwicklungsbereich erarbeitet werden und durch den Vertrieb auch am Markt umgesetzt werden. Andererseits sprechen im Produktionsbereich viele Gründe für den dort angewandten Führungsstil.
Werden aber beide Führungsstile beibehalten, so bedarf es anderer Instrumente, um
den aufgetretenen Konflikt zu entschärfen. Einige möglichen Ansatzpunkte seien hier genannt:

- Eine wesentliche Entschärfung des Konflikts lässt sich schon dadurch erreichen, dass die jeweiligen Führungskräfte der Bereiche Verständnis für die Maßnahmen der Kollegen entwickeln (Aufklärungsarbeit leisten).
- Zunächst ist an eine räumliche Trennung der Produktion von Entwicklung und Vertrieb zu denken, so dass die Mitarbeiter der Produktion den Arbeitsstil der beiden anderen Abteilungen nicht mehr zur Kenntnis nehmen können.
- Über ein entsprechendes Lohnsystem kann ein Anreiz geschaffen werden, weiterhin konsequent und diszipliniert im vorgegebenen zeitlichen Rahmen zu produzieren.
- Letztlich können die beiden Abteilungsleiter Tetzlaff und Poletto darauf drängen, dass die Abteilungen zumindest zu bestimmten Kernarbeitszeiten besetzt sind oder dass beispielsweise die Kaffeerunden der Entwicklungsabteilung auf bestimmte Räumlichkeiten beschränkt bleiben.

Bitte suchen Sie selbst nach weiteren geeigneten Maßnahmen zur Konfliktbewältigung.

Für die DCC ist es eminent wichtig, den aufgetretenen Konflikt zu lösen: Sie ist einerseits darauf angewiesen, Kreativität und Flexibilität in Entwicklung und Vertrieb zu erhalten; andererseits beruht ihre starke Marktstellung nicht unwesentlich auf der rationellen Gestaltung der Produktion.

Die Wahl des richtigen Führungsstils hängt von mehreren Faktoren ab und lässt sich nicht allgemein beantworten.

8.8   Elemente von Managementsystemen

Wir hatten zu den Kernaufgaben des Managements Planung und Kontrolle, Entscheidung, Organisation und Führung gezählt. Dabei ist uns klar geworden, dass diese Aktivitäten in Phasen wahrgenommen werden und diesen Ablauf als Managementzyklus bezeichnet. Ebenso konnten wir einsehen, dass Voraussetzung für eine erfolgreiche Steuerung des Managementprozesses eine organisierte Führungsspitze ist. Und schließlich kamen wir zu dem Ergebnis, dass Führung durch das Management Voraussetzung für die Durchsetzung vor Ort ist.

Wenn wir jetzt von Elementen des Managementsystems sprechen [System = eine Menge von Elementen, die miteinander in Beziehung stehen; s. Abschnitt 2.2.2, Systemtheorie als Hilfe], dann meinen wir die Regeln und Instrumente, mit denen die Managementaufgaben erfüllt werden. Dazu wollen wir uns im Folgenden den wichtigen Elementen

- Organisation
- Planung und Kontrolle
- sowie Information

widmen.

8.8.1   Organisationssystem

Bereits bei der Organisation der Führungsspitze hatten wir eine Definition von Grochla angegeben [Strukturierung von Systemen zur Lösung von Daueraufgaben]. Wir können auch feststellen, dass organisieren vereinfacht ausgedrückt, die Verwirklichung eines Planes bedeutet.

Dabei ist die Organisation nicht Selbstzweck, sondern Hilfe für die reibungslose und wirtschaftliche Lösung der Betriebsaufgaben. D.h., oberster Grundsatz: Die Organisation orientiert sich am Unternehmensziel.

Stichwortartig seien nachfolgend die grundlegenden Aspekte eines Organisationssystems aufgeführt:

Spezialisierung:

Hierunter sind aufbauorganisatorische Weichenstellungen zu verstehen, was sich ausdrückt u. a. in

- der Organisationsform eines Unternehmens

- der Stellenbildung und -gliederung

- der Zentralisation nach Objekt, Verrichtung, Regionen.

Koordination:

Aus Arbeitsteilung / Stellenbildung folgt, dass das aufbauorganisatorische Zusammenwirken zum Gelingen der Gesamtaufgabe gewährleistet werden muss u. a. durch

- Weisungen, Programme, Pläne

- Integration von Menschen und Sachmitteln

- Kommunikationsflüsse und Rückkopplungen.

Leitung:

Aus Stellengliederungen entstehen Hierarchien, deren Bausteine, Instanzen, mit Leben ausgefüllt werden müssen, wie u. a.

- Kompetenzen (Vollmachten) und Verantwortungen

- Aufsicht und Kontrollen (Leitungsspannen)

- Entscheidungsdelegation

- disziplinarische und fachliche Unterstellungen

- Linien, Stäbe, Ausschüsse, Kommissionen (Singular- und Pluralinstanzen)

Formalisierung:

Betriebe und Unternehmen sind künstliche von Menschen geschaffene Systeme. Die zielgerichtete Ordnung basiert auf Regelungen. Diese werden zum Zweck der Veranschaulichung, der Vereinfachung und auch der Disziplinierung schriftlich fixiert, u.a.

in

- Schaubildern wie Organigrammen und Arbeitsablaufplänen

- Verbaldarstellung wie Handbüchern oder Stellenbeschreibungen, Dokumentationen und Formularen, Listen, Tabellen, Diagrammen, Formeln wie Checklisten, Prüfmatritzen, Netzplänen oder Codierungen.

Fragen und Hinweise:

1. Organisation hat etwas mit Stabilität zu tun. Ist Stabilität bei der betrieblichen Aufgabenerfüllung erwünscht oder wünschenswert?
2. Kennen Sie die Begriffe Überorganisation und Unterorganisation? Was versteht man darunter? Nennen Sie gegebenenfalls Beispiele.
3. Sehen Sie einen Konflikt oder ein Dilemma zwischen Stabilität [Organisation] und Labilität [Improvisation]?
4. Lassen sich gegebenenfalls Zusammenhänge zwischen der Größe eines Unternehmens und dem Organisationsgrad herstellen? Diskutieren Sie diesen Sachverhalt im Sinne von plus /minus.

8.8.2   Planungs- und Kontrollsysteme [PKS]

Erinnern Sie sich daran, dass wir 'antizipatives, schrittweises Denken' trainieren wollen, um den Aufgaben der BWL gerecht zu werden. Bei dem Thema Planung haben wir Gelegenheit dazu.

Was heißt denn planen? Gehen wir vom lateinischen Ursprung planum = Ebene aus, dann bedeutet planen Sicht / Übersicht oder Transparenz schaffen. Dies macht insoweit Sinn, als wir vor Überraschungen gefeit sind und auftretende Unebenheiten früh genug entdecken wollen. D.h., wir wollen uns rechtzeitig vorbereiten können.

Auf die Unternehmensführung oder die Planungsträger übertragen bedeutet Planung
–   das Antizipieren relevanter Entwicklungen,
–   die Erhaltung und Schaffung von Optionen / Handlungsspielraum und
–   das Koordinieren von Teilbereichen, um die unternehmenspolitischen Ziele zu konkretisieren.

Diese Aufgaben der Planung müssen durch laufende Kontrollen ergänzt werden, um über Zielabweichungsanalysen Plan- und / oder Zielkorrekturen zu veranlassen.
Diese Abfolge lässt sich in Form des Zyklus:

Planung => Kontrolle ==> Information => Planung ausdrücken.

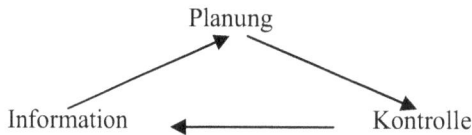

Abb. 8.2   Zyklus der Planung

In den letzten 20 - 25 Jahren haben Konzepte und Methoden der Unternehmensplanung eine bemerkenswert rasante Entwicklung erfahren.

Wenn wir uns noch etwas deutlicher die Zusammenhänge zwischen Zielen und Planung klarmachen, vergegenwärtigen Sie sich noch einmal den unternehmerischen Willensbildungsprozess. Die dort dargestellte Vogelperspektive des Interessenausgleichs mündet in einer Handlungsanweisung in Gestalt der Unternehmensplanung. Auf dieser Handlungsebene befinden wir uns jetzt, wenn wir von einem Planungs- und Kontrollsystem sprechen. Die einzelnen Elemente eines solchen Systems finden Sie abgebildet in Abb. 8.3.

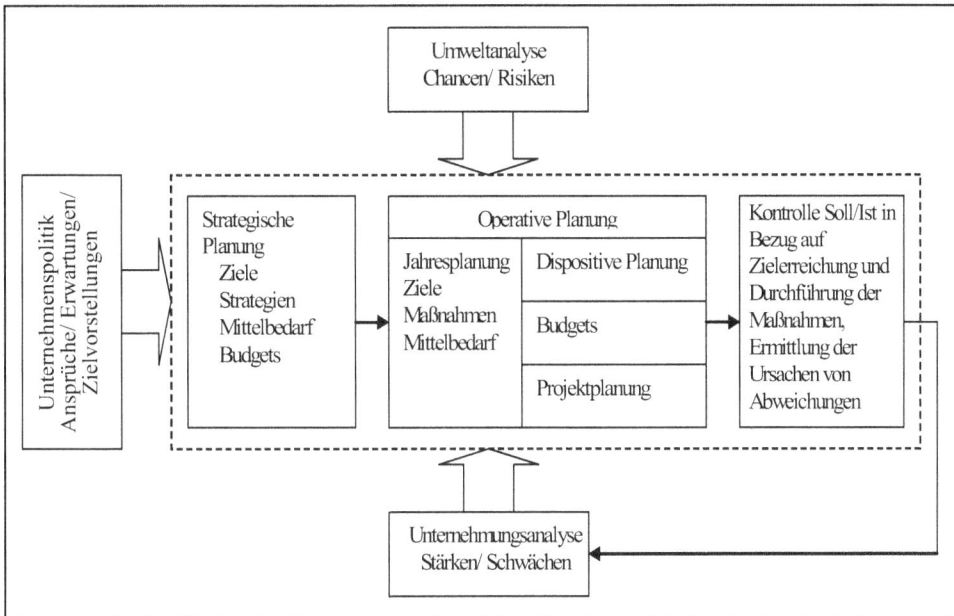

Abb. 8.3   System der Unternehmensplanung und Kontrolle

Es leuchtet ein, dass ein funktionierendes PKS eine wichtige Voraussetzung für das Management ist, damit es die Gestaltungsaufgaben erfüllen kann. Wir wollen uns nachfolgend einige Gedanken über die Organisation [Aufbau- und Ablauforganisation] eines PKS machen.

Im Rahmen einer Einführung in die BWL sollen Sie mit einigen wichtigen betriebswirtschaftlichen Begriffen [Handwerkszeug] aus der Planungswelt vertraut gemacht werden:

–   Aufbauprinzipien
–   Planungsverfahren/Planungsrhythmus
–   Ausgleichsgesetz
–   Strukturierung/Interdependenz der Teilpläne
–   Controlling
–   strategische und operative Planung.

Aufbauprinzipien

Nach welchen Gesichtspunkten / Kriterien Pläne aufgebaut werden können mag die folgende Abbildung 8.4 zusammenfassen:

Gliederungs-kriterium	Planungs- und Entscheidungsarten			Typische Anwen-dungsgebiete
Rang	generell	strategisch	operativ	
Fristigkeit	kurzfristig	mittelfristig	langfristig	
zeitliche Abfolge	sukzessiv	simultan		
Flexibilität	starr	flexibel		
Umfang	gesamt	partial (Teil-)		
Detaillierung	grob (Rahmen-)	fein (Detail-)		
Funktionen	Beschaffung, Produktion, Lagerung, Absatz, Finanzierung, Investition, Forschung und Entwicklung			
Wiederholung	fallweise	periodisch / laufend		
		rollend, über-lappend	anschließend	
Träger	individuell	kollektiv		
Objekt	Ziel	Mittel		
	Struktur	Prozeß		
	Personal-, Finanz-, Anlagen-, Material-, Informations-			
Eintritts-erwartung	Sicherheit	Risiko	Unsicherheit	

Abb. 8.4   Aufbauprinzipien: Planungs- und Entscheidungsarten

Fragen und Hinweise:

1. Versuchen Sie mit Beispielen den rechten Teil der Abb. 8.4 auszufüllen.
2. Diskutieren Sie, ob Planung Selbstzweck oder Mittel zum Zweck für den Betriebswirt ist.
3. Skeptiker sagen schon mal, Planen ist das Ersetzen des Zufalls durch Irrtum. Was halten Sie davon?

Planungsverfahren – Planungsrhythmus

Planung und insbesondere Planungssysteme müssen organisiert werden. Wir hatten im vorigen Abschnitt gehört, dass die Organisation u. a. für Aufbau und Ablauf zu sorgen hat. Auf die Planung übertragen muss also festgelegt werden, wie Planungssysteme aufgebaut und ablaufen sollen. Das ist vor allem für große Unternehmen und solche mit unterschiedlichen Geschäftsbereichen (-feldern) erforderlich. Soll beispielsweise Planung hierarchisch gesehen von oben nach unten [top-down] oder von unten nach oben [bottom-up] erfolgen? Oder ist eine Mischung von beiden das sog. Gegenstromverfahren das zweckmäßigste?

Von oben nach unten würde konkret bedeuten, dass die Unternehmensleitung generell Ziele festlegt und als Planungsvorgaben für die nachfolgenden Managementebenen verbindlich vorgibt. Diese hätten dann in einem zeitlich vorgegebenen Rahmen diese globalen Vorgaben zu operativen Solls auf die Arbeitsebene und zeitlich kürzeste Periode (Schicht / Stunde), d.h. in detaillierte Teilpläne ihrer Bereiche, umzusetzen. Diese Vorgehensweise wird auch retrogrades Planungsverfahren genannt.

Beim umgekehrten Verfahren, dem progressiven, werden die Teilpläne von den unteren Planungsebenen zuerst erstellt, dann zu den übergeordneten Instanzen weitergereicht, dort koordiniert und zu einem Gesamtplan zusammengefasst, der schließlich der Unternehmensleitung zur Genehmigung vorgelegt wird.

Das Gegenstromverfahren ist eine kombinierte Anwendung der beiden vorherigen Verfahren. Einerseits legt die oberste Managementebene [Vorstand u. a.] z.B. die Erfolgs- und Finanzziele für das Gesamtunternehmen fest und andererseits erstellen die Funktionsbereiche - abgestuft- die Teilpläne. In einem meist mehrstufigen Abstimmungsprozess werden die Vorgaben der Unternehmensleitung mit den Teilplänen verglichen, überarbeitet, revidiert und schließlich so abgestimmt, dass sie verbindlich festgesetzt werden und als Teilziele -meist in Form von Leistungszielen- den betreffenden Funktionsbereichen vorgegeben und überwacht werden können.

Die vorgestellten Verfahren funktionieren natürlich nur, wenn bestimmte Grundsätze wie Vollständigkeit, Abgestimmtheit und Flexibilität beachtet werden. Schließlich muss auch organisiert sein, zu welchem Termin welche Plandaten vorzuliegen haben bzw. weitergereicht werden müssen. D.h. es steht ein Planungsrhythmus fest, manchmal auch Planungskalender genannt.

September-Oktober	November-Dezember	Dezember-Januar	Ende Januar
Prognoseabfrage für * Absatz * Umsatz * u.a. des nächsten Jahres	Koordination der Teilbereiche	Abstimmung, Revision, Überarbeitung, Absprache und vorläufige Planvorgaben	Festlegung der endgültigen Ziele und Budgets für das lfd. Jahr

Abb. 8.5   Planungskalender

Fragen und Hinweise

1. Fallen Ihnen noch andere Grundsätze ein, die bei der Planung einzuhalten sind?
2. Versuchen Sie, anhand des Planungskalenders in Abb. 8.5 weitere Prognoseabfragen aus anderen Funktionsbereichen zu finden.
3. Nehmen Sie an einem frei gewählten Beispiel eine Koordination zwischen zwei Funktionsbereichen vor.
4. Formulieren Sie eine Abweichung zwischen zentralen top-down-Zielen und dezentralen Teilplänen. Wie könnte eine Lösung konkret aussehen?

Ausgleichsgesetz der Planung

Auf einen weiteren Zusammenhang sei bei der Planung verwiesen. So wie die Schluckfähigkeit .einer Straße von der Durchlässigkeit an ihrer engsten Stelle abhängt, eine Wandergruppe auf ihr schwächstes Wandermitglied Rücksicht nehmen muss, so muss sich die Planung ebenfalls am sogenannten Minimumsektor ausrichten.

Der Engpass, der außer- bzw. innerbetrieblich begründet sein kann, stellt immer den Ausgangspunkt einer kurzfristigen Planung dar. Diese Entscheidungsregel zur Koordination hatte Gutenberg mit der Formulierung des „ Ausgleichsgesetzes der Planung" geliefert.

Es beinhaltet einen kurz- und einen langfristigen Aspekt:

Dominanz des Minimumsektors für die Gesamtplanung als kurzfristige Wirkung. Das heißt: kurzfristig ist die gesamte Planung auf den jeweils schwächsten Teilbereich abzustellen, d.h., die Koordination hat vom jeweiligen Engpassbereich (Minimumsektor) auszugehen.

Der Engpassbereich stellt also eine Restriktion für die anderen Teilplanungen dar: Liegen etwa Hemmnisse im Beschaffungsbereich (Rohstoffknappheit) vor, wird -statt der oft unterstellten Abfolge „Absatzplanung - Produktionsplanung -Beschaffungsplanung" vorübergehend eine umgekehrte Koordinationssequenz vorliegen.

Langfristig sollte die Planung durch entsprechende Maßnahmen die betrieblichen Teilbereiche „harmonisieren".

Strukturierung / Interdependenz der Teilpläne

Die Einhaltung des weiter oben aufgeführten Grundsatzes der Abgestimmtheit der Planung führt uns zu einer weiteren Beobachtung. Die einzelnen Teilpläne sind ineinander verzahnt und wirken wie ein Netz. Wir bezeichnen dieses ineinander und voneinander abhängige Flechtwerk Interdependenzen [Zusammenwirken / Abhängigkeiten].

Um einen ersten groben Anhaltspunkt über die Interdependenzen betrieblicher Teilpläne zu geben, sei auf die Abb. 16 verwiesen.

Bei der Koordination, wie wir sie im Zusammenhang mit den Planungsverfahren kennen gelernt haben, muss auf diesen Umstand ganz besonders Rücksicht genommen werden.

Controlling

Wir haben die Aufgaben und Stufen der Planung kennen gelernt; haben Begriffe wie Planungsverfahren, -rhythmus, Grundsätze der Planung, Ausgleichsgesetz oder Abhängigkeiten, Koordination oder Überwachung im Planungswesen erläutert und wollen jetzt noch erklären, welche Institution innerhalb der Unternehmung für Planungs- und Kontrollsysteme zuständig ist. Je nachdem, ob es sich um eine eigene Abteilung handelt, was in größeren Unternehmen der Fall ist, oder ob die genannten Aufgaben vom Chef selber wahrgenommen werden, mit oder ohne eigenen Stab / Assistenten handelt es sich um die typischen Controllingfunktionen.

Wir wollen für unsere Belange in der Einführung in die BWL unter Controlling ein System von Führungsunterstützung verstehen, mit dem die ablaufenden Managementprozesse im Hinblick auf Zielsetzung und Zielerreichung verbessert werden sollen. Dem Controlling kommen dabei im Wesentlichen zwei Aufgabenbereiche zu:

- Zum einen bestehen Controllingaufgaben in der ständigen rentabilitätsmäßigen Durchleuchtung des Unternehmens, der Offenlegung von Schwachstellen und der Entwicklung von Vorschlägen zur Verbesserung der Effizienz und Anpassungsfähigkeit des Unternehmens.
- Zum anderen liegen Controllingaufgaben in der Gestaltung und dem Ausbau von Planungs- und Kontrollsystemen, der Koordination der arbeitsteiligen Aktivitäten im Unternehmen und ihrer informatorischen Abstützung [z.B. Berichtswesen].

Strategische und operative Planung

Erinnern wir uns noch einmal des Zielbildungsprozesses in Kapitel 3 und vergegenwärtigen wir uns, wie diese Leit- oder Oberziele auf die Arbeitsebene handhabbar gemacht [operationalisiert] werden, dann stellen wir auf das Unternehmen bezogen zunächst einen mehr mittel- bis langfristigen, - d.h. strategischen- und einen kurzfristigen - d.h. operativen- Horizont fest.

Wenn wir das Schaffen von Handlungsspielraum hinsichtlich Chancenwahrnehmung und Risikovermeidung als grundlegende Aufgabe der Planung verstehen und dem Controlling wie vordem ausgeführt diese Funktion als Managementunterstützung übertragen, dann müssen wir über diese beiden Planungshorizonte noch einige Ausführungen machen.

Kurzgefasst könnte man Strategie als den oder die Wege zum Ziel bezeichnen. Die strategische Planung hat dann die Leitziele zu konkretisieren. Wenn Sie dabei einen Planungshorizont von etwa 3-5 Jahren unterstellen, dann können strategische Aussagen nicht buchhalterisch genau, sondern eher global sein. D.h., im Rahmen der strategischen Planung werden die wichtigsten Merkmale eines Unternehmens [Produkte, Markt, Investitionen] relativ global für einen längeren Zeitraum fixiert. Es sollen Konzepte und Strategien entwickelt werden, mit denen die Existenz der Unternehmung dauerhaft gesichert werden kann. Aus der strategischen folgt dann die operative Planung; siehe dazu Abb. 8.6.

Merkmale	Strategische Planung	Operative Planung
Hierarchische Stufe	Schwerpunkt bei der obersten Führungsebene der Unternehmung	Involvierung aller Stufen mit Schwerpunkt auf mittleren Führungsstufen
Unsicherheit	wesentlich größer	kleiner
Art der Probleme	meistens unstrukturiert	relativ gut strukturiert und oft repetitiv
Zeithorizont	Akzent langfristig, jedoch auch kurz- und mittelfristige Aspekte möglich	Akzent kurz- bis mittelfristig
Informationsbedürfnisse	primär Richtung Umwelt	primär nach innen
Alternativen	Spektrum an Alternativen grundsätzlich weit	Spektrum eingeschränkt
Umfang	Konzentration auf einzelne wichtige Problemstellungen	umfasst alle funktionellen Bereiche und integriert alle Teilpläne
Grad der Detaillierung	globaler und weniger detailliert	relativ groß

Abb. 8.6   Merkmale strategischer und operativer Planung

Das Prinzip der Dominanz der strategischen Planung ergibt sich direkt aus dem Zielcharakter der strategischen Planung für die operative Planung.

Ausgangspunkt des strategischen Planungs- und Kontrollprozesses bilden Unternehmens- und Umweltanalysen - im Rahmen einer mehrstufigen Geschäftsfeldanalyse -, mit denen Stärken und Schwächen der Unternehmung und ihrer Konkurrenten sowie der strategisch bedeutenden Veränderung der Umwelt erfasst werden. Auf der Basis dieser Erkenntnisse kann geprüft werden, ob die Unternehmung die gesetzten Ziele mit den gegenwärtigen Strategien erreicht.

Wir wollen hier primär auf zwei Zusammenhänge von Bedeutung hinweisen:

a)   die Vorstellung von einem Produktlebenszyklus sowie
b)   das Konzept der Erfahrungskurve.

Zu a)   Lebenszyklushypothese; siehe dazu Abb.11, Produktlebenszyklus-Modell Erklärungsmodell „Produktlebenszyklus", siehe Kapitel 2.

Zu b)   Das Konzept der Erfahrungskurve basiert auf dem empirisch nachgewiesenen Phänomen, dass die Produktionskosten je Stück mit zunehmender Ausbringungsmenge abnehmen. Den Zusammenhang verdeutlicht Abb. 8.7.

**Kosten
[€/Stück]**

**Kumulierte Fertigungsmenge
[Stück]**

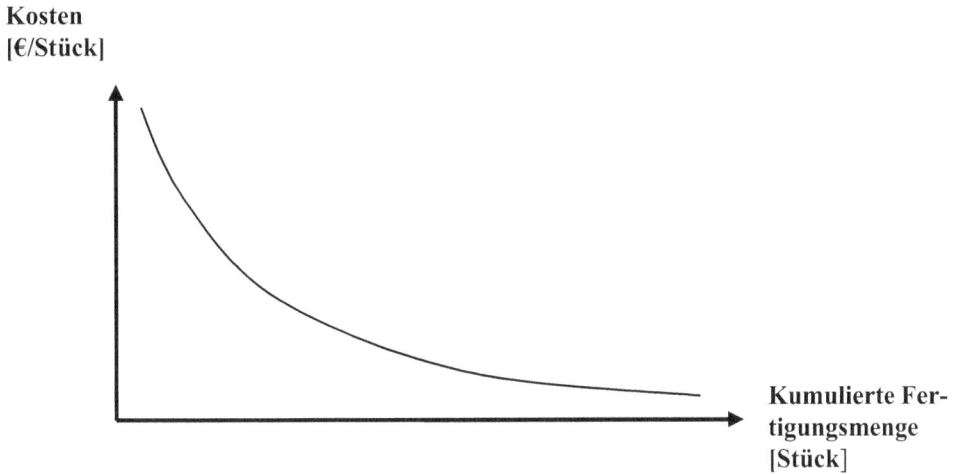

Abb. 8.7   Erfahrungskurve

Konsequenz:

Aus den beiden Effekten ergibt sich nun die Forderung, eine Unternehmung müsse einerseits über eine ausgewogene Mischung von Produkten unterschiedlicher Reifegrade verfügen. Andererseits sollte sie bemüht sein, hohe Marktanteile zu gewinnen, um aufgrund des Erfahrungskurveneffektes gegenüber Mitbewerbern einen relativen Kostenvorteil zu erzielen.
D.h., unter Berücksichtigung dieser Gesichtspunkte sollten Markt- und Produktstrategien entwickelt werden.

In der Unternehmenspraxis wendet man nun bestimmte Techniken an und setzt sie als Hilfsmittel der strategischen Planung ein, um Effekte sichtbar zu machen und Entwicklungen aufzuzeigen.

Wir wollen nachfolgend die Portfolioanalyse vorstellen. Ein Portfolio klassifiziert nach bestimmten Merkmalen in sogenannte Strategische Geschäftsfelder [SGF] oder -einheiten. So könnte ein SGF eine Produkt-Markt-Kombination darstellen, für die eine eigenständige, abgrenzbare Strategie entwickelt werden kann. Diese Geschäftsfelder werden nach verschiedenen Kriterien untersucht und in eine strategische Matrix eingeordnet.

Eine der bekanntesten ist die hier vorgestellte Marktanteils-Marktwachstums-Matrix (sogn. Boston-Matrix). Sie geht von der Überlegung aus, dass Märkte mit hohen Wachstumsraten am Anfang des Lebenszyklus stehen und hohe Investitionen erfordern, wohingegen bei geringem Marktwachstum die Reifephase bereits begonnen hat. Weiterhin wird unterstellt, dass von der Höhe des Marktanteils die auf die Erfahrungskurve basierenden relativen Kostenvorteile abhängen.

Damit ergibt sich eine Standard-Matrix mit folgendem Aussehen (Abb. 8.8):

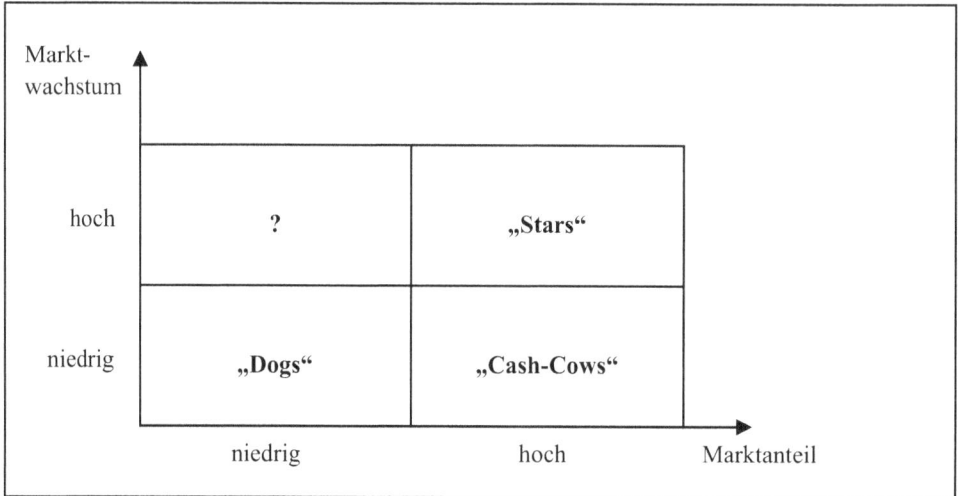

Abb. 8.8: Marktanteils-Marktwachstums-Matrix (siehe auch Abb. 17 im Anhang)

Die einzelnen Felder dieser Matrix lassen sich folgendermaßen charakterisieren:

– „Cash-Cows" sind Märkte mit geringem Wachstum, in denen das Unternehmen einen hohen Marktanteil besitzt. Diese SGF liefern hohe finanzielle Überschüsse.
– „Stars" sind Produkte in Märkten mit hohem Marktwachstum und hohem Marktanteil. Sie sind die zukünftigen „Cash-Cows". Zur Erhaltung ihrer Stellung müssen die erzielten Überschüsse wieder investiert werden.
– ,Nachwuchsprodukte" sollen späteres Wachstum ermöglichen. Da sie zur Erreichung eines hohen Marktanteils einen erheblichen Finanzbedarf erfordern, kann eine Unternehmmung nur wenige Nachwuchsprodukte fördern
– „Arme Hunde" sind Problemprodukte, von denen weder Wachstum noch positive Finanzüberschüsse zu erwarten sind. Es handelt sich um typische Liquidationskandidaten.

Die beiden nachfolgenden Abb. 8.9 und 8.10 sollen Ihnen die praktischen Konsequenzen aus den Situations- und Umweltanalysen im Rahmen der Geschäftsfeldorientierung aufzeigen.

Strategische Elemente	**Portfolio - Kategorien**			
	Nachwuchs	**Stars**	**Cash-Cows**	**Probleme**
Zielvorstel-lungen	selektierter Ausbau	halten/leichter Ausbau des Marktanteils	halten/leichter Abbau des Marktanteils	Abbau des Marktanteils
Investitions-aufwand	hoch, Erweiterungsinvestitionen oder Verkauf	hoch/Reininvestition des Netto-Cash-Flows	gering, ausschließlich Rationalisierungs- und Ersatzinvestitionen	minimal, Verkauf bei Gelegenheit, möglicherweise Stilllegung
Verhalten gegenüber dem Risiko	Akzeptieren	gegenhalten	einschränken	stark reduzieren

Abb. 8.8:   Ableitung strategischer Verhaltensweisen für die Portfolio-Kategorien der Marktanteils-Wachstums-Matrix

An diesen Basisstrategien kann sich nun im Einzelfall die Entwicklung von SGF-spezifischen Strategien orientieren. Abb. 8.10 zeigt beispielhaft ein Ist- und Plan-Portfolio.

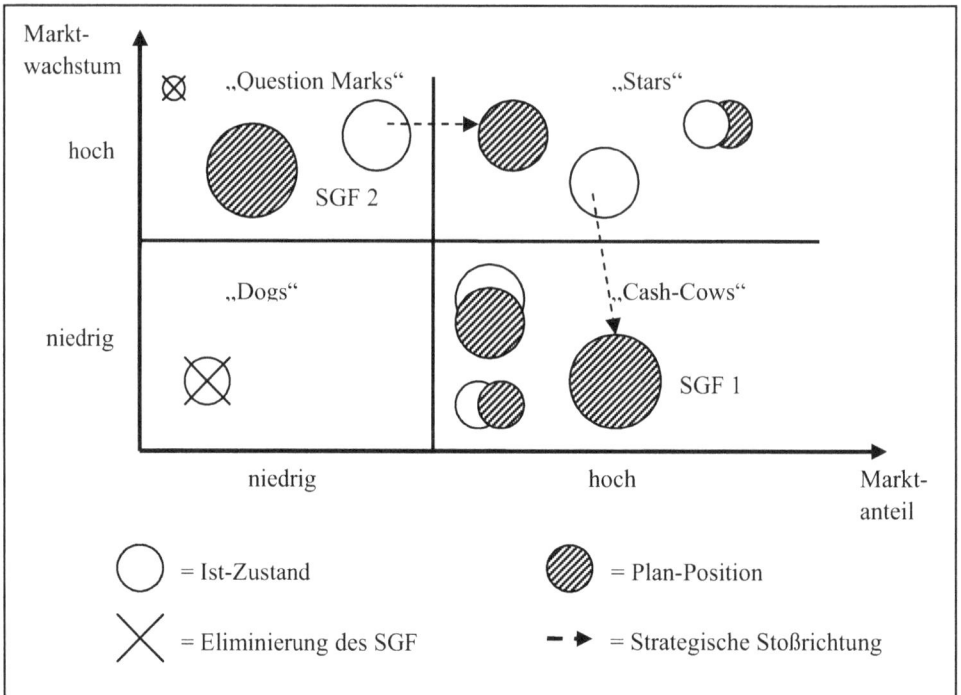

Abb. 8.10: Beispiel eines Ist- und Plan-Portfolios

Fragen und Hinweise:

1. Nennen Sie Beispiele, bei denen der Minimumsektor [Engstelle] zum plötzlichen Datum für die weitere Planung wird.
2. Können Sie sich unter der bildhaften Bezeichnung „wandernder Flaschenhals" in diesem Zusammenhang etwas vorstellen?
3. Die strategische Planung findet in den Unternehmen nicht laufend statt. In welchen Abständen sollte man strategisch planen? Gibt es besondere Anlässe dafür und wenn ja, nennen Sie einige!

8.8.3   Informations-Systeme

In engem Zusammenhang mit den bisher behandelten Bestandteilen eines Managementsystems steht das betriebliche Informationssystem.

Der komplexe Managementprozess, der inhaltlich auch als Planungs- und Kontrollprozess interpretiert werden kann, besteht so gut wie ausschließlich aus Tätigkeiten, deren gemeinsamer Zweck die Beschaffung, Verarbeitung, Speicherung und Übertragung von Informationen ist. Planungs- und Kontrollsysteme sind damit stets auch als Informationssysteme zu deuten.

Informationssysteme sind auch Teil des Organisationssystems, und zwar einmal dadurch, dass Stellen geschaffen werden, denen die Beschaffung, Verarbeitung, Speicherung und Übertragung obliegt, und zum anderen dadurch, dass Informationsbeziehungen (Kommunikationsbeziehungen) zwischen Stellen zu zentralen (aufbau-) organisatorischen Phänomenen zählen.

Wenn man Informationen als gezielte Daten (Nachrichten) umschreibt, dann sehen wir uns einer ständigen unüberschaubaren Flut von externen und internen Informationen gegenüber. Nach dem Grundsatz „Wissen ist Macht" brauchen unternehmerische Entscheidungsträger Informationen, um Vorsprung vor der Konkurrenz zu gewinnen, Chancen auf Märkten zu nutzen, Risiken frühzeitig zu erkennen und natürlich Interessen wahrzunehmen und Macht auszuüben.

Im Rahmen der Controllingfunktionen, die wir bereits als Managementunterstützung positioniert haben, kommt es nun konkret darauf an, festzulegen und permanent zu überprüfen:

– welche Informationen sind	*relevant*	
– woher sind Informationen zu	*beschaffen*	[innen / außen]
– wie sind Informationen zu	*verarbeiten*	[gezielter Nutzen]
– wer hat Informationen zu	*erhalten*	

(welche und wie verarbeitete)
[Berichtswesen; MIS Management-Informations-System].

Dabei muss der Gefahr entgegengewirkt werden, dass „Daten- und Zahlenfriedhöfe" produziert werden.

Das heißt:

Informationen müssen Mittel zum Zweck bleiben und dürfen nicht zum Selbstzweck werden. Dies ist eine der permanenten Herausforderungen des Controlling.

In der nachfolgenden Aufgabe aus dem Textilsektor sollen Sie sich mit den Anforderungen des Planungswesens vertraut machen.

Die Weberei AG stellt überwiegend Bezugsstoffe für Bürostühle, Matrazen und Freizeitliegen her. In den letzten Jahren hat sich daneben das Geschäft mit technischen Geweben gut entwickelt. Sowohl im Hinblick auf den Produktionsfaktor Betriebsmittel (Webmaschinen und Ausrüstung) als auch bzgl. des Faktors Arbeit (Designer, Anwendungstechniker, Meister und Webmaschinenführer) ist ein gewisses innovatives Know-How für menschenverträgliche und leicht abbaubare Textilien vorhanden.

Die Geschäftsleitung beobachtet dieses für die Firma bearbeitbare Geschäftsfeld schon länger und hatte die Marketingabteilung mit einer gezielten Marktuntersuchung für ein Filtergewebe mit unterschiedlicher Netzdichte beauftragt. Danach könnten kurz- bis mittelfristig (gerechnet von Mitte 1996 an) durchaus 1,0 bis 1,2 Mio. qm pro Jahr dieses Gewebes auf dem Inlandsmarkt abgesetzt werden.

Der Absatz im laufenden Geschäftsjahr (2007) hängt von den Marketingaktivitäten der Unternehmung ab, könnte aber mit 200 Tsd. qm angesetzt werden. In den Jahren 2008 und 2009 ließe der Markt 500 Tsd. und 700 Tsd. qm zu, um dann im nächsten Jahr 900 Tsd. und schließlich 1,0 bis 1,2 Mio. qm zu erreichen.

Die Produktionskapazität reicht z. Zt. aus, um 200 Tsd. qm herzustellen. Für die Produktion von zusätzlich 200 Tsd. qm müssten jeweils zwei Webmaschinen angeschafft und ein Mitarbeiter eingestellt werden. Die verfügbaren Finanzierungsmittel reichen aus, um 6 Webmaschinen zu kaufen und 2 Leute einzustellen. Mit den vorhandenen Garnen könnten etwa 100 Tsd. qm hergestellt werden. Die Lagerkapazität für Garne lässt z. Zt. nicht mehr als mtl. 10 t Garn zu. Für 200 Tsd. qm Gewebe braucht man ca. 50 t Garn.

a) Stellen Sie dar, wie die kurz- und mittelfristige operative Planung der Unternehmung aussehen könnte.

b) Zeigen Sie den Engpasssektor auf (Oder: Welchen Einfluss hat das Ausgleichsgesetz der Planung in diesem Zusammenhang?).

c) Was würden Sie der Geschäftsleitung vorschlagen?

Lösungshinweise:

Skizzieren Sie den Sachverhalt in einer Matrix, indem Sie in den Spalten die Planungshorizonte und in den Zeilen die einzelnen Funktionen darstellen.

Managementtechniken

Moderne Managementtechniken sind unverzichtbare Hilfsmittel zur Lösung von typischen Managementproblemen.

Als solche Techniken sollen Instrumente, Methoden, Modelle und Verfahren verstanden werden, mit deren Hilfe es gelingt, wirtschaftliche Sachverhalte zu quantifizieren und damit im weitesten Sinne zu objektivieren. Wenn dies gelingt, wird man überzeugender argumentieren können und damit eher zu Entscheidungen kommen.

Denn: was man messen kann, soll man messen, was man nicht messen kann, soll man messbar machen.

Wir wollen in nachfolgender Übersicht einige Techniken aufzählen und systematisieren, ohne sie im Einzelnen näher an dieser Stelle zu erläutern. Einige werden Sie kennen. Entweder sind Sie schon in anderen LVA damit vertraut gemacht worden, oder sie werden Ihnen noch begegnen, u.a. auch in der BWL. Ihre Aufgabe besteht nun darin, die Abb. 3.14 zu ergänzen.

Management-Techniken	Arten / Beispiele	Anwendung / Einsatz	LVA
1. Erhebungstechniken	Fragebogen Interview Stichproben		
2. Analysetechniken	Situationsanalyse Wertanalyse Netzplantechnik, u.a.		
3. Kreativitätstechniken	Brainstorming Methode 653, u.a.		
4. Prognosetechniken	Delphi-Methode statistische Extrapolationsverfahren Regressionsverfahren Simulationsmodelle, u.a.		
5. Bewertungstechniken	Scoring-Modelle[A32] Kosten-Nutzen-Analyse Wirtschaftlichkeitsrechnung Break-Even-Analyse		
6. Entscheidungstechniken	Mathemat. Entscheidungsmodelle Entscheidungsregeln bei Ungewißheit Entscheidungstabellentechnik		
7. Darstellungstechnik	Entscheidungsbaum Stellenbeschreibung Funktionendiagramm		
8. Argumentationstechniken	Datenflußplan Präsentationstechnik Verhandlungstechnik		

Abb. 8.9   Managementtechniken

Fragen und Hinweise:

1. Fallen Ihnen noch weitere Techniken ein, die als Hilfsmittel der Unternehmensführung dienen können?
2. Beschreiben Sie den Zweck und das Wesen des Brainstorming. Wie läuft ein Brainstorming-Prozess ab?
3. Befassen Sie sich mit der Problemstellung in Abb. 17 [Marktwachstum-Marktanteil-Portfolio] und überprüfen Sie, ob Sie diese Art Messbarkeit überzeugen kann.

8.9   Testfragen zu Kapitel 7 und 8

1. Weshalb ist Leistungsbeurteilung der Mitarbeiter eine wichtige Voraussetzung für Motivation und Personalentwicklung?
2. Skizzieren Sie kurz die Ihnen bekannten Management by-Konzepte;
3. Skizzieren Sie mögliche Zusammenhänge zwischen Organisation und Führung;
4. In welche zeitlichen Planungsstufen lässt sich die Unternehmensplanung unterteilen? Nennen Sie kurz die grundsätzlichen Aufgabe n der jeweiligen Planungsstufe;
5. Beschreiben Sie die drei Instrumente, die bei der Durchführung der strategischen Planung zur Anwendung kommen;
6. Aus welchen Teilplänen setzt sich das System der operativen Planung zusammen? Erläutern Sie die Zusammenhänge zwischen den einzelnen Teilplänen;
7. Was versteht man unter dem Ausgleichsgesetz der Planung?
8. Fassen Sie die Aufgaben eines Planungs- und Kontrollsystems zusammen;
9. Beschreiben Sie wesentliche Anforderungskriterien an Management-Informationen;
10. Was versteht man unter einem betrieblichen Informationssystem?
11. Stellen Sie den Zusammenhang zwischen dem Zielsystem einerseits und dem Planungs- und Kontrollsystem andererseits dar.
12. Was verstehen Sie unter dem Ausgleichsgesetz der Planung?
13. Welche Besonderheiten ergeben sich für die Führung in flachen Strukturen?
14. Welche Aussagen verbinden Sie mit der Erfahrungskurve? welche Lerneffekte führen zu diesen Aussagen?
15. Welche Strategien ergeben sich für die Produkte in den einzelnen Feldern der Produkt-Markt-Matrix?

9 Faktoreinsatz im Wertschöpfungsprozess

Wenden wir uns nun dem leistungswirtschaftlichen Bereich zu. Wir hatten gesehen, dass das Management diesen schöpferisch und dynamisch zu gestalten und zu steuern hat. Auch vollziehen sich diese Prozesse als technische Leistungserstellung und marktliche Leistungsverwertung und den damit zusammenhängenden Finanzprozessen.

Dieses Kapitel befasst sich mit den leistungswirtschaftlichen Funktionen Beschaffung, Produktion und Absatz. Diese Kernaufgaben des Betriebes lassen sich auch als betrieblicher Wertschöpfungsfluss oder -kette bezeichnen. Vereinfacht gesagt: In Betrieben bzw. Unternehmen werden Leistungen erstellt, die auf dem Markt abgesetzt und als Vorleistungen anderer Betriebe eingesetzt werden. Die Differenz, die Wertschöpfung, dient dazu, Einkommen für die am betrieblichen Geschehen Beteiligten [interne und externe Gruppen] zu erzielen.

Uns interessiert hier aber nicht die Verteilung oder gar die Verteilungsgerechtigkeit der Wertschöpfung, sondern wir konzentrieren uns auf den Input und die Steuerung der Produktionsfaktoren. Wir bewegen uns dabei vorwiegend in kurzfristigen Horizonten und operativen Szenarien der Arbeitsebenen. Dabei folgen wir den Zielen, die sich vorwiegend in Planvorgaben niederschlagen.

Fragen und Hinweise:

1. Versuchen Sie die Wertschöpfung zu erklären, als
   1.1   Differenz aus ...
   1.2   Addition von ....
2. Wer partizipiert an der Wertschöpfung der Unternehmen? Sind Ihnen ungefähre prozentuale Anteile bekannt?
3. Erinnern Sie sich daran, wie die Wertschöpfung (Wertzuwachs) einer Gesamtwirtschaft ermittelt wird?
4. Rufen Sie sich für die Erarbeitung der folgenden Ausführungen noch einmal folgende Überlegung aus vorherigen Abschnitten in Erinnerung:
   – Kreislaufschemata
   – Beteiligte am Unternehmen
   – Berechnung der Wertschöpfung
   – Produktionsfaktoren

9.1   Phasen des betrieblichen Leistungsprozesses

Der betriebliche Leistungsprozess besteht dem Grund nach aus den drei oben genannten Funktionen [siehe Abb. 1.5]. Bei dem Versuch, die betriebswirtschaftlichen Grundprobleme zu analysieren, bietet sich eine phasenbezogene Gliederung an, und zwar einfach deshalb, weil sich unterschiedliche Schwerpunkte oder auch Aspekte bei der Gestaltung ergeben.

Um diese abstrakte Formulierung etwas anschaulicher zu machen, können Sie als Übung die nachfolgende Abb. 9.1 ergänzen. Das heißt: wir wollen uns mit den operationalen Handlungsmöglichkeiten beschäftigen. Gegebenenfalls ließe sich das durch Vorgaben in Form von Kennziffern quantifizieren.

Phasen / Funktionen	Ziele / Zielbeziehungen
=> Schwerpunkt	=> Handlungsparameter / -prinzip
Beschaffung => Bereitstellung von Produktionsfaktoren	z.B. Bereitstellung des Periodenbedarfs ....? ....
Produktion => Kombination von Produktionsfaktoren = Betriebsleistung	z.B. Be- und Verarbeitung, Veredelung etc. ....? ....
Absatz => Verwertung von Betriebsleistungen = Marktleistung	z.B. Verkauf von Erzeugnissen und Leistungen ....? ....

Abb. 9.1   Phasenbezogene Gestaltungsprobleme beim Leistungsprozess

9.2   Bereitstellung

Der betriebliche Wertschöpfungsfluss wird durch die Beschaffungsvorgänge eingeleitet. Wie aus der Phasengliederung des betrieblichen Leistungsprozesses sichtbar wird, ist als Voraussetzung für den eigentlichen Prozess der Leistungserstellung die Bereitstellung von entsprechenden Produktionsfaktoren anzusehen. Dabei hat die Bereitstellung zwei Aufgaben:

–   die originär-technische und
–   die derivativ-ökonomische.

Da bei der Realisierung dieser beiden Aufgaben z. T. divergierende Teilziele auftreten, ergibt sich ein Optimierungsproblem [siehe erarbeitete Ergänzung zu Abb. 9.1].

9.2.1   Bereitstellungsoptimum

So besteht die technische Aufgabe der Bereitstellung darin, dafür zu sorgen, dass die (Produktionsfaktoren [Arbeit, Betriebsmittel und Werkstoffe] in der für den Wertschöpfungsprozess erforderlichen Art, Güte und Menge zur richtigen Zeit am richtigen Ort zur Verfügung stehen.

Wir stellen fest, dass die technische Aufgabe in mehrere Teilaufgaben zerfällt, bei deren Bewältigung Zielkonflikte auftreten können. Zur Lösung sind Kompromisse erforderlich.

Die ökonomische Aufgabe der Bereitstellung leitet sich aus den Erfolgszielen der Unternehmung ab, d. h. die Bereitstellungskosten sind zu minimieren. Auch diese Forderung hört sich plausibel an, ist aber mit Konflikten verbunden.

Denken Sie nur daran, dass z. B. aus Sicherheitsgründen Faktorreserven gehalten werden, die z.B. Leerkosten bei Arbeitskräften und Maschinen oder Lagerkosten bei Werkstoffen verursachen. Andererseits entstehen Fehlmengenkosten, falls zusätzliche Mengen im Bedarfszeitraum auftreten.
Letztlich geht es auch innerhalb dieses Spannungsfeldes um eine Optimierungsaufgabe.
Wenn es gelingt, beide Hauptaufgaben der Bereitstellung so zu lösen, dass die technischen gewährleistet und die ökonomischen Bedingungen angesichts der externen Restriktionen und der internen Vorgaben günstig sind, dann sprechen wir vom Bereitstellungsoptimum. Dies wird wegen permanent veränderter Umwelt- und Unternehmensbedingungen laufend zu überprüfen sein. Abweichungen vom geforderten und erwünschten Optimum führen zu Opportunitätskosten.

Fragen und Hinweise:

1. Versuchen Sie, mit Ihren Worten die wichtigsten Aufgaben und die Restriktionen bei der Bereitstellungsplanung zusammenzufassen.
2. Zeigen Sie typische, d.h. systemimmanente Zielkonflikte auf.
3. Deuten Sie beispielhaft Lösungsmöglichkeiten an.

4. Nennen Sie wichtige Bereitstellungskosten und analysieren Sie diese.
5. Was versteht man unter Opportunitätskosten?

9.2.2   Personalbereitstellung

Dieser Abschnitt wird sich auf die Behandlung der folgenden Themenbereiche erstrecken:

–   Stufen der Personalbereitstellung [Planung]
–   Arbeitsproduktivität [Messung]
–   Determinanten der Arbeitsproduktivität [Beeinflussung]
–   Arbeitsbewertung
–   Leistungsgrad
–   Vorgabe- / Auftragszeit
–   Lohnformen
–   Lohn- / Arbeitskosten
–   Übungen

Stufen der Personalbereitstellung

Die Planung der Personalbereitstellung lässt sich in drei Stufen unterteilen:

–   Personalbedarf
–   Personalbeschaffung
–   Personaleinsatz

Versuchen Sie, mittels der nachfolgenden Abbildung, die Zusammenhänge zu verdeutlichen.

Planungsstufe	Planungsinhalt	Planungshorizont	Planungsebene
Personalbedarf			
Personalbeschaffung			
Personaleinsatz			

Abb. 9.2   Planungsstufen der Personalplanung

Arbeitsproduktivität [Messung]

Zur Messung der Arbeitsproduktivität erinnern wir uns des Quotienten, mit dem wir die Produktivität ausgedrückt haben:

$$\frac{\text{Output in Mengeneinheiten}}{\text{Input in Mengeneinheiten}}$$

Das heißt:

Die Arbeitsproduktivität wird üblicherweise durch die Mengenrelation Arbeitsleistung zu Arbeitseinsatz definiert. Wenn wir diese für den Produktionsfaktor Arbeit konkretisieren, dann ließe sich die Arbeitsproduktivität z.B. wie folgt ausdrücken:

$$\frac{\text{Essenausgaben}}{\text{Mitarbeiter/ und Stunde}}$$

$$\frac{\text{gezapfte Biere}[0,5\,l]}{\text{Arbeitsstunde}}$$

$$\frac{\text{cbm}}{\text{Arbeitsschicht}}$$

Anzahl Gutachten
[siehe A3] Mannjahr

Arbeitsstunden pro gefertigtes Fahrzeug

Darüber hinaus ist eine häufig verwendete Kennziffer für die Arbeitsproduktivität die Wertschöpfung pro Mitarbeiter oder auch Umsatz pro Mitarbeiter.

Fragen und Hinweise:

1. Suchen Sie nach weiteren Messziffern für die Arbeitsproduktivität.
2. Versuchen Sie, sich die oben aufgeführten Quotienten durch Zahlenangaben plausibel zu machen.
3. Welche Probleme muss man berücksichtigen, wenn man die Arbeitsproduktivität monetär ausdrückt?
4. Wie exakt sind solche Produktivitätsmessungen?
5. Wann bedient man sich vorwiegend monetärer Ausdrucksformen der Arbeitsproduktivität? Nennen Sie Beispiele.
6. Versuchen Sie den rechnerischen Zusammenhang zwischen Arbeitsproduktivität und Lohnkosten herzustellen. Diskutieren Sie denselben.

Determinanten der Arbeitsproduktivität [Beeinflussung]

Die Ergiebigkeit menschlicher Arbeit hängt von drei Hauptdeterminanten ab:

– den objektiven Arbeitsbedingungen im Unternehmen
– der individuellen Eignung des Mitarbeiters
– dem subjektiven Leistungswillen des Mitarbeiters.

Um diese Komponenten ein wenig näher zu analysieren, wollen wir die Darstellung der Abb. 18 im Anhang nutzen und diese ergänzen durch konkrete Angaben zum Arbeitsverfahren und Arbeitsplatz; zu den Arbeitsanforderungen und der Leistungsfähigkeit sowie den Leistungsanreizen und -motivation.

In einem weiteren Analyseschritt wollen wir uns Gedanken machen, welche Möglichkeiten der Beeinflussung der Arbeitsproduktivität durch das Unternehmen/ Betrieb/ Arbeitgeber grundsätzlich bestehen.

Wir wollen die Frage beantworten, ob gegebenenfalls Maßnahmen direkte oder indirekte Wirkungen haben, ob sie kurzfristig oder langfristig angelegt sind. Schließlich sollten noch Restriktionen aufgezeigt werden.

Maßnahmen Determinanten	Direkt		indirekt	
	Kurzfristig	langfristig	kurzfristig	langfristig
objektive Arbeitsbe-dingungen				
individuelle Eignung				
subjektiver Leistungs-wille				

Abb. 9.3   Maßnahmen-Matrix zur Arbeitsproduktivität

Arbeitsbewertung

Nachdem wir die Arbeitsproduktivität messen können und ihre Bestimmungsfaktoren kennengelernt haben, muss wohl auch die Entlohnung der menschlichen Arbeit interessieren. Betriebswirtschaftlich gesehen geht es bei den Fragen der Lohnfestsetzung nicht um die Bestimmung der absoluten Lohnhöhe, sondern um die Festsetzung der relativen Lohnhöhe, d.h. um das Verhältnis der Löhne zueinander. Dabei spielen wiederum drei Faktoren eine Rolle bzw. müssen berücksichtigt werden:

- physische und psychische Arbeitsanforderungen
- Quantität und Qualität des Arbeitsergebnisses
- soziale Einflüsse
- wie Lebensalter, Familienstand etc.

Sie bemerken sofort, dass die ersten beiden Faktoren leistungsbetont sind und letzterer sozialbetont ist. Wir wollen keine lohnpolitische Diskussion führen, sondern uns nachfolgend mit der Lösung der Schwierigkeit befassen, wie leistungsbezogene Arbeitsanforderungen und -ergebnisse zu bewerten sind, um zu einer leistungsgerechten Festsetzung der Lohnentgelte zu gelangen. Wichtige Instrumente dafür sind die Methoden der Arbeitsbewertung. Ihre Aufgabe besteht darin, die Arbeitsplätze entsprechend ihren Anforderungen zu klassifizieren. Es lassen sich summarische und die analytische Arbeitsbewertung unterscheiden.

Bei der summarischen Arbeitsbewertung werden die Arbeitsplätze als ganzes betrachtet und – etwa durch globalen Vergleich der Schwierigkeitsgrade – in eine bestimmte Abstufung oder Reihung gebracht.

Bei der analytischen Arbeitsbewertung, die heute in Großbetrieben vorherrschend ist, werden für jeden Arbeitsplatz einzelne Anforderungen bewertet. Der sich ergebende Arbeitswert führt dann zu einer entsprechenden Einstufung in den Tarifklassen oder -gruppen (Genfer Schema).

Fragen und Hinweise:

1. Versuchen Sie gelegentlich, sich einen Lohngruppenkatalog aus einer Branche zu beschaffen. Wo kann man gegebenenfalls Einblick erhalten?
2. Was ist der Unterschied zwischen einer Lohntarif- und einem Manteltarifvereinbarung?

Leistungsgrad

Wir hatten gesehen, dass neben den leistungsbezogenen Anforderungen auch das Arbeitsergebnis des Mitarbeiters die Lohnhöhe bestimmt. Dies gilt natürlich ganz besonders für bestimmte Lohnformen wie den Akkordlohn [Stücklohn] und Prämienlohn.

Messziffer dafür ist der Leistungsgrad [LG]:

$$LG \text{ in } \% = \frac{\text{Ist - Leistung}}{\text{Bezugsleistung}} \times 100$$

$$\frac{[\text{individuelle Leistung des Mitarbeiters}]}{[\text{Noramlleistung/ ZE}]}$$

Dabei versteht man [nach Refa] unter Normalleistung eine Leistung, die der arbeitende Mensch nach Einarbeitung auf Dauer ohne Gesundheitsschädigung erreichen kann. Es ist also keine Spitzenleistung eines „Spitzenkönners", die zum Maßstab genommen wird. Dennoch sind natürlich vorübergehend während der Schicht oder der monatlichen Abrechnungsperiode überdurchschnittliche Leistungen möglich, was sich in nachstehender Aufstellung nachvollziehen lässt.

	Leistungsgrad oder	Leistungsfaktor
Spitzenleistung	bis etwa 145/150%	1,45 - 1,50
sehr gute Leistung	130/135%	1,30 - 1,35
gute Leistung	120/125%	1,20 - 1,25
Normalleistung	100%	1,0
schwache Leistung	85/99%	0,85 - 0,99
unbefriedigende Leistung	unter 85%	0,85

Abb. 9.4   Beispielhafte Abstufung des Leistungsgrades

Schließlich müssen wir noch festhalten, dass in der Praxis die Leistung, d.h. also Ist- [effektiv] und Normalleistung in Mengeneinheiten wie Stückzahl, kg, m usw., aber auch in Minuten oder Stunden ausgedrückt werden kann.

Fragen und Hinweise:

1. Überlegen Sie, welche Faktoren die Ausschläge des Leistungsgrades nach oben und unten begrenzen.
2. Sind die in Abb. 9.4 aufgeführten Abstufungen des Leistungsgrades in den Betrieben und Branchen gleich?

Vorgabe- und Auftragszeiten

Wir hatten zwar schon gehört, wie die Normalleistung definiert ist, festgesetzt ist sie damit noch nicht. Wir müssen sie aber festlegen, sonst lässt sich das effektive Arbeitsergebnis des Mitarbeiters nicht beurteilen, und wir könnten das Entgelt nicht errechnen. Woher wissen wir, dass wie im folgenden Beispiel die Normalleistung in der Stunde 12 Tischdecken säumen ist?

Arbeits- und Zeitstudien [Refa] haben dazu geführt, dass Schemata entwickelt wurden, die die Bestimmung von Vorgabezeiten ermöglichen. Darin müssen die von uns in den Punkten Determinanten der Arbeitsproduktivität, Arbeitsbewertung und Leistungsgrad genannten Faktoren auf die vor Ort gestellten konkreten Arbeitsaufgaben in Form von zeitlichen Standards Vorgabe-/Auftragszeiten übertragen und festgesetzt werden.

In der Abb. 19 haben wir wieder Gelegenheit, uns bei der Zerlegung der Vorgabezeit arbeitsanalytisch zu testen. Der Einfachheit halber stellen Sie sich dazu konkrete Arbeitsgänge vor.

Lohnformen

Betriebliche Lohnpolitik besteht auch in einer betrieblich sinnvollen Lohndifferenzierung. Wir wollen ihre Möglichkeiten und Grenzen nachfolgend an den Lohnformen

- Zeitlohn,
- Akkordlohn und
- Prämienlohn

aufzeigen.

Beim Zeitlohn ist für eine feste Zeiteinheit [Stunde / Monat] eine bestimmte Lohnhöhe festgelegt. Lohnkosten entstehen mit dem Zeitablauf durch die Bereitstellung von Arbeitskraft, unabhängig davon, ob eine Arbeitsleistung erbracht sein muss.

Beim Akkordlohn dient die Menge des Arbeitsergebnisses als Bemessungsgrundlage für die Lohnhöhe. Da hier ein unmittelbarer Zusammenhang zwischen hergestellter Stückzahl und der Höhe des Lohnes besteht, wird auch von Stücklöhnen gesprochen. Voraussetzung für die Anwendung des Akkordlohnes ist:

- dass sich das Arbeitsergebnis mengenmäßig erfassen lässt
- die hergestellte Menge vom Arbeitenden beeinflusst werden kann
- die Anwendung nicht aus bestimmten Gründen untersagt ist
- der Mitarbeiter einverstanden ist.

Die rechnerische Voraussetzung für den Akkordlohn sind die im vorherigen Punkt dargestellten Vorgabezeiten durch Zeitstudien. Zwei Arten der Vorgabe werden praktiziert:

- die Vorgabe des Lohnes pro Stück [Stücklohnakkord] und
- die Vorgabe einer Zeit pro Stück [Stückzeitakkord].

Beispiel:	Akkordecklohn:	18,- GE / Std. für eine Näherin
	Normalleistung:	12 Tischdecken pro Stunde
	Vorgabezeit somit:	5 Min / Tischdecke
	Stückakkord:	1,50 GE / Tischdecke
	Stückzeitakkord:	0,30 GE / Min

Bei einer effektiven Leistung der Näherin von 15 Tischdecken pro Stunde lässt sich der Stundenverdienst wie folgt errechnen:

1. Ecklohn x LG = 18,- x 1,25 =   22,50 GE

2. Ist-Leistung x Stückakkord = 15 x 1,50 =   22,50 GE

3. Verrechnete Min. x Stückzeitakkord = 75 x 0,30 =   22,50 GE

Der Prämienlohn bietet die Möglichkeit, neben der mengenmäßigen Arbeitsleistung auch andere Gesichtspunkte, wie Qualität, Ausschuss, Termineinhaltung u.a. in der Lohnhöhe zu berücksichtigen. Der Prämienlohn besteht aus einem Grundlohn, der Zeit- oder Akkordlohn sein kann und einer Prämie.

Fragen und Hinweise:

1. Nennen Sie weitere Entgeltformen.
2. Was versteht man unter Naturallohn, was unter Gewinnlohn?

Testen Sie Ihr Wissen, indem Sie nachfolgende Gegenüberstellung mit mindestens einem Kriterium füllen.

Übungsmatrix:

	Vorteil		Nachteil	
	Arbeitgeber	Arbeitnehmer	Arbeitgeber	Arbeitnehmer
Zeitlohn				
Akkordlohn				

Lohn- und Arbeitskosten

Unter Kosten wollten wir den Faktorverbrauch zur Erstellung betrieblicher Leistungen verstehen, und zwar in Geld ausgedrückt.

Bei den Lohnkosten, für die in der Praxis auch Begriffe wie Arbeitskosten und Personalkosten synonym verwandt werden, ist also der bewertete Verbrauch des Produktionsfaktors Arbeit gemeint, der für die betriebliche Leistung erforderlich ist.

In unserem vorstehenden Tischdecken-Beispiel scheint das auf den ersten Blick ganz simpel.

Der tarifliche Akkordlohn beträgt 18,- GE und die Normalleistung 12 Tischdecken, jeweils in der Stunde. Ergo erhält die Näherin 1,50 GE pro Tischdecke, gleichgültig ob sie 12 oder auch 15 Tischdecken in der Stunde näht.

Sind nun mit dem Stückakkord von 1,50 GE oder dem Stundenlohn der Näherin von 22,50 GE auch gleichzeitig die Lohnkosten für den Betrieb umschrieben? Natürlich nicht. Wie sieht es z.B. aus, wenn die Näherin nur Ø 10 Tischdecken in der Stunde näht, wie wenn Zeitlohn bezahlt wird oder betriebliche Wartezeiten entstehen? Was geschieht, wenn die Näherin ausfällt wegen Krankheit oder an Feiertagen, im Urlaub? Wovon wird sie leben, wenn sie in Rente geht?

Eine Reihe von Fragen im Zusammenhang mit dem Einsatz von Arbeit bzw. dem Verbrauch des Faktors Arbeit müssen zunächst einmal rechnerisch beantwortet werden.

Wir halten als erstes fest:

Neben dem direkten Faktorverbrauch, gerechnet in Arbeits- oder Fertigungsstunden, müssen wir einen indirekten Verbrauch des Produktionsfaktors Arbeit berücksichtigen.

Sie haben Begriffe wie Lohn- oder Personalnebenkosten schon gehört. Manchmal wird von Personalbasisaufwand [Direktentgelt] und Personalzusatzaufwand gesprochen.

Fazit:

Um den gesamten Verbrauch des Produktionsfaktors Arbeit wertmäßig zu erfassen, - d.h. die gesetzlichen sowie freiwilligen Ansprüche des Mitarbeiters -, müssen wir den Umweg über die Dimension Zeit einschlagen und die Haupttätigkeitszeit feststellen, die der Arbeitnehmer für die Betriebsleistungen zur Verfügung steht. Unsere erste Bezugsbasis ist somit: Arbeitskosten pro Fertigungs- oder Arbeitsstunde. In einem zweiten späteren Schritt ermitteln wir dann über den Output pro Stunde, also der Produktivität, die Lohn- oder Arbeitsstückkosten [vergleiche dazu auch unsere Frage 5 aus dem Punkt Messung der Arbeitsproduktivität].

Übungen

1. Welches sind die Hauptbestimmungsfaktoren der relativen Lohnhöhe?
2. Nennen Sie die Lohnformen und ihre Hauptanwendungsgebiete.
3. Zeigen Sie den Zusammenhang zwischen Tarifniveau [Ø Stundenverdienst] und Produktivität rechnerisch auf. Leiten Sie mögliche Konsequenzen für die Wettbewerbsfähigkeit der Betriebe ab.
4. Erklären Sie, durch welche Elemente der Unterschied zwischen Bruttoverdienst eines Mitarbeiters und den Lohnkosten pro Stunde zustande kommt.
5. Was versteht man unter Personalquote? Wovon hängt diese in der Praxis ab? Machen Sie gegebenenfalls Zahlenangaben.

9.2.3   Betriebsmittelbereitstellung

Wir folgen auch in diesem Abschnitt der vorangegangenen Systematik, indem wir uns auf die folgenden Themenbereiche beschränken:

– Betriebsmittel als Potentialfaktor
– Planung der Betriebsmittelbereitstellung
– Betriebsmittelproduktivität [Messung]
– Determinanten der Betriebsmittelproduktivität
– Betriebsmittelzeiten [Maschinenlaufzeiten]
– Kapazität
– Flexibilität
– Übungen.

Betriebsmittel als Potentialfaktor

Unter Betriebsmitteln wollen wir das Produktionspotential eines Unternehmens verstehen. Als Bestand an Sachkapital werden z.B. vom Sachverständigenrat Werkshallen, Maschinen, Fahrzeuge etc. angesehen. Für die nachfolgende Betrachtung halten wir fest: Betriebsmittel werden bei der Produktion [Erstellung betrieblicher Leistungen] gebraucht - nicht verbraucht [wie Werkstoffe]. Damit sind insbesondere Maschinen, Anlagen, Werkzeuge, Grundstücke und Gebäude, Transporteinrichtungen und die Büroausstattung gemeint.

Planung der Betriebsmittelbereitstellung

Die Planung der Betriebsmittelbereitstellung lässt sich in die vier Stufen unterteilen:

– Betriebsmittelbedarf
– Betriebsmittelbeschaffung
– Betriebsmitteleinsatz
– Wartung und Instandhaltung

Wir mittels der Abbildung 9.5 einige Zusammenhänge aufzeigen:

Planungsstufen	Planungsinhalt	Planungshorizont	Planungsebene
Betriebsmittelbe-darf	z.B. Neu-Erweiterungs-Ersatzbedarf [siehe auch Kapazitäten]	3 - 5 Jahre	strategische und lang-fristige operative Ebene; Geschäftsleitung
Betriebsmittelbe-schaffung	z.B. Auswahl der Lieferan-ten und Hersteller Kauf/Leasing	bis 1 Jahr	operative Ebene techni-scher Einkauf
Betriebsmittelein-satz	z.B. Verfahrensentschei-dung Fertigungsstraßen /Werkstatt	Schicht / Monat / ¼ Jahr	operative Ebene AV / Produktion
Wartung und Instandhaltung	z.B. Sicherung der Ein-satzbereitschaft Outsour-cing Fremdleistung	Schicht bis 1 Jahr	sowohl strategische als auch kurzfristige opera-tive Planung

Abb. 9.5 Planungsstufen der Betriebsmittelbereitstellung

Betriebsmittelproduktivität

Zur Messung der Betriebsmittelproduktivität sei wieder auf die bekannte Beziehung Fak-torertrag zu Faktoreinsatz Output / Input verwiesen.

Der Betriebsmittelinput kann ausgedrückt werden in Maschinenzahl, Anlagen, Fertigungs-band, Brennöfen, bezogen auf Stunde / Schicht / Tag usw., also

– Werkstücke pro Maschinenstunde
– abgefüllte Flaschen pro Anlagenschicht
– montierte Fahrzeuge pro Fertigungsband / Stunde.

Auch Kennziffern wie Tages- oder Monatstonnen [tato, moto] je Hochofen; Tonnenkilome-ter und Personenkilometer je Fahrzeug oder Flugzeug und Route werden häufig für die Pro-duktivität des Produktionsfaktors Betriebsmittel herangezogen. Hierbei muss man im Einzel-fall darauf achten, ob es nicht eher Bezeichnungen für die jeweiligen Kapazitäten [= Leis-tungsvermögen] sind.

Für unsere weiteren Betrachtungen müssen wir beide Begriffe sauber auseinanderhalten, weshalb wir im nächsten Abschnitt einige unmittelbare Produktivitätsaspekte des Betriebs-mitteleinsatzes im Einzelnen analysieren wollen.

Determinanten der Betriebsmittelproduktivität

Die Ergiebigkeit des Betriebsmitteleinsatzes hängt von zwei Hauptdeterminanten ab:

- dem technischen Leistungsstand der Betriebsmittel und
- der technischen Eignung der Betriebsmittel für den Leistungsvollzug.

Welche Faktoren dabei im Einzelnen zum Tragen kommen, wollen wir uns über die Abb. 20 im Anhang, Bestimmungsfaktoren der Produktivität der Betriebsmittel, verdeutlichen.

Fragen und Hinweise:

1. Zeigen Sie an selbstgewählten Beispielen auf, dass der Grad der Modernität der Betriebsmittel [Stand des technischen Fortschritts] Einfluss auf die quantitative und qualitative Leistungsfähigkeit hat.
2. Betriebsmittel unterliegen - mit Ausnahme von Grund und Boden - der technischen Abnutzung. Erklären Sie an Beispielen, was unter Abnutzung durch Gebrauch und durch natürlichen Verschleiß zu verstehen ist. Zeigen Sie auch dazu Zusammenhänge zur Leistungsfähigkeit und der Höhe der Betriebskosten auf.
3. Zeigen Sie wiederum an einem Beispiel den Zusammenhang zwischen Planung der Wartung und Instandhaltung einerseits und der Abnutzung und Betriebsfähigkeit andererseits auf.
4. Was versteht man unter Stillstandszeiten bei Betriebsmitteln, und wie können sie erklärt werden?

Bevor wir uns nun der zweiten Hauptdeterminante für die Produktivität der Betriebsmittel, der technischen Eignung, zuwenden können, bleibt noch etwas zu den Stillstandszeiten zu ergänzen.

Betriebsmittelzeit [Maschinenlaufzeit]

Wir hatten gehört [Frage 4 im vorherigen Abschnitt], dass störungsbedingte Nutzungsunterbrechungen in Form von Stillstandszeiten nicht auf technische Ursachen zurückzuführen sein müssen. Diese können auch arbeitsablaufbedingt oder durch den Faktor Arbeit ausgelöst werden.

Das heißt im ersten Fall:

- Organisation des Arbeitsablaufs

und im zweiten Fall

- menschliche Unzulänglichkeit.

Analog zu den Überlegungen beim Produktionsfaktor Arbeit [Arbeitsbewertung - Vorgabe-
und Auftragszeiten] lässt sich die Betriebsmittelzeit wie in Abb.21 im Anhang dargestellt,
einteilen. Unter Produktivitätsaspekten muss die Betriebsmittelzeit grundsätzlich so gestaltet
werden, dass die Nutzungs-(haupt-)zeit von Betriebsmitteln zuungunsten der Brachzeiten
möglichst groß ist.

Kapazität

Wir nehmen unsere Analyse zur Frage der Bestimmungsfaktoren der Betriebsmittelproduktivität in der Abb. 20 im Anahang wieder auf.

Die technische Eignung des Betriebsmittelbestandes für die Zwecke des Leistungsvollzuges
bezieht sich auf das Verhältnis zwischen der verlangten und der mit Hilfe der Betriebsmittel
tatsächlich erzielbaren Leistung. Letzteres läuft auf die Frage nach der Kapazität des Betriebsmittelbestandes bzw. einzelner Betriebsmittel hinaus. Darunter versteht man die Leistungsfähigkeit [oder Leistungsvermögen] einer Produktionsstelle pro Zeiteinheit, bestimmte
Mengen und in bestimmter Qualität zu erstellen. Das bedeutet, dass sich eine quantitative
und eine qualitative Kapazität unterscheiden lassen.

Wenden wir uns zunächst der quantitativen Ermittlung der Kapazität zu. Wir müssen dabei
die Maschinen- und Schichtzahl sowie die Schichtdauer bestimmen. Es müssen ferner evtl.
Störungszeiten und die Intensität bekannt sein. Letztlich muss die Maßzahl für die Zeiteinheit festgelegt werden.

Mit diesen Informationen lässt sich die Kapazität pro Monat einer Produktionsstelle rechnerisch mit folgender Formal ermitteln:

$$K = M \times S \times Z \times m \times 1$$

Dabei bedeuten:

M =   Anzahl der vorhandenen gleichartigen Aggregate einer Produktionsstelle

S =   Anzahl der Schichten pro Monat

Z =   festgelegte Arbeitsstunden pro Schicht [Schichtzeit]

m =   prozentualer Anteil der produktiven Zeiten an der gesamten Schichtzeit

[Fertigungszeitgrad]

1 =   Leistungsgrad oder Intensität

Mit diesem Faktor [l] wird über die Dimension entschieden, in der die Kapazität ausgedrückt
/gemessen werden soll.

Setzen wir [für 1] den Leistungsgrad (Leistungsgrad ausgedrückt als Prozentzahl von Istleis-
tung zu Normalleistung) ein, z.B. als Verhältnis von effektiver Bearbeitungsgeschwindigkeit
zur Normalgeschwindigkeit, dann erhalten wir eine Kapazitätsangabe in Maschinenstunden.

Setzen wir [für 1] die Intensität ein, Ausbringungsmenge pro Zeiteinheit, z.B. Stck. / Min. oder m/Std., dann erhalten wir eine Kapazitätsangabe in Ausbringungsmengen.

Gleichgültig in welcher Dimension Sie die Kapazität nun ausdrücken, und ob Sie sie auf die Arbeitswoche, den Monat oder das Jahr beziehen, wenn Sie sich die obige Gleichung ansehen, lassen sich unterschiedliche Ausprägungen der Einflussfaktoren denken.

Wir sprechen deshalb auch von:

–   technischer Maximalkapazität und
–   kostenoptimaler Kapazität.

Bei der technischen Maximalkapazität müssen alle in der Gleichung enthaltenen Faktoren ihre größtmögliche Ausprägung annehmen. Dagegen bezeichnen wir als kostenoptimal die Kapazität, die sich unter normalen Fertigungsbedingungen und ohne Mehrkosten [z.B. für Überzeit oder erhöhten Verschleiß] realisieren lässt.

Wie wir in der Definition und der Abb. 20 im Anhang gesehen haben, enthält der Kapazitätsbegriff noch eine qualitative Komponente. Die qualitative Kapazität der Betriebsmittel ist ebenfalls eine wesentliche Einflussgröße für ihre Eignung zwecks Leistungsvollzuges.

Werden Betriebsmittel für Arbeiten verwendet, die ihr qualitatives Leistungsvermögen nicht ausnutzen oder umgekehrt von den qualitativen Leistungsanforderungen [z.B. Präzision der Werkstücke, Toleranzen, Ausschuss u.a.] her überbeansprucht, dann hat das ähnliche Wirkungen für die Wirtschaftlichkeit wie die unteroptimale Auslastung der quantitativen

Kapazität. Daraus folgt, dass die technische Eignung eines Betriebsmittels umso größer ist, je mehr es gelingt, sowohl quantitatives als auch qualitatives Leistungspotential optimal auszuschöpfen.

Fragen und Hinweise:

1. Suchen Sie nach praktischen Beispielen für
    –   Leistungsgrade
    –   Intensität
        von Anlagen, aber auch aus anderen Lebensbereichen [z.B. Sport].
2. Wenn Sie sich bestimmte Branchen und Betriebe vorstellen oder an eigene Tätigkeiten erinnern - wie hoch schätzen Sie ungefähr den prozentualen Anteil der kostenoptimalen an der technisch maximalen Kapazität?
3. Suchen Sie nach Beispielen aus der Praxis, in denen die qualitative Kapazität
    –   überbeansprucht und
    –   nicht ausgenutzt wurde.
4. Erörtern Sie die betriebswirtschaftlichen Konsequenzen einer solchen Abweichung des „qualitativen Optimums" der Kapazität.

Flexibilität

Nachdem wir die Einflussfaktoren der Kapazität von Betriebsmitteln kennengelernt haben, wollen wir uns nun den sogenannten Harmonisierungsmaßnahmen widmen, die eine optimale Ergiebigkeit des Faktoreinsatzes gewährleisten. Es versteht sich von selbst, dass solche Harmonisierungsmaßnahmen umso leichter zu realisieren sind, je breiter die Bereiche optimaler Nutzung bei den einzelnen Betriebsmitteln sind. Wir nennen diese Bereiche Elastizität [A38].

Wir bezeichnen eine Anlage als wirtschaftlich elastisch, wenn Änderungen der Ausbringungsmenge - z.B. das Intervall zwischen Mindest- und Optimalkapazität - nur zu geringfügigen Kostenveränderungen führt? Das bedeutet eine hohe quantitative Elastizität [z.B. Motoren, die bei niedriger und hoher Drehzahl Leistung bei unverändertem Energieinput bringen] und damit Erleichterungen bei Harmonisierungsmaßnahmen.

Daneben weist die Elastizität ebenso wie die Kapazität nach unserer Darstellung in A38 eine qualitative Komponente auf. Die qualitative Elastizität ist dadurch bestimmt, wie sich ein Betriebsmittel an Änderungen in der Art und Güte von Erzeugnissen anpassen lässt. Konkret ist die Umstellungsfähigkeit einer Anlage gemeint. Denken Sie in diesem Zusammenhang an Universalmaschinen oder Spezialaggregate.

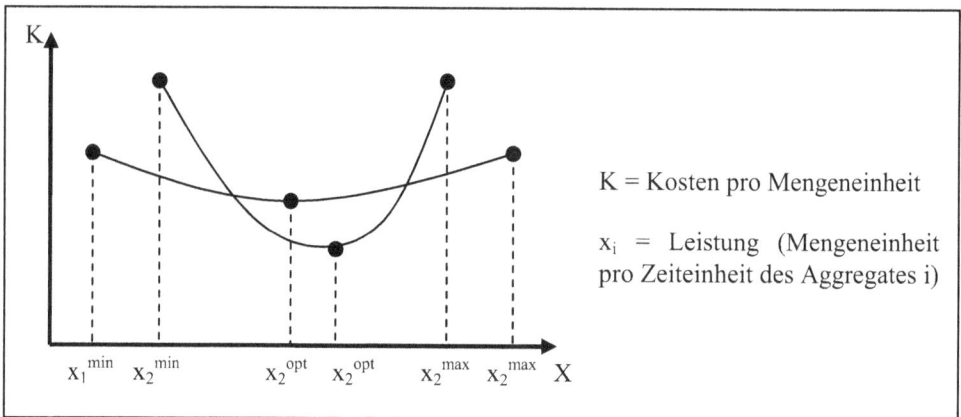

K = Kosten pro Mengeneinheit

x_i = Leistung (Mengeneinheit pro Zeiteinheit des Aggregates i)

Abb. 9.6   *Fertigungstechnische Elastizitäten zweier Aggregate [z.B. Bügelmaschinen: Heißmangel 1 und Bügelpresse 2]*

Im weiteren Sinne lässt sich Elastizität auch auf die Beseitigung von Disproportionen im Betrieb ausdehnen. Stellen Sie sich die Fertigungskette in einem mehrstufigen Textilbetrieb vor. Oder vergegenwärtigen Sie sich den Fertigungsprozess in einem Nähbetrieb [= einstufiger Textilbetrieb] wie nachfolgend:

Zuschneiden - Nähen - Bügeln / Pressen - Legen - Kontrolle - Kommissionieren.

Es lässt sich denken, dass die Betriebsmittelausstattung Unterschiede in Bezug auf den technischen Leistungsstand [Abb. 20 im Anhang = Modernität - Abnutzungsgrad - Betriebsfähigkeit] aufweisen wird. Auch hier gibt es Abstimmungsmaßnahmen zwischen den Kapazitäten, die umso leichter sind, je breiter die Anpassungsspielräume - d.h. ohne Abweichung von dem optimalen Kostenanfall - zwischen den Abteilungen sind.

Wenn Sie von der abnehmenden Fertigungstiefe hören, dann hat auch dies etwas mit der Flexibilisierung zu tun.

Ein weiterer Aspekt bezüglich der Flexibilität von Betriebsmitteln bzw. Kapazität ist sicherlich die Verfahrenstechnik schlechthin. Wenn Sie mehr chemisch-technologische [z.B. Kuppelproduktion] oder mechanisch-technologische [z.B. Reihen- oder Werkstattfertigung] Verfahren betrachten, wenn Sie die unterschiedlichen Automatisierungsgrade berücksichtigen, oder wenn Sie nur überlegen, ob etwas in Einzel-, Kleinserien- oder Massenfertigung hergestellt wird.

Generell lässt sich unterscheiden nach den Kriterien der hergestellten Menge [Einzel- und Mehrfachfertigung, im extremen Massenfertigung] und nach dem Kriterium der Prozessstruktur, d.h. der organisatorischen Anordnung der Betriebsmittel [Werkstatt-, Fließ-, und Baustellenfertigung].

Um sich den Zusammenhang zwischen den konkreten Leistungszielen und den Verfahrenstechniken eines Betriebsmittelbestandes noch etwas mehr zu verdeutlichen, sei der Versuch unternommen, nachfolgende Matrix weiter auszuarbeiten.

Fertigungsver- fahren und -arten Kriterien	Werkstattfer- tigung	Fließfertigung	Einzelferti- gung	Großserienfer- tigung
Fertigungsplanung				
Fertigungssteue- rung				
Fertigungsanpas- sung				
Störanfälligkeit				
Universalaggregate				

Abb. 9.7   Merkmalsübersicht

Schließlich wollen wir unter dem Stichwort Flexibilität der Betriebsmittel einen letzten Aspekt betrachten, nämlich den der Anpassung an die Markterfordernisse. Es ist durchaus nicht zwingend, Anpassungsmaßnahmen unter dem Abschnitt der Bereitstellung des Produktionsfaktors Betriebsmittel zu behandeln, da es inhaltlich eher in den nächsten Punkt 9.3 Produktion gehört. Andererseits haben in den letzten Jahren zunehmend Marktorientierung die Überlegungen in Managementebenen dominiert, so dass bei der Planung der Betriebsmittel [siehe Stichwort Planung der Betriebsmittelbereitstellung] der Anpassungsfähigkeit eine wichtige Rolle zukommt.

Daher bereits an dieser Stelle unsere Überlegung dazu. Kommen wir zurück auf die Kapazitätsformel: Wir hatten gesehen, dass die hergestellte Produktionsmenge abhängig ist von

- Intensität
- Betriebszeit
- Anzahl der Betriebsmittel.

Demnach gibt es auch verschiedene Möglichkeiten, sich an unterschiedlichen Beschäftigungslagen und damit der Auftragslage anzupassen.

Wir sprechen von intensitätsmäßiger Anpassung, wenn die Leistungsgrade der Aggregate verändert werden bei gleichbleibendem Bestand an Betriebsmitteln und unveränderter Betriebszeit [z.B. Tourenzahl eines Nähautomaten von 5.000 U / Min. als Normalleistung wird auf 4.500 U / Min. reduziert].

Es handelt sich um zeitliche Anpassung, wenn bei konstanter Intensität und unverändertem Bestand an Betriebsmitteln allein durch Veränderung der Betriebszeit der einzelnen Anlagen die Ausbringung verändert wird [z.B. Maschinenlaufzeit wird von 5 auf 4 Wochentage oder von 8 auf 7 Std. pro Schicht verkürzt].

Eine quantitative Anpassung liegt vor, wenn der Bestand der eingesetzten Betriebsmittel bei unveränderter Intensität und Betriebszeit der übrigen Aggregate verändert wird, um damit unterschiedliche Ausbringungsmengen zu erstellen [z.B. laufen 12 statt 10 Webstühle pro Schicht und Gruppe].

Es versteht sich, dass die vorgestellten Anpassungsformen in der Praxis nicht nur isoliert, sondern auch in Kombination möglich sind. Auf die Auswirkungen der Anpassungsmaßnahmen auf die Kostenfunktionen wird im Abschnitt 9.3.3 einzugehen sein.

Mit der folgenden Matrix können weitere Einzelheiten zur Anpassung erarbeitet werden.

Anpassungsformen / Merkmale	Intensitätsmäßige	Zeitliche	Quantitative
Beispiel -technische Beschreibung - praktische Anwendung -Branche / Betrieb-			
Spielraum / Ausmaß [ca. in %]			
Vorteil - Umsetzbarkeit - Nachteil - Restriktionen -			

Abb. 9.8   Anpassungsformen und Ihre Ausgestaltung

Fragen und Hinweise:

1. Erklären Sie an einem Beispiel Fertigungstiefe und Fertigungsbreite. Bedeutet Sortimentsbreite nicht dasselbe?
2. Erklären Sie, was man sich unter Harmonisierung von Betriebsmitteln vorstellen soll.
3. Diskutieren Sie den Zusammenhang zwischen Markt (erfordernissen) und Betriebsmittel (flexibilität).
4. Zeigen Sie weitere Vor- und Nachteile der jeweiligen Verfahrenstechnik Abb. 9.7].
5. Interpretieren Sie den Begriff kritische Menge in folgender Abbildung 9.9.

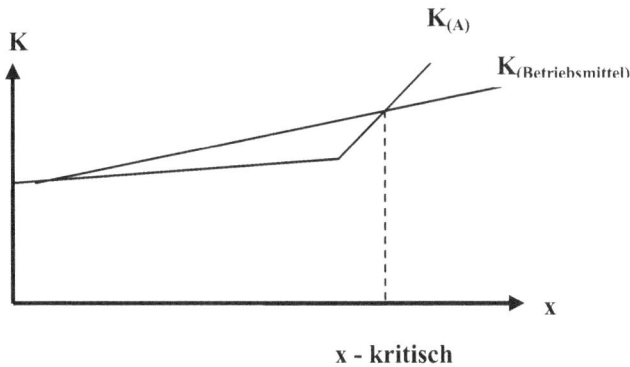

x - kritisch

Abb. 9.9   Kritische Menge

6. Was versteht man unter einem mehrstufigen Fertigungsbetrieb, was unter Fertigungskette?
7. Erklären Sie die Wendung „Tendenz zur abnehmenden Fertigungstiefe".
8. In Deutschland sind z.Zt. noch ca. 30 % der Beschäftigten in Fertigungsbetrieben tätig. In
   Frankreich und England etwa 25 % und in USA weniger. D.h. Tendenz zu Dienstleis-
   tungsbetrieben. Welches sind die Potentialfaktoren Betriebsmittel im tertiären Sektor und
   worin bestehen gegebenenfalls Kapazitätsprobleme?

Zur Abrundung der beiden Abschnitte **Personal- und** Betriebsmittelbereitstellung soll noch
einmal auf die Substitutionssensibilität dieser beiden Produktionsfaktoren hingewiesen werden. Die nachfolgende Abbildung 9.10 soll dies verdeutlichen aber auch die Wichtigkeit der
Maschinenlaufzeiten aufzeigen (Prämisse für die Maschinenlaufzeit: 50 Wochen à
40h/Woche =2000 Std. p.a.).

Faktoreinsatz für gleiche Leistung	konventioneller Webstuhl			Halbautomat [Einspindel]			Vollautomatische Webmaschine [Mehrspindel]			Flexibilisierung + Sonntags-AZ
	1-Schicht	2-Schicht	3-Schicht	1-Schicht	2-Schicht	3-Schicht	1-Schicht	2-Schicht	3-Schicht	4.-Schicht¹
1. Abschreibung + Verzinsung auf Betriebsmitteleinsatz	5.000,--	5.000,--	5.000,--	20.000,--	20.000,--	20.000,--	50.000,--	50.000,--	50.000,--	50.000,--
2. Lohnkosten	35.000,--	70.000,--	110.000,--	10.000,--	20.000,--	32.000,--	4.000,--	8.000,--	12.600,--	17.000,--
3. Wartungs-/Energiekosten	3.000,--	4.500,--	5.500,--	4.000,--	6.000,--	8.000,--	2.000,--	3.000,--	3.500,--	4.000,--
Summe 1.-3. Betriebsmittel	43.000,--	79.500,--	120.500,--	34.000,--	46.000,--	60.000,--	56.000,--	61.000,--	66.100,--	71.000,--
4. Maschinenlaufzeit p.a.²	2.000h	4.000h	6.000h							8.000h
5. Betriebsmittelkosten pro Arbeitsstunde	21,50	19,88	20,08	17,--	11,50	10,--	28,--	15,25	11,02	8,875

Abb. 9.10   Substitution des Faktors Arbeit durch den Faktor Betriebsmittel.

9.2.4   Materialbereitstellung

Nach der Bereitstellung der Potentialfaktoren menschliche Arbeit und Betriebsmittel wollen wir uns nun dem dritten Produktionsfaktor, den Werkstoffen, zuwenden und dabei nachfolgende Themen behandeln:

– Verbrauchsfaktor Werkstoff
– Ziele und -konflikte
– Stufen der Materialbereitstellung
– Bereitstellungsprinzipien
– Methoden der Bedarfsermittlung
– Bestellmengenoptimierung
– Lagerpolitik
– Übungen

Verbrauchsfaktor Werkstoff

Die Werkstoffe, auch als Elementarfaktoren bezeichnet, können dabei in Form von Material als Grundstoff [= Erzeugungshauptstoff] oder in Form von Hilfsstoff unmittelbar in die Erzeugnisse eingehen. Ebenso können sie als Betriebsstoffe [z.B. Energie, Schmiermittel, Büromaterial] der Aufrechterhaltung des betrieblichen Leistungsprozesses dienen. Daher sprechen wir manchmal auch von Produkt- und prozessbezogenen Werkstoffen. Sie können sowohl sichtbar oder unsichtbar sein, verändert, veredelt oder nicht verändert in das Erzeugnis eingehen; jedenfalls im Gegensatz zu den Betriebsmitteln zum Verbrauch bestimmt.

Fragen und Hinweise:

1. Nennen Sie Werkstoffe, die als Erzeugnisse
   – Rohstoffe in Form von Grundmaterial [Erzeugungshauptstoff]
   – Hilfsstoffe in Form von Ergänzungsmaterial
   – Betriebsstoffe in Form von Prozessmaterial
      für andere Betriebe sind.
2. Nennen Sie weitere Werkstoffarten [z.B. Komponenten, Systeme].
3. Diskutieren Sie, warum die Abgrenzung zwischen Verbrauchs- und Gebrauchsmaterial manchmal Schwierigkeiten macht.
4. Zeigen Sie wichtige Konsequenzen des unter Punkt 3 angesprochenen Problems auf.

Ziele und -konflikte

Die Ergiebigkeit auch dieses Produktionsfaktors hängt von verschiedenen Bestimmungsgrößen [Determinanten] ab, und zwar von

– der Beschaffenheit der verwendeten Werkstoffe und
– der mengen-, ort- und zeitraumbezogenen Verfügbarkeit der zur Leistungserstellung erforderlichen Werkstoffe.

Wir sprechen daher von einem materialwirtschaftlichen Optimum, wenn es gelingt:

1. materialbedingte 'Unproduktivitäten' zu minimieren und
2. die benötigten Werkstoffe so zur Verfügung zu haben, dass die Materialbereitstellungs-kosten ein Minimum sind.

Das bedeutet, dass eine Reihe von Teilzielen vorgegeben sind. Unter anderem müssen daher gelöst werden:

– das Mengenproblem
– das Sortimentsproblem
– das Raumüberbrückungsproblem
– das Zeitproblem
– das Kapitalproblem
– das Kostenproblem.

Unabhängig von den konkreten betrieblichen Gegebenheiten wirkt dieser 'Lösungskatalog' auf den ersten Blick etwas widersprüchlich, zumindest in der praktischen Umsetzung. Um die Konflikte näher kennen zu lernen und damit Optimierungsmaßnahmen treffen zu können, wollen wir wieder mit Hilfe der Abb. 9.11 Merkmalsübersicht zu materialwirtschaftlichen Zielen zu analysieren versuchen.

Teilproblem Merkmale	Menge	Sortiment	Raum	Zeit	Kapital	Kosten
Beschreibung als Primärziel (originär-technisch] Sekundärziel [derivativ-ökonomisch]						
Konflikte						
Maßnahmen						
Opportunitätskosten						

Abb. 9.11   Merkmalsübersicht zu materialwirtschaftlichen Zielen

Stufen der Materialbereitstellung

Die Planung der Materialbereitstellung dient der Verwirklichung des vordem angepeilten materialwirtschaftlichen Optimums.

Analog der Überlegungen bei den Produktionsfaktoren Arbeit und Betriebsmittel lässt sie sich in mehrere Stufen unterteilen:

- Planung des Materialbedarfs,
- Planung der Materialbeschaffung
- Planung der Materialvorratshaltung.

Im weiteren Sinne bedeutet beim Materialbedarf Planung die periodische Vorausschau auf das Beschaffungsvolumen nach Waren- und Dienstart, nach Menge und Leistung, nach Termin, Herkunft und nach Wert [was, wie viel, wann, woher]. Insoweit ist diese Planung als Instrument der Unternehmensführung zu verstehen, z.B. im Sinne strategischer Planung [EK-Politik oder z.B. Outsourcing-Entscheidungen, Make or Buy - Entscheidungen] oder auch als Voraussetzung einer funktionierenden Finanzplanung. Der Planungshorizont ist eher mittel- bzw. langfristig; d.h. je nach Betrieb und Branche 1 bis 3 Jahre.

Im engeren Sinne sind mit der Materialbedarfsplanung eher Arbeitsmethoden, wie z.B. die deterministischen (programm-) und stochastischen (verbrauchsverbundenen) Verfahren gemeint. Darauf soll unter dem Punkt 'Methoden der Bedarfsermittlung' näher eingegangen werden.

Die Aufgabe der Materialbeschaffungsplanung ist es dann, den Materialbedarf der Planungsperiode richtig zu disponieren. Wir haben im Zusammenhang mit betriebswirtschaftlichen Entscheidungsmodellen bereits von Optimierungsproblemen bei der Bestellmenge gehört. Darauf wird unter dem Punkt Bestellmengenoptimierung noch einmal einzugehen sein. Dieser Teil soll eher kurzfristig operativ behandelt werden.

Schließlich hat die Planung der Materialvorratshaltung etwas mit Vorratsoptimierung und -Sicherung zu tun und berührt damit die Lagerpolitik. Über letztere wollen wir uns unter dem Punkt Lagerpolitik auslassen und dabei auch die Überlegungen zu Sicherung mit behandeln.

Bereitstellungsprinzipien

Um unsere weiteren Ausführungen über Maßnahmen bei der Erreichung des materialwirtschaftlichen Optimums richtig einschätzen zu können, sei auf die relative Bedeutung des Produktionsfaktors Werkstoffe für viele Betriebe eingegangen.

Wir wollen das an dem Verhältnis von Beschaffungsumsatz zum Verkaufsumsatz demonstrieren oder Anteil des Materialverbrauchs und Energie an der Gesamtleistung in nachfolgender Tabelle.

Wirtschaftszweig	Anteil Wareneinsatz an Gesamtleistung
Ledererzeugung	68%
Ernährungsindustrie	54%
Eisenschaffende Industrie	51 %
Papier	47%
Straßenfahrzeuge	46%
Textil	44%
Holz	43%
Bekleidung	39%
Maschinenbau	38%
Chemische Industrie	35%
Elektroindustrie	33%
Hoch- und Tiefbau	25%

Wenn sich die Tendenz abnehmender Fertigungstiefe fortsetzt, von der wir im vorigen Abschnitt hörten und die Unternehmen fortfahren, möglichst die Bereitstellungskosten, d.h. also überwiegend fixe Kosten durch variable zu ersetzen, dann werden sich die Anteile noch erhöhen. Die obengenannten Zahlen entsprechen den Verhältnissen Anfang der neunziger Jahre.

Dieser hohe Input am Produktionsprozess und damit die außerordentliche Bedeutung für die Kosten lösen naturgemäß hohe Aufmerksamkeiten bei diesem Produktionsfaktor aus. Je nach den konkreten Gegebenheiten bezüglich Verbrauchsstruktur

–   relativ konstanter Verbrauch pro Zeiteinheit   [R - Material]
–   saisonal oder konjunkturell schwankender Verbrauch   [S - Material]
–   unregelmäßig, nicht vorhersehbarer Verbrauch   [U - Material]

und der sachlichen Verbrauchsstruktur, d.h. des

–   Art-Mengen-Wert-Verhältnisses der Werkstoffe   [ABC - Material]
lassen sich folgende Materialbereitstellungsprinzipien verfolgen:

•   Einzelbeschaffung im Bedarfsfall [E]
•   Prinzip der Vorratshaltung [V] und
•   Prinzip der einsatzsynchronen Anlieferung [JiT]

Für eine differenzierte Feinanalyse versuchen Sie, nachfolgende Matrix zu bearbeiten:

Materalbreitstellungsprinzipien / zeitliche Verbrauchsstruktur	Einzelbeschaffung im Bedarfsfall	Vorratshaltung	Einsatzsynchrone Anlieferung	sachliche Verbrauchsstruktur
R-Material				A-Artikel B-Artikel C-Artikel
S-Material				A-Artikel B-Artikel C-Artikel
U-Material				A-Artikel B-Artikel C-Artikel

Abb. 9.12   Materialbereitstellunsprinzipien je nach Verbrauchsstruktur [Materialklassen]

Man könnte auch Paarvergleiche machen wie folgt:

sachlich Verbrauchsstruktur / zeitliche Verbrauchstruktur	A-Teil	B-Teil	C-Teil	Bereitstellungsprinzip
R-Material				E V JiT
S-Material				E V JiT
U-Material				E V JiT

Abb. 9.13   Materialklassen nach Verbrauchsstrukturen und Konsequenzen für Bereitstellungsprinzipien

Methoden der Bedarfsermittlung

Unter diesem Stichwort wollen wir die Verfahren der Bedarfsermittlung behandeln. Wie bereits unter dem Punkt Stufen der Werkstoffbereitstellung (Planung des Materialbedarfs) genannt, sollen die

–   programmgebundene Bedarfsermittlung [deterministische Verfahren]

und die

–   verbrauchsgebundene Bedarfsermittlung [stochastische Verfahren]

unterschieden werden.

Bei ersterem wird ein meist von der AV aufgestellter Fertigungsvollzugsplan als Ausgangs-basis [daher programmgebunden oder -orientiert] genommen, so dass der Disponent über die Hilfsmittel Stücklisten und Rezepte den Periodenbedarf ermitteln kann [Bruttobedarf ./. verfügbarer Lagerbestand = Nettobedarf. Dieser löst eine Disposition aus.]. In der Praxis erstreckt sich dieses Verfahren vorwiegend auf die hochwertigen [A-Teile] Erzeugnishaupt-stoffe.

Für Hilfs- und Betriebsstoffe sowie geringwertige Erzeugnishauptstoffe oder in den Fällen, in denen ein geplantes Fertigungsprogramm nicht vorliegt, ist i.d.R. die verbrauchsgebunde-ne Bedarfsermittlung vorteilhafter. Voraussetzung für die verbrauchsgebundene Bedarfspla-nung bzw. -ermittlung ist die genaue Kenntnis des Materialverbrauchs in der Vergangenheit sowie deren Einflussfaktoren. Hilfsmittel sind daher exakte Zeitreihen des Verbrauchs ver-gangener Perioden, so dass mit einem weiteren Hilfsmittel, nämlich leistungsfähigen Prog-noseverfahren, Bedarfswerte für die Zukunft extrapoliert werden können.

Der guten Ordnung halber sei noch die Schätzmethode als Bedarfsermittlungsverfahren ge-nannt, dann nämlich, wenn z.B. für neue Produkte oder auf neuen Märkten keinerlei An-haltspunkte aus der Vergangenheit vorliegen. Jede Schätzung wird aber durch realisierte Ist-Daten im Laufe der Zeit abgelöst.

Fragen und Hinweise:

1. Im Zusammenhang mit der Planung des Materialbedarfs sprechen wir von
   –   Primärbedarf
   –   Sekundärbedarf
   –   Tertiärbedarf.
   Erklären Sie diese Bezeichnungen und erläutern Sie die Zweckmäßigkeit dieser Untertei-lung.
2. Welche quantitativen Prognoseverfahren kennen Sie?
3. Erinnern Sie sich an die XYZ-Analyse? Können Sie dieses Instrument erklären?
4. Wir haben Nettobedarf festgestellt, wenn der Bruttobedarf > verfügbarer Lagerbestand ist. Aus welchen Elementen setzt sich der verfügbare Lagerbestand zusammen?
5. Führt das Vorliegen eines Nettobedarfs zu gleicher Zeit zu einer entsprechenden Bestel-lung in gleicher Höhe? Erklären Sie den Zusammenhang.

Bestellmengenoptimierung

Wir hatten bei der Planung der Materialbeschaffung die Mengenoptimierung als vordringliche Aufgabe bereits geortet. Dabei geht es um die Frage nach Liefermenge und -zeitpunkt, wobei zwei gegensätzliche Kostenentwicklungen auszugleichen sind.

Einfach ausgedrückt: Bestellen (Beschaffen) wir einmal pro Zeiteinheit, d.h. decken wir den Periodenbedarf mit einer Eingangssendung, handeln wir uns Lagerkosten ein, andererseits verringern wir die Bestellkosten. Umgekehrt bestellen wir jeweils am 10. und 25. eines Monats, also 24x im Jahr, sind die Lagerkosten geringer, jedoch die Bestellkosten höher.

Ziel der Bestellmengenoptimierung muss es also sein, den Gesamtbedarf so auf Bestellungen aufzuteilen, dass die Summe der Lager- und Bestellkosten (fix und variabel) im Planungszeitraum minimiert werden.

Lagerpolitik

Wie unter der Planung der Materialvorratshaltung angekündigt, wollen wir diesen Themenkomplex unter mehreren Aspekten betrachten, und zwar:

- optimale Lagerpolitik
- Steuerung über Kennzahlen
- Lagerkontrollmodelle.

Angesichts der unterschiedlichsten Funktionen des Lagers, angesichts der Wichtigkeit des Lagers für Service und Flexibilität am Markt und angesichts des durch das Lager gebundenen Kapitals mit der entsprechenden Kostenkonsequenz, kommen Zielvorgaben für eine optimale Vorratspolitik durch die Geschäftsleitung / Unternehmensführung erhebliche Bedeutung zu.

Überspitzt formuliert: Ein aus Wettbewerbsgründen notwendiger 24 Stunden-Service auf der Absatzseite hat Konsequenzen auf Lagerpositionen. Oder: Eine Lagerrestriktion, die zu Lieferzeiten führt, kann zu Marktanteilseinbußen führen. Diese das Gesamtunternehmen betreffenden Erfolgs-, Vermögens- und Finanzziele können nicht der operativen Ebene wie Werkstoffplanung, -disposition und -lager überlassen werden. Das heißt, es sind Handlungsanweisungen für die Vorrats- und Lagerpolitik nötig. Ein Blick in die Jahresabschlüsse von Unternehmen verschiedener Wirtschafts- und Fertigungszweige unterstreicht die Notwendigkeit dieser Aussage [Anteile des Vorratsvermögens am Gesamtvermögen = Vorratsintensität je nach Branche im Durchschnitt zwischen 10 und 40 %].

Wie können nun konkrete Handlungsanweisungen der Unternehmensführung in der Materialwirtschaft aussehen? Oder wie steuert das Materialmanagement? Wir hatten im Abschnitt 2.2.4 betriebswirtschaftliche Kennziffern als Steuerungsinstrumente kennengelernt. Mittels nachfolgender Matrix wollen wir uns einige Kennziffern erläutern, ihren Steuerungszweck und typische Anwendungsmöglichkeiten aufzeigen.

Kennzahlen	Ermittlung	Steuerungs- und Kontrollzweck	Anwendungsbeispiele
Durchschnittsbestand			
Meldebestand			
Mindestbestand			
Höchstbestand			
Reichweite			
Lagerumschlag			
Lagerdauer			
Lagerzinssatz			
Materialquote			
Vorratsintensität			

Abb. 9.14   Kennziffern des Materialmanagements

Schließlich wollen wir noch auf zwei Verfahren verweisen, mit welchen der Lagerbestand laufend kontrolliert und gleichzeitig Beschaffungsvorgänge ausgelöst werden bei Vermeidung von Fehlmengen.

Diese Lagerkontrollmodelle werden als

- Bestellpunktverfahren und
- Bestellrhythmusverfahren

bezeichnet.

Bei den Bestellpunktverfahren wird nach jedem Lagerabgang überprüft, ob ein vorgegebener Bestellbestand unterschritten wird. Ist dies der Fall, wird entweder eine optimale Bestellmenge geordert oder das Lager auf einen Soll- oder Maximalbestand aufgefüllt. Bei den Bestellrhythmusverfahren erfolgt die Überprüfung der Lagerbestände nicht nach jeder Lagerbewegung, sondern periodisch in festgelegten Abständen. Ist im Kontrollzeitpunkt der Meldebestand unterschritten, so wird entweder eine optimale Menge bestellt oder das Lager bis zum Sollbestand aufgefüllt. Neben Meldebeständen sind noch die Bestellrhythmen festzulegen. Zur Abrundung des Stoffes sei die Ergänzung nachfolgender Matrix empfohlen.

Verfahren	Bestellmenge	Bestellzeitpunkt	Praxisbeispiele	Güterart
Bestellpunkt	konstant	variabel		
	variabel	variabel		
Bestellrhythmus	konstant	fix		
	variabel	fix		

Abb. 9.15   Lagerkontrollverfahren

Übungen

1. Nennen Sie wichtige Aufgaben [Funktionen] des Lagers, jeweils für einen Fertigungs- und Handelsbetrieb,
2. Aus welchen Elementen kann sich die Beschaffungszeit zusammensetzen?
3. Diskutieren Sie kritisch die Prämissen des Grundmodells der optimalen Beschaffungsmenge.
4. Analysieren Sie die Lagerkosten und ihre Abhängigkeiten [wert- und mengenmäßig].
5. Nennen Sie Beispiele für Fehlmengenkosten.
6. Erklären Sie das Produkt: Stückliste * Produktionsplan = Materialbedarf

9.3   Produktion

Nach der Bereitstellung der Produktionsfaktoren schließt sich die Phase der betrieblichen Leistungserstellung an. Diese wird als Produktion bezeichnet. Betriebliche Leistungen sind nicht nur Güter, sondern auch alle Arten von Dienstleistungen.

Beispiele für das Ergebnis von Produktionsprozessen sind die Be- und Verarbeitung von Werkstoffen zu Sachleistungen wie Kleidungsstücken oder Computern, die Erstellung von Dienstleistungen wie Reparaturen oder Bank- sowie Versicherungsdienstleistungen. Die Umwandlung von Spareinlagen in Kredite stellt danach ebenso Produktion dar wie Handelsleistungen, also ausstellen, lagern, verpacken von Gemüse oder beraten von Kunden.

Fazit: Am Ende des Kombinationsprozesses der Produktionsfaktoren sollen absatzreife Erzeugnisse und Leistungen stehen.

9.3.1   Teilpläne betrieblicher Produktionspolitik

Es wird jetzt darauf ankommen, die Einflussfaktoren kennenzulernen, die diesen Kombinationsprozess bestimmen. Da es sich zum Teil um recht umfangreiche und "schwierige - wir sprechen von komplexen- Prozesse handelt, wollen wir wieder der bewährten Arbeitsmethode des Zerlegens [i.e. Analyse] folgen und spezifische Teilaspekte betrachten. Wir wählen dafür das Instrument der Planung, um sowohl Schlüssigkeit als auch relative Vollständigkeit zu gewährleisten. Nicht zuletzt soll es die Systematik und Überschaubarkeit erleichtern. Die Darstellung der Determinanten des betrieblichen Kombinationsprozesses in A46 soll einen diesbezüglichen Überblick vermitteln.

Nachfolgend sollen die abgebildeten Teilpläne kurz (verbal) besprochen werden. Die Produktionsplanung lässt sich unterscheiden in:

-   langfristige und
-   kurzfristige Produktionsplanung.

Von der langfristigen Produktionsplanung spricht man, wenn die Kapazität, also die Ausstattung mit Betriebsmitteln und Arbeitskräften gemeint ist. Damit werden gleichzeitig Investitionsprobleme, wie Teilbarkeit der Potentialfaktoren oder längerfristige vertragliche Bindungen des Betriebes angesprochen. [Stichworte dazu sind: Betriebsgröße, Kapazitätsvolumen, Produkt- und Fertigungsstruktur u.a. Fertigungstiefe / Fertigungs- und Programmbreite]. Von der kurzfristigen Produktionsplanung spricht man, wenn man die Kapazität als Datum (als gegeben) hinnimmt. Dazu zählen die operative Programmplanung und die Produktionsdurchführungsplanung.

Letztere umfasst:

- **Produktionsaufteilungsplanung**

Festlegung, welche Produktionsfaktoren, in welcher Menge, wie lange und in welcher Intensität einzusetzen sind, um eine gegebene Produktionsmenge (z.B. eine vorgegebene Meterzahl von Filterstoffen weben) mit minimalen Produktionsfaktoren zu erstellen.

- **Auftragsgrößenplanung**

Sie kommt zum Einsatz, wenn auf einer Produktionsanlage (z.B.Webmaschine) hintereinander unterschiedliche Produktarten (Filterstoffe mit unterschiedlichen Gewebedichten und / oder Garnstärken) hergestellt werden sollen. Der Planung kommt die Aufgabe zu, Größe (Mindestgröße / Losgröße) und Reihenfolge der Fertigungsaufträge bei gegebenen Bedarfsmengen so festzulegen, dass mit minimalen Kosten (z.B. einschließlich Beachtung der Umrüstungs- und Lagerkosten) gefertigt wird.

- **Zeitliche Produktionsverteilungsplanung**

Produktionsmengen müssen in den einzelnen Teilzeiträumen (Schichten)der Planungsperiode (Woche / Dekade/ Monat) so mit den Absatzmengen abgestimmt werden, dass mit minimalen Kosten für Produktion und Lagerung der Fertigerzeugnisse bis zum Zeitpunkt des Absatzes gerechnet werden kann.

- **Zeitliche Ablaufplanung**

Sie muss in einem mehrstufigen Produktionsprozess (z.B. Bezugsstoffe weben, putzen, ausrüsten, zuschneiden, nähen) festlegen, in welcher zeitlich durchsetzbaren Reihenfolge, welche Aufträge, auf welchen Anlagen, mit welchen Arbeitskräften vollzogen werden, so dass die Kosten für Zwischenlagerung und ablaufbedingte Stillstandszeiten ein Minimum sind.

Zwischen den verschiedenen Teilplanungen bestehen Interdependenzen auch in Form von Restriktionen, so dass sich für die Gesamtplanung eine hohe Komplexität ergibt. Dies erschwert die Analyse oder gar die Ableitung von Produktionsfunktionen für den Gesamtkomplex Betrieb / Unternehmen.

Daher wird in dem nachfolgenden Punkt „Produktionsfunktionen" exemplarisch auf die Produktionsaufteilungsplanung zurückgegriffen, um den Sachverhalt zu erläutern.

9.3.2   Produktionsfunktionen

Eine Produktionsfunktion gibt den quantitativen Zusammenhang zwischen den zur Leistungserstellung einzusetzenden Produktionsfaktormengen (Input in ME) und der Ausbringungsmenge M (Output in ME) in der Planungsperiode an.

$$M = f(r1, r2, r3, ...)$$

Je nachdem, ob für eine gegebene Ausbringung ein technisch bindendes Einsatzverhältnis der Faktoren gegeben ist oder nicht, lassen sich limitationale und substitutionale Produktionsfunktionen unterscheiden.

Substitutionale Produktionsfunktionen sind dadurch charakterisiert, dass

- eine Verringerung der Einsatzmengen eines Faktors bei Konstanz der Ausbringungsmenge durch verstärkten Einsatz eines anderen Faktors ausgeglichen (substituiert) werden kann;
- die Ausbringungsmenge durch veränderte Einsatzmengen eines Faktors bei Konstanz der übrigen Faktoren beeinflusst werden kann.

Sofern der Austausch- von Produktionsfaktoren nur in bestimmten Grenzen möglich ist (periphere Substitution), werden substitutionale Produktionsfunktionen als ertragsgesetzlich bezeichnet. [Stichworte: Produktionsfunktionen vom Typ A auf der Grundlage des Ertragsgesetzes; S-förmiger Ertragsverlauf in vier Phasen. Aus der Landwirtschaft abgeleitet und analoge Anwendung für Industrie problematisch.

In den industriellen Bereichen herrscht eher Limitationalität der Faktoren vor. Da eine einzige Gesamtfunktion, weder als Produktions- noch als Kostenfunktion wegen der unterschiedlichen Einflussgrößen in den verschiedenen Produktionsbereichen ermittelt werden kann, erfolgt eine Aufspaltung in kleine, überschaubare Einheiten (Arbeitsplätze, Maschinenaggregate), um dafür Produktions- und Kostenfunktionen abzuleiten.

Der Verbrauch an Produktionsfaktoren hängt ab von technischen Eigenschaften des

untersuchten Betriebsmittels und von der Prozessbedingung Intensität (d). Es besteht somit bei einem gegebenen Betriebsmittel sowohl eine funktionale Beziehung zwischen der Intensität (=Ausbringungsmenge pro Einheit der Laufzeit, also z.B. Stück/Min.) und dem Verbrauch an Produktionsfaktoren (z.B. Energieverbrauch /Maschinenlaufzeit) als auch zwischen Intensität und ausgebrachter Menge. Für die Ausbringung (x) einer Maschine (i) gilt:

$$xi = Ti \times di$$

$$[\text{Stück/Monat}] = [\text{Min/Monat}] * [\text{Stück/Min}]$$

T = Laufzeit

Diese technisch bedingte funktionale Beziehung zwischen Leistungsgrad einer Maschine (Intensität) und dem Verbrauch an Produktionsfaktoren je Leistungseinheit wird in der Theorie als Verbrauchsfunktion bezeichnet (in der Literatur auch: Produktionsfunktionen vom Typ B, Produktionsfunktionen auf der Grundlage von Verbrauchsfunktionen).

Fazit: Typ A setzt freie, d.h. vom Betrieb autonom zu steuernde Variierbarkeit der Faktoreinsatzproportionen voraus.

Typ B geht dagegen von zwei Fällen aus:

- bei Anlagen, die gewisse Änderungen der Leistungsabgabe ermöglichen, sind diese Variationen streng bestimmt und die Faktoreinsatzmengen nicht steuerbar. Wenn ein Meister entscheidet, das Aggregat 1 mit 110% der Normalleistung zu fahren (Erhöhung der Tourenzahl einer Nähmaschine von 4.500 auf knapp 5.000 Umdrehungen pro Minute), so ändern sich die Einsatzmengen aller Einsatzfaktoren des Aggregats zwangsläufig nach Maßgabe der Verbrauchsfunktion. Die Einsatzmengen können zwar variieren, sind aber nicht frei variierbar.
- im zweiten Fall besteht zwischen Faktoreinsatzmengen und Ausbringung eine strenge lineare Funktion. Die Faktoreinsatzproportionen sind überhaupt nicht mehr variierbar, so dass eine bestimmte Produktionsmenge nur über ein ganz bestimmtes Verhältnis von Produktionsfaktoren möglich ist.

Die Kenntnis dieser Zusammenhänge ist u.a. wichtig für Anpassungsentscheidungen unter der Zielsetzung minimaler Kosten.

Fragen und Hinweise:

1. Beschreiben Sie -vorzugsweise an Beispielen- mögliche Strukturen von Produktionsbeziehungen [Input-Output-Beziehungen].
2. Definieren Sie danach allgemein den Begriff der 'Produktionsfunktion'.
3. In welchen anderen betriebswirtschaftlichen Zusammenhängen ist Ihnen der Funktionsbegriff noch begegnet?
4. Erklären Sie die höhere Realitätsnähe der Verbrauchsfunktionen [Produktionsfunktion von Gutenberg] im Vergleich zur ertragsgesetzlichen Produktionsfunktion.

9.3.3   Kostendeterminanten

Kosten spielen in den Produktionsteilplänen [der Produktionsdurchführungsplanung unserer Abb. 22 im Anhang] eine zentrale Rolle. Ohne zutreffende Informationen über die Kosten lassen sich hier grundsätzlich keine ökonomisch optimalen Entscheidungen fällen. Wir wollen daher nachfolgend eingehen auf:

- Inhalt
- Determinanten und
- Dimensionen der Kosten.

Inhalt

Sie erinnern sich an die Abschnitte über Wirtschaften als uns der Kostenbegriff begegnete und wir Abgrenzungen u.a. zwischen Aufwand und Ausgaben vorgenommen haben. Danach beinhalten Kosten stets nur einen Betriebs- (zweck-) bedingten Werteverzehr. Wir sprechen auch dann von Kosten, wenn der betriebsbedingte Werteverzehr mit keinen Ausgaben verbunden ist.

Determinanten

Kostendeterminanten sind zum einen die vom Betrieb in einer bestimmten Situation nicht beeinflussbaren Daten sowie die durch Entscheidungen veränderbaren Variablen. Abb. 23 im Anhang gibt einen Überblick über das System der Kostendeterminanten. Unter der Rubrik Beschäftigung sind dabei die Aktionsparameter der Produktionsaufteilungsplanung, der Programmplanung sowie der Betriebsgrößenplanung zusammengefasst.

Wenn nun Kosten (Informationen) als Grundlage zur Steuerung von Produktionsplänen dienen sollen, dann sollten wir ihre Ursachen kennen.

Wir unterscheiden in diesem Zusammenhang zwei Kategorien von Kosten:

- Variable oder dispositionsabhängige Kosten.

Das sind Kosten, deren Höhe durch die zu treffende Entscheidung beeinflusst oder relevant werden.

- Fixe oder dispositionsunabhängige Kosten.

Das sind Kosten, deren Höhe nicht durch die zu treffende Entscheidung beeinflusst wird. Eine allgemein gültige Aussage, welche Kosten variabel oder fix sind, lässt sich nicht machen. Es kommt auf das jeweilige Entscheidungsproblem in einer konkreten Situation an. Allerdings lässt sich eine Grundaussage treffen: Zur optimalen Lösung eines Entscheidungsproblems sind grundsätzlich nur die variablen Kosten [dispositionsrelevanten] Kosten einzubeziehen.

Bezüglich der relevanten Einflussgrößen für Kostenveränderungen (z.B. Veränderung in der Beschäftigung = Ausbringungsmenge bzw. Leistung pro Zeiteinheit) ist es wichtig, die Art der Veränderung zu kennen; wir sprechen von typischen Kostenverläufen.

Dimensionen

Bereits bei unserer Analyse der Kostenverläufe haben wir zwei unterschiedliche Dimensionen von Kosten kennengelernt, nämlich Kosten pro Zeit und pro Stück. Die betriebswirtschaftliche Theorie kennt vier Dimensionen, in denen Kosten gemessen werden:

- Gesamtkosten KT in der Planungsperiode   [z.B. Monat/Quartal/Geschäftsjahr]
  Dimension GE
- Kosten K pro Beschäftigungszeiteinheit   [z.B. Minute/Stunde/Schicht/Tag]
  Dimension GE/ZE
- Stückkosten k   [z.B. Stück/kg/m]
  Dimension GE/ME
- Grenzkosten K'   [z.B. Beschäftigungsintervall]
  Dimension GE/ME

Die Gesamtkosten KT ergeben sich alternativ:

- aus der Multiplikation von Kosten K pro Zeiteinheit mit der Beschäftigungszeit t
- aus der Multiplikation der Stückkosten k und der Ausbringungsmenge M in der Planungsperiode

$$(1) \quad K_T = K \times t = k \times M$$

Da sich die Kosten K pro Beschäftigungszeiteinheit aus der Multiplikation der Stückkosten mit der Leistung x pro Zeiteinheit ergeben, ergibt sich auch

$$(2) \quad K_T = k \times x \times t$$

$$(3) \quad x \times t = M$$

Die Grenzkosten K' entsprechen der ersten Ableitung der Gesamtkosten KT nach der Ausbringung M. Sie drücken also die Kostenveränderungen bei Übergang von einem Ausbringungsintervall (-niveau) zu einem anderen aus.

Fragen und Hinweise:

1. Was sagt Ihnen in diesem Zusammenhang der Begriff 'Beschäftigungsintervall'?
2. Stellen Sie den Bezeichnungen für die Kosten pro Zeiteinheit (Kx) die entsprechenden Bezeichnungen der Stückkosten (kx) gegenüber.
3. Was bedeutet 'verursachungsgerecht' im Rahmen der Produktionsplanung?

9.3.4   Beschäftigungsanalyse

Wie bereits ausgeführt, benötigen wir zuverlässige Informationen über die Kosten, um optimale Entscheidungen treffen zu können bezüglich der Produktionsteilpläne.

Die Beschäftigungsanalyse ist eine wichtige Entscheidungshilfe für das Management, mit deren Hilfe sich z.B. folgende Fragen beantworten lassen:

–   Welche Form des Anpassungsprozesses führt zur optimalen Kostenfunktion?
–   Wo und in welchem Ausmaß treten Kapazitätsbeschränkungen [Engpässe] auf?
–   Welche direkte Auswirkung hat eine Beschäftigungsveränderung auf den Gewinn?
–   Wo liegt bei kostenorientierter Preispolitik die Preisuntergrenze?

Anpassungsformen

Im Zusammenhang mit der Bereitstellung des Produktionsfaktors Betriebsmittel hatten wir schon die einzelnen Formen kennengelernt. Jetzt geht es darum, bei Beschäftigungssituationen auf Grund von Nachfrageveränderungen die kostenoptimale Anpassungsform oder Kombination zu wählen. Die graphische Darstellung der Kostenverläufe bei zeitlicher und intensitätsmäßiger Anpassung wird im Einzelnen in der Lehrveranstaltung Kostenrechnung behandelt.

Darüber hinaus lassen sich z.B. auf der Basis von Grenzkostenanalysen auch Mischformen der Anpassung denken, wie:

–   Zeitlich / intensitätsmäßige Anpassung eines Aggregates
–   kombinierte zeitliche / quantitative Anpassung mehrerer Aggregate
–   kombinierte zeitliche / intensitätsmäßige / quantitative Anpassung mehrerer Aggregate

Fragen und Hinweise:

1. Suchen Sie nach praktischen Beispielen für zeitliche und intensitätsmäßige Anpassungen sowie nach solchen oben aufgeführter Mischformen:
   – zeitlich / intensitätsmäßig
   – zeitlich / quantitativ
   – zeitlich / intensitätsmäßig / quantitativ.
2. Was versteht man unter sprungfixen Kosten, und nennen Sie im Zusammenhang mit Anpassungprozessen Beispiele dafür.

Kapazitätsbeschränkungen

Mit der Behandlung von Engpasssituationen durch Beschäftigungssituationen sei an dieser Stelle noch einmal als Anregung auf die Entscheidungsproblematik verwiesen.

Gewinnauswirkung

Der Akzent auf den Gewinn wird in der sogenannten Gewinnschwellenanalyse gelegt. Diese, auch manchmal als Break-even-Analyse bezeichnete Betrachtung, werden wir im Zusammenhang mit preispolitischen Entscheidungen im Abschnitt 9.5 Erlösplanung noch einmal näher betrachten.

Preisuntergrenze

Schließlich ist die Preisuntergrenze in bestimmten Beschäftigungssituationen eine wichtige Orientierung, auf die ebenfalls im Abschnitt 9.5 Erlösplanung einzugehen sein wird.

In der nachfolgenden Abb. 9.16, Orientierungsgrößen mittels diverser Kostenpunkte, sollen die Ausführungen der Abschnitte 9.3.3 und 9.3.4 abschließend zusammengefasst werden.

Orientierungsgrößen	Bestimmung / Definition / Bedingungen		
	verbal	mathematisch/ rechnerisch	zeichnerisch
Nutzenschwelle * bedeutet? * wichtig für?	Erlöse decken die Kosten ab danach Erzielung von Gewinn langfristige PUG	E = K	Erlöskurve schneidet die Gesamtkostenkurve
Betriebsminimum * bedeutet? * wichtig für?	Schmerzgrenze Preis- und Beschäftigungspolitik kurzfristige PUG	kv = Min 1. Ableitung	Grenzkostenkurve schneidet variable Stückkostenkurve in deren Minimum
Betriebsoptimum (optimaler Kostenpunkt, OKP) * bedeutet? * wichtig für?	Idealbeschäftigung; technische Orientierung weil: G max bei konstantem Auslastung/Beschäftigung Meister / WL	kg = Min Degressionseffekte aus Fixkosten werden durch Zuwachseffekte der variablen Kosten ausgeglichen	Grenzkostenkurve schneidet Gesamtstückkostenkurve in deren Minimum. Bei gleichbleibenden Preisen höchster Abstand zwischen kg und p = Stückgewinn am größtem
Betriebsmaximum * bedeutet? * wichtig für?	kaufmännische Orientierung Orientierung der Beschäftigung; wenn N>A GL / VK Rentabilitäten	G max = Counot'scher Punkt des Monopolisten = optimale Preis - Mengen - Kombination => p' = kg oder p'= kv wenn keine sprungfixen Kosten	Grenzerlös entspricht Grenzkosten E' entspricht K'
Nutzengrenze * bedeutet? * wichtig für?	Kosten übersteigen Erlöse => Betriebsverlust weil u.U. überproportional Kv und sprungfixe Kosten jenseits der Kapazitäts- grenze anfallen	Summe E < Summe K = Betriebsverlust nur vorübergehend zulassen Investitionsrechnung Fremdbezug	Erlöskurve sinkt unter Gesamtkostenkurve

Abb. 9.16   Orientierungsgrößen

9.4 Absatz

Der Absatz beschließt den betrieblichen Wertschöpfungsprozess, indem durch die Verwertung der Betriebsleistungen am Absatzmarkt der Rückfluss der im Betrieb eingesetzten Geldmittel eingeleitet wird. Damit schließt sich auch der betriebliche Wertkreislauf, denn durch den Rückfluss der Mittel „honoriert" der Markt nicht nur die Leistungen der Unternehmung, sondern ermöglicht die Fortsetzung der Produktion und der ihr vorgelagerten Funktionen. Im Sprachgebrauch werden die Begriffe Absatz mit Verkauf oder Umsatz oft gleichgesetzt. Wir wollen unter Absatz alle Tätigkeiten eines Unternehmens / Betriebes zusammenfassen, die der Verwertung der hergestellten Güter und Dienstleistungen auf dem Markt dienen, also u.a. Werbung, Sortimentsgestaltung, Marktforschung, Preispolitik.

Daneben verstehen wir unter Absatz ebenfalls die in einer Planungsperiode verkaufte Menge an Erzeugnissen.

Fragen und Hinweise:

1. Erklären Sie die Begriffe
   - Umsatz
   - Verkauf
   - Vertrieb
   - Markt und (-arten) und grenzen Sie sie voneinander ab.
2. Erklären Sie den Unterschied zwischen Marktschwankung und Marktverschiebung.
3. Nachfolgende Begriffe wollen Sie sich bitte klarmachen:
   - Marktanalyse
   - Marktbeobachtung
   - Marktprognose
   - Marktstruktur [Marktform]

9.4.1 Elemente der Absatzplanung

Die Absatzphase ist also das notwendige und wichtige Bindeglied zwischen Produktion einerseits und dem Absatzmarkt andererseits.

Wie der Absatz erfolgt, wie er organisiert ist, welchen Umfang er annimmt oder wie intensiv er betrieben wird, hängt von einer Reihe von Faktoren ab: u.a. von der Stellung des Unternehmens am Markt, von den Verbrauchern, von der Art der angebotenen Leistungen und Erzeugnisse, von gesetzlichen Vorschriften, natürlich auch von der konjunkturellen Situation oder auch der Wirtschaftsordnung schlechthin.

Im Vordergrund der Absatzentscheidungen und damit Merkmal der Absatzplanung ist die Marktorientierung.

Das Ausmaß der Orientierung hängt vor allem davon ab, ob auf den relevanten Absatzmärkten der Unternehmung eine

–   Verkäufer-   [= Nachfrage > Angebot]

oder

–   Käufersituation [= Nachfrage < Angebot]

besteht.

Wenden wir uns gleich der heute in sogenannten Wohlstandsgesellschaften eher typischen Situation des Käufermarktes [„Überflussgesellschaften"] zu. Der Absatz wird zum Engpass und dominiert gegenüber den anderen Phasen des Leistungsprozesses. Daraus folgt eine marktbezogene Ausrichtung [s.o. Marktorientierung] der Unternehmensprozesse. Die Bezeichnung Marketing soll diesen Sachverhalt charakterisieren.

Oder anders ausgedrückt: Das Unternehmensdenken ist nicht nur auf Reagieren, sondern auf vorausschauendes Agieren bezüglich Marktentwicklungen ausgerichtet.

Konkret: Absatzpolitische Maßnahmen sind sowohl auf Marktsicherung und -ausweitung sowie auf Markterschließung gezielt auszurichten.

 Voraussetzung für eine erfolgreiche Absatzplanung ist eine funktionierende Marketingforschung über:

–   Rahmenbedingungen [z.B. Trends, gesetzliche Bestimmungen]
–   Verhalten der Marktteilnehmer [z.B. Käufer, Mitbewerber, Absatzmittler]
–   Absatzmöglichkeiten [z.B. Marktpotential, Marktvolumen, Marktattraktivität]
–   interne Unternehmenssituation [z.B. eigene Potentiale].

Als Gradmesser bei der Absatzplanung und -steuerung dienen Leistungsziele wie Umsatz- und Absatzvolumen, Marktanteile, Umsatzrentabilitäten oder relative Deckungsbeiträge.

Die konkreten Absatzentscheidungen spiegeln die sogenannten absatzpolitischen Instrumente [API] wider. Die Gestaltungsfelder und Instrumente werden im Einzelnen in der Lehrveranstaltung Absatzwirtschaft behandelt (Marketing-Mix)

Zusammenfassend ließen sich also die Aufgaben des Absatzes in etwa umschreiben:

–   systematische Marketingforschung [s.o.]
–   systematische Erschließung der Märkte durch
    •   Segmentierung
    •   Differenzierung
    •   Instrumentenmix
–   organisatorische Verankerung des marktorientierten Denkstils in allen Unternehmensbereichen

    und zunehmend

– Einordnung der Marketingaktivitäten in die konkurrierenden Zielsetzungen der Gesellschaft [u.a. Güterversorgung, Verbraucherschutz, Ressourcenschonung usw.].

Diese Vorgaben oder Merkmale sollten in einer Marketingkonzeption eines Unternehmens erkennbar sein.

Fragen und Hinweise:

1. Wie würden Sie die Formulierung „unbedingte Marktorientierung" einem Nichtkaufmann erklären [möglichst an Beispielen]?
2. Zählen Sie Erscheinungen von Markttrends auf.
3. Was versteht man unter einem Marktsegment?
4. Wenn sich das Marktpotential auf 10.000E pro Jahr beläuft, das Marktvolumen auf 8.000E und das anbietende Unternehmen 1.600E absetzt, wie hoch ist dann sein Marktanteil? Grenzen Sie die Begriffe Marktpotential und Marktvolumen sowie Absatzpotential und Absatzvolumen voneinander ab.
5. Marktanteile lassen sich in Mengen und Werten ausdrücken. Können Sie sich vorstellen, dass der Marktanteil eines Produktes in Werten gerechnet höher als der entsprechende in Mengen gerechnete ist und umgekehrt. Erklären Sie die Hintergründe.
6. Es sei an die Kennziffern Umsatzrentabilitäten brutto und netto erinnert. Könnten Sie sich spezifische Produktrentabilitäten vorstellen? Diskutieren Sie die Problematik.

9.5 Erlösplanung

Erlösplanung setzt die Kenntnis von Preisen voraus. Bevor wir uns Modellen und Verfahren der Preisfestlegung zuwenden, müssen vorher noch einige Entscheidungsvoraussetzungen geklärt werden. So ist für die Preispolitik in der Regel [in der marktwirtschaftlichen Ordnung] der Rahmen oder das Entscheidungsfeld durch die *Preis-Absatz-Funktion [PAF]* bestimmt.

Sie zeigt an, welche Mengen eines betrachteten Produkts in der Planungsperiode bei jeweils verschieden hohen Preisforderungen absetzbar sind. In der Regel sind PAF statisch formuliert. Darüber hinaus wird von einer linear sinkenden PAF ausgegangen, wie in folgender Abb. 9.17 angezeigt.

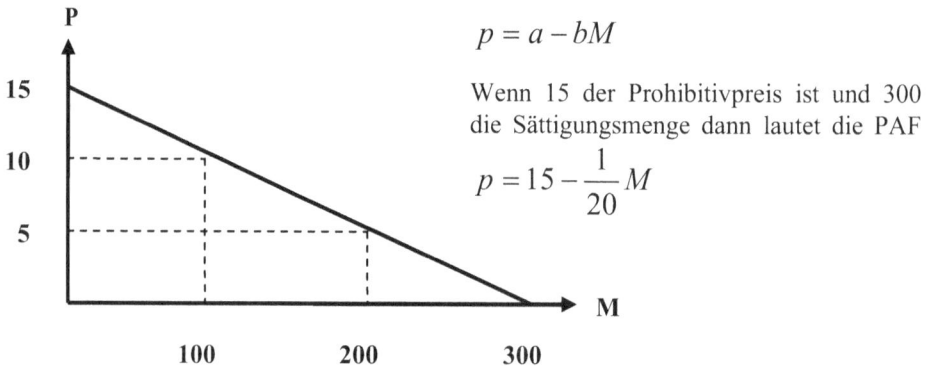

$$p = a - bM$$

Wenn 15 der Prohibitivpreis ist und 300 die Sättigungsmenge dann lautet die PAF

$$p = 15 - \frac{1}{20}M$$

Abb. 9.17   Preis – Absatz – Funktion

Selbstverständlich gibt es verschiedene Verläufe der Preis-Absatz-Funktion. Diese lassen sich durch die für sie jeweils geltende *Preiselastizität der Nachfrage* bestimmen.

Damit soll die Reaktion der Nachfrage auf Änderungen des Preises ausgedrückt werden. Sie ist somit definiert als das Verhältnis der relativen Änderung der Nachfrage [dM] nach einem Produkt zu der relativen Änderung des Preises [dp] dieses Produktes.

Vereinfacht heißt das:

$$\mu = \frac{dM}{Dp}$$

Im obigen Beispiel wurde eine Preiserhöhung von 5 auf 4 GE, also um 20% eine Mengenerhöhung von 200 auf 220 bewirken, also 10%.

Das heißt:

$$\mu = \frac{10}{20} < 1, \text{also unelastische Nachfrage.}$$

Dagegen würde eine Preiserhöhung von 10 auf 13 GE also um 30%, eine Mengenverringerung von 100 auf 40 auslösen, also 60%.

Das heißt:

$$\mu = \frac{60}{30} > 1, \text{also elastische Nachfrage.}$$

Die Elastizität bezieht sich immer auf einen bestimmten Punkt der PAF [Punktelastiziät] und kann grundsätzlich alle Werte zwischen null und unendlich annehmen.

Schließlich wollen wir noch verfolgen, wie ein Anbieter durch

Präferenzpolitik d.h. durch gezielten Mitteleinsatz [API] die PAF zu verändern versucht.

Sie erinnern sich, dass wir die doppelt geknickte PAF als Erklärungsmodell bereits kennengelernt haben. Stellen Sie sich einen Einzelhändler vor, der durch Service oder Mode für bestimmte Artikel folgende von Abb. 9.18 abweichende PAF aufweist.

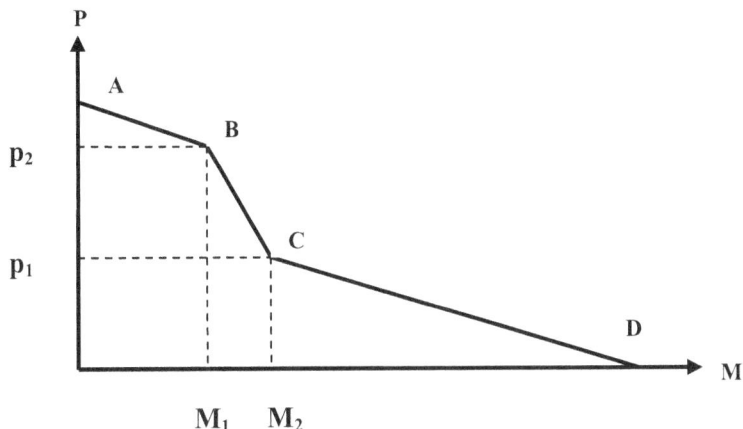

Abb. 9.18   Doppelt geknickte PAF

Im Bereich BC hat der Einzelhändler Präferenzen, in dem Preiserhöhungen oder -senkungen nicht zu entsprechenden Käuferabwanderungen führen oder Käufer abgezogen werden.

Fragen und Hinweise:

1. Was will man damit ausdrücken, wenn man sagt, Preis-Absatz-Funktionen seien statisch? Könnten Sie sich unter dynamischer PAF etwas denken?
2. Sind Preis-Absatz-Funktionen denkbar, bei denen im Falle steigender Preise die Nachfrage steigt und umgekehrt bei sinkenden Preisen die Nachfrage sinkt? Nennen Sie Beispiele!
3. Wovon kann die Nachfrageelastizität (noch) abhängen?
4. Suchen Sie nach Beispielen und Situationen, in denen Präferenzen für einen Anbieter gegeben sind.

Wenden wir uns nun der Preispolitik zu, d.h. der Ableitung optimaler Preise. Anlässe dafür können u.a. sein:

- Erstmalige Festlegung eines Preises bei Neuprodukten, Eintritt in neue Märkte oder bei Ausschreibung öffentlicher und privater Aufträge
- Preisanpassungen z.B. wegen Konkurrenz
- Sonderpreise für Aktionen
- innerhalb einer Produktlinie optimaler Preis.

Die Fragen, die wir zu beantworten haben, sind solche des Marktes, z.B.:

- welchen Preis ist der Käufer [Mieter] zu zahlen bereit?

und solche der Kalkulation [Kostenrechnung], z.B.:

- deckt der erzielte Preis die Kosten und was verbleibt an Gewinn oder Deckungsbeitrag?

Wir wollen nachfolgen kurz auf zwei Ansätze preispolitischer Überlegungen eingehen, und zwar die

- klassische Preistheorie und die
- praxisorientierte Preisfestlegung.

Klassische Preistheorie

Trotz Vorbehalten der betrieblichen Praxis gegenüber den Modellen der klassischen Preistheorie sind wir der Meinung, dass sowohl die vereinfachten Prämissen als auch die Szenarien der klassischen Modelle uns situativ im betrieblichen Alltag häufig begegnen. Die grundlegende Kenntnis erscheint daher als durchaus sinnvoll vgl. Abb. 9.19):

Fragen und Hinweise:

1. Nennen Sie weitere Anlässe für Preisanpassungen.
2. Zu den vielfachen Prämissen der preistheoretischen Modelle zählen
   – Einproduktunternehmen
   – statische Preis-Absatz-Funktionen
   – vollkommener Markt.

Klassifikation der Märkte / Kriterien	Grad der Vollkommenheit des Marktes		Anzahl und Größe der Marktteilnehmer			Intensität der Konkurrenzbeziehungen			Verhalten der Marktteilnehmer			
	vollkommen	unvollkommen	viele	wenige	einer	homogen	heterogen	Substitutionslücke	Anpasser	Absprache	Macht	Kampf
Beschreibung [der Merkmale]	Nutzenmaximierung bei allen Marktteilnehmern; Reagibilität = groß; keine Präferenzen; vollständige Markttransparenz; Homogenität der Güter	wenn mindestens ein Merkmal nicht vorliegt										
Beispiele	Börse, Großmarkt	Präferenz für Blumenverkäuferin										
Vorteil für		Anbieter										
Nachteil für		Bei Nichttransparenz: Kunde										
Konsequenz [für Preisbestimmung]												

Abb. 9.19   Märkte der klassischen Preistheorie

Praxisorientierte Preisfestlegung

Wenn auch die Klassifizierungen der Märkte bei der klassischen Preistheorie interessante Zusammenhänge deutlich machen, so bleibt nichtsdestotrotz für den Praktiker die Kardinalfrage nach der Höhe des optimalen Preises in einer bestimmten Situation nicht präzise beantwortbar. Eine klare und jederzeit anwendbare Alternative hat die Praxis nicht zu bieten. Im Gegenteil, es werden sogar in den Unternehmen preispolitische Entscheidungen als kaum kontrollierbar und daher risikoreich angesehen.

Dennoch haben sich praktische Verfahren entwickelt, mit denen der Anbieter auf seine Belange bezogen konkrete Preise bestimmen kann. Drei grundlegende Ansatzpunkte lassen sich in der Praxis erkennen:

- die kostenorientierte Preisbestimmung
- die nachfrage- und beschäftigungsorientierte Preisbestimmung, sowie
- die konkurrenz- und branchenorientierte Preisbestimmung

Angesichts der bereits in den Abschnitten 9.3.3 Kostendeterminanten und 9.3.4 Beschäftigungsanalyse haben wir die Merkmale der oben genannten Preisbestimmungsverfahren der Praxis in nachfolgender Abb. 9.20 zusammengefasst.

Verfahren der Praxis / Kriterien	Kostenorientierung		Nachfrage- und Beschäftigungsorientiert		Konkurrenz- und Branchenorientiert
Basis	totale SK	variable SK	retrograd	progressiv	
Beschreibung	totale Stückkosten [Selbstkosten] + Gewinnzuschlag	variable Stückkosten + Bruttogewinnzuschlag	BE pro ME / Erlösschmälerung = NE pro ME / k_v Prod pro ME / k_v V$_1$ pro ME = Deckungsspanne	K_v Prod pro ME + k_v V$_1$ pro ME / k_v pro ME + Bruttogewinnzuschlag = Bruttopreis pro ME / Erlösschmälerung pro ME = NE pro ME	keine feste Relation zwischen Preis und Kosten und Preis und Nachfrage
Beispielsituationen	SK-Preis bei öffentlichen Aufträgen				Leitpreis des Marktführers oder Ø-Preis der Branche
Vorteil für	Kunden wegen Transparenz				Anbieter „Trittbrettverzinsung" „Wind-fall-profits"
Nachteil für	Anbieter ist gefährdet, sich „aus dem Markt hinauszukalkulieren"				evtl. Kunden, weil kaum Preiswettbewerb
Konsequenz für die Preisbestimmung	einfache Handhabung, aber siehe oben	wichtige Kenntnis über PUG; langfristig und kurzfristig			keine eigene Preispolitik, da Fremdorientierung

Abb. 9.20   Praxisorientierte Preisfestlegung

9.5.1   Mitteleinsatz

Mit den behandelten alternativen Verfahren der Preisbestimmung in der Praxis wird natürlich nicht nur auf die genannten Einzelanlässe reagiert, sondern es werden darüber hinaus auch preispolitische Strategien verknüpft. Solche Strategien können z.B. sein:

–   Niedrigpreispolitik
–   Hochpreispolitik
–   Preisdifferenzierungspolitik oder
–   Ausgleichspreispolitik:,
um einige zu nennen.

Gemeinsam ist dabei der dynamische Charakter, da die Preisfestlegung über den augenblicklichen Anlass hinausgeht. Dazu bedarf es einer effizienten Abstimmung mit der Präferenzpolitik. Instrumente aktiver Präferenzpolitik hatten wir mit dem sogenannten Marketing-Mix bereits kennengelernt. Erfolgreich ist der Einsatz präferenzpolitischer Instrumente, wenn:

•   Sich die PAF nach rechts verschiebt, so dass die Unternehmung bei gleichem Preis mehr verkaufen kann bzw. den gleichen Absatz bei einem höheren Preis erzielt.

Und / oder

•   Die PAF steiler verläuft, so dass die Nachfrage gegenüber Preiserhöhungen unelastischer wird.

Merke:

Das vielfältige Spektrum absatzpolitischer Instrumente [API] soll unter Gewinnmaximaler Kombination bei vorgegebenen Mittelvolumen [Budget] eingesetzt werden.

Fragen und Hinweise:

1. Nennen Sie Beispiele für
    –   Niedrigpreis-
    –   Hochpreis- und
    –   Ausgleichspreispolitik.
2. Was versteht man unter Preisdifferenzierung und welche Arten [möglichst mit Beispielen] lassen sich unterscheiden?
3. Zählen Sie einige präferenzpolitische Instrumente auf.
4. Was versteht man unter Marketing-Budgets? Welche Positionen können u.a. darin enthalten sein?
5. Versuchen Sie, einem Nichtkaufmann den Terminus „optimale Preispolitik" zu erläutern.

9.6 Testfragen zu Kapitel 9

1. Begründen Sie die Bedeutung einer Betrachtung der betrieblichen Leistungserstellung als Wertschöpfungsprozess, im Gegensatz zu einer isolierten funktionalen Betrachtungsweise; wie lässt sich diese Sichtweise mit dem Ausgleichsgesetz der Planung vereinbaren?
2. Weshalb lassen sich nur über Teilproduktivitäten Verbesserungsprozesse einleiten? Begründen Sie dies am Beispiel der Arbeits- und Betriebsmittelproduktivität.
3. Welches sind die wichtigsten Determinanten der Arbeitsproduktivität?
4. Skizzieren Sie die wichtigsten Lohnformen und deren jeweilige Anwendung.
5. Aus welchen Kostenelementen setzen sich die Arbeitskosten zusammen. Welche Rolle spielen die Arbeitskosten bei der Überlegung von Unternehmen Standorte in sogn. Billiglohnländer zu verlagern?
6. Welches sind die wichtigsten Determinanten der Betriebsmittelproduktivität?
7. Was verstehen Sie unter technischer Maximalkapazität und kostenoptimaler Kapazität?
8. Worin besteht der betriebswirtschaftliche Vorteil einer einsatzsynchronen Anlieferung? Welche Risiken sehen Sie in diesem Bereitstellungsprinzip?
9. Welche Teilaufgaben umfasst die Produktionsdurchführungsplanung?
10. Skizzieren Sie die Produktionsfunktionen vom Typ A und Typ B:
11. Welches sind die Haupteinflussfaktoren im System der Kostendeterminanten?
12. Welches sind die wesentlichen Untersuchungsfelder einer erfolgreichen Marketingforschung?
13. Welche Aussagen lassen sich mit der Preis-Absatz-Funktion treffen?

10 Grundlagen der Unternehmensorganisation

Unter dem Organisationsbegriff sollen im Folgenden die Gesamtheit auf die Erreichung von, Zielen gerichteten Maßnahmen verstanden werden, durch die ein soziales System strukturiert wird. Ferner die Aktivitäten von Menschen, der Einsatz von Mittel und die Verarbeitung von Informationen geordnet werden.

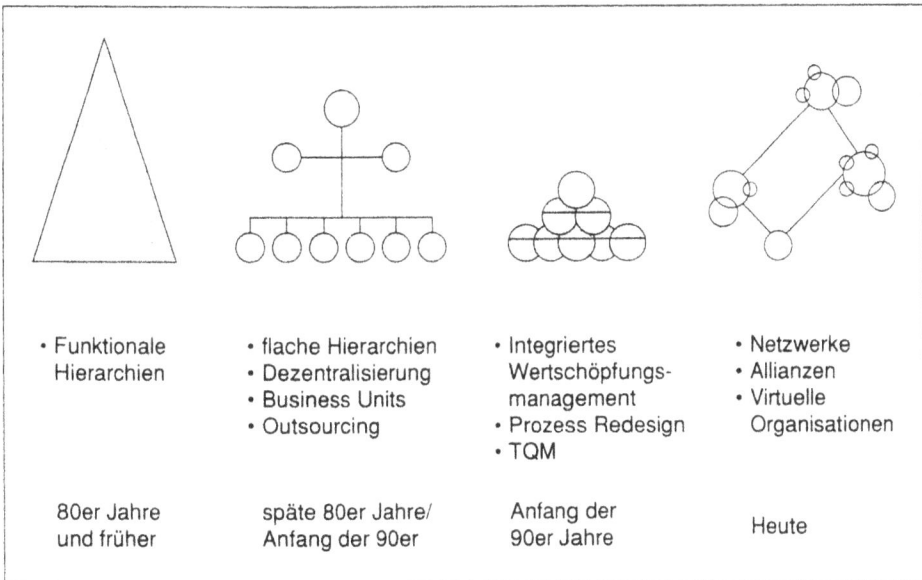

• Funktionale Hierarchien	• flache Hierarchien • Dezentralisierung • Business Units • Outsourcing	• Integriertes Wertschöpfungs-management • Prozess Redesign • TQM	• Netzwerke • Allianzen • Virtuelle Organisationen
80er Jahre und früher	späte 80er Jahre/ Anfang der 90er	Anfang der 90er Jahre	Heute

Abb. 10.1   Organisationsentwicklung

Unter Einbeziehung der Gedanken der Systemtheorie definiert sich Organisation zusammengefasst als:

Strukturierung von Systemen zur Erfüllung von Daueraufgaben.

Damit ist die Beantwortung folgender Fragen verknüpft:

- Was soll getan werden?
- Wo soll es getan werden?
- Wann soll es getan werden?
- Womit soll es getan werden?
- Von wem soll es getan werden?
- In welcher Zeit soll es getan werden?

Diese Überlegungen sind immer dann gegeben, wenn die aus der Zielsetzung einer Unternehmung folgende Gesamtausgabe durch Arbeitsteilung und Zusammenwirken mehrerer Aufgabenträger erfüllt werden kann (vgl. Abb. 10.2). Der Einblick auf den organisationstheoretischen Hintergrund verdeutlicht dies.

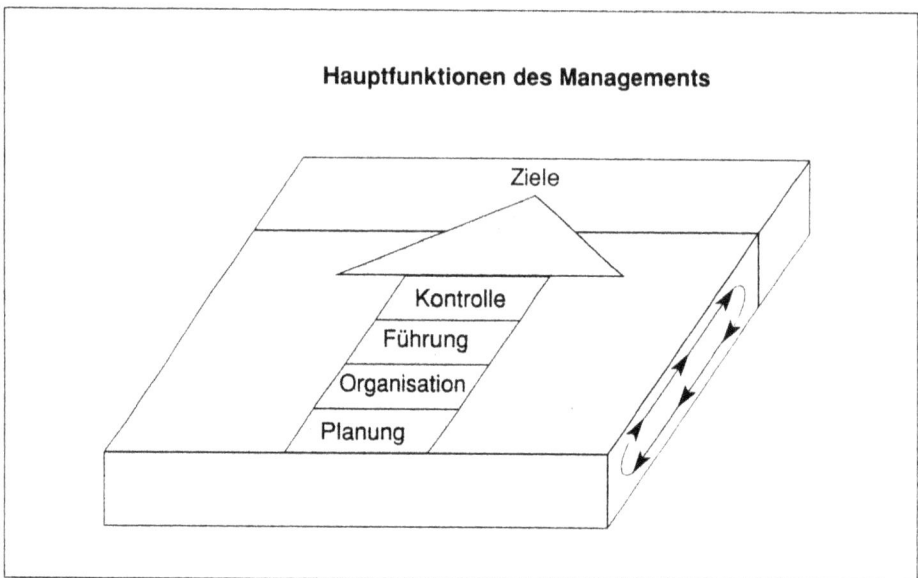

Abb. 10.2   Hauptfunktionen des Management

Wie die Betriebswirtschaftslehre insgesamt, stellt sich auch die betriebswirtschaftliche Organisationslehre nicht als eine einheitliche Theorie dar, sondern sie besteht aus einer Vielzahl von Konzeptionen und Denkansätzen, die sich aus jeweils unterschiedlicher Perspektive (Schulen) mit dem Organisationsproblem beschäftigen. So unterscheiden sich die Ansätze vor allem durch das »Menschenbild«, seiner Funktion (hierarchische Position) und seines Verhaltens in der Unternehmung. Folgende Ansätze lassen sich dabei unterscheiden:

10.1   Klassische, neoklassische und moderne Ansätze der Organisationstheorie

a) Klassische Organisationstheorie

Zur klassischen Organisationstheorie werden zunächst jene höchst pragmatischen Anfänge der Rationalisierung der technischen Produktionsprozesse gerechnet; sie wurden zu Beginn des Jahrhunderts durch die »Scientific-Management« -Bewegung von Frederic Taylor ausgelöst.

Er beschäftigt sich mit der Frage der Steigerung der Arbeitsproduktivität im Produktionsbereich. Dem Menschen wird in diesem Konzept eine maschinenähnliche Funktion zuerkannt, Aufgaben zu erfüllen. Ihre Weiterentwicklung hat zur bürokratisch-administrativen Organisationskonzeption geführt und ist mit dem Namen von Max Weber verbunden. Danach sind Bürokratien durch Arbeitsteilung, generelle Regelungen und Aktenmäßigkeit aller Vorgänge gekennzeichnet. Die klassische betriebswirtschaftliche Organisationslehre findet ihren vorläufigen Abschluss durch die vor allem in Deutschland von Kosiol 1962 veröffentlichen »Organisation der Unternehmung«. Die klassische Organisationstheorie spielt demnach auch heute noch in der Betriebswirtschaftslehre eine wichtige Rolle. Organisatorische Gestaltung kann demnach zum einen die Bildung von Stellen und Abteilungen, die Abgrenzung von Aufgabenbereichen und Zuständigkeiten, die Weisungs- und Informationsbeziehungen betreffen. Hierbei geht es um die Struktur, um den Aufbau einer Organisation (Aufbauorganisation). Daneben können die Handlungsprozesse im Vordergrund stehen, die sich bei und zwischen den Aufgabenträgern vollziehen. Dabei geht es um Bearbeitungsstationen und Bearbeitungsabläufe, um zeitliche Abfolgen und Prioritäten (Ablauforganisation). Aufbau- und Ablauforganisation betrachten zwei Seiten des gleichen Gegenstandes. Organisatorischer Aufbau und organisatorische Abläufe bedingen sich gegenseitig. Innerhalb des durch die Aufbauorganisation abgesteckten Rahmens bleibt ein mehr oder weniger weiter Spielraum für die Steuerung von Entscheidungs- und Verrichtungsabläufen.

b) Neoklassische Organisationstheorie

Die neoklassische Organisationstheorie wird häufig als Reaktion auf das mechanistische Menschenbild des »Scientific Management« gekennzeichnet. Auslöser für diese Entwicklungsstufe waren die 1930 durchgeführten Hawthorne-Experimente, die zu der Auffassung führten, dass vor allem die psychischen und sozialen Arbeitsbedingungen die Produktionsleistungen in der Unternehmung bestimmen. Als Folge kam es zur Human-Relation-Bewegung, die sich auf die Untersuchung von individuellem und Gruppenverhalten konzentrierte und die Bedeutung der Motivation und Arbeitszufriedenheit für die Leistungsfähigkeit des Individuums zu ergründen versuchte. Die strukturellen und technischen Faktoren blieben dabei weitgehend unberücksichtigt, sodass auch hier ähnlich wie beim Taylorismus von einer Extremposition gesprochen werden kann.

c) Moderne Organisationstheorie

Die moderne Organisationslehre versucht die Einseitigkeit der klassischen und neoklassischen Ansätze zu überwinden und ist deshalb durch eine heterogene Vielfalt von Ansätzen gekennzeichnet.

In methodischer Hinsicht sind vor allem der entscheidungstheoretische und der systemtheoretische Ansatz zu unterscheiden. Die Beziehungen zwischen dem Entscheidungsverhalten der Organisationsmitglieder und der Ausgestaltung organisatorischer Regelungen stehen beim entscheidungsorientierten Ansatz im Mittelpunkt des Interesses. Hiernach sind wiederum zwei wichtige Richtungen festzustellen:

1. die verhaltenswissenschaftliche Richtung ist auf die Beobachtung tatsächlichen Problemlösungs- und Entscheidungsverhaltens von Individuen und Gruppen ausgerichtet;
2. die mathematisch-statistische Richtung strebt dagegen die Entwicklung optimaler Alternativen für die Gestaltung organisatorischer Beziehungen an.

Der Systemansatz ermöglicht die interdisziplinären Erkenntnisse besser zu berücksichtigen.

10.2   Der situative Ansatz

Nachdem über längere Zeit mit entscheidungstheoretischen Ansätzen auf der einen Seite und systemtheoretischen Konzepten auf der anderen Seite zwei getrennte Entwicklungsrichtungen verfolgt wurden, ist aktuell mit dem situativen Ansatz (auch als Kontingenz-Ansatz bezeichnet) eine Art von Integrationskonzept gefunden, in dem die verschiedenen Strömungen zusammenlaufen. In diesem Ansatz wird versucht, die Effizienz einer Organisation aus dem Zusammenspiel von Situationsbedingungen, formaler Organisationsstruktur und Verhalten der Organisationsmitglieder zu erklären (vgl. die Abbildungen 10.3 und 10.4).

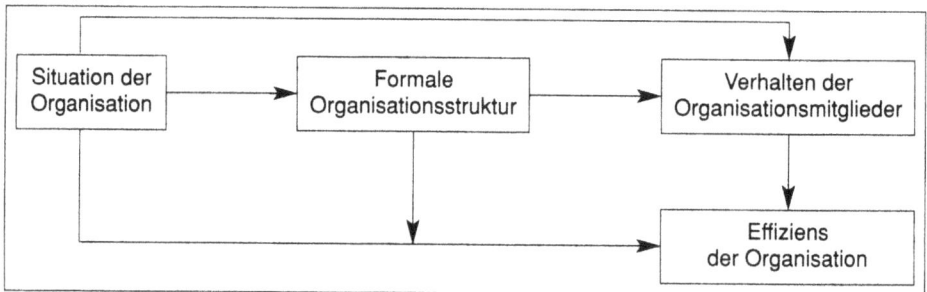

Abb. 10.3   Effizienz einer Organisation

	Vorteile	Nachteile
Koordination durch persön- liche Weisungen (1)	– ohne große organisatori- sche Vorkehrung leicht zu handhaben, äußerst flexi- bel einsetzbar	– Überlastung der Instanzen und Dienstwege – hohe Qualifikation der Vor- gesetzten erforderlich
Koordination durch Selbstab- stimmung (2)	– Entlastung der hierarchi- schen Koordination – erhöhte Motivation bei den Mitarbeitern	– i. d. R. höherer Zeitbedarf als bei (1) – setzt entsprechend qualifi- zierte Mitarbeiter voraus
Koordination durch Programme (3)	– Informationsaustausch erheblich vermindert – Reduzierung von Unsicher- heit für die vom Programm betroffenen Mitarbeiter	– nur geeignet für Routinefälle – Bequemlichkeit führt leicht zur Anwendung auf eigent- lich nicht programm- adäquate Fälle
Koordination durch Pläne (4)	– flexibler einsetzbar als (3) – Vorteile von (3) ohne die Nachteile	– hoher Informationsbedarf in quantitativer und qualitati- ver Hinsicht – erfordert ein ausgebautes, funktionsfähiges Planungssystem

Abb. 10.4   Vor- und Nachteile alternativer Koordinationsinstrumente

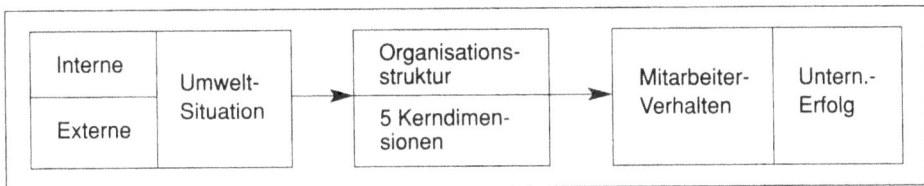

Interne	Umwelt-	Organisations- struktur	Mitarbeiter-	Untern.-
Externe	Situation	5 Kerndimen- sionen	Verhalten	Erfolg

Abb. 10.5   Dreischritt des Situativen Ansatzes

Aus den Abbildungen lassen sich die drei Hauptaussagen – das Programm des situativen Ansatzes – relativ gut durch die drei folgenden Fragen skizzieren (vgl. Abb. 10.5):

- Wie können reale Organisationsstrukturen exakt gemessen und beschrieben werden?
- Welche situativen Faktoren erklären Unterschiede zwischen den realen Organisations- strukturen? und
- Welche Auswirkungen besitzen situative Faktoren und Organisationsstrukturen auf das Verhalten der Organisationsmitglieder und die Effizient der Organisation?

Dieser Denkansatz versucht also, organisatorische Lösungen in Abhängigkeit von der Situation, in der sich die Unternehmung bzw. der Unternehmensteil befindet, zu ermitteln. Der situative Ansatz kann damit als eine Übertragung des Grundgedankens der entscheidungsorientierten Betriebswirtschaftslehre in den Organisationsbereich angesehen werden.

Um die gestellten Fragen beantworten zu können, müssen die folgenden Voraussetzungen geschaffen werden:

- Eine operationalisierte Konzeption der Organisationsstruktur, d. h. es muss geklärt werden, durch welche Variablen die Organisationsstruktur beschrieben werden kann, wie diese zu messen sind und wie sie untereinander zusammenhängen.
- Eine operationalisierte Konzeption der Situation. Welche situativen Faktoren sind im Hinblick auf die Erklärung struktureller Unterschiede relevant und wie können sie gemessen werden?
- Eine operationalisierte Konzeption des individuellen Verhaltens in Organisationen. Es muss geklärt werden, welche Dimensionen des Verhaltens und der Effizienz in Abhängigkeit von der formalen Organisationsstruktur und der Situation der Organisation analysiert werden sollen und wie diese Dimensionen zu messen sind.

Auf dieser begrifflichen Basis können dann empirische Beziehungen zwischen den einzelnen Variablen analysiert und empirische Regelmäßigkeiten ermittelt werden. Dies bedingt eine Theorie über die Auswirkungen der Situation auf die Organisationsstruktur sowie die kombinierten Auswirkungen der Situation und der Organisationsstruktur auf das individuelle Verhalten der Organisationsmitglieder und die Effizienz der Organisation.

Hierbei ist zu berücksichtigen, dass sich die effiziente Lösung von Organisationsproblemen auf sehr unterschiedlichen Betrachtungsebenen stellt. Unabhängig davon, ob die Gesamtunternehmung mit ihren Beziehungen zur marktlichen und nicht marktlichen Umwelt, mikroorganisatorische Probleme der Arbeitsplatzgestaltung und Arbeitsorganisation oder die dazwischen liegende Ebene der Abteilungs- oder Gruppenorganisation Gegenstand der Betrachtung ist, bleibt die grundsätzliche Vorgehensweise des situativen Ansatzes stets die gleiche.

Typische Kriterien zur Leistungsbeurteilung sind etwa:

- Motivation zu höherer Arbeitsteilung,
- Förderung der Nutzung der personellen und materiellen Ressourcen,
- Beschleunigung der Aufgabenabwicklung,
- Verbesserung der Zusammenarbeit, des Informationsaustausches und der Integration,
- Erhöhung der Stabilität und/oder Flexibilität der Aufgabenerfüllung,
- Förderung der Arbeitszufriedenheit, Selbstverwirklichung, Sicherheit.

Kriterien für die Beurteilung der Kostenwirkungen von Organisationsalternativen sind beispielsweise:

- Umfang des notwendigen Koordinationsaufwandes,
- Zahl der Beanstandungen, Beschwerden, Konflikte, Missverständnisse,

- Fluktuation und Abwesenheit des Personals,
- Arbeitseinsatz, Maschineneinsatz, Ausschuss in Fertigung, Transport und Lagerhaltung.

Die erheblichen Schwierigkeiten, die einer Bewertung organisatorischer Handlungsalternativen im Wege stehen, machen deutlich, dass eine »Ausrechnung« vorteilhafter Organisationsalternativen unmöglich ist. Insofern kommt es eher darauf an, die Vor- und Nachteile alternativen Organisationsformen zu qualifizieren und ihre Angemessenheit oder Nichtangemessenheit in bestimmten Problemsituationen argumentativ zu begründen.

10.3 Typische Organisationsstrukturen in der Unternehmenspraxis

Klassische Organisationsstrukturen

Die klassische hierarchisch strukturierte Organisation unterscheidet Leitungsprinzipien und Prinzipien der Stellenbildung. Das Einliniensystem ist dabei durch einen streng hierarchischen Aufbau mit einem sich aufteilenden Informationsfluss in Form einer Pyramide gekennzeichnet (vgl. die Abbildungen 10.6 und 10.7).

Eine Auffächerung dieses strengen Dienstwegeprinzips stellt das Mehrliniensystem dar. Dabei hat eine Stelle mehrere Fachvorgesetzte, die die Informationen ihres Faches an die jeweilige Stelle weitergeben (vgl. die Abbildung 10.8).

Funktionsorientierte, objektorientierte und Matrixgliederung

Diese Art der Organisation ist vor allem in mittleren Unternehmensgrößenklassen anzutreffen. Die Stellen der Bereichsbildung richten sich dabei an den verschiedenen Objekten aus. Alle Funktionen für ein Objekt werden in einem Bereich zusammengefasst.

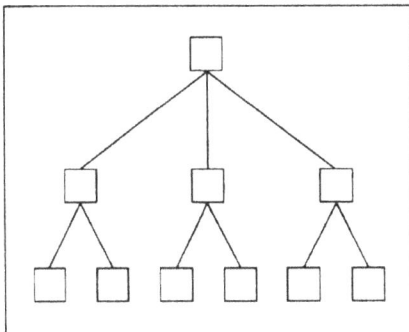

Abb. 10.6   Einliniensystem

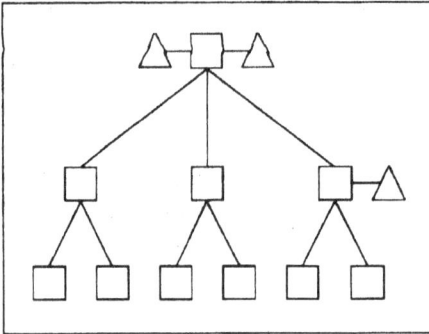

Abb. 10.7   Stabliniensystem

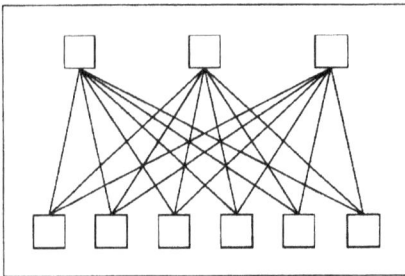

Abb. 10.8   Mehrliniensystem

Es gibt also mehrere Einkaufs-, Produktions- oder Verkaufsabteilungen (vgl. die Abbildungen 10.9 und 10.10).

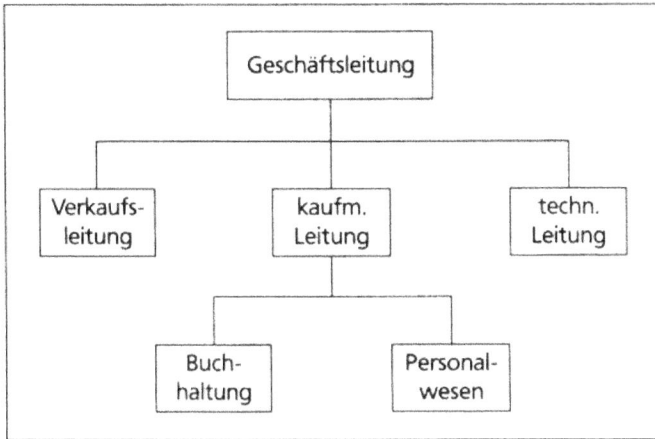

Abb. 10.9   Funktionsorientierte Gliederung

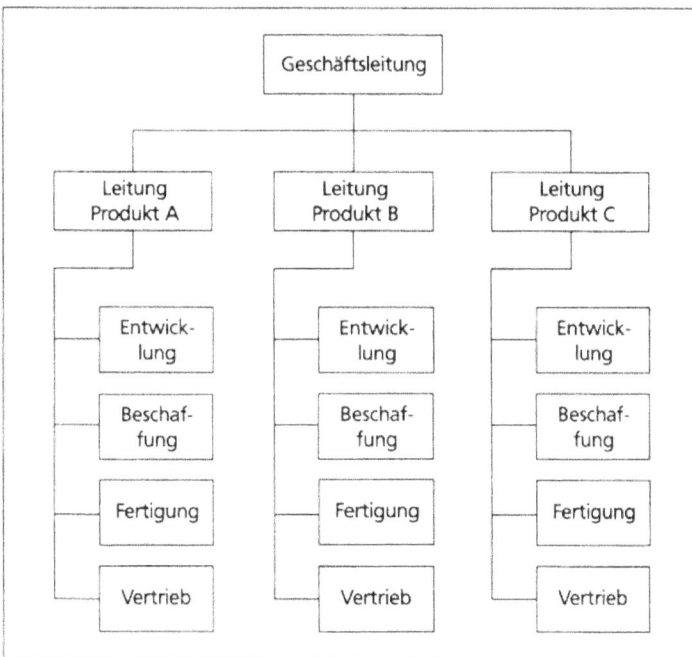

Abb. 10.10   Objektorientierte Gliederung

Die funktionsorientierte und objektorientierte Gliederung wird in der Matrixorganisation zusammengefasst (Abb. 10.11).

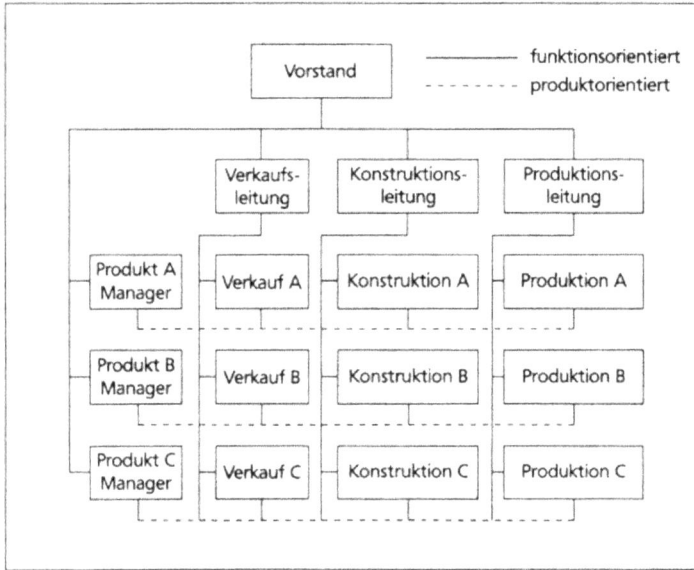

Abb. 10.11   Matrixorganisation

Divisionale Organisation (Objektorganisation, Sparten- oder Geschäftsbereichsorganisation).

Eine divisionale Organisation kommt vor allem dann in Betracht, wenn eine Unternehmung in mehrere, in sich weitgehend homogene, untereinander aber weitgehend homogene Produkt-/Marktbereiche unterteilt werden kann (vgl. Abb. 10.12). Ist die Intensität der Interdependenzen zwischen diesen Produkt-/Marktbereichen gering, so können sie als weitgehend autonome Quasi-Unternehmungen geführt werden.

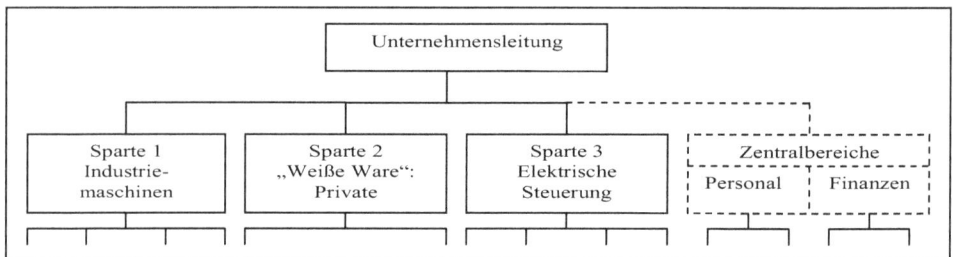

Abb. 10.12   Divisionale Organisation

Der grundlegende Vorteil besteht darin, dass innerhalb solcher produkt-/marktbezogenen Divisionen eine Konzentration auf die eigene Aufgabenstellung möglich ist. Eine höhere Flexibilität und spezifische Ausrichtung auf die Bedürfnisse der eigenen strategischen Betätigungsfelder ist möglich. Die Funktion der Unternehmensleitung wird auf die Koordination und Abstimmung der einzelnen Sparten reduziert. Hier steht vor allem die finanzielle Koordination im Mittelpunkt. Nach dem Ausmaß der Verantwortungsdelegation auf die Geschäftsbereiche wird zwischen Cost-Center-, Investment-Center- und Profit-Center-Konzept unterschieden. Demgegenüber bezieht sich der Begriff Service-Center auf die Dienstleistungsfunktion eines Zentralbereiches. Bei einer funktionsorientierten Gliederung hingegen bezieht sich die zentrale Kompetenz auf einzelne Funktionen, über alle Produkt-/Marktbereiche hinweg. Bei einer größeren Zahl heterogener Produkt/Marktaktivitäten scheitert eine derartige Funktionsorganisation regelmäßig an der übergroßen Komplexität der Abstimmungsaufgabe (vgl. zu den Vor- und Nachteilen divisionaler Strukturen die Abb. 10.13).

Komplexere Strukturen

Strategische Geschäftseinheiten (SGE) oder strategische Geschäftsfelder (SGF) stellen Produkt-Markt-Kombinationen dar, die eigenständiger und spezifischer strategischer Programme bedürfen (vgl. die Abb. 10.14).

	Vorteile der divisionalen Struktur	Nachteile der divisionalen Struktur
Kapazitätsaspekt	• Entlastung der Leitungsspitze • Entlastung der Kommunikationsstruktur (zwischen den Sparten)	• Größerer Bedarf an qualifizierten Leitungskräften
Koordinations-aspekt	• Geringe Interdependenz der Subsysteme • Klar getrennte Verant-wortungsbereiche • Transparenz der Struktur • Leichte Anpassung der Subsysteme	• Bedarf nach aufwändigen Koordinationsmechanismen • Notwendigkeit zusätzlicher zentraler Koordinationsstellen • Notwendigkeit getrennter Erfolgskontrollen
Aspekt der Entscheidungs-qualität	• Nach Produkten, Abnehmern oder Regionen spezifisch angepasste Entscheidungen • Kenntnis der spezifischen Umweltbedingungen • Schnellere Anpassungs-entscheidungen an Marktveränderungen • Mehr integrierte, problem-orientierte Entscheidungen	• Mehrfachaufwand in Bezug auf Funktionsbereiche • Gefahr des Verlustes einer einheitlichen Politik des Gesamtsystems • Gefahr der Suboptimierung der Subsysteme (Eigeninteresse, kurzfristiger Erfolgsausweis)
Personen-bezogener Aspekt	• Bessere Entfaltungsmöglich-keiten für Nachwuchs-kräfte, da weniger funktional spezialisiert • Ganzheitliche Leitungs-aufgaben, direkte Beziehung zum eigenen Beitrag • Personelle Autonomie der Subsysteme	• Geringere Integration des Gesamtpersonals • Geringere Beziehung zum Gesamtsystem und seinen Zielen

Abb. 10.13   Vor- und Nachteile der divisionalen Organisation

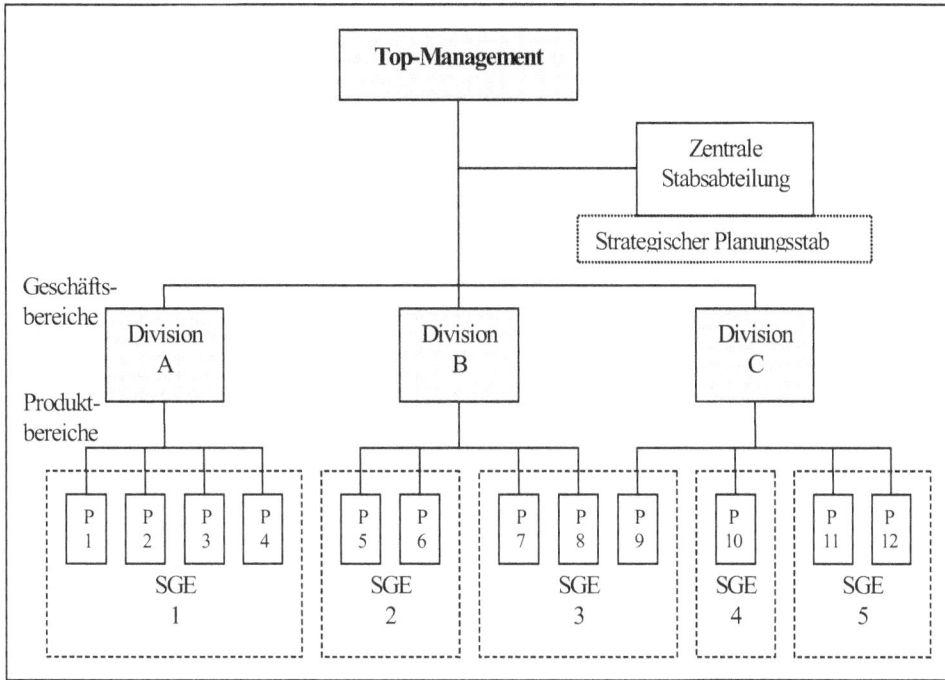

Abb. 10.14   Organisation von strategischen Geschäftseinheiten

Testfragen zu Kapitel 10

1. Wo liegen die Betrachtungsschwerpunkte bei der klassischen, neoklassischen und modernen Organisationstheorie?
2. Inwiefern ist die Matrixorganisation ein Integrationsinstrument?
3. Inwieweit und in welcher Art ist die Unternehmensstrategie eine Determinante für die Organisationsgestaltung?
4. Welches sind die Haupteinflussgrößen im situativen Ansatz der Organisationstheorie?
5. Diskutieren Sie die Vor- und Nachteile der divisionalen Organisationsstruktur.
6. Was verstehen Sie unter einem Strategischen Geschäftsfeld?

Anlagen

Übersichten und Übungen

Bedürfnisse

Bedürfnisse als Grundlage des Wirtschaftens	
Ursache des Wirtschaftens ist das Vorhandensein von Bedürfnissen des Menschen.	
Bedürfnis ist der Wunsch, einen als Mangel empfundenen Zustand zu beseitigen oder zumindest zu verbessern.	
Als wesentliche Bedürfnisarten lassen sich unterscheiden:	
Kriterium	**Bedürfnisarten**
Zahl der Träger	Individual-Bedürfnisse Gruppen-Bedürfnisse Gesamt-Bedürfnisse
Zeit	permanente Bedürfnisse periodische Bedürfnisse aperiodische Bedürfnisse
Lebensnotwendigkeit	Grund-Bedürfnisse Kultur-Bedürfnisse Luxus-Bedürfnisse
Art der Befriedigungsmittel	materielle Bedürfnisse immaterielle Bedürfnisse
Bewußtsein	bewußte Bedürfnisse latente Bedürfnisse
Entstehung	ursprüngliche Bedürfnisse geschaffene Bedürfnisse
Verfügbarkeit der Befriedigungsmittel	Bedürfnisse bezüglich frei verfügbarer Mittel Bedürfnisse bezüglich knapper Mittel

Güterknappheit

<table>
<tr><td colspan="2" align="center">**Güterknappheit als Ursache des Wirtschaftens**</td></tr>
<tr><td colspan="2" align="center">Voraussetzung für die Bedürfnisbefriedigung ist die Verfügung über geeignete Güter.</td></tr>
<tr><td colspan="2" align="center">Gut ist alles, was zur Beseitigung des als Mangel empfundenen Zustandes nützt.</td></tr>
<tr><td colspan="2" align="center">Soweit Bedürfnisse i.S. einer Mangellage bestehen, sind die Güter als Mittel der Bedürfnisbefriedigung knapp.</td></tr>
<tr><td colspan="2" align="center">Die Knappheit der Güter löst u.a. Rationalverhalten aus, um mit den verfügbaren Gütern eine möglichst weitgehende Bedürfnisbefriedigung zu erreichen.</td></tr>
<tr><td colspan="2" align="center">An wesentliche Kriterien lassen sich unterscheiden:</td></tr>
<tr><td align="center">**Kriterium**</td><td align="center">**Güter**</td></tr>
<tr><td>Verfügbarkeit</td><td>freie Güter
knappe Güter</td></tr>
<tr><td>Mobilität</td><td>Mobilien
Immobilien</td></tr>
<tr><td>Nutzungsart</td><td>Gebrauchsgüter
Verbrauchsgüter</td></tr>
<tr><td>Nutzungsdauer</td><td>kurzlebige Güter
langlebige Güter</td></tr>
<tr><td>Einsatzwert</td><td>Konsumgüter
Investitionsgüter</td></tr>
<tr><td>Lebensnotwendigkeit</td><td>lebensnotwendige Güter
Kulturgüter Luxusgüter</td></tr>
<tr><td>Rechtssysteme</td><td>originäre Güter Rechte an
originären Gütern</td></tr>
<tr><td>Wirtschaftssysteme</td><td>Realgüter
Nominalgüter</td></tr>
</table>

Rationalprinzip

Rationalprinzip (Allgemeines Vernunftprinzip)

Allgemeine Formulierung	Wirtschaftlichkeitsprinzip (ökonomisches Prinzip)		Rentabilitätsoptimierung		
	Produktivität (mengenmäßige oder technische Wirtschaftlichkeit)	Wirtschaftlichkeit i.e.S. (wertmäßige Wirtschaftlichkeit)	Gesamtkapitalrentabilitätsmaximierung	Eigenkapitalrentabilitätsmaximierung	Fremdkapitalkostenminimierung
Ziel Nutzen = Mittel Opfer	mengenmäßiger Ertrag (Ausbringungsmenge) / mengenmäßiger Einsatz (Faktoreinsatzmengen)	wertmäßiger Ertrag / wertmäßiger Einsatz (Aufwand)	Gewinn + FK-Zinsen / Gesamtkapital	Gewinn / Eigenkapital	FK-Zinsen / Fremdkapital
Ein optimales Ziel soll mit einem gegebenen Einsatz an Mitteln erreicht werden.	Ein maximaler mengenmäßiger Ertrag soll mit einem gegebenen mengenmäßigen Faktoreinsatz erzielt werden.	Ein maximaler wertmäßiger Ertrag soll mit einem gegebenen Aufwand erzielt werden.	Ein maximaler Gesamtertrag (Gewinn + FK-Zinsen) soll mit einem gegebenen Gesamtkapitaleinsatz (Eigenkapital + Fremdkapital) erzielt werden.	Ein maximaler Gewinn soll mit einem gegebenen Eigenkapitaleinsatz erzielt werden.	Eine minimale Höhe an FK-Zinsen soll bei einem gegebenen Einsatz an Fremdkapital aufgewendet werden.
Ein bestimmtes Ziel soll mit einem geringsten Einsatz an Mitteln erreicht werden.	Ein bestimmter mengenmäßiger Ertrag soll mit dem geringsten mengenmäßigen Faktoreinsatz erzielt werden.	Ein bestimmter wertmäßiger Ertrag soll mit dem geringsten Aufwand erzielt werden.	Ein bestimmter Gesamtertrag (Gewinn + FK-Zinsen) soll mit dem geringsten Gesamtkapitaleinsatz (Eigen- + Fremdkapital) erzielt werden.	Ein bestimmter Gewinn soll mit dem geringstmöglichen Eigenkapitaleinsatz erzielt werden.	Für eine bestimmte Summe an FK-Zinsen soll die größtmögliche Fremdkapitalaufnahme ermöglicht werden.

Rechtsformen

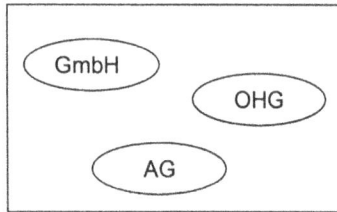

Mit der Rechtsform erhält die Unternehmung ihre rechtliche Verfassung.

Sie stellt die Regelung der Rechtsbeziehungen im Innen- und Außenverhältnis dar.

Rechtsformen							
Privatrecht						Öffentliches Recht	
Einzel-unter-nehmung	Personengesellschaft	Körperschaft	Misch-form	Sonder-formen	ohne eigene Rechts-persön-lichkeit	mit eigener Rechts-persön-lichkeit-
	Außenge-sellschaft / Innenge-sellschaft	Genossen-schaft / Kapital-gesell-schaft	GmbH & Co.KG Doppel-gesell-schaft	Reederei bergrecht liche Gewerk-schaft WaG e.V.	Regie-betriebe Eigen-betriebe	öffentlich rechtliche Körper-schaften Anstalten Stiftungen des öffentl. Rechts
	OHG KG GbR Partner-schaft	stille Gesellschaft		GmbH AG			

Zusammenschlüsse von Unternehmen

... erfolgen u.a., um dem ständigen Wettbewerbsdruck zu begegnen oder dem „Preiswettbewerb" zu entgehen.

Dazu bedient man sich in vielen Bereichen der Wirtschaft zunehmend der

> - **Kooperation**
>   d.h. unabhängig wirtschaftlich selbstständig Unternehmen verpflichten sich durch Verträge zur Zusammenarbeit (z.B. Kartell, ArGe)

> - **Konzentration**
>   d.h. wirtschaftliche Selbstständigkeit wird aufgegeben; Betriebe sind unter zentraler Leitung (z.B. Konzern, Fusion)

Ziele sind die gemeinsame

- Beschaffung (z.B. Handelskontor im Handel)
- Werbung   (z.B. gemeinsame Aktionen der örtlichen Hotels)
- Technologie (z.B. Forschungsvorhaben)
u.a.

Dies kann

- Horizontal   (z.B. eine Branche [VW/Audi])
- Vertikal   (z.B. Vor- oder Nachbranche [Daimler, MTU])
- Anorganisch (z.B. Branchenfremd [Oetker])
geschehen

Arten sind

- Interessengemeinschaften
- Kartelle
- Konzerne

Das **Problem** ist evtl. marktbeherrschende Stellung (Gesetz gegen Wettbewerbsbeschränkungen [GWB/ Kartellgesetz]).

Fertigungsarten

Fertigungsarten	Merkmale	Produktbeispiele
Einzelfertigung	Einmalige Herstellung eines Produkts auf Bestellung	- Schiffe - Brücken - Individuelle
Mehrfachfertigung		
- Serienfertigung	Herstellung von Produkten, die aufgrund ihrer Konstruktion unterschiedliche Fertigungsgänge erfordern.	- Autos - Möbel - Radios
- Sortenfertigung	Herstellung von Produkten, die sich aufgrund des verwendeten Materials und ihrer Herstellung nur unwesentlich unterscheiden	- Bekleidung - Werkzeuge - Türschlösser
- Massenfertigung		
* einfache	Herstellung des gleichen Produkts auf gleichen Produktionsanlagen in sehr großen Stückzahlen.	- Elektrizität - Soda - Schwefelsäure
* mehrfache	Herstellung verschiedener Produkte, die einander sehr ähnlich sind, auf gleichen Produktionsanlagen.	- Bier - Pappe - Papier
Sonderformen der Sortenfertigung		
- Partiefertigung	Sie besitzen die Eigenart, daß die Unterschiede zwischen den Endprodukten nicht gewollt sind, sondern sich ergeben durch unterschiedliche Qualität des Ausgangsmaterials und unvollständige Beherrschung des Produktionsprozesses.	-
- Chargenfertigung		-

Gestaltungsprinzipien bei Fertigungsarten

Gestaltungsprinzipien	Verwirklichung der Gestaltungsprinzipien bei folgenden Fertigungsarten			
	Werkstattfertigung	Gruppenfertigung (Kombination von Verrichtungs- und Flußprinzip)	Reihenfertigung	Fließfertigung
Verrichtungsprinzip: Anordnung der Betriebsmittel mit gleichartigen Funktionen in einer Werkstatt. *Flußprinzip:* Anordnung der Betriebsmittel entsprechend der technologischen Abfolge.				
Vor- und Nachteile gegenüber der Fließfertigung	Vorteile: - leichte Umstellung auf andere Produktarten - größere Anpassungsfähigkeit - Einsatz von Universalmaschinen - vielseitiger Einsatz von Arbeitskräften Nachteile: - lange Transportwege - langsamer Durchlauf der Werkstücke - Wartezeiten - hohe Lagerkosten - erschwerte Übersicht und Kontrolle	Vorteile: - weniger Arbeitsmonotonie - geringe Ausschußquoten - geringer Personalwechsel - größerer Einsatzbereich der Arbeitskräfte Nachteile: - hoher Kapitalbedarf - langsamer Durchlauf der Werkstücke - Wartezeiten		Vorteile: - kurze Durchlaufzeiten der Werkstücke - keine Wartezeiten - leicht zu überschauen und zu kontrollieren - genaue Planung der Liefertermine Nachteile: - hoher Kapitalbedarf - schwierige Umstellung auf andere Produktarten - empfindlich gegenüber Beschäftigungsschwankungen
Vor- und Nachteile gegenüber der Werkstattfertigung			Vorteile: - ähnlich wie bei Fließfertigung jedoch - weniger Arbeitszerlegung - Fertigungsablauf ohne Zeitzwang	

Management-by-Konzepte

Kurzdefinition	Management by Exception [MbE] Führung durch Abweichungskontrolle und Eingriff im Ausnahmefall	Management by Delegation [MbD] Führung durch Aufgabendelegation (Harzburger Modell); Führung im Mitarbeiterverhältnis	Management by Objectives [MbO] Führung durch Zielvereinbarung	Management by System [MbS] Führung durch Systemsteuerung bzw. Führung **mit** Delegation und weitestgehender Selbstregulierung auf der Grundlage computergestützter Informations- und Steuerungssysteme
Hauptziele	Entlastung der Vorgesetzten von Routineaufgaben (Vermeidung von „Herzinfarktmanagement") Systematisierung der Informationsflüsse und Regelung der Zuständigkeiten, so daß Störeinflüsse rasch behoben werden Entscheidungen sollen an gewisse Richtlinien gebunden werden	Abbau der Hierarchie und des autoritären Führungsstils, Ansatz zur partizipativen Führung Entlastung der Vorgesetzten (wie bei MbE) Förderung von Eigeninitiative, Leistungsmotivation und Verantwortungsbereitschaft Entscheidungen sollen auf der Führungsebene getroffen werden, wo sie vom Sachverstand her am ehesten hingehören Mitarbeiter sollen lernen, wie man eigenverantwortlich Entscheidungen trifft	Entlastung der Führungsspitze Förderung der Leistungsmotivation. Eigeninitiative, Verantwortungsbereitschaft und Selbstregelungsfähigkeit der Mitarbeiter partizipative Führung, Identifikation der Mitarbeiter mit den Unternehmenszielen Mitarbeiter sollen ihr Handeln an klaren Zielen ausrichten, objektiv beurteilt, leistungsgerecht bezahlt und nach Fähigkeit befördert werden bessere Planung und Zielabstimmung, bessere Organisation systematische Berücksichtigung von Verbesserungsmöglichkeiten	wie bei MbO, zusätzlich: quasi-automatische Steuerung der Routine-Management-Prozesse durch Computereinsatz („Management per Knopfdruck") bessere Informationsversorgung aller Führungsebenen abteilungsübergreifende Wirkungen von Entscheidungen sollen schnell erkennbar sein Beschleunigung aller Managementprozesse
Pro				
Kontra				

Aufgabe: Ökonomisches Prinzip

In einem Reisebüro werden von einem Kunden folgende Wünsche geäußert:

a) „Für 2000 € möchte ich das regnerische deutsche Novemberwetter möglichst weit hinter mir lassen."

b) „Im November möchte ich eine Badeurlaub machen. Haben Sie für diese Zeit ein möglichst preiswertes Angebot?"

c) „Ich möchte für möglichst wenig Geld möglichst lange im Süden Urlaub machen."

Erläutern Sie, welche Varianten des ökonomischen Prinzips mit diesen Formulierungen angesprochen sind.

System der Wissenschaften

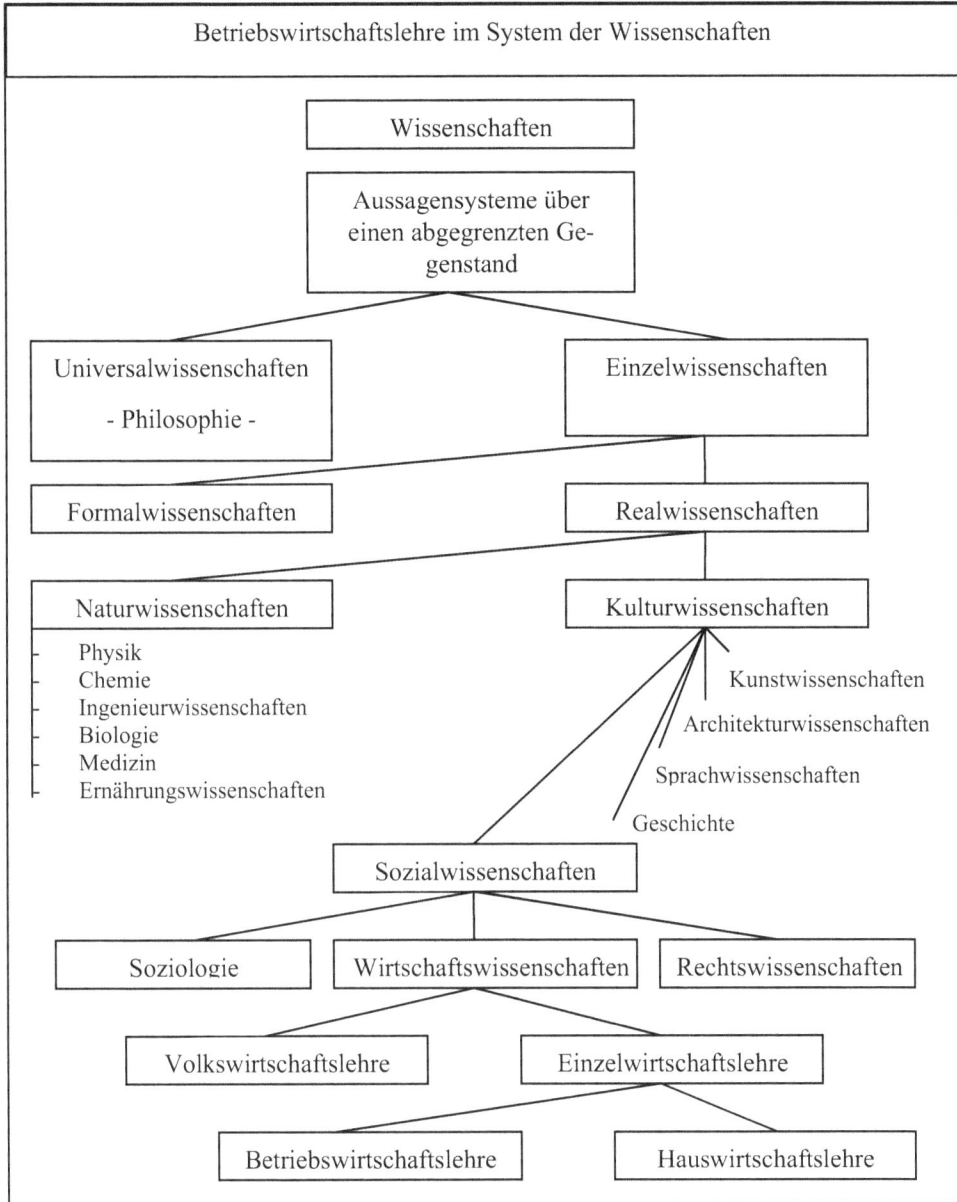

Betriebswirtschaftslehre im System der Wissenschaften

Wissenschaften

Aussagensysteme über einen abgegrenzten Gegenstand

Universalwissenschaften

- Philosophie -

Einzelwissenschaften

Formalwissenschaften

Realwissenschaften

Naturwissenschaften

- Physik
- Chemie
- Ingenieurwissenschaften
- Biologie
- Medizin
- Ernährungswissenschaften

Kulturwissenschaften

Kunstwissenschaften

Architekturwissenschaften

Sprachwissenschaften

Geschichte

Sozialwissenschaften

Soziologie

Wirtschaftswissenschaften

Rechtswissenschaften

Volkswirtschaftslehre

Einzelwirtschaftslehre

Betriebswirtschaftslehre

Hauswirtschaftslehre

Produktlebenszyklus

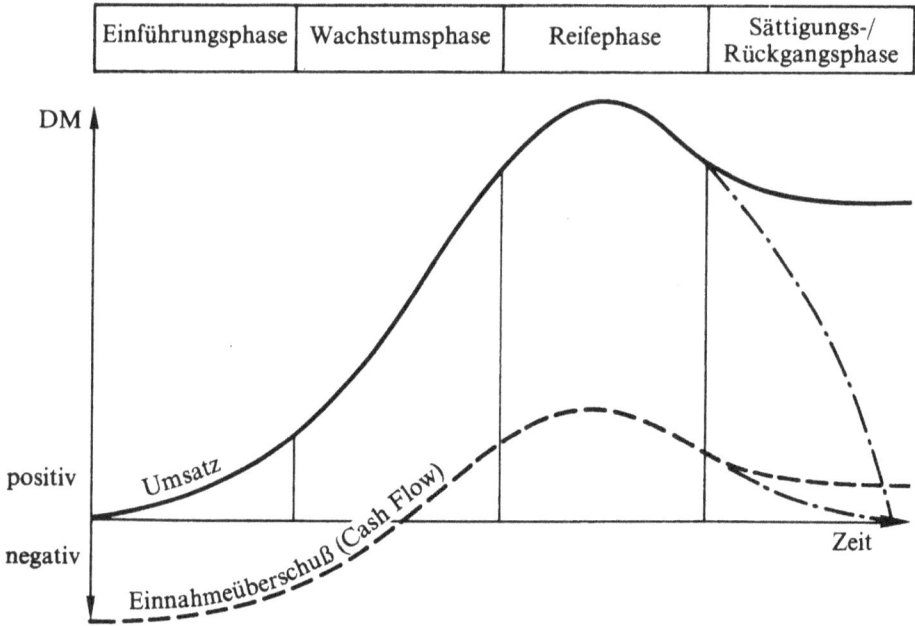

Einführungsphase	Wachstumsphase	Reifephase	Sättigungs-/ Rückgangsphase

Bedürfnisse, Werte, Ziele

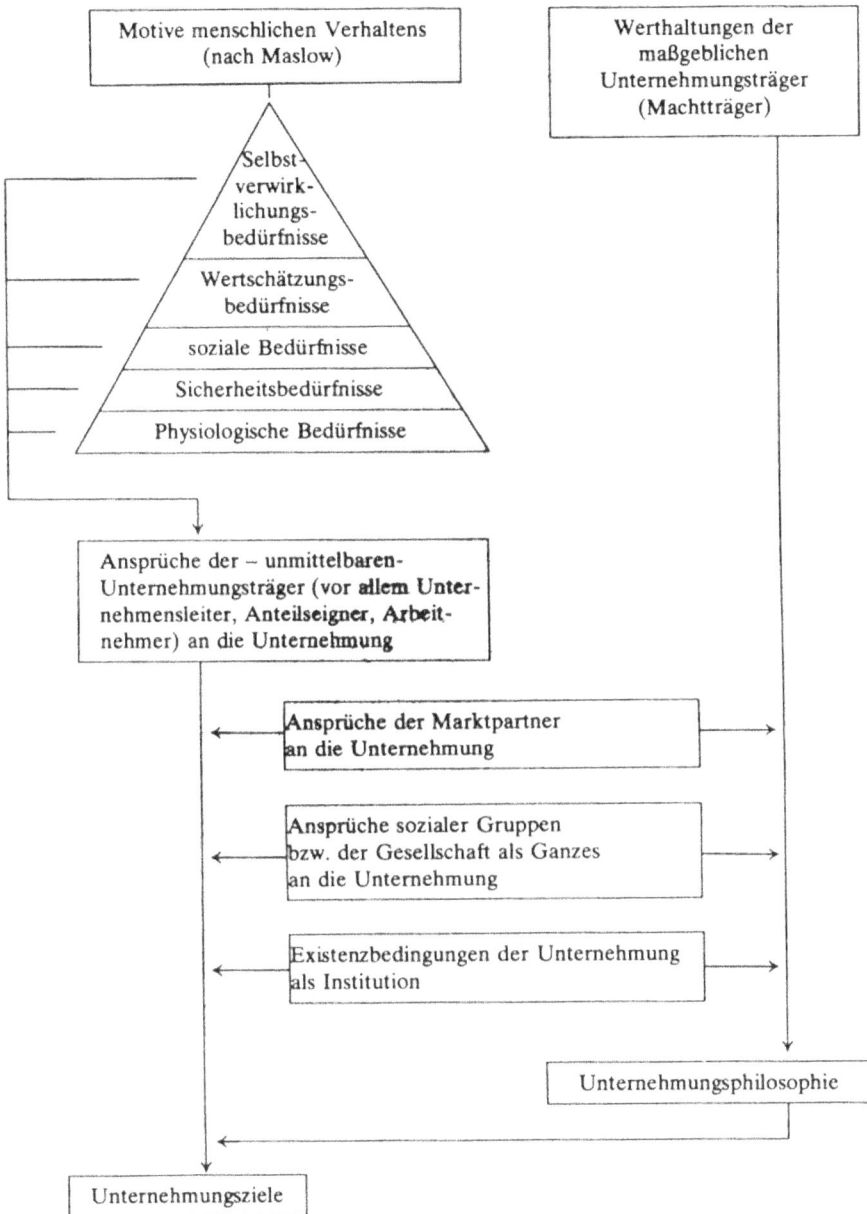

| Motive menschlichen Verhaltens (nach Maslow) | Werthaltungen der maßgeblichen Unternehmungsträger (Machtträger) |

Selbst-
verwirk-
lichungs-
bedürfnisse

Wertschätzungs-
bedürfnisse

soziale Bedürfnisse

Sicherheitsbedürfnisse

Physiologische Bedürfnisse

Ansprüche der – unmittelbaren-
Unternehmungsträger (vor allem Unternehmensleiter, Anteilseigner, Arbeitnehmer) an die Unternehmung

Ansprüche der Marktpartner
an die Unternehmung

Ansprüche sozialer Gruppen
bzw. der Gesellschaft als Ganzes
an die Unternehmung

Existenzbedingungen der Unternehmung
als Institution

Unternehmungsphilosophie

Unternehmungsziele

Anreiz-Beitrags-Theorie

Mögliche Koalitionspartner	Anreize des Unternehmens	Beiträge der Koalitionspartner
Eigner	Ausschüttungen, Kursgewinne, Sicherung von Geldanlagen evtl. Kapitalrückzahlungen	EK, Sachanlagen, Beratung,. u.U. Arbeitskraft dispositive Fähigkeit
Gläubiger (Kreditgeber)	Tilgung und. Verzinsung der Kredite, Sicherung künftiger Geschäftsbeziehungen	Fremdkapital, Beratung
Lieferanten	Geldzahlungen für erhaltene Lieferungen, Sicherung künftiger Geschäftsbeziehungen	RHBS, Waren,. Maschinen, Betriebsmittel, Dienstleistungen (Beratung)
Arbeitnehmer	Lohn, Gehalt soz. Leistungen, Unfallschutz, Arbeitsklima, Sicherung des Arbeitsplatz	Arbeitskraft, evtl. Beratung
Unternehmensleitung (Gesch. Führung, Vorstand, Aufsichtsrat, lt Angestellte)	Gehälter, Tantiemen, soziale Leistungen, Arbeitsklima, Sicherung der Führungsposition	Arbeitskraft, dispositive Fähigkeit
Kunden	Rohstoffe, Fertigprodukte, Waren, Dienste, Sicherung künft Geschäftsbeziehungen	Geldzahlung, Beratung
Schuldner	(Fremd-) Kapital, Beratung	Tilgung, und Verzinsung der Kredite, Sicherung künft. Geschäftsbeziehungen
Beteiligungsunternehmen	(Eigen-) Kapital, Beratung	Dividendenzahlung, Wertsteigerungen, Sicherung künft. Geschäftsbeziehungen
Öffentlichkeit, repräsentiert durch Organe des Staates (wie z.B. Kommunalverwaltungen, RP, Verbände, Initiativen, Regierung, Finanzamt, Gerichte etc.)	Wachstum des Bruttosozialprodukts, Sicherung von Arbeitsplätzen, Zahlungsbiianzausgleich, inffationsdämpfende Preispolitik, Steuerzahlungen, Sicherung des Steueraufkommens, Umweltschutz	Infrastruktur, Subventionen, Strukturförderung- und Konjunkturmaßnahmen, Steuernachlässe

Aufgabe: Unternehmensphilosophie und Unternehmensziele

Der folgende Text gibt an Beispielen aus dem Sparkassenbereich Aussagen zur Unternehmensphilosophie sowie zu den Unternehmenszielen wieder. Zwischen diesen Begriffen bestehen enge Beziehungen insofern als die Unternehmensphilosophie die konkret verfolgten Unternehmensziele beeinflusst. Dennoch sind beide Begriffe zu trennen. Dieses soll anhand der Aussagen verdeutlicht werden.

Aussagen:

1. Wir verstehen uns als ein Institut, das vorrangig der Kreditversorgung der mittelständigen Industrie und Privatpersonen in unserer Region dienen soll.
2. Die Anzahl der Zweigstellen soll in den nächsten 3 Jahren jährlich um 2 erhöht werden.
3. Wir wollen insbesondere die Interessen der Kleinanleger beachten.
4. Gewinn und Wachstum sind nur in dem Ausmaß beabsichtigt, wie dies für das Institut zu Erfüllung seiner gemeinnützigen Aufgaben erforderlich ist.
5. Das Spareinlagenvolumen soll in den nächsten 5 Jahren jährlich um 12% erhöht werden.
6. Die Gebühren im Zahlungsverkehr sollen schrittweise innerhalb der nächsten 4 Jahre erhöht werden, bis eine Kostendeckung im Zahlungsverkehrsbereich erzielt wird.
7. Die Grenzen unserer Geschäftspolitik ergeben sich aus der Beachtung der Interessen der Mitarbeiter und Kunden.
8. Das Verhältnis langfristiger Finanzierungsmittel zu kurzfristigen Mitteln soll in den nächsten Jahren schrittweise auf 60:40 erhöht werden.
9. Langfristig wird ein Durchschnittsbilanzsummenwachstum von jährlich 10% angestrebt.
10. Der Gewinn nach Steuern soll jährlich um 8% steigen.

a) In welchen Aussagen kommt die Unternehmensphilosophie zum Ausdruck, in welchen die Ziele?

b) Versuchen Sie selbst, eine möglichst viele Aspekte umfassende Unternehmensphilosophie zu entwickeln, an der sich ein privatwirtschaftliches Unternehmen orientieren könnte!

Führungsstile

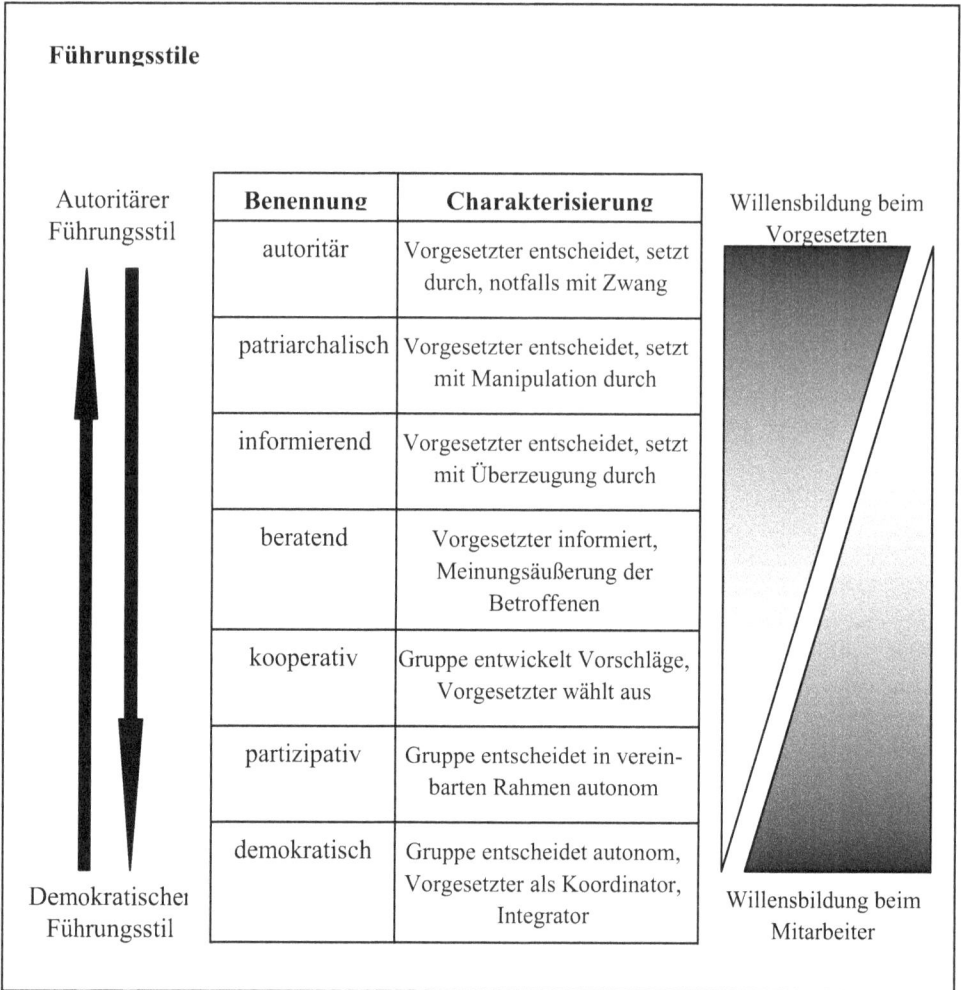

	Benennung	Charakterisierung	
Autoritärer Führungsstil	**autoritär**	Vorgesetzter entscheidet, setzt durch, notfalls mit Zwang	Willensbildung beim Vorgesetzten
	patriarchalisch	Vorgesetzter entscheidet, setzt mit Manipulation durch	
	informierend	Vorgesetzter entscheidet, setzt mit Überzeugung durch	
	beratend	Vorgesetzter informiert, Meinungsäußerung der Betroffenen	
	kooperativ	Gruppe entwickelt Vorschläge, Vorgesetzter wählt aus	
	partizipativ	Gruppe entscheidet in verein-barten Rahmen autonom	
Demokratischer Führungsstil	demokratisch	Gruppe entscheidet autonom, Vorgesetzter als Koordinator, Integrator	Willensbildung beim Mitarbeiter

Führungsstile

Funktionen im Unternehmensprozess

Zusammenspiel der Funktionen im Unternehmensprozess

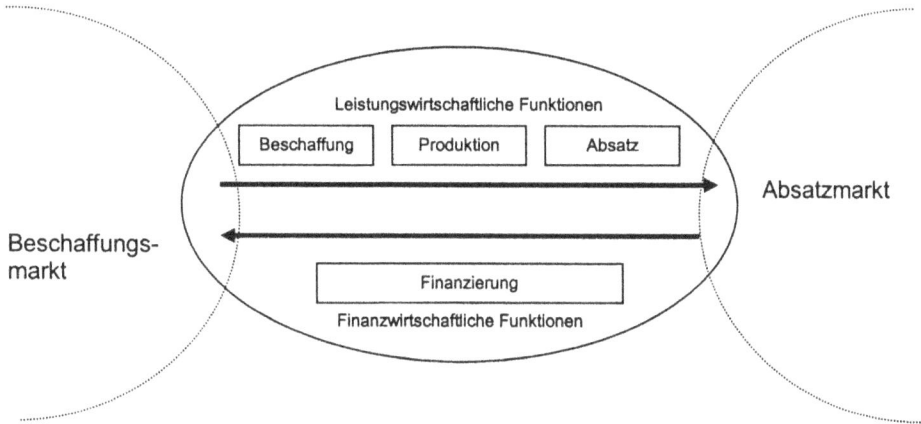

Leistungswirtschaftliche Funktionen

| Beschaffung | Produktion | Absatz |

Absatzmarkt

Beschaffungs-
markt

Finanzierung

Finanzwirtschaftliche Funktionen

Eine wesentliche Aufgabe der unternehmerische Planung besteht darin, Teilpläne aufzustellen und unter Beachtung ihrer Interdependenzen widerspruchsfrei in einen Gesamtplan zu integrieren und koordinieren.

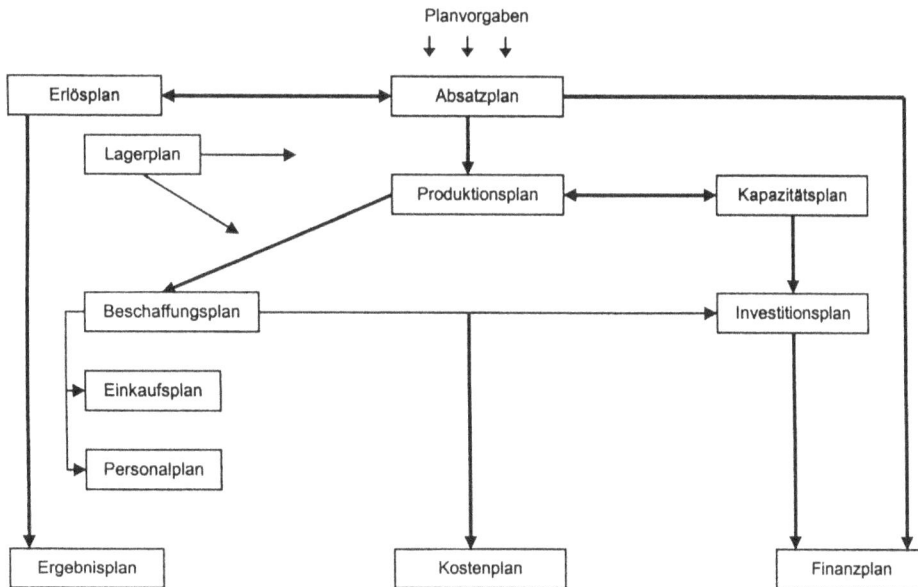

Planvorgaben

Erlösplan   Absatzplan

Lagerplan

Produktionsplan   Kapazitätsplan

Beschaffungsplan   Investitionsplan

Einkaufsplan

Personalplan

Ergebnisplan   Kostenplan   Finanzplan

BCG-Matrix

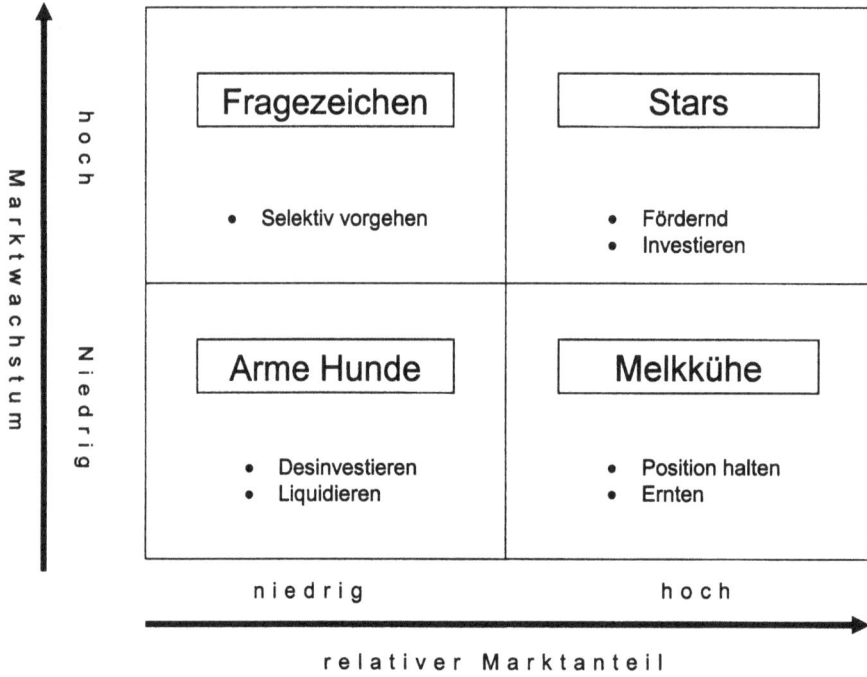

Arbeitsproduktivität

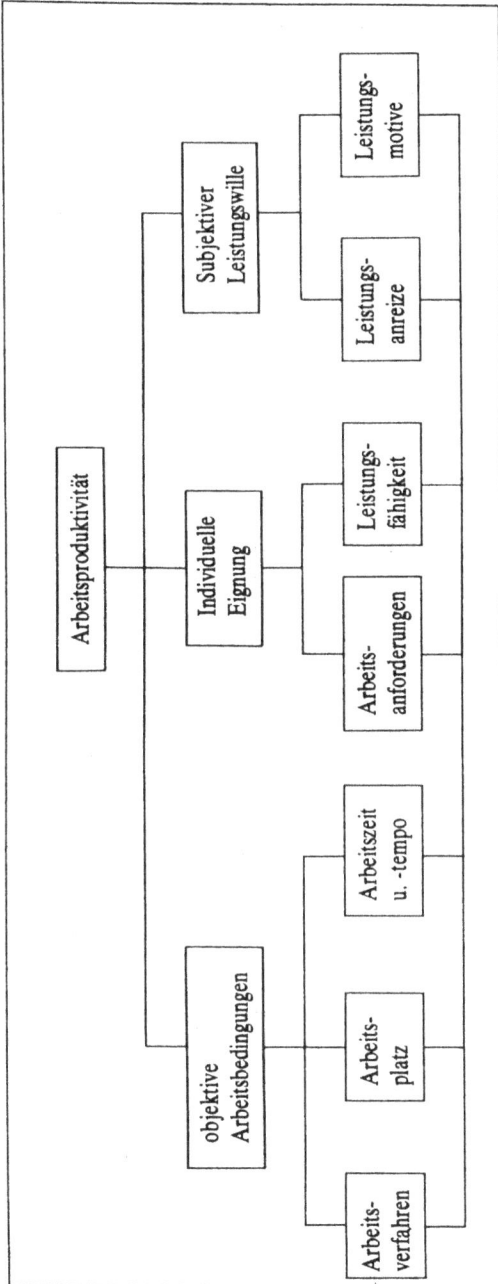

Vorgabezeiten (nach REFA)

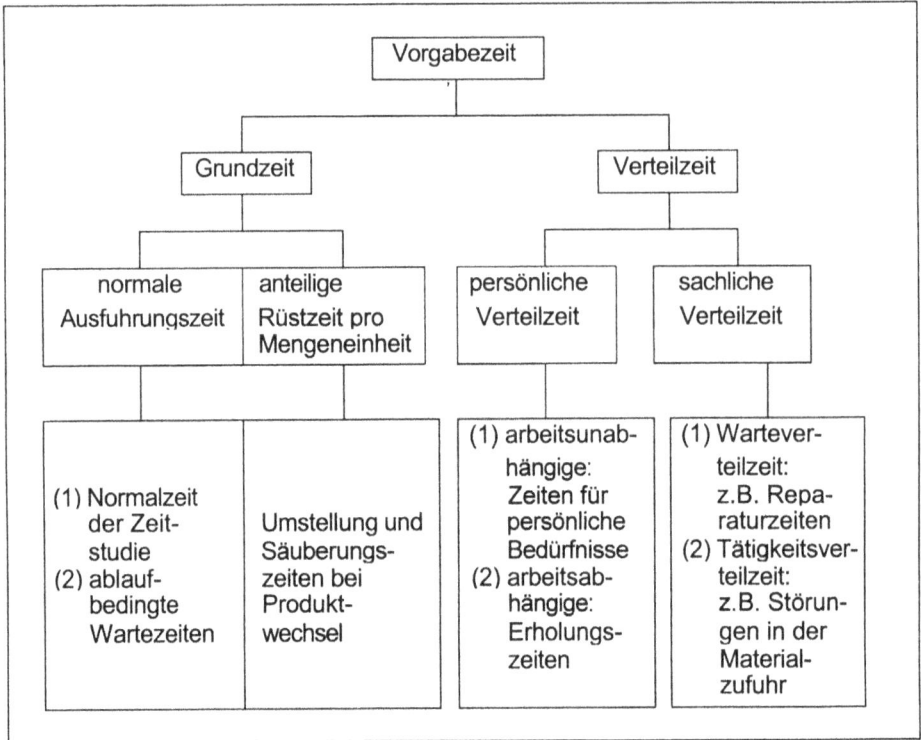

```
                        ┌─────────────────┐
                        │   Vorgabezeit   │
                        └─────────────────┘
              ┌──────────────────┴──────────────────┐
      ┌───────────────┐                      ┌───────────────┐
      │   Grundzeit   │                      │   Verteilzeit  │
      └───────────────┘                      └───────────────┘
      ┌───────┴────────┐                    ┌────────┴────────┐
```

normale Ausfuhrungszeit	anteilige Rüstzeit pro Mengeneinheit	persönliche Verteilzeit	sachliche Verteilzeit
(1) Normalzeit der Zeit-studie (2) ablauf-bedingte Wartezeiten	Umstellung und Säuberungs-zeiten bei Produkt-wechsel	(1) arbeitsunab-hängige: Zeiten für persönliche Bedürfnisse (2) arbeitsab-hängige: Erholungs-zeiten	(1) Warteverteilzeit: z.B. Repa-raturzeiten (2) Tätigkeitsver-teilzeit: z.B. Störun-gen in der Material-zufuhr

Betriebsmittel

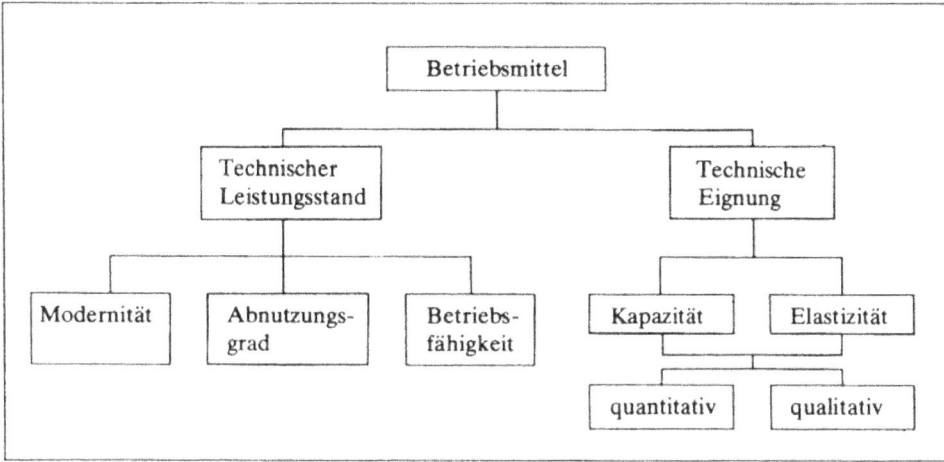

```
                        ┌─────────────────┐
                        │  Betriebsmittel │
                        └────────┬────────┘
              ┌──────────────────┴──────────────────┐
     ┌────────────────┐                    ┌────────────────┐
     │   Technischer  │                    │   Technische   │
     │ Leistungsstand │                    │    Eignung     │
     └────────────────┘                    └────────────────┘
    ┌──────────┼──────────┐              ┌────────┴────────┐
┌──────────┐┌──────────┐┌──────────┐ ┌──────────┐  ┌──────────┐
│Modernität││Abnutzungs-││Betriebs- │ │Kapazität │  │Elastizität│
│          ││  grad    ││fähigkeit │ └──────────┘  └──────────┘
└──────────┘└──────────┘└──────────┘      └────────┬────────┘
                                     ┌──────────┐  ┌──────────┐
                                     │quantitativ│ │qualitativ│
                                     └──────────┘  └──────────┘
```

Betriebsmittelzeit

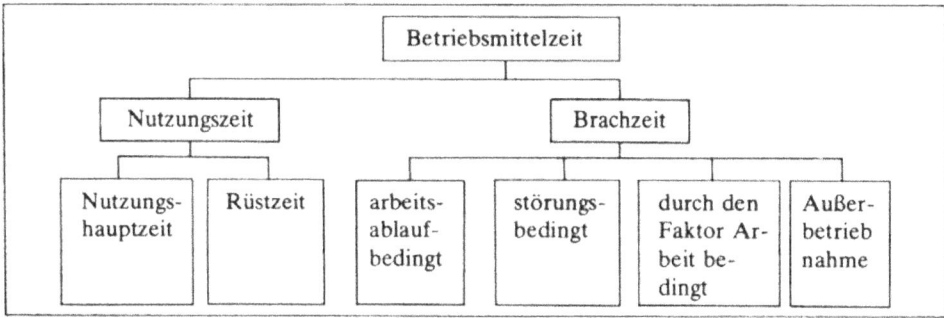

```
                    ┌────────────────────┐
                    │  Betriebsmittelzeit │
                    └──────────┬──────────┘
         ┌─────────────────────┴─────────────────────┐
   ┌──────────────┐                          ┌──────────────┐
   │ Nutzungszeit │                          │  Brachzeit   │
   └──────────────┘                          └──────────────┘
   ┌──────┴──────┐          ┌──────────┬──────────┬──────────┐
┌──────────┐┌────────┐ ┌──────────┐┌──────────┐┌──────────┐┌──────────┐
│Nutzungs- ││Rüstzeit│ │arbeits-  ││störungs- ││durch den ││Außer-    │
│hauptzeit ││        │ │ablauf-   ││bedingt   ││Faktor Ar-││betrieb   │
│          ││        │ │bedingt   ││          ││beit be-  ││nahme     │
└──────────┘└────────┘ └──────────┘└──────────┘│dingt     │└──────────┘
                                                └──────────┘
```

Kombinationsprozess

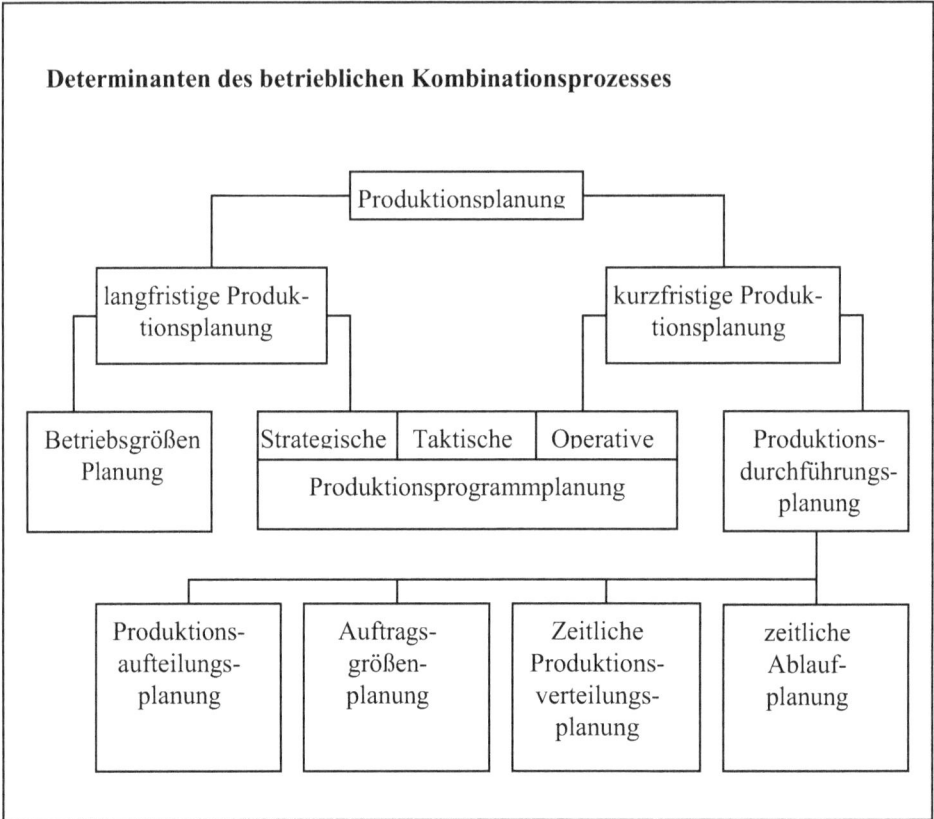

Determinanten des betrieblichen Kombinationsprozesses

Produktionsplanung

langfristige Produk-
tionsplanung

kurzfristige Produk-
tionsplanung

Betriebsgrößen
Planung

Strategische	Taktische	Operative
Produktionsprogrammplanung		

Produktions-
durchführungs-
planung

Produktions-
aufteilungs-
planung

Auftrags-
größen-
planung

Zeitliche
Produktions-
verteilungs-
planung

zeitliche
Ablauf-
planung

Determinanten der Kosten

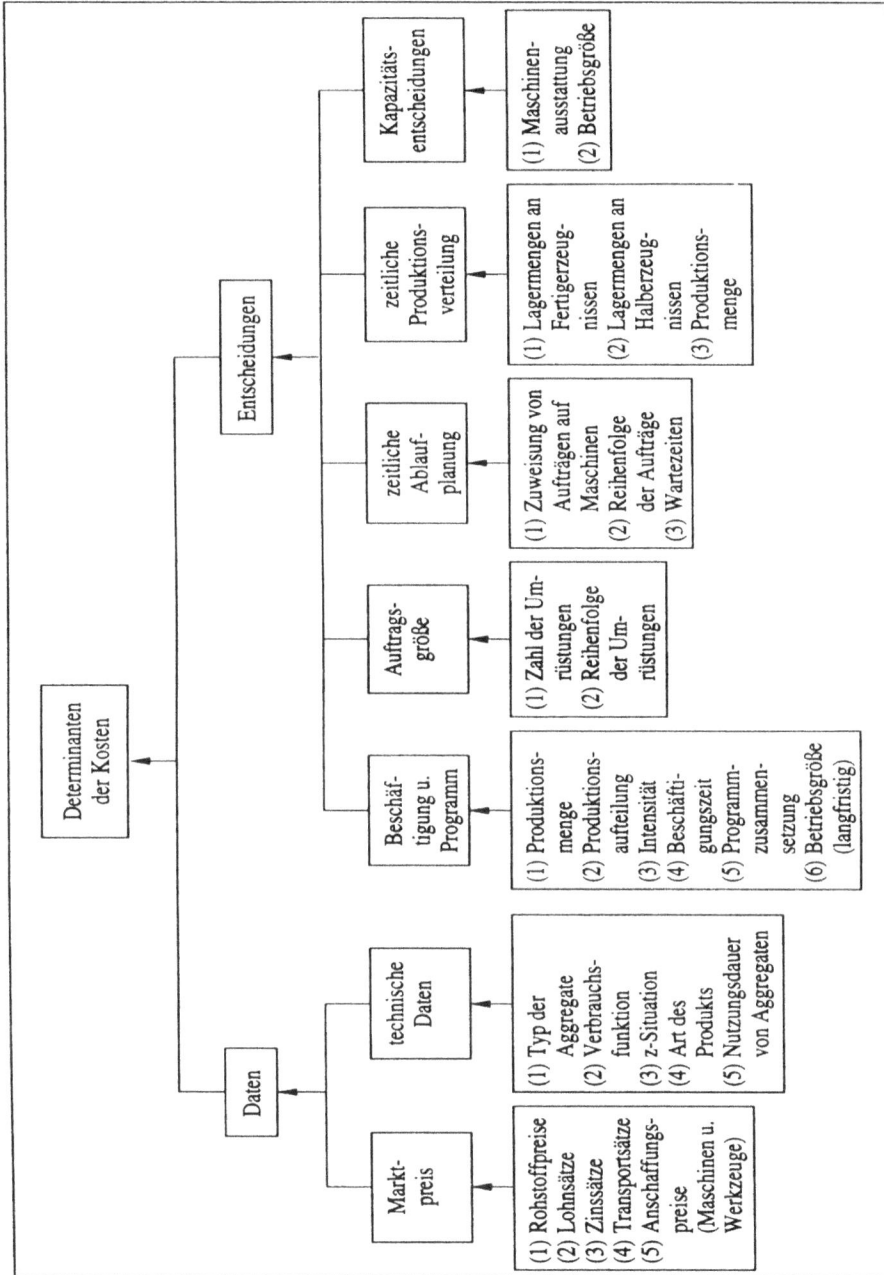

Determinanten der Kosten

Daten

- **Marktpreis**
  - (1) Rohstoffpreise
  - (2) Lohnsätze
  - (3) Zinssätze
  - (4) Transportsätze
  - (5) Anschaffungspreise (Maschinen u. Werkzeuge)

- **technische Daten**
  - (1) Typ der Aggregate
  - (2) Verbrauchsfunktion
  - (3) z-Situation
  - (4) Art des Produkts
  - (5) Nutzungsdauer von Aggregaten

Entscheidungen

- **Beschäftigung u. Programm**
  - (1) Produktionsmenge
  - (2) Produktionsaufteilung
  - (3) Intensität
  - (4) Beschäftigungszeit
  - (5) Programmzusammensetzung
  - (6) Betriebsgröße (langfristig)

- **Auftragsgröße**
  - (1) Zahl der Umrüstungen
  - (2) Reihenfolge der Umrüstungen

- **zeitliche Ablaufplanung**
  - (1) Zuweisung von Aufträgen auf Maschinen
  - (2) Reihenfolge der Aufträge
  - (3) Wartezeiten

- **zeitliche Produktionsverteilung**
  - (1) Lagermengen an Fertigerzeugnissen
  - (2) Lagermengen an Halberzeugnissen
  - (3) Produktionsmenge

- **Kapazitätsentscheidungen**
  - (1) Maschinenausstattung
  - (2) Betriebsgröße

Formulierung von Zielsystemen

Der Vorstand eines mittelgroßen Unternehmens hat die mit der Unternehmenstätigkeit in den nächsten Jahren angestrebten Zielsetzungen in Form des folgenden Zielsystems formuliert:

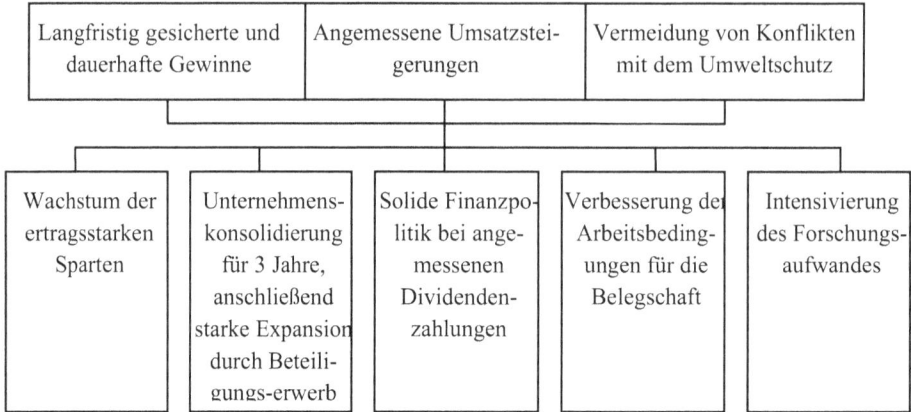

Langfristig gesicherte und dauerhafte Gewinne	Angemessene Umsatzsteigerungen	Vermeidung von Konflikten mit dem Umweltschutz

Wachstum der ertragsstarken Sparten	Unternehmens-konsolidierung für 3 Jahre, anschließend starke Expansion durch Beteiligungs-erwerb	Solide Finanzpolitik bei angemessenen Dividendenzahlungen	Verbesserung der Arbeitsbedingungen für die Belegschaft	Intensivierung des Forschungsaufwandes

Überprüfen Sie das vorliegende Zielsystem, inwieweit es den an ein Zielsystem zu stellenden Anforderungen genügt!

Aufgrund der mit dem vorliegenden Zielsystem gemachten schlechten Erfahrungen werden die Teilziele des Zielsystems für die kommende Planperiode weiter gehend präzisiert:

(1) Für die kommende Planperiode ist eine Gesamtkapitalrentabilität von 15% oder eine Eigenkapitalrentabilität von 20% anzustreben.

(2a) In Sparten mit einer umsatzbezogenen Kapitalrentabilität von 20% ist in der nächsten Periode eine Umsatzsteigerung von 10% anzustreben.

(2b) Produkte, die die Zielsetzung 1 nach einer Periode nicht erfüllen, sind aus dem Programm zu streichen.

Der Verschuldungsgrad soll in der Planperiode den Wert 2 nicht überschreiten.

Für Forschung und Entwicklung sind in den nächsten 5 Perioden 4 % vom Planumsatz aufzuwenden.

Stellen die Teilziele in dieser Formulierung operationale, konsistente und überprüfbare Zielsetzungen dar.

Schlussübung

Peter Poletto und Theo Tetzlaff sitzen während der Frühstückspause zusammen. Poletto ist der Entwicklungschef der Digital-Chip-Comp. (DCC), Tetzlaff der Leiter des Vertriebs. Die DCC ist ein junges, aufstrebendes Unternehmen der Elektrobranche. Es stellt Heimcomputer, Videospiele und eigene Software her.

Das Gespräch der beiden Abteilungsleiter kommt schnell zu einem aktuellem Problem: In jüngster Zeit bauen sich zunehmend Spannungen zwischen ihren Abteilungen und dem Produktionsbereich auf.

Die ersten Erfolge des Unternehmens basieren im wesentlichen auf der Kreativität der Entwicklungsingenieure und der Fähigkeit, individuelle Problemlösungen zu liefern. Die Entwicklungsabteilung und der Vertrieb sind erst vor wenigen Jahren organisatorisch getrennt worden. Bis zu diesem Zeitpunkt hatten die Mitarbeiter beider Bereiche eng zusammengearbeitet, die Ingenieure begleiteten Vertriebsmitarbeiter zu Kundenbesuchen, und der Vertrieb war maßgeblich an Neuentwicklungen beteiligt. Aus dieser Zeit stammt auch die Freundschaft zwischen Poletto und Tetzlaff.

Im Zusammenhang mit der erwähnten Reorganisation ist auch der Produktionsbereich verselbständigt und Werner Wendig unterstellt worden. Etwa 50 Mitarbeiter montieren die Heimcomputer und Videospiele. Die Produktion ist straff organisiert. In zwei Schichten werden in Fließfertigung an drei Montagestraßen durch mehrere Hilfskräfte die notwendigen Arbeitsschritte vollzogen. Dem Leiter der Produktion stehen zwei Meister zur Verfugung, die die Anweisungen Wendigs bei den häufig vorkommenden Serienwechseln weitergeben und notwendige Umstellungsarbeiten leiten. Die erheblichen Rationalisierungsbemühungen haben dazu geführt, daß die DCC im Vergleich zu Konkurrenzunternehmen mit den niedrigsten Stückkosten arbeitet.

Der Unmut der Mitarbeiter in der Produktion richtet sich insbesondere gegen die lockere Handhabung von Arbeitszeit und Pausenregelung in der Entwicklungsabteilung und dem Vertrieb. Die Ingenieure der Entwicklung sitzen häufig kaffeetrinkend beisammen und diskutieren mit Poletto mögliche Neuentwicklungen. Die Vertriebsberater kommen und gehen zu unterschiedlichen Zeiten, ihr Aufgabengebiet ist mit häufigen Reisen verbunden. Sie treffen sich allerdings regelmäßig, um gemeinsam neue Markttrends und Kundenwünsche zu diskutieren. Als Ergebnis dieser Diskussion stimmt Tetzlaff dann mit der Entwicklungsabteilung mögliche Produktmodifikationen ab.

Tetzlaff hat ein ausgeklügeltes Planungs- und Kontrollsystem entwickelt, das ihm erlaubt, seine Mitarbeiter "an der langen Leine" zu fuhren. Solange die geplanten Verkaufszahlen erreicht werden, braucht er keine Gegensteuerungsmaßnahmen einzuleiten.

Der Geschäftsführer des Unternehmens war früher Produktionsleiter in einem Unternehmen der Elektroindustrie, das für rationellste Serienfertigung bekannt ist. Er hat eine Besprechung anberaumt, um mit seinen Abteilungsleitern die aufgetretenen Probleme zu diskutieren und drängt auf eine Straffung in der Führung der beiden Bereiche.

Während der Frühstückspause versuchen Poletto und Tetzlaff, ihre Argumente für die kommende Sitzung zusammenzutragen.

1.   Welche Führungsstile werden in den Abteilungen der DCC praktiziert?

2.   Welche Argumente sprechen für die jeweils praktizierten Führungsstile? Welche Aspekte der Führung werden von den Leitungskräften besonders in den Vordergrund gestellt?

        Welche Managementtechniken werden angewandt?

3.   Welche Möglichkeiten sehen Sie, den Konflikt zu lösen?
        Welcher Führungsstil ist der richtige?

Übungsklausuren

Klausur 1

Klausur: Einführung in die Allgemeine Betriebswirtschaftslehre I

Bearbeitungshinweise :

1.   Es sind alle Fragen zu beantworten

2.   Es stehen ihnen 90 Minuten zur Verfügung

Aufgabe 1: Betriebswirtschaftliche Kennzahlen

Von einem Unternehmen liegt die nachstehende Bilanz zum 31.12.2006 vor

Bilanz zum 31.12.2006 in Mio. €

Anlagevermögen	75,0	Eigenkapital	30,0
Umlaufvermögen	25,0		
davon: Vorräte	15,0	Fremdkapital	70,0
Forderungen	5,0	davon: langfristig	40,0
Guthaben	5,0	kurzfristig	30,0
Summe	100,0	Summe	100,0

Beantworten Sie bitte die folgenden Fragen:

Errechnen Sie anhand der Bilanzdaten die folgenden Kennziffern:

Anlagenquote, Anlagendeckung II, Liquidität 1., 2. und 3. Grades, Eigenkapitalquote

Skizzieren Sie für jede dieser Kennzahlen den Informationsnutzen, den sie potentiellen Bilanzlesern stiften kann.

Aus dem Jahresabschluss des Unternehmens werden weiterhin die folgenden Angaben bekannt gegeben:

Kapitalumschlag:1,4

Bestandsaufbau Halb- und Fertigerzeugnisse: 10 Mio. €

Materialwirtschaftlichkeit 2

Wirtschaftlichkeit Abschreibungen 15

Wertschöpfungstiefe   40%

Umsatzrentabilität (netto):5%

Gesamtkapitalrentabilität: 13%

Erstellen Sie die Gewinn- und Verlustrechnung mit möglichst vielen Einzelpositionen.

Ermitteln Sie a) den Return on Investment und b) die Eigenkapitalrentabilität. Interpretieren Sie die Unterschiede zwischen diesen beiden Größen aus der Sicht potentieller Nutzer dieser Information.

Die Leitung des Unternehmens sich eine Ziel-Eigenkapitalrentabilität von 30% vorgegeben. Ermitteln Sie, ab welchem Verschuldungsgrad bei unveränderter Gesamtkapitalrentabilität und unverändertem Fremdkapitalzinssatz dieses Ziel erreicht wird.

a) Um welchen Betrag müsste sich das Unternehmen zusätzlich verschulden? b) Wie würden sich hierdurch – wiederum unter der Annahme einer unveränderten Gesamtkapitalrentabilität und eines unveränderten Fremdkapitalzinssatz – Kapitalgewinn und Jahresüberschuss verändern.

Aufgabe 2: Zielbildung und Unternehmensführung
Beantworten Sie bitte folgenden Fragen:

In welcher Beziehung können Zielelemente zueinander stehen?

Eine weitere wichtige Aufgabe im Zusammenhang mit der Zielbildung ist die Durchsetzung der Ziele auf den einzelnen Ebenen der Unternehmensorganisation. (1) Erläutern Sie in diesem Zusammenhang den Begriff der Zielhierarchie und (2) welche Bedeutung Zielhierarchien zur Erfüllung dieser Aufgabe haben.

Im Führungskonzept des Management by Objectives (MbO) finden sich Aspekte der Zielbildung, der Planung und der Mitarbeiterführung wieder. Begründen Sie diese Aussage, indem Sie (1) das Konzept erläutern und sich Gedanken über das Zustandekommen der Zielvereinbarungen machen; (2) Welche Voraussetzungen müssen die dabei vereinbarten Ziele erfüllen?

Nennen Sie je drei wichtige Leistungs-, Erfolgs-, Finanz- und Sachziele eines Unternehmens.

Erläutern Sie den Begriff „Management". Gehen Sie dabei auf die funktionalen und institutionalen Aspekte dieses Begriffes ein.

Skizzieren Sie die Phasenstruktur des Managementprozesses. Weshalb spricht man in diesem Zusammenhang von einem a) Managementzyklus? und b) was verstehen Sie in diesem Zusammenhang unter dem Begriff Mikrozyklus?

Klausur 2:

Klausur: Einführung in die
Allgemeine Betriebswirtschaftslehre II

Bearbeitungshinweise:

1.   Es sind alle Fragen zu beantworten

2.   Es stehen ihnen 90 Minuten zur Verfügung

Themenbereich I: Produktion
Aufgabe 1:

Bei Überlegungen der Unternehmen zur Standortverlagerung wird häufig

mit zu hohen Arbeitskosten für den Standort Deutschland argumentiert.

(1) Was verstehen Sie unter dem Begriff Arbeitskosten ?

(2) Nennen Sie mind. drei weitere Faktoren, wie sich eine Industrie im internationalen Wettbewerb behaupten kann.

Aufgabe 2:

Der ehemalige Personalvorstand der Volkswagen AG forderte: „ Die Arbeitskosten müssen bis zum Jahr 2011 um rund 30 Prozent runter". Nennen Sie mind. drei Maßnahmen der Volkswagen AG, mit denen dieses Ziel erreicht werden könnte.

Aufgabe 3:

Eine betriebswirtschaftliche Steuerungsgröße des Faktors Arbeit ist die Arbeitsproduktivität.

(1) Wie lässt sich diese messen?

Nennen Sie ein Beispiel aus dem Produktionsbereich.

Aufgabe 4:

(1) Wovon hängt die Produktivität menschlicher Arbeits (-leistung) ab?

(2) Zeigen Sie Möglichkeiten auf, wie man aus Sicht eines Betriebes diese Produktivität kurzfristig und langfristig beeinflussen (steuern) kann.

Aufgabe 5:

(1) Welchen Zusammenhang gibt eine Produktionsfunktion an?

(2) Wodurch sind substitutionale Produktionsfunktionen gekennzeichnet?

Aufgabe 6:

Für eine Montagegruppe mit vier Mitarbeitern eines Möbelherstellers wurden nachfolgende Arbeitsgänge im Oktober 2006 durchgeführt:

Arbeitsgang	Stückzahl/Monat	Vorgabezeit/Min/Stck	Arbeitswertgruppe
A 1	2.200	5,0	3
A 2	1.600	8,0	4
A 3	1.200	6,0	5
A 4	2.200	4,0	3
A 5	1.200	5,0	4

Im Oktober 2006 wurde an 21 Tagen gearbeitet. Die tarifliche Wochenarbeitszeit beträgt 37,5 Stunden. An Warte- und Nebenzeiten mussten im Oktober 14 Stunden je Mitarbeiter berücksichtigt werden. Diese werden mit 9€/Std. verrechnet. Die tarifliche Eingruppierung der vier Mitarbeiter entnehmen Sie der nachfolgenden Übersicht. Der darauf zu rechnende Akkordzuschlag beträgt einheitlich 20% (Lohngruppen=Arbeitswertgruppen).

Lohngruppen	3	4	5
Mitarbeiter A	9€		
Mitarbeiter B		10€	
Mitarbeiter C			11€
Mitarbeiter D		10€	

Ermitteln Sie den Leistungsgrad der Montagegruppe im Oktober 2006.

Berechnen Sie die Monatsverdienste der vier Mitarbeiter.

Ermitteln Sie die Lohnstückkosten der fünf Arbeitsgänge der Montage.

Wie hoch sind die Arbeitskosten pro Stunde in der Montagegruppe für jeden Mitarbeiter, wenn die Lohnnebenkosten mit 100% zu kalkulieren sind?

Themenbereich II: Kapazität
Aufgabe 1:

Welche Probleme treten bei einer längerfristigen Realisierung der Maximalkapazität auf? Warum ist diese Größe für die betriebswirtschaftlichen Planungsaufgaben nicht geeignet.

Aufgabe 2:

Neben der quantitativen Kapazität spielt für die Maschinenbelegungsplanung noch die qualitative Kapazität eine Rolle. Erläutern Sie diesen Begriff und zeigen Sie an einem Beispiel deren Bedeutung.

Aufgabe 3:

(1) Benennen Sie die beiden wesentlichen Bestimmungsfaktoren der Produktivität von Betriebsmitteln.

(2) Dabei ist der Begriff der Elastizität von Bedeutung. Welche Sachverhalte verbergen sich hinter diesem Begriff?

Aufgabe 4:

Was verstehen Sie unter dem „Ausgleichsgesetz der Planung"?

Aufgabe 5:

Erläutern Sie die Erfahrungskurve. Wodurch entstehen die Effekte der Erfahrungskurve?

Klausur 3:

Klausur: Einführung in die
Allgemeine Betriebswirtschaftslehre III

Bearbeitungshinweise:

1.   Es sind alle Fragen zu beantworten

2.   Es stehen ihnen 180 Minuten zur Verfügung

Aufgabe 1: Produktion

Charakterisieren Sie (1) den Zeitlohn, (2) den Akkordlohn und (3) den Prämienlohn.

(1)Wo finden diese Lohnformen jeweils ihr Hauptanwendungsgebiet und

(2) Zeigen Sie die Vor- und Nachteile des Zeit- und Akkordlohns für den Arbeitgeber und Arbeitnehmer auf.

Nennen Sie wichtige Determinanten, die a) für die Ergiebigkeit menschlicher Arbeitsleistung (Arbeitsproduktivität) ausschlaggebend sind, zeigen Sie b) deren strategische Bedeutung für die Wettbewerbsfähigkeit eines Unternehmens auf und c) welche der Determinanten können Sie durch geeignete Personalentwicklungsmaßnahmen beeinflussen?

1. Was versteht man unter Produktivität? 2. Zeigen Sie an Beispielen auf, wie man die Produktivität des Produktionsfaktors Arbeit (Arbeitsleistung) messen kann. 3. Nennen Sie weitere Beispiele derartiger Teilproduktivitäten.

Aufgabe 2: Zielbildung und Unternehmensführung

a) In welcher Beziehung können Zielelemente zueinander stehen?

b) Eine weitere wichtige Aufgabe im Zusammenhang mit der Zielbildung ist die Durchsetzung der Ziele auf den einzelnen Ebenen der Unternehmensorganisation.

(1) Erläutern Sie in diesem Zusammenhang den Begriff der Zielhierarchie und

(2) welche Bedeutung Zielhierarchien zur Erfüllung dieser Aufgabe haben.

c) Im Führungskonzept des Management by Objectives (MbO) finden sich Aspekte der Zielbildung, der Planung und der Mitarbeiterführung wieder. Begründen Sie diese Aussage, indem Sie

(1) das Konzept erläutern und sich Gedanken über das Zustandekommen der Zielvereinbarungen machen;

(2) Welche Voraussetzungen müssen die dabei vereinbarten Ziele erfüllen?

d) Nennen Sie je drei wichtige Leistungs-, Erfolgs-, und Finanzziele eines Unternehmens.

e) Ein Unternehmen besteht aus vier Geschäftsfeldern, für die im Rahmen der strategischen Planung geeignete Planstrategien festgelegt werden sollen. Erarbeiten Sie - unter Zuhilfenahme der Portfolio-Analyse - Vorschläge für geeignete Planstrategien, wenn für die Geschäftsfelder die folgenden Daten gegeben sind; Begründen Sie Ihre Vorschläge:

	GB I	GB II	GB III	GB IV
Umsatz	250	650	120	500
Marktwachstum	3%	10%	0%	15%
Rel. Marktanteil	55%	15%	8%	65%

f) Beschreiben Sie das Lebenszyklus-Konzept sowie das Konzept der Erfahrungskurve.

Aufgabe 3: Kapazitätsplanung

1. Welche Probleme treten bei einer längerfristigen Realisierung der Maximalkapazität auf?
2. Warum ist diese Größe für die betriebswirtschaftlichen Planungsaufgaben nicht geeignet.

Welche Angaben benötigen Sie zur Ermittlung der quantitativen Kapazität? Erklären Sie in diesem Zusammenhang die Begriffe

(1) technische- und

(2) kostenoptimale Kapazität.

Literaturverzeichnis

Armutat, Sascha (2003): Kompetenzentwicklung im universitären Studienfach Personal für das Berufsfeld Personalmanagement. Band 35 Hochschulschriften zum Personalwesen, Hrsg.: Hummel, Th.R., E. Zander, D. Wagner, H. Knebel. München/Mering: Hampp

Barqawi,D.(1999):: Der Beitrag von Organisationskultur zur Verbesserung der Arbeitsbeziehungen. Dargestellt am Beispiel der Mitbestimmung des Betriebsrats bei grundlegenden Änderungen der Betriebsorganisation. Band 25 Hochschulschriften zum Personalwesen, Hrsg.: Hummel, Th.R., E. Zander, D. Wagner, H. Knebel. München/Mering: Hampp

Barth, Ch. (2002): Einfluß der Organisationsstruktur auf den außerordentlich hohen und dauerhaften Wettbewerbsvorteil eines Unternehmens. Band 33 Hochschulschriften zum Personalwesen, Hrsg.: Hummel, Th.R., E. Zander, D. Wagner, H. Knebel. München/Mering: Hampp

Becker, M. (2005): Personalentwicklung. Stuttgart: Schäffer-Poeschel

Braig, W., R. Wille (2006): Mitarbeitergespräche. Gesprächsführung aus der Praxis für die Praxis. Zürich: Orell Füssli

Bröckermann, R. (2007): Personalwirtschaft. Lehr- und Übungsbuch für Human Resource Management. Stuttgart: Schäffer-Poeschel

Bröckermann, R., M. Müller-Vorbrüggen (2006): Handbuch Personalentwicklung, Praxis der Personalbildung, Personalförderung, Arbeitsstrukturierung. Stuttgart: Schäffer-Poeschel

Bühner, R. (2001)(Hrsg.): Management-Lexikon. München: Oldenbourg

Bühner, R. (2004): Betriebswirtschaftliche Organisationslehre. München: Oldenbourg

Bühner, R. (2005): Personalmanagement. München: Oldenbourg

Conrad, P. (2001): Personalentwicklung, in: Bühner, R. (Hrsg.): Management-Lexikon, S. 573-579, München: Oldenbourg

Conrad, P., G. Manke (2001): Zielvereinbarung, Leistungsbeurteilung und flexible Vergütung - Ergebnisse einer branchenübergreifenden Studie zur Kombination von drei zentralen Instrumenten der Führung, Motivation und Vergütung, in: Personalführung, 5, S. 52-57

Conrad, P., G. Manke (2002): Management der Humanressourcen: die Führungsinstrumente Zielvereinbarung, Leistungsbeurteilung und flexible Vergütung im Vergleich, in: Zeitschrift für Arbeitswissenschaft, 54 (3); S. 178-182

Corsten, H. (2004): Produktionswirtschaft. München: Oldenbourg

Corsten, H. (2001): Übungsbuch zur Produktionswirtschaft. München: Oldenbourg

Domsch, M.E., D.H. Ladwig (2006): Handbuch Mitarbeiterbefragung. Berlin: Springer

Fempel, K.(2000): Das Personalwesen in der deutschen Wirtschaft. Eine empirische Untersuchung. Band 28 Hochschulschriften zum Personalwesen, Hrsg.: Hummel, Th.R., E. Zander, D. Wagner, H. Knebel. München/Mering: Hampp

Hummel, Th.R., E. Zander (1998): Erfolgsfaktor Unternehmensberatung. Auswahl – Zusammenarbeit – Kosten. Köln: Bachem

Hummel, Th. R. (2001): Erfolgreiches Bildungscontrolling. Praxis und Perspektiven. Heidelberg: Sauer (2. überarbeitete Auflage)

Hummel, Th. R. (2002): Akquisition von Senior-Managern. Forschungsbericht. In: Bröckermann, R., W. Pepels (Hrsg.): Handbuch Recruitment, S. 360-367. Berlin: Cornelsen

Hummel, Th.R., E. Zander (2002): Unternehmensführung. Lehrbuch für Studium und Praxis. Stuttgart: Schäffer-Poeschel

Hummel, Th.R., E. Zander (2004): Arbeitskosten und Arbeitsbeziehungen in den Ländern Mittel und Osteuropas. In: Betriebsverfassung in Recht und Praxis (BV), Heft 5, Gruppe 7, S. 829 – 865, Freiburg: Haufe

Hummel, Th.R., E. Zander (2005): Wo Arbeit billig ist. In: Personal – Zeitschrift für Human Resource Management, 57. Jg., Mai, S. 16-18

Hummel, Th.R., E. Zander (2005): Mitbestimmung in Europa. In: Personal – Zeitschrift für Human Resource Management, 57. Jg., September, S. 32-35

Hummel, Th.R., E. Zander (2006): Arbeitsschutz und Arbeitssicherheit. In: Betriebsverfassung in Recht und Praxis (BV), Heft 2, April, Gruppe 4, S. 863-913, 2006, Freiburg: Haufe

Hummel, Th.R., E. Zander (2007): Mitarbeiterbefragungen und Betriebsverfassung. In: Betriebsverfassung in Recht und Praxis (BV), Heft 1, Gruppe 7, S. 1057-100, Freiburg: Haufe

Jung, H. (2003): Arbeits- und Übungsbuch Personalwirtschaft. München: Oldenbourg

Jung, H. (2003): Arbeits- und Übungsbuch Allgemeine Betriebswirtschaftslehre: München: Oldenbourg

Jung, H. (2006): Allgemeine Betriebswirtschaftslehre. München: Oldenbourg

Jung, H. (2006): Personalwirtschaft. München: Oldenbourg

Kieser, A., M.Ebers (2006): Organisationstheorien. ?: Kohlhammer

Kieser, A., P. Walgenbach (2007): Organisation. Stuttgart: Schäffer-Poeschel

Lück, W. (2004): Lexikon der Betriebswirtschaft. München: Oldenbourg

Macharzina, K., J. Wolf (2005): Unternehmensführung. Wiesbaden: Gabler

Mentzel, W., S. Grotzfeld, Ch. Haub (2006): Mitarbeitergespräche. Freiburg: Haufe

Meyer, C. (2006): Betriebswirtschaftliche Kennzahlen und Kennzahlen-Systeme. ? Wissenschaft & Praxis

Nolte, H. (1999): Organisation. München: Oldenbourg

Oechsler, W.A. (2006): Personal und Arbeit. München: Oldenbourg

Persch, P.-R.(2003): Die Bewertung von Humankapital – eine kritische Analyse. Band 36 Hochschulschriften zum Personalwesen, Hrsg.: Hummel, Th.R., E. Zander, D. Wagner, H. Knebel. München/Mering: Hampp

Ridder, H.-G., P. Conrad, F. Schirmer, H.-J., Bruns (2001): Strategisches Personalmanagement. Mitarbeiterführung, Integration und Wandel aus ressourcenorientierter Perspektive. Landsberg/Lech: Moderne Industrie

Rosenstiel, L. von, E. Regnet, M.E. Domsch (2001): Führung von Mitarbeitern, Fallstudien zum Personalmanagement. Stuttgart: Schäffer-Poeschel

Rosenstiel, L. von, E. Regnet, M.E. Domsch (2003): Führung von Mitarbeitern – Handbuch für erfolgreiches Personalmanagement. Stuttgart: Schäffer-Poeschel

Schierenbek, H. (2003): Grundzüge der Betriebswirtschaftslehre. München: Oldenbourg

Schierenbek, H. (2004): Übungsbuch zu Grundzüge der Betriebswirtschaftslehre. München:Oldenbourg

Schreyögg, G. (2003): Organisation, Grundlagen moderner Organisationsgestaltung. Mit Fallstudien. Wiesbaden: Gabler

Schreyögg, G., P. Conrad (2006): Management von Kompetenz. Wiesbaden: Gabler (Managementforschung 16)

Siegwart, H. (2002): Kennzahlen für die Unternehmensführung. Bern: Haupt

Staehle, W.H., P. Conrad, J. Sydow (1999): Management. Eine verhaltenswissenschaftliche Perspektive. München: Vahlen

Steinmann, H., G. Schreyögg (2005): Management. Wiesbaden: Gabler

Wehling, M. (2001): Fallstudien zu Personal und Unternehmensführung. München: Oldenbourg

Wöhe, G. (2005): Einführung in die Allgemeine Betriebswirtschaftslehre. München: Vahlen

Wöhe, G., H. Kaiser, U. Döring (2005): Übungsbuch zur Einführung in die Allgemeine Betriebswirtschaftslehre. München: Vahlen

Zander, E., D. Wagner (Hrsg.)(2005): Handbuch des Entgeltmanagements. München: Vahlen

Nützliche Internet-Adressen

http://www.iw-koeln.de

http://www.mw-online.de

http://www.umsetzungsberatung.de

http://www.hsu-hh.de/mdc/index_2yReKkSFnRpiKyRh.html

http://www.geva-institut.de

http://www.deutsche-efqm.de

http://www.agpev.de

http://www.efesonline.org

http://www.mitarbeiter-beteiligung.de

http://www.eurofound.eu.int

http://www.iab.de/infoplattform

http://www.rkw.de

http://www.ula.de

http://www.asu.de

http://www.boeckler.de

http://www.stiftung.bertelsmann.de

http://www.iafp.eu.com

http://www.mitarbeiter-beteiligung.de

http://www.stmas.bayern.de

http://www.baua.de

http://www.inqua.de

http://www.osha.eu.int

http://www.bmas.bund.de

http://www.hvbg.de

http://www.dib.de

http://www.lvbg.de

http://www.vdbw.de

http://www.nmbg.de

http://www.ifim.de

http://www.orcworldwide.de

http://www.ernst-young.de

http://www.management-mobility.com

http://www.dgfp.de

http://www.bdvb.de

http://www.magazin4personalmanager.de

http://www.simon-kucher.de

www.ingramcontent.com/pod-product-compliance
Lightning Source LLC
Chambersburg PA
CBHW081050220326
41598CB00038B/7046